冤罪・
和歌山カレー事件

「再審申立書編」

冤罪の
怠慢・違法の捜査・裁判の
大カラクリを
根底から暴露

弁護士 生田 暉雄
（再審申立代理人）

はじめに

「和歌山カレー事件」の発生は、平成１０年７月２５日午後６時ごろ、和歌山市園部地域の夏祭りで出されたカレーを食べた６７名が身体に異常を起こしたことに発する。２６日午前３時０３分、自治会長死亡、その後同日午前１０時１６分までの間に、副会長、小学４年男児、女子高校生の合計４人が死亡する。自治会長は当日の２６日、その他の３人は翌２７日解剖された。

解剖結果、警察発表ということで、７月２７日から８月２日ころまで、全マスコミは「青酸化合物カレー殺人事件」ということで沸き返る。８月２日ごろからは、青酸化合物に加えヒ素も投入されていたという報道が続きます。

平成１０年１０月４日被告人は逮捕され、同月２５日起訴、同年１１月１７日起訴、同年１２月９日起訴、同年１２月２９日起訴が続き、平成１１年５月１３日第１回公判、平成１４年１２月11日死刑宣告となります。

著者（弁護士生田）は平成２０年過ぎ頃から、林氏から何度も生田の本を読んだ、再審の申立をしてくれとの執拗な手紙を再三いただいていた。やっと、まとまった時間の取れた令和２年９月２３日、林氏の依頼で大阪留置所で本人に面会し、再審申立の受仕をした。記録の取寄せ等で検討開始に１２月２０日まで要した。

著者は、令和３年５月３１日に和歌山地方裁判所刑事部に「和歌山カレー事件」被告人林眞須美氏（以下「林」と略称）が無罪であるとの再審申立をした。受理され、和歌山地方裁判所令和３年（た）第１号となる。これを再審申立パートⅠと称する。

令和３年１１月２２日**関連して争う４事件**の無罪を再審申立した。受理され、和歌山地方裁判所令和３年（た）第２号となる。これを再審申立パートⅡと称する。

令和４年１月１３日**弁護人が成立を争わないとする３事件**についても、無罪である再審申立を同様にした。受理されて、和歌山地方裁判所令和４年（た）第１号となる。これを再審申立パートⅢと称する。

この時点で、筆者の林に対する面会は３５回となりました。

再審申立を広く世間に知ってもらう必要から、パートⅠ、Ⅱ、Ⅲをそれぞれ１冊の本にし、これまで３冊を公刊してきました。今度、３冊の再審申立書を合本して１冊の本にすることになりました。これまで準備書面も８通を順次裁判所に提出していますが、これも再審申立書詳細編（準備書面編）としてもう一冊の本にしました。**再審申立書合本、同詳細編はいずれも申立書、準備書面と同一内容をそのまま本に刊行**

したものです。

「和歌山カレー事件」及び関連７事件は、純粋に冤罪事件で、被告人は同事件全てについて、完全に無罪です。

「和歌山カレー事件」及び関連７事件は、**冤罪の質が他の冤罪事件と大きく異なります。捜査・訴追機関は、意図的に被告人を犯人に仕立て上げました**。その理由は現時点でも明らかにされていません。

驚くべきことが判決書の有罪の証拠の標目から発見されました。明らかに被告人（林）が**無罪である証拠を有罪の判決の罪となるべき事実の証拠の標目中に、それが３ヶ所に亘って判示している**という異常な判決書です。

判決の証拠の標目１５頁の１６行目島田博（検甲１０４１）、同２３行目辻本登志英（同１０６３）、１６頁7行目小牧克守（同１１０１）の各員面調書（警察官作成の供述調書）にいずれも添付された、捜査一課の加門仁の各捜査報告書です。これは、カレーを食べた６７名からヒ素とシアンの２つの反応が同時に出たという報告書です。特に死亡した小学４年生の男児はシアンの反応が大きく、シアンで死亡したことが明らかな証拠です。この外に裁判所が無罪の心証を得ていると考えられる事実が６点もあります。裁判所は被告人（林）は無罪であるとの心証を得ながら、あえて、有罪（死刑）とする判決をしました、驚くべき裁判がされたのです。「和歌山カレー事件」について、驚かされることは、この程度は序の口です。

マスコミ報道、裁判記録（検察官の冒頭陳述、論告、弁護人の最終弁論、判決）で驚くべき意外な事実が多々明らかなとなりました。

７月２７日の解剖結果、警察発表によるマスコミの報道から、警棒結果の死亡した４人の死因は青酸化合物であるとされているはずです。ところが青酸化合物犯人の捜査線の捜査がマスコミ報道では一切されて無いということです。

捜査の常道は被害者の身辺を徹底的に洗うことから始まるといわれています。ところが、会長、副会長の身辺を洗う捜査が全くありません。その上、７月２５日の夏祭りにきた園部地域外の来訪者の捜査の報道も一切ありません。夏祭りには、選挙関係者、自治会関係者が多数来訪します。来訪者を捜査しないことは、非常に不思議なことです。

一番驚いたことは、死刑事件にもかかわらず、死亡した４人の死因の直接証拠に、死亡した当日及び翌日に４人とも解剖されたことが明らかなのに、**解剖結果、死亡診断書、死体検案書が裁判に死因の直接の証拠として全く提出されていない**ということです。

解剖結果は死因の立証のためには、これ以上の証拠はないという最優良の証拠です。専門の医師でも、真の死因は解剖しないと解からないといわれています（『死体からのメッセージ』押田茂實外著、万代宝書房刊２２頁）。

さらに驚くべきことは、これほど死因について明白な解剖結果があるのに、検察官は、冒頭陳述、論告、弁護人の最終弁論は元より、判決においてさえも、死亡した４人の死因の直接証拠（解剖結果、死亡診断書、死体検案書）には、いずれも全く触れていないという、死刑相当の殺人事件としては、前代未聞のまったく異常な裁判であり、判決です。

そして、さらに驚くべきことは、本件の判決は死刑を宣告する判決ですが、死した４人の死因の証拠としては、もちろん解剖結果、死亡診断書、死体検案書は使われていません。

もちろん、検察官は、解剖結果、死亡診断書、死体検案書を提出したり代りにその代替証拠として、（一）新たな死体検案書、（二）医師４人の新たな検面調書を提出し、裁判所もこれを証拠としています。

しかし、先の解剖結果、死亡診断書、死体検案書が正しければ、新たな死体検案書は虚偽公文書（刑法１５６条、１年以上１０年以下の懲役）であり、新たな死体検案書が正しければ、先の解剖結果、死体検案書は虚偽公文書となります。

国公立大学の教授が、解剖結果に虚偽を記載するとは考え難いので、新たな死体検案書が虚偽公文書であると推定できます。検察官は、新たな虚偽公文書を作らせた犯罪行為を行っているのです。判決は、もちろん死因について適法な証拠が無いので、「和歌山カレー事件」は無罪です。

いずれにしても、死刑判決にもかかわらず、死亡した４人の死因を立証する証拠が全く無い、これ以上異常とはいいようのない異常な判決です。

以上から解るように、捜査機関、検察、弁護し、裁判所も死因には全く触れたくないという態度です。

「和歌山カレー事件」の争点は、（一）犯行態様、（二）動機、（三）死因です。

検察、弁護し、裁判所、学者も、（一）と（二）に集中し、要するに膨大な状況証拠による犯行に集中しています。これは死因に触れるのを避けるためです。

書証は、検察官証拠等関係カード甲１５２６、乙１２ということで書証が１５３８通あります。それに証人尋問調書１００弱（判決書８０頁による）ということで合計１６４０近くの書証です。

著者は、捜査機関、裁判所関係者らが、避けたがっている死因に何か意味がある気がしました。そこで膨大な書証群の中から死因に関係するところを中心に検討することにしました。

以上見てきたことから、「和歌山カレー事件」について、次の事が明らかになりました。
（一）犯人は、被告人（林）ではなく、第三者である証拠（シアンとヒ素）が原判決に証拠の標目のそれも３個所に判示されていること。特に死亡した小学４年の男児の死因はシアンであること。このことから被告人は明々白々に無罪であること。
（二）死亡した４人の死因について証拠が全く無い判決で、４人の殺害について被告人（林）は無罪であること。
（三）警察官は死亡した４人の解剖結果、死亡診断書、死体検案書を証拠として裁判に提出したり代りに、新たな死体検案書等の代替証拠を提出した。しかし、代替証拠は、虚偽公文書（刑法１５６条。懲役１年以上１０年以下。）で検察官は虚偽公文書作成罪の共犯であること。
（四）以上の（一）～（三）を裁判所は容認しながら、無罪の判決をしない。つまり、まともな裁判がなされていないことが明らかである。この実態を明らかにする必要がどうしてもあるということである。
（五）何よりも、「和歌山カレー事件」の捜査と裁判の異常さです。

まず、捜査の異常さについて論じます。

死亡した４人の解剖結果（平成１０年7月２６日、２７日）は、青酸化合物による死因と考えられます。８月２日まで続いた全マスコミの報道から明らかです。ところが、和歌山県警察本部刊の平成１３年３月発刊の「和歌山市園部におけるカレー毒物混入事件捜査概要（以下「捜査概要」と略称）」の１６通の解剖所見一覧によると、４人の直接の死因はいずれもヒ素中毒となっています。**４人の死因は、青酸化合物なのかヒ素なのか**。死体解剖をしながら、なぜこのようなギャップが生じるのか。**捜査・訴追側はなぜ解剖結果を裁判に死因の証拠として提出しないの**か。捜査概要の４人の死因はヒ素とすることは、公文書虚偽記入ではないのか。捜査・訴追側は、解剖後、起訴直前に、新たな死体検案書を提出する。しかし、これは先に書証したように虚偽公文書である。検察官はなぜ、犯罪を犯してまで、解剖結果を隠そうとするのか。何を捜査機関は隠したのか。

いずれにしても、事件発生（7月２５日）から８月２日過ぎまで、青酸化合物にしろヒ素にしろ捜査がされていません。この経過から、捜査機関は真犯人に目星を付けていながら、それを逃すために、犯人を被告人（林）にしたのではないかという重大な疑いを払拭することが出来ません。

捜査の違法行為は、解剖結果を隠しだけではありません。常識では考え難いことですが、**被告人（林）に黙秘を捜査側が勧めます**。

泉克典の供述（証言）だけで「くず湯事件」「牛丼事件」「うどん事件」「睡眠薬事件」を認定するためと「被告人火傷事件」の真の火傷原因を被告人に供述させない

ためと、保険金詐欺の医師の診断書の乱発を被告人に暴露させないためと、被告人が黙秘することによる非難を被告人だけが被るようにするためです。

捜査の違法行為は、ほかにも有ります。

重要証人である泉克典を検察は、平成１０年８月３１日から同年１２月２９日まで警察官宿舎に保護し、その間に重要供述調書の大半を作成し、その後一審の終わりまで４年近く、泉克典を警察は高野山へ送り込み、一審が終わると、警察は泉克典を警察官の衣類を専門に扱うドライクリーニング店へ店員として送り込んで、警察は２０余年間泉克典を世間から隔離して監視を続けています。泉が証言を覆さないようにするためです。泉克典の人権はどうなっているのでしょうか。

以上見て来たように、捜査機関の「和歌山カレー事件」における人権侵害は相当なものです。捜査機関か人権侵害機関か解らない程です。

これに輪をかけるほどの違法行為が**裁判所の違法行為**です。先に、被害者６７名からヒ素とシアンの２つの反応が出たこと、死亡した小学４年生はシアンの反応が大きく、シアンで死亡したこと、被告人は、起訴状及び判決でヒ素によって「和歌山カレー事件」を犯したとされており、シアンは使っておらず、シアンとヒ素の反応が出たことは被告人は無罪です。この２つの反応の証拠を、被告人が有罪である証拠の標目中に、それも３個所に亘って判示するという全く、出鱈目な判決が「和歌山カレー事件」の死刑判決なのです。この無罪の明白な証拠の外に、原裁判所は以下５つの点から見て、無罪の心証を得ていながら有罪（死刑）の判決をしたと考えられます。その５つの点は以下のとおりです。詳しくは、別刊の詳細編で詳論します。

１つ目は、デッチ上げ事件。

人間の錯覚を極端に利用して読者を騙す事実認定。「麻婆豆腐事件」「中華丼事件」のデッチ上げです。しかし、「単独では認定できないが、疑わしい類似の事件が集積することの意味」（原判決８６７頁の判決の表現）以上には進展できない。原審は、限界を悟らざるを得なかった。

２つ目は、保険金殺人罪誘発論。

被告人が泉克典の保険契約の管理等をしているだけで死亡保険金を受取れるとする原判決の理論は非常識で保険金殺人罪を誘発する理論として、被告人のヒ素による殺人罪等が無理であることを悟らされました。

３つ目は、「牛丼事件」「うどん事件」について。

泉克典のヒ素自己使用の点を一切追及しない原裁判所の事実認定です。泉克典のヒ素自己使用を追及すると、被告人が犯人では無くなることを原審は知っているので追及しない。

４つ目は、動機の認定を早々と中止すること。

動機の追及を徹底すると被告人が犯人では無いことに行きつくので、早々と性格判断論を持ち出して、動機の事実認定を中止した。

５つ目は、被告人が保険金受取人にならないこと。

被告人は、保険契約の変更の仕方を知っていて、自己が泉克典の保険契約の死亡保険金受取人に決してならないことを原裁判所はよく知っています。そのことは、被告人が泉克典をヒ素等で殺して保険金を受取る意思が無いことを原裁判所はよく知っています。

以上５つの点の心証は被告人は無罪ということです。原審は被告人が無罪であるとの心証を得ながら有罪（死刑）の判決をした。

「和歌山カレー事件」の原判決は、このように、無罪の心証を得ながら、意図的に有罪（死刑）の判決を判示したものです。

表面的な誤りを発見する程度の態度で判決の欠陥指摘に臨んでも決して誤りを発見できないでしょう。意図的に「和歌山カレー事件」において無罪を有罪にするにはどのような方法があるべきかを深く検討した上で、原判決の誤りをそれも発掘するという態度でなければ原判決の誤りを指摘することは不可能だと考えられます。

「和歌山カレー事件」の捜査、裁判は、現時点における、日本の捜査の問題点、裁判の問題点が集約化（さらには、弁護のそれ）されたものです。

合本の再審申立編はここまでです。次の詳細編で、捜査、裁判、弁護の怠慢と、それぞれの違法行為を集中的に論じます。日本の捜査、裁判、弁護の問題点を少しなりとも明らかにしたいと思います。よろしくご購読のほど、お願い申し上げます。

著者（再審申立代理人）
生田暉雄

※出版社より
レイアウトは、実際の書面とは異なります。目次のページもこの書籍に合わせて変更し、資料は、本書用に添付しています。

総合もくじ

再審申立書
パートⅠ

和歌山地方裁判所平成１０年（わ）第４６５号，第５００号，第５３２号，第５８０号 被告人 林眞須美に対する殺人・殺人未遂・詐欺被告事件。

令和３年５月３１日

和歌山地方裁判所刑事部　御中

再審申立

住　所　大阪府都島区友渕町１－２－５
　　　大阪拘置所内
申立人　被告人　林 眞須美

事務所 〒７６１—０１０４
　　　香川県高松市高松町９４４－４
　　　日本タイムズ内
住　所（送達場所）
　　　〒[redacted]－００[redacted]
　　　埼玉県[redacted]
TEL・FAX　０[redacted]
携　帯　０[redacted]
申立代理人 弁護士
生田　暉雄

再審申立書目次

再審申立の趣旨

頭書事件中，１４年１２月１１日）の罪となるべき事実，第一の殺人，殺人未遂（以下「和歌山カレー事件」と称す）について，刑事訴訟法第４３５条第６号７号の無罪を言い渡すべき明らかな証拠をあらたに発見したので再審を申し立てる。

被告人は無罪である。

再審申立の理由

第１章　被告人は明々白々に無罪である

第１　被告人は明々白々に無罪である

１　「和歌山カレー事件」は第三者の犯行である証拠

「和歌山カレー事件」は第三者の犯行であることが，判決文中に存在する。第三者の犯行が明らかなカレーを食取した被害者（死者４人含む）６７名全員の身体から，シアン（青酸化合物）とヒ素の両方が含まれている鑑定結果の一覧が，原判決の罪となるべき事実の証拠の標目中に，それも３箇所に渡って，明白に判示記載されている。

（1）　証拠の標目１５頁の１６～１７行目，島田博の（甲１０４１）。

（2）　同１５頁２１～２４行目，辻本登志英の（甲１０６３）。

（3）　同１６頁7行目，小牧克守の（甲１１０１）である。

原判決は，被告人以外の第三者の犯行が明らかな証拠（被告人が無罪である証拠）を判決理由中の証拠の標目に３箇所も掲げながら，被告人に死刑を宣告する。

原判決は，誤判を通り越して，司法殺人（森 炎著「司法殺人」講談社刊）に該当する判決である。このような矛盾した裁判は，合理的な疑いを超えて，被告人が犯行したと認定することは出来ない。

被告人は明らかに無罪である。

２　死亡した４人について，裁判上死因の直接証拠が全く無い

死亡した谷中孝壽，田中孝昭，林大貴，鳥居幸は，いずれも医師の診療中に，平成１０年7月２６日，医師の面前で死亡し，谷中は死亡当日の２６日に，その他３人は２７日に解剖され，青酸化合物を死因とする解剖結果，死亡診断書，死体検案書のいずれもが，死因を青酸化合物としていると強く推測されるので，検察官は裁判の証拠として提出していない。

その結果，死刑という重大判決であるにもかかわらず，死亡者４人の死因を，直接立証する証拠が全くない特異な死刑判決となっている。

死因を立証する証拠が無いので，被告人の行為と４人の死の結果と間に因果関係を認めることができず，被告人は無罪である。

死因の直接証拠を追及していくと，青酸化合物が死因であることに行きつく。被告人が青酸化合物をカレーに混入したことを認める証拠は存在しないから，これは第三者の犯行である。死因の追及は，第三者の犯行に行きつき，この点からも被告人は無罪である。

３　死因の代替証拠は，虚偽公文書等の犯罪文書である

検察官提出の死因の代替証拠は，いずれも証拠能力，証明力が無い。それ以前に，虚偽公文書等の犯罪文書で，裁判に提出すべき文書では無い。

（1）平成１０年１０月７日付死体検案書

代替証拠の一つ目は，検案書発行年月日，平成１０年１０月７日付の死亡した４人についての新たな死体検案書４通（甲９６４，甲９６６，甲９６８，甲９７０）（以下，「代替証拠１」という。）である。

しかし，詳細は後で述べるが，結論の概要のみを指摘すると，これらは①作成年月日の虚偽公文書である。②内容的に虚偽公文書である。③医師法２０条，２１条１項違反の公文書である。④元の解剖結果，死亡診断書，死体検案書の死因の変更，修正，訂正をせず，新たな死体検案書を作成することは，変更，修正，訂正届をすべきとする義務違反で無効である。

（2）４人の医師の検察官に対する供述調書４通

代替証拠の二つ目は，死亡者４人を診察した４人の医師の平成１０年１２月２４日付，２８日付，２９日付（２通）の，検察官に対する供述調書４通（甲９７２ないし甲９７５）（以下，「代替証拠２」という。）である。

しかし，これら供述調書は以下の通りである。

①　辻以外の３人の医者は「砒素含有量」と題する書面を見せられて，供述しているが，この書面の作成者，作成年月日，作成目的，だれから血液等をどの様な方法で採取したか，採取場所等が不明で，信用出来ない文書であること。

②　「砒素含有量」と題する書面を見ただけの供述調書は，単なる医師としての意見書に過ぎないこと。

③　元の解剖結果，死亡診断書，死体検案書の変更，修正，訂正をすべきで，それをせず新たな供述調書を作成しても，変更，修正，訂正をすべきとする義務違反で，無効であること。

④　辻の供述調書は，虚偽公文書に該当すること，少なくとも，元の解剖結果，死

亡診断書，死体検案書の死因を変更，修正，訂正をすべきで，それをしないで新たな供述調書を作成することは，無効であること。

以上の通り，結論の概要のみを指摘したが，死因について，検察官が提出する代替証拠１及び２は，証拠能力，証明力が無く無効である。それ以前に犯罪文書で裁判に提出されるべき文書では無い。

第２　刑事訴訟法４３５条６号の新規明白な証拠

１　被害者６７名全員にシアンとヒ素が存在する鑑定結果

第三者の犯行が明らかな被害者６７名全員にシアンとヒ素が存在する鑑定結果である「被害者資料鑑定結果表」がある。

①　原判決の証拠の標目１５頁の１６～１７行目，島田博（２通，甲１０４１，甲１０４２）と判示中の甲１０４１に存在する。

②　同１５頁２３～２４行目，辻本登志英（５通，甲１０６２，甲１０６３，甲１０８９，甲１１００，甲１１１２）と判示中の甲１０６３に存在する。

③　同１６頁7行目，小牧克守（甲１１０１）と判示されたものに存在する。

以上，原判決中に，明々白々な無罪の証拠である第三者の犯行が明らかな「被害者資料鑑定結果表」と題する証拠が存在する。この特異な判決が「和歌山カレー事件」である。これ以上新規，明白な証拠は無いと言っても良い，新規明白な証拠が存在する。

２　第三者の犯行が明らかな証拠は他にも多数存在する

第三者の犯行が明らかな証拠は，和歌山県警の捜査本部に，他にも多数存在する。

（１）和歌山市園部におけるカレー毒物混入事件捜査概要

和歌山県警本部平成１３年３月編集，発行「和歌山市園部におけるカレー毒物混入事件捜査概要」（以下「捜査概要」と称す）の８３頁～８８頁（但し，この間は抜き取られた本が出回っている。そこで目録によることとする。）によると，県警本部は以下の警察，大学等に鑑定を依頼し，その鑑定結果を所持している。

①　科学捜査研究所に対する鑑定依頼とその結果

②　科学警察研究所に対する鑑定依頼とその結果

③　他府県警察への鑑定依頼とその結果

④　九州大医学部への鑑定依頼とその結果

⑤　聖マリアンナ医科大学への鑑定依頼とその結果

⑥　東京理科大学への鑑定依頼とその結果

（2）４箇所の鑑定結果

和歌山県警本部刑事捜査一課警部加門仁は，平成１０年１０月２６日，以下の研究所等に砒素等の薬物鑑定の依頼をし，その結果を所持している（検甲１０４１島田博供述調書，検甲１０６３辻本登志英供述調書，検甲１１０１小牧克守供述調書)。

①和歌山県警科学捜査研究所

②警察庁科学警察研究所

③兵庫県警察科学捜査研究所

④大阪市立大学医学部環境衛生学教室

（3）和歌山県警科捜研，東京の科警研の証拠

和歌山県警科捜研，東京の科警研にも第三者の犯行である証拠が存在する。平成１０年８月９日２７面の毎日新聞の記事に注目したい。「毒物カレー事件の鑑定，検査状況」と題して以下のような一覧を掲示している。

＜毒物カレー事件の鑑定・検査状況＞

	青酸	ヒ素
大なべ（少量残存）のカレー		●
大なべ（多量残存）のカレー		●
小なべのカレー		●
谷中孝寿さんの心臓血	○●	
谷中さんの胃内容物	○	●
田中孝昭さんの吐しゃ物	○	●
鳥居幸さんの吐しゃ物	○	
林大貴君の食べ残しカレー	●	●
被害者宅に残されたカレー４件		●
現場のごみ袋中のカレー２件		●
現場近くの排水溝の水	○●	
被害者の尿31人分		☆

（○は和歌山県警科捜研、●は科警研、☆は山内助教授の鑑定・検査）

読売新聞平成１０年８月５日朝刊３１面毒物カレーヒ素新たに６検体の見出しの記事の内に，「田中副会長，鳥居の吐しゃ物から青酸反応。谷中の胃の内容物，林大貴の食べ残しのカレーからも青酸反応」の記事がある。

３　原判決に，死亡した４人の死因の直接証拠が存在しない

原判決に，死亡した４人の死因について，直接証拠が存在しないことは，判決文

自体から明らかである。死刑判決として，原判決は全く特異な判決である。原判決には死因の証拠が無い（代替証拠については，後に検討する）ので無罪である。

原判決は，犯罪の態様，動機については，理由中に，一応の認定理由を判示している。ところが不思議なことに死因については，「死因の直接証拠」によらず，証拠能力のない代替証拠１及び２によって誤った死因を認定した。死因について検討を全く欠く欠陥判決というべきである。

４　死因の直接証拠である死因とする証拠の存在場所

死因の直接証拠である解剖結果，死亡診断書，死体検案書の死因は，青酸化合物を死因とするものであると強く推測される。

（１）死因の直接証拠は４人を解剖した，和歌山県立医科大学医学部法医学講座教授辻　力の手元に，平成１０年７月２６日付及び２７日付の４人の解剖結果，死亡診断書，死体検案書が存在すると強く推測される。

（２）谷中孝壽についての解剖結果，死亡診断書，死体検案書は，医療法人誠佑記念病院の医者，上野雄二の手元に存在すると強く推測される。

（３）田中孝昭，林大貴についての解剖結果，死亡診断書，死体検案書は，中江病院の医者，粉川庸三の手元に存在すると強く推測される。

（４）鳥居幸についての解剖結果，死亡診断書，死体検案書は，日本赤十字社和歌山医療センター第二内科の医師，榎本茂樹の手元に存在すると強く推測される。

そうすると，被告人が青酸化合物をカレーに混入したことを認める証拠は存在しないから，第三者の犯行が明らかで，被告人は「和歌山カレー事件」の犯人では無いことになる。

この点からも被告人は無罪である。

５　死因についての代替証拠は，出鱈目な犯罪文書の虚偽公文書である

証拠の標目１６頁，中程の死体検案書４通（甲９６４，甲９６６，甲９６８，甲９７０）と判示するもの。

証拠の標目１５頁，中程　辻　力（甲９７２），上野雄二（甲９７３），粉川庸三（甲９７４），榎本茂樹（甲９７５）と判示されたもの。

これらの死因の代替証拠１，２，は，いずれも証拠能力，証明力が全く無い，むしろ犯罪証拠でさえある。

適正，適法な証拠調べがされておれば，裁判の証拠とは，絶対にならなかったものである。再審裁判において，適正，適法な証拠調べをし，証拠排除する以外に無い。そうすると，死亡した４人について，死因についての証拠は全く無いことになる。

被告人について無罪以外の裁判は無い。

以上の概要の詳述を以下において論ずる。

第３　本件再審申立の立脚点

検察官は，和歌山カレー事件について６つのパーツに分けて立証する。
１ 被告人において，カレーの当番，見張り役で一人で行動できる時間帯があった。
２ 被告人がカレー鍋に何かを投与する目撃証言。
３ 被告人が自宅からカレー鍋に自宅のヒ素を青色紙コップで運んだ。
４ 被告人が自宅のヒ素と本件カレーの投与されたヒ素の同一性。
５ 被告人はヒ素を使った殺人未遂・保険金詐欺に関与している。
６ 被告人のヒ素による４人の殺害の死因の証拠及び６３人の未遂の証拠。

以上６つのパーツのうち，本件再審申立は，６番目の死因の証拠にのみ関する再審申立である。つまり，犯行態様や動機について論じるものではなく，主として死因に関連してのみ論ずるものである。

なお，死因について立脚する理由は，原判決が死因について全く検討を欠いていることによるものである。裁判所が適切な訴訟指揮によらず，代替証拠１及び２に証拠能力を認め，死因を急性砒素中毒であると誤った認定をしているからである。

仮に，死因が青酸化合物による中毒死であれば，犯人は青酸化合物をカレーに混入した者だといえる。もっとも，被告人が青酸化合物をカレーに混入したことを示す証拠はない。したがって，被告人は無罪である。

それだけではない。検察官の冒頭陳述,論告においても死者４人の死因について全く触れない。死者４人の少なくとも争点の一つである死因について,なぜ，検察,裁判所はこれを極端に回避しようとするのか。それほど死因が和歌山カレー事件にとっては,弱点となるのか。

死因について，検察は，死因の直接証拠である当初作成された解剖結果等を証拠提出していない。その理由は，検察が主張する実行行為（カレーに砒素を混入したこと）と矛盾するからだと考えられる。

本件では，検察官は，死因の直接証拠を提出せず，代替証拠１及び２を提出することで，死因の真相を歪めており，断じて許されるものではない。検察官が，死因の直接証拠を開示すれば，被告人が無罪でることが明々白々となる。

そこで，本申立においては，その死因について本腰を入れて論じるのである。

第４　論点の検討

１　原判決中に３箇所もある無罪を言い渡すべき明らかな証拠

「和歌山カレー事件」について，被告人 林眞須美（以下，「被告人」という）は，明々白々に無罪である。被告人以外の第三の犯行であることが，明白な証拠が原判決の罪となる事実を証拠の標目中に，それも３箇所も明示されている。それは，本申立書第６章で詳論するとおりである。詳論は第６章を見ていただくことにして，一応の検討をしておく。

一つ目は，判決の証拠の標目の１５頁１６～１７行目に島田博(２通甲１０４１，甲１０４２)と判事されている甲１０４１の中に添付された一覧表。

二つ目は，同１５頁２３～２４行目に辻本登志英(５通甲１０６２，甲１０６３，甲１０８９，甲１１００，甲１１１２)と判示されている中の甲１０６３の中に添付された一覧表。

三つ目は，同１６頁７行目に小牧克守(甲１１０１)と判示された中の甲１１０１の中に添付された一覧表である。

島田,辻本,小牧はいずれも被害者を診療した医者で，自己が診察した被害者の特定のため，自己の供述調書に添付された一覧表である。その添付された一覧表は，「被害者資料鑑定結果表」と題され，県科警研,兵庫県警科捜研，大阪市立大学医学部で，死亡した４人を含む被害者６７名全員にシアンとヒ素が体内に含まれていたとする鑑定表である。

起訴状，原判決は，被告人がシアン（青酸化合物）とヒ素の２つの毒を使用した犯行であるとするものではなく，ヒ素を使用した犯行を起訴及び有罪判決とするものである。

従って，シアン（青酸化合物）とヒ素の両方がカレーに混入されていたとするならば，死因がシアン（青酸化合物）であれば，起訴状，原判決からしても被告人以外の第三の犯行ということになる。

原判決は，被告人がヒ素（亜砒酸）をカレーに混入したとして，殺人罪等で有罪としながら，その判決の罪となるべき事実の証拠の標目中に，それも３箇所にも渡って，第三者の犯行を示す証拠を挙げていることになる。

これほど矛盾した判決はめったに無い世にも不思議な判決である。何はともあれ，判決自体，自己矛盾の判決で，被告人が無罪であることを判示したと解する以外にない。

被告人は，判決書自体から明々白々に「和歌山カレー事件」については無罪である。

２　死因を立証する直接的な証拠は裁判に提出されていない

「和歌山カレー事件」の死亡者４人について，被告人は無罪である。後で詳述するように，死亡した４人について，死因がヒ素であることを合理的な疑いを超えて，殺害したと認定する証拠が無い。死亡した４人について，原判決書には，ヒ素で死亡したことの証拠，死因でヒ素であることを確認したと判示できる証拠がないのである。

死亡した４人は，いずれも医師の診療中に医師の目の前で死亡した。死亡した４人について，自治会長は死亡の当日の７月２６日に，残りの３人は翌日の２７日に，いずれも和歌山県立医科大学医学部法医学講座教授，医師の辻 力の執刀で解剖された（「和歌山市園部におけるカレー毒物混入捜査概要」（以下「捜査概要」という）和歌山県警察本部発行，和歌山印刷所１５～１７頁）。従って，死亡した４人について，辻 力作成の解剖結果，死亡診断書，死体検案書があるはずである。

死亡原因について，解剖しなければプロでも原因を誤ることがあり，死因は「解剖しなければ解らない」（「死体からのメッセージ」押田，水沼著 万代宝書房２２頁）といわれている。

解剖結果は死因について，これ以上優れた証拠は無いと言ってもよい，優れた証拠である。

解剖結果と県警の発表により，７月２７日から８月１０日ぐらいの間，全マスコミは「和歌山カレー事件」青酸化合物殺人で連日沸き返った。４人の死因が青酸化合物であることは明らかである。

ところが，検察官は，この解剖結果を，死亡診断書，死体検案書のどれ一つとして，裁判に提出しない。ヒ素による殺人の死因の証拠として，青酸化合物の死因の３書面は，役に立たないからである。結果として，死因を立証する直接的な証拠，すなわち当初作成された解剖結果，死亡診断書，死体検案書は裁判に提出されていないことになる。

裁判において，殺人罪の死因の立証が検察官からされない場合，裁判所の取る方法としてどのような方法があるか。

一つ目は，黙って終結し，無罪の結論を出す。

二つ目は，検察官に死因の釈明をする。あるいは，検察官に死因の鑑定申請を促す。

三つ目は，職権による解剖結果，死亡診断書，死体検案書の提出命令を出す。もしくは，職権で死因の鑑定をする。

しかし，原判決は，この３つの方法のいずれも取らなかった。結果的には，４人の死亡について真の死因の立証は無い。

被告人は無罪というべきである。

３　優れた死因証拠は裁判に提出されていない

これ以上優れた死因証拠は無いと思われる死亡直後の死体解剖書，死亡診断書，死体検案書のいずれも，検察官は死亡した４人の死因の証拠として，裁判に提出しない。

その代わりとして，次の代替証拠１及び２を検察官は裁判所に提出した。検察官が提出した代替証拠１は，新たに作成された４人の死体検案書である。代替証拠２は，死亡した４人の被害者を診察した４人の医師の検察官に対する各供述調書である。

しかし，２種類の書面とも，多々問題を抱えた書類で，証拠能力，証明力が全く無く，全く措信できない書類である。

まず一つ目の新たに作成された，４人の死体検案書について，原判決の罪となるべき事実の証拠標目，１６頁中ほどの死体検案書４通（甲９６４，９６６，９６８，９７０）と判示するものと同じである。

これらについては，第５章，第６章で詳論する通りである。

（1）平成１０年１０月７日付の新たに作った死体検案書

検察官は，平成１０年１０月７日に，死亡した４人の新たな死体検案書を作った（辻 力に作らせた）。しかし，これは（1）虚偽公文書である。（2）医師法２０条，２４条１項違反である。（3）元の平成１０年７月２６日作成の死体検案書との優劣問題がある

以上により，新たな死体検案書は証拠能力，証明力は全く無い。全く措信できない文書である。

（2）新たに作った死体検案書は，虚偽公文書である

この新たな死体検案書（検甲９６４，９６６，９６８，９７０）は，平成１０年１０月８日付の捜査報告書に，検甲９６３（和歌山市消防局から救急車搬送リスト等の資料３点を入手したので報告する）の第４資料として，死亡した４人の写真報告書と添付されていたものである。

ここで，注意する必要があるのは，母体となった捜査報告書の日付は，平成１０年８月１０日ということである。問題は，死亡した４人の写真報告，甲９６５，９６７，９６９，９７１の前に交互に挟まれて，甲９６４，９６６,９６８,９７０の死体検案書の作成が，いずれも平成１０年１０月７日付であるということである。

つまり，平成１０年８月１０日付の捜査報告書はすでに書かれている死体検案書を取得して添付しているのであれば理解できる。ところが，これが２ヶ月も後の１０月７日に書かれた死体検案書を８月１０日に取得して添付したという現実社会では，実行不可能な捜査報告書と一体となった新たな死体検案書（甲９６４,９６６,９６８,９７０）なのである。

（３）捜査報告書は，虚偽公文書である

この捜査報告書（検甲９６３）自体，虚偽の死体検案書を添付した捜査報告書として虚偽公文書である。そして，４通の死体検案書自体も，虚偽公文書作成罪（刑法１５６条）の虚偽公文書（検甲９６３）と一体になった虚偽の死体検案書であるといわなければならない。

新たな死体検案書（検甲９６４，９６６,９６８,９７０）は虚偽文書であるというということになり，証拠能力，証明力は全くない。

（４）原判決は，捜査報告書と新たな死体検案書を切り離した

原判決は，母体となった捜査報告書（検甲９６３）を引用せず，新たな死体検案書（甲９６４，甲９６６，甲９６８，甲９７０）（原判決通りの表示）と判示する。

母体となった捜査報告書から，新たな死体検案書４通を切り離したのは，作成日付の矛盾が明らかなためだと推測される。しかし，切り離したところで，この新たな死体検案書の虚偽文書性を解消することは出来ない。なぜなら，新たな死体検案書の出所として，捜査報告書（検甲９６３）は付いて回るからである。

原判決は非常に姑息な方法を取っているが，虚偽公文書を判決書の証拠の標目に揚げるという判決書と虚偽公文書が一体となった問題のある判決書を作成していることになる。

いずれにしても，新たな死体検案書４通（検甲９６４，甲９６６，甲９６８，甲９７０）は虚偽公文書で証拠能力，証明力は全くない。

４　新たな死体検案書の証拠能力，証明力は全く無い

新たな死体検案書（検甲９６４，９６６，９６８，９７０）４通は，医師法２０条違

反の公文書で証拠能力,証明力は全く無い。

医師法２０条は,「医師は自ら診療しないで治療し,若しくは,診断書,若しくは処方箋を交付,又は自ら検案をしないで検案書を交付してはならない」と規定している。

いかに,検案と検案日の発行年月日とを書き分けても,検案書発行年月日に検案していないことは間違いなく,これらの新たな死体検案書は医師法２０条違反である。

なお,検案官証拠等関係カード検甲９６４,９６６,９６８,９７０で作成年月日を平成１０年１０月７日付としている。

医師法２０条の趣旨は,医師が自ら診察や立ち会い,あるいは検案をしないで一定の行為を禁ずるところにある。すわなち,診察・立会・検案なしに,不正確な医療関係の証明書を作成することで,社会に悪影響を及ぼすことを防止するものである。

そうすると,仮に検案した者が検案書を作成・交付したとしても,検案から検案書作成・交付までの間に,著しい時間の経過が認められる場合には,もはや「自ら検案をしないで検案書を交付し」たというべきである。なぜなら,時間の経過により不正確な検案書が作成されるおそれがあり,同条の趣旨を没却するからである。

本件では,辻 力は,７月２５日,２６日に検案し,数か月も後である１０月７日付で死体検案書を作成・交付している。よって,検案から検案書作成・交付までの間に,著しい時間の経過が認められるから,「自ら検案をしないで検案書を交付し」たというべきであり,同条違反である。

従って,新たな死体検案書４通(検甲９６４,９６６,９６８,９７０)として,原判決の罪となるべき事実の証拠の標目１６頁,中程に判示された死体検案書４通は,いずれも医師法２０条違反によって作成された公文書で,証拠能力,証明力は全く無く,惜信できない文書である。

それだけではない。医師法２４条には,医師は検案後直ちに死体検案書を作成することが命ぜられている。医師法２４条１項は,「医師は,診療をしたときは,遅滞なく診療に関する事項を診療録に記載しなければならない。」と規定する。同条の趣旨は,診療録の正確を期する点にある。すなわち,診療により知覚し記憶したことが,時間経過とともにあいまいとなり,記述の過程で誤りが介在することを防止するものである。かかる趣旨は,不正確な検案書が作成され,社会に悪影響を及ぼすことを防止する死体検案書作成の趣旨とも合致する。

そこで,同条項を死体検案書の場合にも類推適用し,検案後,遅滞なく死体検案書を作成・交付しなければ,同条違反というべきである。

本件では，辻 力は７月２５日，２６日に検案し，数か月も後である１０月７日に検案書を作成しており，検案後，遅滞なく死体検案書を作成・交付していない。よって，医師法２４条１項違反である。

従って，「和歌山カレー事件」について，死亡した４人に対する死因を立証する証拠はない。

５　死亡した４人は，いずれも医師面前で死亡した

死亡した４人は，いずれも医師の診療中に医師の面前で死亡した。自治会長は７月２６日の死亡の当日，他の３人は２７日，いずれも辻 力の執刀で解剖された（「捜査概要」１５～１７頁）。

医師である和歌山県立医科大学医学部法医学講座教授辻 力には死亡した４人の解剖結果，死亡診断書，死体検案書がある

そこに， 新たな死体検案書(検甲９６４，９６６，９６８，９７０)を作成するとどうなるか？

詳細は後で述べるが，結論の概要のみを指摘すると，まず，第（一）に，新たな死体検案書か，元の解剖結果，死亡診断書，死体検案書のどちらかが，虚偽公文書書ということになる。第（二）に，新たな死体検案書の死因（つまりヒ素が死因であること）をなぜか，当初の解剖結果，死亡診断書，死体検案書の死因（つまり青酸化合物が死因であること）に生かせなかったのはなぜかが問題となり，第（三）に，新たな死体検案書と，当初の解剖結果，死亡診断書，死体検案書との優劣の問題が生じる。第（四）に，以上第（一）～第（三）に対処した裁判が必要になる。

（1）どちらかが，虚偽公文書

まず，第（一）の点について検討する。

新たな死体検案書(検甲９６４，９６６，９６８，９７０)については，先に作成年月日の関係から虚偽公文書であることを論じた。ここでは，内容面から見ても虚偽公文書であることを論証する。

新たな死体検案書は，自治会長，谷中については，検案（年月日），７月２６日，（検案書）発行年月日，平成１０年１０月７日とされている。要するに，死亡した４人の解剖年月日を（検案）年月日としただけのことになる。

検案年月日と解剖日と合わせただけで， 新たな死体検案書が内容的にも真実であるということにはならない。

新たな死体検案書が内容的にも真実であるとするならば，元の解剖結果，死亡診断書，死体検案書は，虚偽公文書ということになる。

しかし，何の利害関係も無く，長年法医学講座の教授として解剖に携わってきた，プロの医師が虚偽公文書の解剖結果，死亡診断書，死体検案書を作成するとは考えられない。

利害関係がもし発生しているとすれば，新たな死体検案書作成の時であろう。従って，元の解剖結果，死亡診断書，死体検案書は，真正な書面であり，新たな死体検案書が虚偽の公文書ということになる。

死亡の原因欄の記載を見ても，解剖時の事実に，新たな事実が加わっているとは認められない。従って，解剖結果と相まって，死体検案書が作成されていると見るべきである。

そうすると，死体検案書の内容面から見ても，当初の解剖の結果，死亡診断書，死体検案書の内容が正しいことになる。この点からも，新たな死体検案書は虚偽で，新たな死体検案書は内容面からも虚偽公文書であって，証拠能力，証明力は皆無である。

（2）新たな死体検案書の死因と元の死体検案書の死因

新たな死体検案書は内容をなぜ，解剖の結果，死亡診断書，死体検案書に生かせなかったか，少なくともその変更，修正，訂正に役立てられなかったか，という問題である。

新たな死体検案書は，元の解剖の結果，死亡診断書，死体検案書と特段内容的に新たなものでもなく，特段の理由をつけて，「直接死因」を明示するでもなく，単に直接死因を「砒素中毒」とするだけの新たな死体検案書である。

従って，新たな死体検案書と元の解剖の結果，死亡診断書，死体検案書との死因の違いは，見解の相違という外ない。そうすると，直接死体を解剖した，元の解剖の結果，死亡診断書，死体検案書の死因の方が正しいという外ない。

新たな死体検案書は，信用性が無い。措信し難い検案書であると言わざるを得ない。

（3）新たな死体検案書と元の死体検案書との優劣の問題

新たな死体検案書と，元の解剖の結果，死亡診断書，死体検案書との優劣の問題である。

このような優劣問題が生じないよう，法は死体検案書等の変更，修正，訂正について，厚労省への届出や関係市町村に，医師自ら届出することにしている。

新たに死体検案書を作成するのではなく，元の解剖の結果，死亡診断書，死体検案書の変更，修正，訂正の届出をするのである（「ＮＥＷエッセンシャル法医学」医歯薬出版（株）５３４頁）。

解剖の結果，死亡診断書，死体検案書は，医療事故，犯罪関係，死体統計等，多方面に関連する。従って，内容の変更，修正，訂正をしないで，新たに死体検案書を作っても，それは無効である。

元の３書類の変更届をせずに，新たな書類を作ることは，国家行政の多方面に種々の弊害を及ぼし，許されざる行為となる。検察官による新たな死体検案書の作成を辻 力に行わせたことは重大な脱法行為で許されざる行為である。

新たな死体検案書は，当然無効である。

（4）前記（1）～（3）のとき裁判所の対処について

以上，詳述したように，元々歴とした解剖結果，死亡診断書，死体検案書が存在するのに，新たな死体検案書を作成することは，国法上の多方面に，種々の弊害を及ぼし，犯罪行為すれすれの行為で，見方によっては，犯罪行為に該当するとの見解もあり得る行為である。

裁判に当たっては，元の解剖の結果，死亡診断書，死体検案書を取り寄せ，それとの対比を検討して，新たな死体検案書を裁判の証拠とすることを禁ずる措置をして，裁判が犯罪行為に加担することを阻止しなければならない。

このようなあるべき裁判をせず，提出された，新たな死体検案書を，そのまま証拠の標目に記載する，原判決は，国法に実質的に反する判決書を判示していると言わざるを得ない。

あってはならない判決というべきである。

６　４人の医師の検察官に対する供述調書について

次に検察官の提出する代替証拠２，死亡した４人の診療をした４人の医師の検察官に対する供述調書を検討する。

原判決の証拠の標題の１５頁，中程にある，羅列した多くの人名の中に交じって，辻 力（甲９７２），上野雄二（甲９７３），粉川庸三（甲９７４），榎本茂樹（甲９７５）と判示されたものである。

原判決に羅列された多くの人名の中に，この４名の人名と検番号だけを羅列しているが，原判決に代わって解説すると，死亡した４人の死因がヒ素であるとの証拠を挙げたものである，と判示したと理解する。

この４人の医師の供述調書には，以下の問題点がある。

一つ目は，４人の医師が診療した被害者，２つ目は，見せられた「砒素含有量」と題する書面の性質，三つ目は，「砒素含有量」と題する書面を見ただけの供述調書の性質，四つ目は，供述調書と元の解剖の結果，死亡診断書，死体検案書との効力の優劣関係，五つ目は，辻 力の供述調書の問題点，六つ目は，このような供述調書が検察官から提出された場合の裁判所あり方である。
以下に，一つ目から順次検討する。
（１）４人の医師と被害者の関係
さて，辻 力（検甲９７２）は，和歌山県立医科大学法医学講座教授，医師で平成１０年１２月２９日，検察官に対する供述調書に署名押印している。
上野雄二（甲９７３）は医療法人誠佑記念病院院長，医師で平成１０年１２月２４日検察官に対する供述調書に署名押印している。
粉川庸三（甲９７４）は，和歌山県立医科大学附属病院紀北分院の外科の医師で，医療法人愛晋会中江病院において，第４土曜日から翌日曜日当直医を務めており，平成１０年１２月２９日，検察官に対する供述調書に署名押印している。
榎本茂樹（甲９７５）は，日本赤十字社和歌山医療センター第２内科の医師で，平成１０年１２月２８日検察官に対する供述調書に署名押印している。

辻は平成１０年７月２６日，死亡した４人の解剖結果，死亡診断書，死体検案書を作成していると思われる。
上野は，死亡した谷中孝壽を診察していたので谷中の解剖結果，死亡診断書，死体検案書に関与していると思われる。
粉川は中江病院において，死亡した田中孝昭，林大貴を診察していたので，田中，林の解剖結果，死亡診断書，死体検案書に関与していたと思われる。
榎本は，死亡した鳥居幸を診察していたので，鳥居の解剖結果，死亡診断書，死体検案書に関与していたと思われる。

以上の辻，上野，粉川，榎本の４人の医師は，死亡した４人の死因について，青酸化合物である旨の関係書類の作成をしていると思われる。
ところが辻は平成１０年１２月２９日（検甲９７２），上野は同年１２月２４日（検甲９７３），粉川は同年１２月２９日（検甲９７４），榎本は同年１２月２８日（検甲９７５）いずれも検察官に対する供述調書で辻は死亡した４人の死因がヒ素であると考えられると，上野は谷中の死因が，粉川は田中，林の死因が，榎本は鳥居の死因がいずれもヒ素であると考えられると供述した。

（２）２つ目の「砒素含有量」と題する書面の性質
次に，この「砒素含有量」と題する書面を示す。

砒素含有量

単位：μｇ／ｇ（ｐｐｍ）

検　　体	血　液	胃内容物	肝　　臓	左腎臓
正常人の平均値 （）は、上下限	0.007 (0.001-0.016)		0.181 (0-0.40)	0.142 (0-0.30)
砒素中毒による死亡例の平均値 ()は、上下限	3.3 (0.6-9.3)		29 (2.0-120)	15 (0.2-70)
谷中孝壽	1.2	109	20.4	8.3
田中孝昭	1.6	36.6	14.6	6.0
林　大貴	0.7	0.6	11.6	4.6
鳥居　幸	1.1	0.6	12.7	5.6

何よりも，いつ作成されたのか，死亡した４人の解剖結果，死亡診断書，死体検案書の作成に役立てられなかった理由はどういう理由か，そして死亡した４人の解剖結果，死亡診断書，死体検案書の死因の変更，修正，訂正に役立てられなかったのはなぜか。さらには，この砒素含有量と題する書面が，正当に作成され，信用力があり，証拠能力，証明力も問題が無い書面であるなら，これを有力な証拠の１つとして死亡した４人の死因の鑑定に役立てることが出来るはずである。なぜ死因の鑑定をしないのか。以上のような疑問が多々ある。

砒素含有量と題する書面を見ただけで，死亡した自己の診察者の死亡原因はヒ素であるとしたそれぞれ３人の医師の供述調書（検甲９７３，９７４，９７５）は，どう評価すれば良いのか。

（３）「砒素含有量」と題する書面を見た後の供述調書の性質

そこで，三つ目の「砒素含有量」と題する書面を見ただけでした供述調書の性質を検討する。

砒素含有量と題する書面記載のようなヒ素が死亡した４人の死亡時に存在したのであれば，死亡した４人の死因はヒ素であろう。しかし，死亡した４人の死亡時に砒素含有量と題する書面の砒素が死亡した４人にそれぞれ含有されていたという証拠，証明がない。

従って，砒素含有量と題する書面を見せられて作成した供述調書（検甲９７３，９７４，９７５）は死亡した４人が現実にヒ素で死亡したと実質的に供述するものではない。

あくまでもヒ素含有量と題する書面を見せられて，このとおりであれば，４人はヒ素で死んだのでしょうという，いわば医師の専門家としての，一種の意見書であるというべきであると考えられる。

要するに，３人の医師の供述調書(検甲９７３，９７４，９７５)は専門家としての意見書であって，死亡した４人の解剖結果，死亡診断書，死体検案書の死因が青酸化合物であることと異なる見解を供述したものではないということである。

（4）効力の優劣問題

四つ目の供述調書と，元の解剖の結果，死亡診断書，死体検案書との効力の優劣問題を検討する。

仮に，３人の供述調書が意見書ではなく４人がヒ素で死んだとする新たな供述調書であると考えるとどうなるか。

その場合は，各医師の各死亡した４人に対する元の解剖結果，死亡診断書，死体検案書との優先関係が問題になる。

そのような関係を避けるため，供述調書という型ではなく，元の解剖結果，死亡診断書，死体検案書の死因の変更，修正，訂正の手続を取るべきであろう。

元の解剖結果，死亡診断書，死体検案書の死因の変更，修正，訂正の手続を取る方法があるのに，これを取らずに供述調書という形式を取っても，その供述調書は無効と考えるべきである。この点は，先に死体検案書４通で論述したことと同じである。

解剖結果，死亡診断書，死体検案書の死因の変更，修正，訂正の手続は当該医師による手続を取らなければならない。医師がその手続を取らない場合，第三医師による鑑定という方法もある。

このような方法があるのに安直な供述調書により，実質的に元の解剖結果，死亡診断書，死体検案書の死因の変更になる方便は許されないと考えるべきである。

この点も先に，新たな死体検案書のところで論じたと同じである。元の解剖結果，死亡診断書，死体検案書は，国法上，犯罪予防，医療行政，統計上の処理等他方面に関係し，従って，元の３書面の変更，修正，訂正が法定されている。それをせず，新たな書面を作ることは許されない。４人の医師の各供述調書は，無効というべきである。

（5）辻　力の供述調書の問題点の検討

五つ目の辻　力の供述調書の問題点を検討する。

検甲９７２には砒素含有量と題する書面は添付されていない。しかし，砒素含有量と題する書面に該当する内容の供述調書になっている。そして辻　力の供述調書(検甲９７２)は，死亡した４人の死因はヒ素であるという供述調書である。

そうすると辻　力作成の元の解剖結果，死亡診断書，死体検案書に記載されているであろう青酸化合物が４人の死因であるとする書面の効力の優劣問題が生じる。

そのような問題にならないように，元の解剖結果，死亡診断書，死体検案書の死因の変更，修正，訂正の手続を取るべきである。そのような変更手続を取らずに新たに供述調書という形式を取ってもそれは無効とするべきである。

何よりも，検甲９７２の供述調書の内容を辻　力はいつ知ることになったのか。そして，その内容に添ってなぜ最初の解剖結果，死亡診断書，死体検案書の死因を書かなったのか。

それが出来なくても最初の解剖結果，死亡診断書，死体検案書の死因の変更，修正，訂正の手続は取れなかったのか。

このように検討すると，辻　力の供述調書(検甲９７２)は，矛盾だらけの供述調書で証明力は皆無である。

（6） このような供述調書が提出された場合の裁判所のあり方の検討

そこで最後に，六つ目のこのような供述調書が検察官から提出された場合の裁判所あり方を検討する。

証拠調べを適正にしておれば，これら４人の医師の各供述証拠と元の解剖結果，死亡診断書，死体検案書と矛盾があること，その矛盾があるが故に，新たな証拠として提出されたことが解るはずである。

そうすると，元の解剖結果，死亡診断書，死体検案書を早急に裁判に提出させ，元の３書面を証拠として採用し，新たな４通の供述調書の証拠採用を取り止めるべきことが明らかになる。

このような適正な裁判（訴訟指揮）がなされていないのが，「和歌山カレー事件」の裁判である。なおこの点は第５章で「和歌山カレー事件」について裁判，弁護の実態として検討している。

6　検察官提出の死因に関する代替証拠の結論

以上のような検討の結果，４人の医師の供述調書(検甲９７２，９７３，９７４，９７５)はいずれも証拠能力，証明力が無いといわなければならない。したがって，原判決には死亡した４人の死因がヒ素によるものであるとする証拠が無いということになる。

原判決は，いずれも死亡４人がヒ素で死亡した証拠として，証拠能力，証明力の無い証拠を，証拠の目標に掲げている。

つまり原判決の証拠の標目１５頁中程の辻 力(検甲９７２)，上野雄二(検甲９７３)，粉川庸三(検甲９７４)，根本茂樹(検甲９７５)，同１６頁中程の死体検案書４通(甲９６４甲９６６甲９６８甲９７０)として，「和歌山カレー事件」の死亡した４人の死因の証拠を掲げているが，これらはいずれも証拠能力，証明力が無く，したがって，死亡した４人の死因に関する証拠は全くない。よって，４人に対する殺人罪について被告人は無罪である。

何よりも原判決が裁判といえるためには，誠実に焦点である死因について真剣に証拠を検討し，裁判所として職権でも出来る手段である鑑定等を使って，死因を明らかにすべきであるのに，これを全く怠って死因の証拠が無い裁判をしたことは甚だしい怠慢があるというべきである。

裁判にあらざる裁判をしたと言っても過言ではない。

第５　以上の総括

以上，詳述した通り，「和歌山カレー事件」についてまとめると，

１，第三者の犯行が，明らかな証拠が，判決文中に３箇所も判示されていて，矛盾した判決であり，無罪であること。

２，死亡した４人について，死因の直接証拠が全く無いこと。死因の直接証拠を探求すると，おそらく死因は青酸化合物で，第三者の犯行であることに行きつく。真の死因を判示しないことによる無罪と第三の犯行であることから無罪であること。

３，死亡した４人の死因についての代替証拠１及び２は，証拠能力，証明力が無く，それ以前に虚偽公文書（刑法 156 条）で裁判に提出されるべき証拠では無いこと。適正，適法な証拠調べを欠き，さらに証拠を精査しない怠慢きわまりない裁判の結果である。

４，以上により「和歌山カレー事件」については，無罪以外はあり得ないこと。

である。

問題は，被告人以外の第三者の犯行である証拠を判決理由中に３箇所も揚げながら，被告人に死刑を宣告するといったきわめて矛盾した原判決をどう評価すべきか，ということである。司法殺人（森 炎著『司法殺人』講談社刊）と言っても過言ではないこと。その上，更に，死亡した４人についての死因を立証する証拠が全く無いことである。

死因についての証拠が全く無い。従って，合理的な疑いを超えて，有罪であるとは決して言えない判決。それにもかかわらず，被告人に死刑を宣告する判決。これが「和歌山カレー事件」の判決なのである。

そして，更に，死因についての代替証拠１及び２は，適正，適法な証拠調べの上でなら決して証拠として採用されなかった作成日付に矛盾があり，医師法２０条，２４条１項違反がある，新たな死体検案書で，元の死体検案書との優劣問題もある。また，死亡した４人を診察した医師の検面調書は，得体の知れない「砒素含有量」なる書面を見せられて，作成された検面調書である。

これは，少し注意すれば，直ちに問題の所在が解る，証拠能力，証明力の全く無い代替証拠である。

法治国家である日本国において，それも死刑を宣告する判決において，なぜ，ここまで裁判にあらざる裁判ともいうべき判決が存在するに至ったのか？

このような判決が二度と生じないよう，捜査のあり方，裁判のあり方，弁護のあり方を根本的に反省すべきであると思われるのが，この「和歌山カレー事件」である。

※出版社注

検面調書：「検察官面前調書」の略。検察官に対して，被疑者や参考人が供述したところを録取した調書。

第２章　和歌山カレー事件の経緯

報道では，青酸化合物が４人の死者の死因であると報道され続けていることに注意を払うべきである。

第１　「和歌山カレー事件」の事件発祥について

（毎日新聞７月２７日３面「和歌山カレー事件・ドキュメント」から引用する）

（7 月 25 日）

08:30 ごろ　夏祭りの会場近くの飲食店からガスコンロなどを借りて，主婦らが隣接する駐車場や民家二ヶ所で，カレーライスの調理を始める。

12:00 ごろ　調理をいったん終える。

14:00 ごろ　近くの子供がカレーを味見。異常はなかった。

17:00 ごろ　カレーを会場に運ぶ。

18:00 ごろ　夏祭りが始まる。おでんやカレーライスのテントに人の列。

18:15 ごろ　テント近くで吐き気をもよおしたり，おう吐したりする人が出る。

19：08 ごろ　和歌山市消防本部に住民から、「おう吐している人がいるので来てほしい」と通報。その後も通報が続いた。

19:20 ごろ　気分が悪くなり会場近くの前田外科へ向かう人の列ができる。なかには路上で吐いてしまう人も。「おう吐するポリ袋が足りなくなってしまって…」

19:28　現場に到着した救急隊から応援要請。計 11 台の救急車が患者を搬送した。救急車に運ばれるぐったりとした幼児を見守る家族は「動かないけど大丈夫ですか」と青ざめる。

19:30 ごろ　前田外科内では廊下に座り込んで点滴を受ける人やソファーに横たわる人たちであふれる。点滴を受けた男子高校生は「カレーの味は最初から変だった」と証言

19:32　和歌山警察が事件性があるとして捜査を始める。

19:40　病院の外で心配そうに様子をうかがっていた主婦は「えらいことになってしまった。どうしたらええんやろうか」。

19:45　市消防本部から保健所に連絡。保健所が調査を始める。

20:30　前田外科のある医師は「食中毒にしては発症が早すぎるのが気になる。原因はきちんと調べなくては分からないが…」。

（7 月 26 日）

00:00　和歌山市保健所が記者会見。発症者 60 人うち 30 人が入院と発表するが「患者は観察入院に近い。命に別状はない」。

03:03　自治会長の谷中孝壽（64）が誠佑記念病院で死亡。

06:30　和歌山県警が和歌山東署に「園部における毒物混入事件捜査本部」を設置

07:35　自治会副会長の田中孝昭（53）が中江病院で死亡。

07:54　小学4年の林大貴君（10）が同病院で死亡。

09:30　和歌山市が「園部第 14 区自治会食中毒様症状対策本部」を設置。一方，和歌山東署で記者会見。「患者のおう吐物から青酸化合物が検出された」と事件性に言及。

10:16　高校1年の鳥居幸さん（16）が日赤和歌山医療センターで死亡。

15:00　市対策本部が市役所で会見。市上水道の監視強化表明。

17:00　和歌山東署捜査本部の小松建二・副署長と県警捜査一課の中村喜代治・次席が会見。「毒物はカレーの中に含まれていた」「殺人を視野に捜査している」などと話す。

17:24　尾崎吉弘和歌山市長が林大貴君の自宅を訪問。

21:27　谷中孝壽さんの遺体が自宅へ。

第２　本件の経緯

１　１９９８年（平成１０年）７月２５日から８月３日まで

（1）朝日新聞

７月２７日１面　カレーに青酸４人死亡。60 人余りが中毒症状。県察科学捜査研究所が被害者が吐いた物を分析し，青酸化合物が含まれていることが解った。

カレーに青酸　4人死亡

60人余が中毒症状

和歌山 夏祭り　調理後に混入か

和歌山市園部の空き地で二十五日夜開かれた夏祭りで、自治会がつくったカレーライスを食べた住民六十六人が直後に吐き気や腹痛を訴え、このうち小学生や女子高校生ら四人が二十六日未明から午前にかけて相次いで死亡した。三十九人が入院し、二十三人が通院して治療を受けている。司法解剖の結果、一人の死因は青酸中毒と判明。被害者が吐いた物や容器に残っていたカレーからも青酸化合物の反応が検出されたため、和歌山県警捜査一課は何者かが青酸化合物をカレーに混ぜた可能性があるとみて、和歌山東署に捜査本部を置き、祭りの参加者らから事情を聴いている。捜査本部は「殺人容疑も視野に入れている」と、無差別殺人事件の可能性も示唆した。

（30・31面に関係記事）

死亡したのは、和歌山市立有功小学校四年、林大貴君(10)▽私立開智高校一年、鳥居幸さん(16)▽園部第十四自治会会長、谷中孝寿さん(64)▽同副会長で自営業、田中孝昭さん(53)＝いずれも和歌山市園部。このうち、谷中さんの死因が青酸中毒と分かった。

捜査本部によると、夏祭りは園部第十四自治会が主催し、例年七月の最終の土曜日に開いている。二十五日は午後六時から、約七十世帯約百人が参加し、カレーライスやおでん、飲み物などが用意された。このうち、カレーライスを口にした住民が、次々と吐いたり激しい腹痛を訴え出したりした。うずくまる人もおり、同夜中に計六十六人が救急車などで和歌山市内の十二病院に運ばれた。

被害者は胃をしめつけられるような腹痛や、吐き気、手足のしびれ、のどの痛みを訴えた。食事をしてから発症までは、わずか数分しかなかったという。

当初、病院なども食中毒との見方を強めていたが、二十六日午前三時すぎに谷中さんが死亡。これを受けて県警科学捜査研究所が被害者が吐いた物を分析し、青酸化合物が含まれていることがわかった。

青酸化合物は、皿に残っていたカレーからも検出された。殺虫剤や金属加工などに使われる強い毒性のある青酸カリか青酸ナトリウムの可能性があり、科捜研が分析を急いでいる。

これまでの調べでは、カレーの調理に使った三つのなべのうち、一つはすでに洗い終わっていて毒物の確認はできなかったが、残る二つのなべからは毒物は検出されなかったという。さらに、祭りが始まるまでにカレーを味見した住民に異常が見られないことから、捜査本部は、調理後、祭りが始まるまでの五、六時間の間にカレーに青酸化合物が混入したとみている。

カレーは主婦ら約二十人が二十五日午前八時半ごろから、近くのガレージと民家に交代で集まり、大なべ三杯を正午までにつくり終えた。その後、ガレージ内になべ二つ、民家に一つを置いて保管し、午後五時ごろに住民が会場に運び、午後六時ごろから事前に配られた引換券を持ってきた参加者にふるまわれた。

ガレージにおいたなべはラップをかけた上に段ボールをかぶせ、二、三人が交代で番をしていたという。

食材の野菜は二十四日、肉は二十五日に近くのスーパーで購入したという。

青酸化合物

青酸カリ（シアン化カリウム）や青酸ナトリウム（青酸ソーダ、シアン化ナトリウム）などの化合物のことで、めっきや一部の農薬などに使われている猛毒。毒物及び劇物取締法で製造、販売、使用などが厳しく制限されている。飲み込んだり、吸入したりして体内に吸収されると、呼吸が困難になる。致死量は〇・一五―〇・三㌘程度とされる。わずかな量でも頭痛や吐き気などを起こす。

朝日新聞　２７日(夕刊)　　１９面　青酸、直前に入れた？

うなんて

青酸、直前に入れた？

死亡の4人 最初に食べる

和歌山市園部で二十五日夜開かれた自治会の夏祭りで、カレーライスに青酸化合物が混入し、住民四人が死亡、約六十人が治療を受けている事件で、死亡した四人は、ほかの住民より先にカレーを食べたらしいことが二十七日、和歌山県警和歌山東署捜査本部の調べで分かった。業務用の大なべの上部に青酸化合物がたまっていた可能性があるとみている。なべのそばには複数の住民が交代で、朝から祭りが始まる直前まで付いていたというが、捜査本部は、カレーが配られる直前の午後六時前後に、青酸化合物がなべに入ったカレーの上からふりかけられた疑いがあるとみて調べている。

捜査本部の調べなどによると、死亡した自治会長の谷中孝寿さん(六四)と同副会長の田中孝昭さん(五三)は、近くで開かれるカラオケ大会の準備などに立ち会う必要があったため、祭りが始まった午後六時ごろ、他の住民よりも早くカレーを食べたという。同じく死亡した林大貴君(一〇)ら二人も最初の列に加わっていたとみられる。

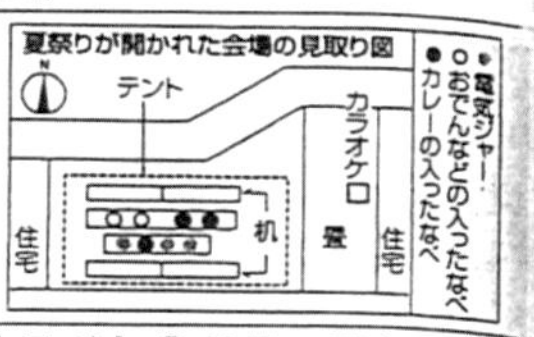

夏祭りが開かれた会場の見取り図

これまでの調べでは、カレーをつくったなべは計三つ。調理に携わった主婦の話などによると、二つはガレージで、一つは民家で調理された。

現場の配ぜん状況から、二十五日夜の段階で最も量が減っていた高さ約五十㌢の大なべだけに青酸が混入したとみられるが、このなべはガレージで調理された二つのうちの一つとみられる。ただ、このなべからも青酸化合物は検出されなかった。調理の最後にかき混ぜられた後、青酸が上部からふりかけられた疑いもあるという。捜査本部は現場周辺で青酸を扱える金属加工場などに不審者がいなかったか調べている。

ガレージでは、午前八時半から正午にかけて住民らによって調理された。二つとも住民の手で会場のテント内に運び込まれるまで、アルミホイルでふたがされ、段ボールでおおわれていた。この間、ネコに食べられないよう見張り役の住民もいたため、「会場へ運ぶまでにだれかがさわることはありえない」（関係住民）という。

ガレージで調理された二つのなべは、テント内に設置されたプロパンガスのコンロの上に並べて載せられた。この場所に約一時間、置かれた後、午後六時ごろから配ぜんが始まった。

配ぜん前、テントの周辺は、おでんを作ってきたグループやカラオケ大会の準備をする人たちで、「人が絶えることはなかった」（地元住民）という。

このため青酸が混入されたのは、なべが会場に運び込まれてから配ぜんが始まるまでのわずかな間で、祭りの準備であわただしい人込みにまぎれて混入された可能性が高いとみられる。

朝日新聞　7月28日　27面　青酸少量ふりかける？

青酸少量ふりかける？

カレー混入　入手経路を捜査

和歌山市園部の自治会が開いた夏祭りで、青酸化合物が混ざったカレーライスを食べた住民四人が死亡した事件で、四人が摂取した青酸化合物は致死量ぎりぎりの量だったとみられることが二十七日、関係者らの話で分かった。混入されたのは、少量である可能性が高い。和歌山県警捜査一課の和歌山東署捜査本部は殺人容疑事件との見方を強め、青酸化合物の流通経路や、どこでどのように使われているかなど、本格的な捜査を進めている。

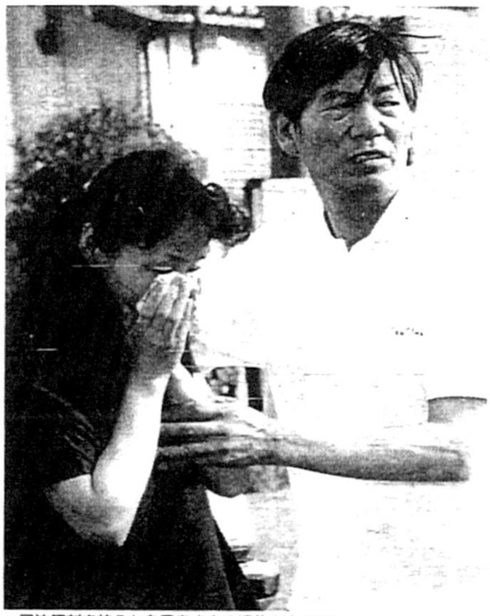

司法解剖を終えた鳥居幸さんの遺体とともに帰宅し、悲嘆にくれる両親の芳文さんと百合江さん＝27日午後４時40分、和歌山市園部で

青酸カリや青酸ソーダの場合、一般的な致死量は約〇・二㌘とされ、その量を超えて摂取した場合は、即座に死亡する毒性を持つ。

これまでの調べによると、青酸化合物はなべに入ったカレーの上部にのみふりかけられた疑いがある。なべに残っていたカレーからは青酸化合物は検出されておらず、青酸が多く含まれる表面のカレーを食べたとみられる人が約九時間後に死亡していることから、摂取量は致死量ぎりぎりだったとみられる。

薬物の専門家によると、カレー五十人分が入ったなべに、小さじ山盛り一杯ほどの青酸化合物を加えると、全員が死に至る計算になるという。このことから専門家は「致死量に関する知識があった可能性もある」とみる。

青酸化合物は一般的にはアーモンド臭があり、水などに溶かしてもにおいに気づく場合があるとされる。夏祭り会場のテント下の配ぜん場所では、カレーのなべのそばに、おでんのなべ、ご飯の入ったなべ、電気ジャーがあった。しかし、カレー以外に青酸化合物は混入していなかったことから、捜査本部は犯人はカレーのにおいで青酸化合物の刺激臭を消そうとした疑いがあるとみている。

一方、死亡した林大貴君(一〇)ら三人の遺体が二十七日、司法解剖された。これで四人全員の司法解剖が終わり、死因はいずれも青酸中毒と分かった。

朝日新聞　8月2日1面　青酸カレー，ヒ素も検出
30分前に混入

青酸カレー、ヒ素も検出

和歌山県警　毒物2種投入の見方

和歌山市園部の自治会の夏祭りで青酸化合物入りのカレーライスを食べた住民四人が死亡した事件で、和歌山県警捜査本部は二日、死亡者の胃の内容物や食べ残しのカレーから猛毒のヒ素を新たに検出した、と発表した。県警から依頼を受けた警察庁科学警察研究所の検査で分かった。捜査本部は二種類の毒物が意図的に同時にカレーに投入された可能性があるとみている。

（27面に関係記事）

捜査本部は事件発生後、被害者が吐いた物や容器に残っていたカレー、水などの試料を採取。これまでに四百八十五点の検査を終えた。このうち、死亡した自治会長の谷中孝寿さん(64)の胃の内容物など三十二点から青酸化合物の反応を得た。一方で、比較的保存状態のよい別の二十数点の試料を科警研に送り、精密検査を依頼していた。捜査本部では青酸化合物の鑑定に重点を置いていたため、ヒ素の検査はしていなかった。

科警研の検査結果によると、谷中さんの胃の内容物と、林大貴《ひろたか》君(10)が祭りの会場から自宅に持ち帰って食べたカレーの残りの計二点から、ヒ素が検出された。検出量は二点合わせて一ミリグラム以下という。ヒ素が検出されたものの、死亡した四人の死因は青酸化合物による中毒とみられる。

また、これらの試料からは青酸化合物は検出されなかった。青酸化合物は分解しやすく、時間が経過すると検出しにくくなるためとみられる。

捜査本部は、同じ人物が青酸化合物とヒ素を投入したとみて、今後、物質の特定や入手経路、盗難、紛失の状況などを調べる。

ヒ素化合物の多くは青酸化合物より比較的毒性が弱いが、長期間にわたって体内に蓄積されると中毒症状を引き起こすとされる。

専門家によると、青酸とヒ素の両方を含有する化合物は一般的には知られていない。このため、二種類の薬品を投入した可能性が高いが、不純物としてヒ素が混じった可能性もあるという。

事件は七月二十五日夕に和歌山市園部の自治会主催の夏祭りであった。住民がつくったカレーライスを食べた六十七人が激しい吐き気を訴えて病院に運ばれ、四人が死亡した。二日正午現在、三十三人が入院、三十人が通院している。

ヒ素　通常は灰白色の金属光沢を持つ結晶で存在し、合金や半導体などの材料として使われる。亜ヒ酸など化合物は有毒なものが多く、殺虫剤や殺そ剤、農薬などに使われてきた。毒物及び劇物取締法で毒物に指定されている。吸収すると、急性症状ではおう吐や下痢などを起こし、重い場合は死亡する。肝臓障害や皮膚がんなどの慢性中毒を引き起こす場合もある。

朝日新聞　8月3日　11面　青酸カレー定番メニュー狙う？

青酸カレー

定番メニュー狙う?

段取り熟知か 30分前には混入

谷中孝寿さんの告別式で、遺影を胸に抱く喪主の谷中佐千子さんと親族たち＝28日午後1時10分、和歌山市園部で

和歌山市園部の自治会の夏祭りで、青酸化合物が混入したカレーライスを食べた住民四人が死亡した事件で、カレーライスは祭りが催されるようになった六年前から「定番」のメニューに含まれ、毎年ほぼ同じ段取り、手順で調理、配ぜんされて参加者に振る舞われてきたことが、県警捜査一課の和歌山東署捜査本部の調べや関係者の話で二十八日わかった。また、祭りが始まる午後六時の少なくとも約三十分前には、青酸がカレーに混入していたことも判明。テントに調理済みのカレーが運び込まれた後、参加者が集まるまでのわずかなすきが狙われたとみられる。捜査本部は、祭りの段取りなどを以前から知っていた人物による計画的な犯行の疑いが強いとみている。

調べなどによると、祭りは地域の親ぼくを深めようと、一九九二年に園部第十四自治会の主導で始まった。悪天候で一時中止したこともあったが、毎年七月の最終土曜日に開くことや、食べ物の調理や配る手順、時間などはほぼ同様の段取りが引き継がれてきたという。

祭りで出す飲食物は例年、かき氷やジュース、ビールなど様々だが、カレーライスは常に定番メニューに含まれていた。三年前からは会場となっている空き地の隣家のガレージでカレーをつくる今の方法が続いている。こうした祭りの計画は、その年の春、年間行事として決まるという。

今回、テント内には、カレー以外に初めてメニューに加わったおでんのなべや炊飯器が計五つあったが、いずれも青酸化合物は検出されておらず、青酸のにおいや刺激を和らげるカレーが最初から狙われたとみられる。

一方、カレーが住民たちに配られ始める三十分前の午後五時半ごろ、男性会社員(五三)ら二人がカレーを食べ、激しい吐き気を催していた。カラオケ大会の準備をするために特別に事前に食べたという。カレーのなべは、東隣のガレージから午後五時前後に運び込まれたが、捜査本部は、参加者がまばらで監視の行き届かないこの搬入直後の時間帯を当初から狙い、計画的に犯行に及んだ疑いがあるとみている。

◇

自治会長、谷中孝寿さん(六四)、副会長田中孝昭さん(五三)。住民のまとめ役だった二人の葬儀・告別式が二十八日午後、相次いで始まった。

朝日新聞　３日（夕刊）１５面　ヒ素，青酸より多量か

毒物混入事件

ヒ素、青酸より多量か

数十グラムの可能性

和歌山市で開かれた自治会の夏祭りでカレーライスを食べた住民四人が死亡し、青酸化合物とヒ素が検出された毒物混入事件で、カレーに投入されたヒ素の量は少なくとも数グラムから数十グラムにのぼり、青酸化合物の投入量より多い疑いのあることが、和歌山県警捜査本部の調べで三日、わかった。青酸化合物を含む物の中に微量のヒ素が不純物として含まれたような可能性は低く、二種類の毒物がそれぞれ投入されたとみられる。捜査本部は、二種類の猛毒を投入し、無差別に住民らの殺傷を図ったとみて、捜査を進めている。

調べでは、投入されたヒ素（またはヒ素化合物）の量は、カレーなべに均等に混入していたかどうかなど条件によって違いが生じるが、なべの大きさや被害状況などからみて、全体で数十グラムに及ぶ可能性もあるという。ヒ素そのものは比較的毒性が少ないが、化合物の種類によっては猛毒で、亜ヒ酸の場合は致死量が、青酸化合物と同程度とされる。

一方、これまでの調べなどで、青酸化合物の量は、一－五グラム、小さじ一杯程度の可能性が強いとされる。このため、ヒ素は青酸化合物よりはるかに多くの投入量だった疑いがある。ただ、死亡した四人の死因は青酸化合物による中毒とみられる。

捜査本部によると、警察庁の科学警察研究所は依頼された検査試料で、青酸化合物の検出とカリウム、ナトリウムの判別検査を実施。その後、兵庫県尼崎市の運送会社倉庫から七月二十五日に「シアン化金カリウム」が紛失していたことが発覚、念のためにこの分の成分についても調べていた。金は検出されなかったが、その検査の過程でヒ素が見つかったという。

ヒ素は、死亡した自治会長の谷中孝寿さん（六四）の胃の内容物と、死亡した林大《ひろ》貴《たか》君（一〇）が自宅に持ち帰って食べたカレーの残りの計二点から、合わせて一グラム近くが検出されている。今後、県警の再検査などでさらに検出量が増える可能性がある。

専門家によると、青酸とヒ素が同時に含まれる薬品などの存在は考えられないといい、捜査本部は、両方の猛毒を入手できる立場にある不審人物の洗い出しを急ぐ。同時に製造工程でヒ素を使う現場周辺の工場や、農薬が残されている可能性がある農家の古い倉庫などを集中的に調べるとともに、ヒ素化合物を製造している全国の企業に販売先リストの提出を受けて入手経路を解明することにしている。

（２）毎日新聞

７月２７日　１面

カレーに青酸４人死亡，62 人手当てうち 39 人入院

容器に盛られた食べ残しの一皿のカレールーと患者の　吐しゃ物から青酸化合物を検出。谷中さんの司法解剖の結果，心臓血と胃の内容物から青酸化合物が検出された。

カレーに青酸　4人死亡

何者か混入の疑い

62人手当て、うち39人入院

和歌山・夏祭り

和歌山市園部の空き地で25日夜開かれた園部第14自治会の夏祭りでカレーライスを食べて腹痛などを訴えて病院で手当てを受けた患者は計66人に増え、26日未明から午前にかけて市立有功小4年、林大貴君(10)や私立開智高1年、鳥居幸さん(16)ら計4人（いずれも同市園部）が死亡した。患者の吐しゃ物や、死亡した1人の胃の内容物から青酸化合物が検出されたことから、和歌山県警捜査1課は毒物混入事件と断定、和歌山東署に捜査本部を置いた。捜査本部は、何者かが故意に青酸化合物を混入させた疑いもあるとして、無差別殺人を視野に入れ、混入物の特定などを急いでいる。

（3面、社会面に関連記事）

死亡したのは、林君らのほか同自治会長で無職、谷中孝寿さん(64)▽同自治会副会長で金物店経営、田中孝昭さん(53)。このほか27日午前零時現在で39人が入院している。

調べでは、カレーの材料のうち野菜は24日、肉は25日朝それぞれ近くのスーパーなどから仕入れた。25日午前8時半ごろから自治会の主婦ら約20人が近くの民家の敷地内にあるガレージと炊事場の2カ所で100人分を三つのなべで煮込み、正午ごろに出来上がり、数人が試食した。

その後、なべにはアルミホイルをかけたうえに、段ボールをかぶせるなどし、午後5時ごろにテント内に運び込んだが、出来上がってから搬入までの間もだれかがなべの近くにいたという。しかし、同6時から参加者に配り始めて間もなく、吐いたり、腹痛でしゃがみ込む人が出始めたという。

これまでの調べでは、主婦らがカレーを味見した際には異状がなく、残っていたカレールーから青酸化合物は検出されなかったという。しかし、容器に盛られた食べ残しの1皿のカレールーと患者の吐しゃ物から青酸化合物を検出。谷中さんの司法解剖の結果、心臓血と胃の内容物から青酸化合物が検出された。

なべに残っていたカレーからは青酸化合物は検出できなかったが、ガレージで作ったうちの一つのなべは既に空っぽで、水を張った状態だった。捜査本部は調理後にこのなべに混入された青酸化合物で中毒を起こしたとみて、なべの保管状態などについて関係者から事情を聴いている。

診察した地元の病院長らによると、食べてから死亡するまでに最も早い人でも約9時間経過していることから、捜査本部は混入させた青酸化合物はごく少量だったとみている。

和歌山市保健所によると、「25日午後10時ごろ、患者が搬送された一病院から、青酸化合物特有の瞳孔が閉じている症状が出た」という連絡があった。しかし、他の病院に問い合わせたところ、同様の報告はなく、毒物対応を具体的に指示しなかったという。

現場はJR和歌山駅の北約4㌔の住宅地。同自治会は65世帯で構成。夏祭りは約5年前から始まったが、昨年は病原性大腸菌O157の影響で中止された。

ことば　青酸化合物

猛毒で、吸入などによって体内に入ると、頭痛、めまい、吐き気などの症状を起こし、呼吸困難に陥って死亡する。成人の致死量は、青酸カリ（シアン化カリウム）と青酸ソーダ（シアン化ナトリウム）で0・15㌘。金、銀の電気精錬やメッキの製造原料、果樹の殺虫剤などに用いられる。「毒物及び劇物取締法」で、製造、販売、管理が厳しく規制されている。

夏祭り会場（後方のテント）前の下水などを採取する捜査員＝和歌山市園部で26日午前11時50分、北村隆夫写す

毎日新聞　１４面　青酸カレー事件　識者の見方

青酸カレー事件　識者の見方

和歌山市園部の夏祭り会場で25日夜、青酸化合物混入のカレーライスを食べた多くの住民が死傷する事件が起きた。救命治療の医師や毒劇物に詳しい専門家らに聞いた。

地域への恨み？　他への影響心配

岩井弘融・東洋大名誉教授（犯罪社会学）の話　地区単位の自治会主催の夏祭りが狙われた点から、都市型の愉快犯的な事件ではなく、地域社会に対する恨みが絡んだ犯行といった印象が強い。食品や食器類に毒物が投入されたとすれば、そのスキがどれほどあったかが問題だが、主催者の管理がよほど無防備でない限り、全くの部外者には困難な犯罪といえるだろう。とすれば、検挙までにそれほど時間はかからないのではないか。夏祭りのシーズンでもあり、他の地域に波及していくことが心配だ。

石山昱夫（いくお）・帝京大医学部教授（法医学）の話　青酸化合物は強いアルカリ性で体内に入るとまず胃の粘膜に壊死（えし）が起こり、組織細胞の呼吸を困難にして意識障害などを引き起こし、通常は5分程度で死に至る。致死量は0・1㌘前後で、一般的にはアーモンド臭があるが、臭覚は個人差も大きく、カレーなどに混入されればにおいは消えてしまう。メッキ工場や大学などにもあり、規制は以前に比べ厳しくなっているが、管理の甘い所から盗み出された可能性もあると思う。

青酸カレー事件があった夏祭り会場（白いテント付近）＝和歌山市園部で26日午前11時45分、本社ヘリから、尾関勉写す

大阪市立総合医療センターの韓正訓・救命救急センター医長の話　青酸化合物で中毒に陥る過程は気体吸入で5分、経口で30分と〝即効性〟が強く、一般には1時間もてば生命に危険性はないとされている。今回は発症の翌日に死亡しており、変わった経過といえるかもしれないが、呼吸困難が続いて死に至った可能性もある。治療法もチオ硫酸ナトリウムを投与するくらいしかなく、よほど早期でないと効果は期待できない。吐き気や腹痛を訴える患者が大量に同時発生すれば、救急医はまず食中毒を疑う。その場合、治療は胃洗浄などが主だが、それで青酸中毒が悪化するとは考えにくい。

農薬も混入か　気づくのは困難

井上尚英・九州大医学部教授（衛生学）の話　青酸化合物は研究室以外では、メッキ工場などで使われている程度で、事故で混ざることはまずないので何者かが入手して意図的に混入したのだろう。青酸化合物のうち、青酸ガスは即死するが、青酸カリなどは、数時間以内に何らかの症状が出る。

今回は発症から死亡者が出るまでに時間がかかっており、青酸カリや青酸ソーダの可能性が大きい。カレーライスを食べた量で致死量の青酸化合物を口にした人と、少量だった人に分かれたのではないか。

また、血中のリン濃度が上昇した患者がいたとの情報があることから、農薬も同時に混入された疑いがあり、複数の要因が絡んでいたことも考えられる。

難しい容疑者特定　過去の毒物混入事件

青酸化合物や農薬などを使った無差別の殺人、殺人未遂事件は、容疑者の特定が難しく、未解決になったり、判決確定後も再審請求がなされるなど異例の経過をたどるものも少なくない。警察庁幹部は「毒物の混入事件では、残留物など現場資料から容疑者を特定することがなかなか難しい。関係者の交友関係など人に対する捜査を十分にする必要があるのではないか」と話している。

旧満州（現中国東北部）で細菌の人体実験を行った「731部隊」の研究で知られる常石敬一・神奈川大教授（科学史）の話　青酸化合物の中毒なら即死のケースが多いが、今回、口にしてから死亡に至るまで時間が経過しているのは、致死量ぎりぎりの摂取量だったためだろう。当初、食中毒と疑ったのはやむを得ない面もあるが、より早く手を打っていれば助かったかもしれない。死者が10代の子供と中高年者だったことから、体力が弱い年齢層が犠牲になったとも考えられる。

青酸化合物を入手するとすれば通常白い粉末だが、わずかな量で死に至るだけに、カレーに混じっていたとしても気づくのは難しい。農薬の場合は相当量を混入しないと致死量に達しないから、味が変だとすぐ分かるはずで、農薬の可能性は低いのではないか。

劇毒物などによる中毒に詳しい大阪府立病院の吉岡敏治・救急診療科部長の話　亡くなった人が10歳の子供から高校生、60代の人にまで及び、症状にも差があるのは、摂取した青酸化合物の量に偏りがあるから。青酸化合物は一般に粉末で、カレーなら混ざりにくい。

皿ごとに入れるのが物理的に難しい点を考慮すると、取り分ける直前に何者かがなべの表面にふりかけたとか、最終段階で混入された可能性が高い。上部の混ざった部分をすくい取ったのだろう。

また、青酸化合物の中毒は回復までに時間がかかる。一般にいわれるような即死でなくても不自然ではない。

◆過去の主な毒薬物混入事件◆

1948年１月	帝銀事件。帝国銀行椎名町支店（東京）で赤痢予防薬と偽って青酸化合物を飲まされた行員ら12人が死亡。
61年３月	名張毒ぶどう酒事件。生活改善グループの懇親会で農薬の混じったぶどう酒を飲んだ５人が死亡。
62年４月	宇都宮市内で水田に落ちていたビニール容器入りのジュースを飲んだ少年３人が死亡。ジュースから農薬を検出。
77年１月	青酸コーラ事件。東京・品川の公衆電話ボックスに置いてあった青酸化合物入りのコーラを飲んだ２人が死亡。
同年２月	東京駅八重洲地下街で、青酸ナトリウム入りチョコレート４箱が放置されているのを発見。
84年10月～85年２月	グリコ・森永事件。青酸入り菓子が５都府県のスーパーにばらまかれ、犯人グループがメーカーを脅迫。
85年５～11月	自動販売機の取り出し口に毒物を混入したドリンク剤を放置する事件が京都、大阪、埼玉など全国で34件発生し、女子高生や会社員ら13人が死亡。
同年10月	京都府宇治市の小学校で、運動会中の教室に忍び込んだ男が、児童の水筒に農薬を混入。
87年９月	香川県や徳島県内の幼稚園で農薬入りのチョコレートがばらまかれた。
90年５月	大阪府豊中市の中学校で、昼食用のやかんのお茶に有機リン系殺虫剤が混入されているのを発見。
91年２月	東京都内のスーパーで農薬入り乳酸飲料７本を発見。メーカーに脅迫電話も。
96年７月	和歌山県立医大で乳幼児４人の飲んだミルク用のお湯に覚せい剤が混入していたことが判明。

毎日新聞　２７日(夕刊)　１面

青酸カレー事件 混入は午後２時以降

青酸カレー事件

混入は午後2時以降

捜査本部特定

ガレージ調理分

テントに置かれていたなべや炊飯器など＝25日午後9時ごろ

和歌山市の園部第14自治会の夏祭り会場で25日夜、青酸化合物入りのカレーライスを食べた住民が相次いで腹痛や吐き気などを訴え、市立有功《いさお》小4年、林大《ひろ》貴《たか》君(10)ら計4人が青酸中毒死した事件で、和歌山県警捜査1課の和歌山東署捜査本部は27日、混入されたカレーなべは近くの民家のガレージでつくられたうちの一つと特定。青酸化合物が混入された時間を25日午後2～6時の4時間と絞り込んだ。捜査本部は、この時間帯のなべの保管状況の解明を急ぐとともに、ガレージで調理にあたった主婦らから事情聴取し、なべから目を離した時間がなかったかどうかなどについて調べている。

（社会面に関連記事）

これまでの調べでは、カレーの材料の肉や野菜は24日から25日にかけて近くのスーパーなどから仕入れ、ガレージでは25日朝から自治会の主婦ら十数人が大なべ（直径約30㌢、深さ約50㌢）二つを使ってカレーを調理。正午ごろまでに出来上がった。その後は、アルミホイルをかぶせ段ボールで覆うなどして同ガレージ内に保管。猫や犬を追い払うため、常時、2、3人の住民が見張っていたという。

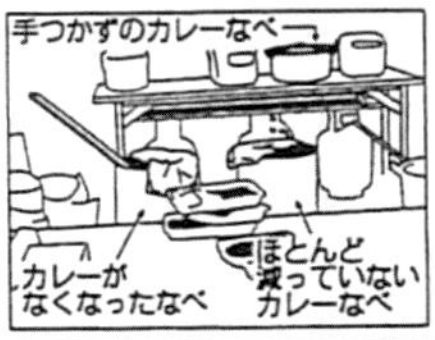

もう一つは仕入れた材料が残ったため、近くの民家の台所で小なべ（直径約30㌢深さ約15㌢）を使用し、追加分として調理していた。

ガレージの所有者(56)によると、午後2時ごろに、所有者の孫の女児(6)が数口味見をしたが、女児に異状はなかった。しかし、午後6時過ぎにカレーを口にした所有者の娘(33)は腹痛などを訴え、入院しているという。このため、捜査本部は事件が起きた午後6時ごろまでの約4時間の間に、青酸化合物が混入されたと見ている。

一方、事件発生後に捜査本部が調べたところ、祭り会場のテントの中にはガレージの大なべ二つと、小なべがあり、大なべの一つは空っぽで、もう一つが3分の2ほどカレーが残った状態だった。小なべは手つかずのまま残っており、「ガレージで作られた大なべから順番にカレーを配り始めた」との住民の証言と一致している。

捜査本部は、残った大なべのカレーからは青酸化合物が検出されなかったことから、空っぽの大なべに青酸化合物が混入されたと判断。ガレージでの大なべの保管状況を調べている。

新たに6人入院

和歌山市対策本部に入った連絡によると、27日午前、新たに6人が入院、4人が退院し、これで入院患者は計41人になった。

毎日新聞　7月２８日　31面　青酸化合物ガレージで混入か

青酸化合物

ガレージで混入か

保管中、午後4～5時に

4人が死亡した和歌山市の青酸カレー事件で、和歌山県警捜査1課の和歌山東署捜査本部は27日、現場の状況などから、青酸化合物が混入された場所は、25日朝からカレーを調理し、なべごと保管していた近くの民家のガレージ内との見方を強めた。また、誤って青酸化合物が混入した可能性は極めて低く、何者かが故意に青酸化合物をカレーなべに混入した無差別殺人の疑いが濃厚になった。捜査本部はなべがガレージ内にあった同日午後4～5時ごろまでの不審者の洗い出しに全力を挙げている。

これまでの調べでは、青酸化合物が混入されたのは、ガレージ内で調理された大なべ二つのうちの一つ。いずれも25日正午ごろにでき上がったという。大なべにアルミホイルや段ボールでふたをし、午後4～5時ごろまでガレージ内で保管。その後、夏祭り会場のテント内に搬入された。

青酸化合物の入った大なべのカレーを食べた人のほとんどが発症していることから、捜査本部は青酸化合物がカレーと満遍なく混ざりあっていたと判断。住民に配ぜんする直前に大なべを温め直していたことも分かり、青酸化合物は温められる前に混入され、熱かくはんして混ざりあった可能性が高まった。

テント内は夏祭りを準備する人の目につきやすいことから、捜査本部は、主婦らが交代で大なべの見張りをしていたガレージ内で、何者かがすきをついて青酸化合物を混入した可能性が高いとみている。

捜査本部は当初、青酸化合物がカレーの調理中に混入したり、食器類に誤って付着した過失致死傷事件の可能性もあるとみて捜査。しかし、ガレージ周辺に青酸化合物の保管場所はないことが分かった。さらに、カレーを盛った発泡スチロール製の容器は昨年、購入され、青酸中毒で亡くなった自治会長の谷中孝寿さん(64)方に保管されていたことや、プラスチック製のスプーンは食材とともに、市内のスーパーで購入されたことも判明。未使用の食器類を詳しく鑑定したが、青酸化合物は検出されなかった。

こうしたことから捜査本部は、過失致死傷事件の可能性はほとんどないと判断、不特定多数を狙った殺人、殺人未遂事件との見方を強めた。

また、27日の司法解剖の結果、ほかの3人の死因もシアン（青酸）中毒だったことが新たに分かった。

毎日新聞　２８日(夕刊)　９面

青酸カレー不安、怒り、悲しみ　静かな町、住民に波紋

母と妹を…犯人許せない

回答者	被害状況	事件への思い
男性(37)	父が入院	近所に名前を知らない人が増えた
男子学生(18)	両親が入院	大阪から駆けつけた。最悪の事態を考え、震えが止まらなかった
〃(18)	母妹が入院	母と妹をひどい目にあわせた犯人は、ただただ許せない
主婦(46)	夫が入院	悪夢を見ているような思い。亡くなった方は帰ってこず、悔しい
無職男性(77)	被害なし	自治会の結束を目指した会長、副会長の努力が水の泡になった
自営業男性(50)	被害なし	犯人は倒錯した、わけの分からない人間だ
男性会社員(49)	被害なし	住んで６年目。静かでいいところだったのに、犯人は普通じゃない
〃(39)	被害なし	自分の子供と同じぐらいの子供が亡くなった。やり方がえげつない
男性(32)	被害なし	早く犯人をつかまえてほしい。マスコミの取材攻勢がきつい
女性会社員(26)	被害なし	都会でもない静かな田舎町で起きるなんて。いまだに信じられない
主婦(63)	被害なし	外部の人間の犯行ではないかも。だとすれば、とても怖い
主婦(52)	被害なし	お金があれば遠くの静かなところへ引っ越したい
主婦(48)	被害なし	自治会長も副会長も、地域のために働いてくれるいい人だった
主婦(47)	被害なし	自治会の中に犯人がいるとは思いたくないが……。パニックです
主婦(47)	被害なし	早く犯人をつかまえてほしい
主婦	被害なし	自治会内でも、みんながつきあいがよかったとも言えない
主婦(50)	答えず	とても人間とは思えない行為。町内みんながそう思っている
主婦	答えず	犯人は町外の人間だと思う。そう思いたい
主婦	答えず	事件のことはもうあまり話したくない
女子中学生(14)	答えず	あまりにも恐ろしい行為で言葉もない。ただ怖いというだけ

青酸カレー

不安、怒り、悲しみ

静かな町、住民に波紋

60人を超える被害者を出し、うち4人が死亡した和歌山市園部の青酸カレー事件。事件の舞台となった園部第14自治会(65世帯)は、田畑を造成した新興住宅地で、暗転した夏祭りは住民の親ぼくを深めるために企画された。コミュニティーづくりの先頭に立ってきた会長と副会長も犠牲となっただけに、住民の怒りは強く、不安も大きい。いつ、もとの平和な町に戻るのか。事件の早期解決を願う住民たちの「叫び」を聞いた。

妻(74)と2人暮らしの無職の男性(77)は「亡くなった自治会長は元県庁マンで私の後輩に当たる。近所の違法駐車問題では、解決のために相談に乗ったこともある。みんなのために頑張っていた人が犠牲になり、怒りでいっぱいだ」と声を強める。

大阪市内の下宿先から両親の入院先の病院に駆けつけた男子学生(18)は「犯人は人が苦しむ姿を見たかっただけかもしれない。卑劣な犯行だ。一日も早く逮捕してほしい」と訴えた。

回答を得た20人のうち、半数の10人が「不安」を口にした。

事件が発生した25日の午前10時ごろ、ガレージで自治会長らが楽しそうに夏祭りの準備をしているのを見たという女性会社員(26)は「安心して暮らせるところだったのに残念。治安がどんどん悪くなっていくようだ」と心配する。

また、数年前に自治会の班長としてカレーづくりに参加したことのある主婦(47)は「今年の夏祭りはまかせっきりだったが、病院で被害者の看護を手伝い、朝から晩までバタバタしている。自治会の中に犯人がいるとは思いたくないが」と顔を曇らせる。

現場は県道から細い道を入った袋小路状の狭い住宅地で、土地勘のない人間が入り込む可能性は低く、「住民がかかわっていたら……」と複雑な心境をにじませた人も多かった。

食中毒と思われていた出来事が大事件に急展開したことから、「現実」を受け入れたくない心理も垣間見えた。

ある主婦(46)は、夫と2人分のカレーを受け取って自宅に帰った。食べようとした矢先に救急車のサイレンがけたたましく鳴り響き、主婦は口にしなかったが、夫は3口ほど食べたといい、今も通院している。「これまでマスコミをにぎわすような事件があってもひとごとだと思っていたのに。現実に起こったとは信じられない」と話した。

カレーに毒物が混入されたとみられるガレージは、祭り会場（右奥）に隣接している＝和歌山市園部で28日午前９時45分、中村真一郎写す

検出青酸化合物　同一種類と判明

和歌山市の青酸カレー事件で、被害者の吐しゃ物などから検出した青酸化合物はいずれも同一種類の毒物だったことが28日、和歌山県警捜査1課の和歌山東署捜査本部の調べで分かった。青酸ソーダか青酸カリとの見方が有力で、捜査本部は毒物特定に向け、成分分析を急いでいる。また、捜査本部は、県内の青酸化合物の販売業者などをリストアップし、不審者の購入がなかったかなど入手ルートの解明を進めている。

毎日新聞　8月3日　1面 青酸カレー ヒ素化合物を検出

青酸カレー

ヒ素化合物を検出

複数毒物混入 故意、強まる

和歌山市の青酸カレー事件で、和歌山東署捜査本部は2日、死亡した自治会長、谷中孝寿さん(64)の胃の内容物と、同市立有功《いさお》小4年、林大貴《ひろたか》君(10)が食べ残したカレーから、猛毒のヒ素化合物を検出したと発表した。警察庁科学警察研究所(科警研)の鑑定で分かった。谷中さんの胃の内容物からは既に、青酸化合物が検出されている。専門家によると、両化合物が同時に使われている薬剤はなく犯人が故意に二つの化合物を混入した疑いが強いが、工業用青酸ソーダ(青酸ナトリウム)に不純物としてヒ素が含まれるケースもあるといい、さらに鑑定を進める。(社会面に関連記事)

捜査本部によると、7月29日以降、数回にわけて科警研に鑑定を依頼した患者の吐しゃ物など約20点のうち、林君が夏祭りが始まった25日午後6時ごろに自宅に持ち帰り、食べたカレーの残りと、谷中さんを司法解剖した際、胃から採取した未消化物から、微量のヒ素を検出したという。

科警研によると、約20点からの青酸化合物の鑑定結果はまだ出ていないという。捜査本部はさらに詳しい鑑定などを依頼するとともに、青酸中毒の疑いなどとされた林君ら4人の死因についても再検討する。

調べでは、カレーは7月25日午前8時半から、夏祭り会場の空き地近くの民家のガレージなど2カ所で調理。計三つのなべで煮込まれて、正午ごろに出来上がり、午後2～4時ごろ、会場に運びこまれた。午後6時ごろから、カレーライスを食べた住民ら67人が次々におう吐や急激な腹痛などを訴え、9～16時間後に4人が相次いで死亡した。

捜査本部は、正午から午後6時までの間に、何者かが混入したとみている。青酸とヒ素のいずれも毒性の強い化合物であることから、住民らに強い恨みを持つ者の計画的な犯行との見方を強め、住民ら関係者全員の事情聴取を急ぐ。

工業用青酸ソーダの不純物の可能性も

しかし、赤池昭紀・京都大薬学部教授(薬理学)によると、工業用青酸ソーダは原料の鉱石に微量のヒ素が含まれており、不純物のヒ素が一緒に検出される可能性はあるという。

毎日新聞　２５面　さらにヒ素まで

さらに　ヒ素まで

青酸カレー事件

強い殺意、おん念か

不純物説「慎重な見極めを」

青酸化合物だけではなかった——。和歌山市園部の青酸カレー事件で、犠牲者の胃の内容物と食べ残したカレーから2日、新たに猛毒のヒ素化合物が検出された。ヒ素は中世から毒殺に用いられた古典的な毒物。既に検出されていた青酸化合物とヒ素化合物の2種類の毒物が検出されたことにさらに強い殺意が感じられ、関係者の間に衝撃が走った。被害者が入院している病院では新たな治療の対応に追われた。

ヒ素化合物は、戦前には殺虫剤や農薬としてもよく使用されていたが、現在ではほとんど使われていない。このため、生産中止になっているものも多く、青酸化合物より入手が難しいと指摘する専門家が多い。しかし、ヒ素化合物の一種の三酸化ヒ素は、4～5年前までシロアリ駆除剤として使われていたこともあるという。

農薬に詳しい石田紀郎・京都大アジア・アフリカ地域研究科教授（環境毒性学）は「ヒ素と青酸を一緒に含む農薬はないだろう。また、ヒ素も青酸もいまは農薬としては使われていないので、化学薬品として入手した可能性が高い」と話す。「ヒ素は鉛と結合させて亜ヒ酸鉛などの形であれば安定しているので、冷暗所に保管しておけば20年ぐらいたっても毒性は変わらない」とも指摘する。

東京薬科大の渡部烈教授（毒性学）によると、青酸化合物は口にした場合、ほんの少量でも苦みなどの異物感を感じるが、亜ヒ酸ナトリウムであれば味がなく、カレーなどに混入しても気づきにくいという。渡部教授は「青酸とヒ素が同時に使われた前例はない。もし、そうだとすれば、犯人の強いおん念を感じる」と衝撃を受けた様子だ。

しかし、昭和大薬学部の吉田武美教授（毒物学）は、検出されたヒ素は青酸ソーダの不純物の可能性もあると指摘する。吉田教授は「研究用に使う青酸化合物は純度が97～98％と高いが、工業用に使う青酸ソーダ（青酸ナトリウム）などの製品は純度が低く不純物としてヒ素が含まれている可能性も否定できない。今回、それぞれの毒物がどの程度検出されたか発表されていないので、慎重に見極める必要がある」と話す。

一方、今回の事件では、最初の犠牲者の谷中孝寿さん(64)がカレーを食べて死亡するまで約9時間もかかっており、青酸化合物の即効性との関連から不自然さを指摘する声もあった。今回、ヒ素が新たに検出されたことについて古賀元・元茨城大教授（合成有機学）は、「青酸だけでは、死亡するまで時間がかかり過ぎると思っていた。ヒ素は青酸に比べ、毒性が現れるまで時間がかかる。死因はヒ素の影響が強かったことも考えられる」と話す。また伊藤誉志男・武庫川女子大教授（衛生化学）は「ヒ素は大量に摂取すると、おう吐、下痢などの急性毒性を起こすが、主な毒性は肝機能障害などの慢性毒性だ。化合物は野菜や果物の殺虫剤などに使われるが、青酸化合物とヒ素化合物が混合された農薬は聞いたことがない。青酸化合物の毒性は非常に強いので、カレーを食べてから死亡するまで数時間あったのは、ヒ素化合物なら説明がつく」と話す。

山内博・米メリーランド州立大毒物学科客員教授は「ヒ素類の致死量は体重1キロ当たり1・4ミリグラム。大人でも、マッチ棒の頭ぐらいの量が体内に入れば死亡する。医、化学系の研究機関では試薬として用意されているが、一般には入手が難しい。青酸化合物と一緒に含まれている薬品類はないだろう」と話す。

毎日新聞　３日（夕刊）８面 ヒ素，青酸は別に混入？

ヒ素、青酸は別に混入？

毒物カレー

ヒ素はいったいどこから――。青酸化合物に加え、猛毒のヒ素化合物が検出され、新たな展開を見せた和歌山市園部の毒物カレー事件。化学メーカーなどによると、青酸化合物にヒ素が不純物として混ざっていた可能性は低いといい、二つの毒物を意図的にカレーに混入した疑いが強まった。ヒ素化合物は、農薬や殺虫剤としては使われなくなったが、今もガラス製造の脱泡剤などとして使用され、最近では半導体の製造過程でも用いられる。一般では入手困難なヒ素も検出されたことで、入手ルートの解明が事件解決の重要なカギとなる。

青酸化合物の原料の鉱石に含まれているヒ素が不純物として残っていた可能性を指摘する専門家もいるが、青酸ソーダと青酸カリを製造している東京の化学メーカーは「製品は工業用の青酸ソーダでも純度が97%以上あり、検出されるほどの量のヒ素が残りの3%に含まれていたとは考えられない」と否定的だ。

また、別の化学メーカーも「精製技術は約20年前と変わっていないが、不純物としてヒ素が混ざっていた例は聞いたことがない」と首をかしげる。このため、事件で使われた毒物は、ヒ素と青酸の別々の化合物だった可能性の方が高い。

ガラスメーカーによると、ヒ素はパソコンやワープロなどの液晶画面のガラスを製造する過程で、溶融ガラスの中の泡を抜くために利用されている。ガラス原料に対して0・05%程度を使うという。あるメーカーでは、三酸化二ヒ素の状態で、フランスから商社を通じて輸入しているが、広報担当者は「毒物でもあり使用量は年々減らしている。工場内では厳重に保管しており、外部に流出することは考えられない」と話している。

一方、ヒ素化合物は歯の神経を抜く時に使用する薬としても用いられている。局所麻酔技術の発達で、以前ほど使われなくなったが、高血圧や心臓疾患などで、麻酔が適さない患者の治療に対応するため、今でもほとんどの歯科に置いているという。黒いペースト状で、不透明のガラス瓶に入った製品として保管されているのが一般的という。

（３）読売新聞

７月２７日　１面　カレーに青酸　４人死亡

カレーに青酸　4人死亡

夏祭り会場で混入

和歌山　66人中毒、42人入院

和歌山市郊外の住宅地・園部地区で二十五日に行われた夏祭りで、炊き出しのカレーライスを食べた住民六十六人が腹痛や吐き気などの症状を訴えて病院で手当てを受け、そのうち地区の正・副自治会長と女子高生、小学生の男児の四人が二十六日未明から午前にかけて死亡した。患者のおう吐物などから青酸化合物の反応が出たため、和歌山県警捜査一課は、何者かが毒物を混入した無差別殺人事件の疑いが強いとして和歌山東署に捜査本部を設置した。症状が軽い患者は帰宅したが、同日夜現在、なお四十二人が入院している。（関連記事30・31面）

無差別殺人で捜査

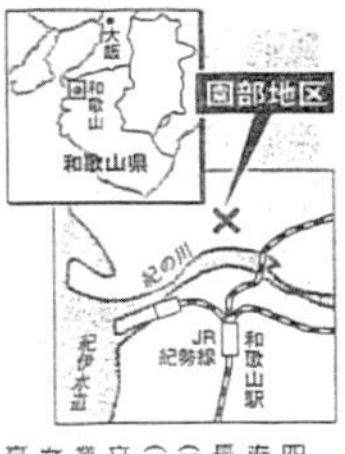

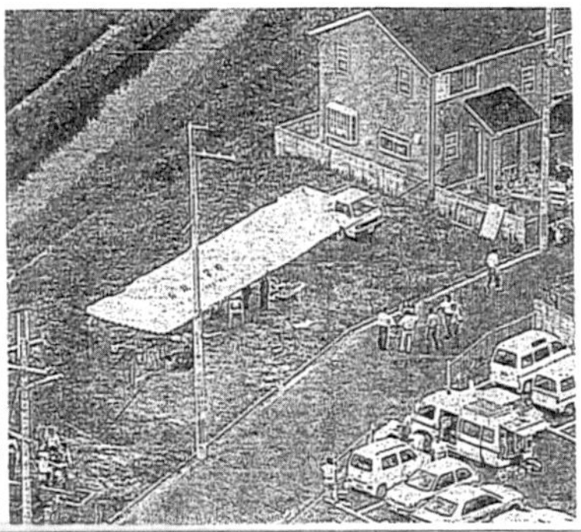

夏祭りでカレーが出されたテント付近を調べる和歌山県警の捜査員（26日午前10時10分、和歌山市園部地区で、本社ヘリから）＝山本高裕撮影

死亡したのは、園部第十四自治会会長で無職谷中孝寿さん(64)、同自治会副会長で自営業田中孝昭さん(53)、会社員林雄二さん(44)の長男、大貴君(10)(市立有功小四年)、電気工事業鳥居秀文さん(52)の長女、幸さん(16)（私立開智高一年）の四人。

調べによると、夏祭りは同自治会（約七十世帯）の主催で二十五日午後六時から地区内の空き地で開かれ、この際、炊き出しのカレーを食べた住民らが次々と腹痛や吐き気などを訴え病院などに搬送された。

県警と同市保健所は集団食中毒とみていたが、二十六日午前三時過ぎに谷中さんが死亡。同六時になって、県警の検査で、十一袋分の患者のおう吐物とトレー一枚に付着して残ったカレーから青酸化合物の反応が検出された。トレーからは粘

粉末を混入されたとみられる。また谷中さんの遺体を解剖した結果、同日夜になって、心臓血や胃の内容物から青酸化合物が検出され、捜査本部は、谷中さんの死因は青酸化合物による中毒死と断定した。

調べによると、カレーは地区の主婦ら約二十人が自宅で下ごしらえした材料を空き地東隣にある民家のガレージと、別の民家に持ち寄り、二十五日午前八時半から正午ごろまで、大小三つのなべで調理した。

うち、ガレージでは大なべ二つ、民家では小なべ一つで調理し、それぞれ午後五時ごろ、空き地のテントに運ばれ、なべをアルミホイルで覆い、段ボールでふたをして主婦らが三人交代で見張っていた。

トレーには祭りが始まる午後六時ごろから盛りつけられ、事前に配られていた無料引換券を持ってきた住民にテントで配られた。盛りつけ直前に味見をした主婦に症状が出ていないことから、毒物はこの直後に混入されたとみられる。

トレーは市販の発泡スチロール製で、昨年の祭りで残り、谷中さん宅にあったもので、スプーンは新たに購入されていた。家族の分もと小さいなべでカレーをもらった主婦も発症していることから、捜査本部は、毒物は配布された大なべに混入された可能性が高いと判断している。カレーは少なくとも百－百四十食分あったとみられるが、大なべは一つが空になっていたものの、別の大小のなべはほとんど残っていた。現場には当時、約七十人の住民がいた。食べてすぐに症状が現れたため、カレーの提供はまもなく中止された。

読売新聞　１４面　一体だれが，目的は？

（第三種郵便物認可）　1998年（平成10年）7月27日（月曜日）

一体だれが、目的は？

これまでの主な毒物混入事件

1948年1月	東京・豊島区	帝銀事件。帝国銀行椎名町支店で、予防薬と偽って青酸化合物を飲まされた12人が死亡
1961年3月	三重県・名張	名張毒ブドウ酒事件。生活改善クラブの総会で、農薬入りブドウ酒を飲んだ女性5人が死亡、12人が中毒に
1977年1月	東京・港区	青酸コーラ無差別殺人事件。電話ボックス内にあった青酸入りコーラを飲んだ高校生ら2人が死亡
同年2月	東京・中央区	青酸チョコ事件。東京駅八重洲地下街で40箱の青酸入りチョコが放置される
1984年から85年	大阪、名古屋、東京など	グリコ・森永事件。青酸を入れた製品がスーパーから見つかる
1984年8月	東京・江東区	飲食店のしょうゆ瓶に青酸混入。店の乗っ取りを狙った犯行と判明
1985年4月から11月	大阪、和歌山、宮崎、埼玉など	全国でドリンク剤などへの農薬パラコート混入事件が多発。自販機の取り出し口にあったものを誤って飲むなど、全国で13人が死亡
1987年8月から9月	香川、徳島	保育園や幼稚園の庭などに農薬混入のチョコレートがばらまかれる
1988年5月	東京・中央区	日本橋の百十四銀行で給湯室内のポットなどに多量の農薬が混入される
1990年1月	新潟・上越市	「環境科学センター」でお茶やコーヒーに青酸カリが2度にわたり混入される

未解決多い毒物事件
不特定多数狙う凶悪犯行

戦後最大の毒物混入事件は、終戦間もない一九四八年の「帝銀事件」。都の防疫班を名乗る男が、赤痢の予防薬と偽って青酸化合物を行員ら十六人に飲ませ、十二人を殺害、現金と小切手約十八万円を奪い逃走した。テンペラ画家が強盗殺人容疑で逮捕され、最高裁で死刑が確定した（八七年獄中で死亡）。

また五人が死亡した「名張毒ブドウ酒事件」では、「生活改善クラブに出席していた妻と愛人の三角関係を清算するのが目的」と男が自供、やはり最高裁で死刑が確定している。

しかし、無差別の被害を狙う毒物混入事件は、動機がわかりにくく、犯人の絞り込みが困難で、検挙に結び付くケースは少ない。事件によっては社会を混乱させることを目的とする「愉快犯」との見方さえある。

死者二人が出た七七年の「青酸コーラ無差別殺人事件」や、八五年に全国で十人以上が死亡した農薬入りドリンク事件は未解決のまま。被害者が出ていない主な事件では、いずれも真相はヤミの中だ。

しかし、少量の毒薬だけで致死量にいたる毒物犯罪は、一度に多数の死者を出す危険がある。一連のオウム真理教事件では、サリンや青酸ガスを使った大量殺人、殺人未遂事件も起きている。今回の事件も不特定多数を対象とした凶悪犯罪の疑いが持たれている。

死者判明まで　食中毒の見方
警察当局

捜査本部が設置された和歌山東署では当初、「各病院で処置した医師の見解は、黄色ブドウ球菌による食中毒症状との見方でほぼ一致している」との情報を保健所や病院から入手、食中毒との見方を強めていた。その一方で、二十五日午後十一時ごろまでに県警本部などに「毒物が混入された疑いがあるのでは」との匿名電話や、県立医科大病院から「薬物的な症状と、とれないでもない」との情報が寄せられ、署員を確認に向かわせた。しかし、有機リンやパラコートについても検査の結果、〝シロ〟との回答を得て、事件性はないとほぼ断定していた。

急転回したのは「死者が出た」と情報が入った二十六日午前三時半すぎ。「念のために」と採取、科学捜査研究所に提出していた吐しゃ物から「青酸化合物が検出された」との連絡が午前六時ごろ入り、衝撃が走った。

同日午後五時から記者会見した中村昌代治・県警捜査一課次席は沈痛な表情で、「容器に付着していたカレーから青酸化合物の反応を検出した。鑑定結果からみてカレーに混入されたものとみている」と語った。

同九時四十五分ごろ、再び会見した中村次席らは「科捜研の報告を受け、朝方に薬物混入事件との見方に変更した」と説明した。

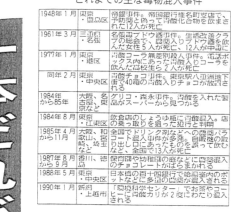

読売新聞　３１面　夏祭りに暗転，修羅場

14 版　読売新聞　1998年(平成10年)7月27日(月曜日)

夏祭り暗転　修羅場

青酸混入

「変だ！食べるな！」　倒れ、青ざめる住民

子供が、大人が、次々とおう吐やけいれんで苦しみ出し、地面に倒れ伏す。「カレーを食べるな」と叫び声があがった。和歌山市園部地区で二十五日夜、自治会主催の夏祭りで出された炊き出しのカレーライスに青酸化合物が混入していた事件は、中毒で六十六人が症状を訴え、二十六日午前、うち四人が死亡する惨事となった。「だれが、何のために、こんなことをしたのか」。和やかな雰囲気の住民の集いを暗転させた無差別犯罪は、平穏な新興住宅街を恐怖に陥れた。（本文記事１面）

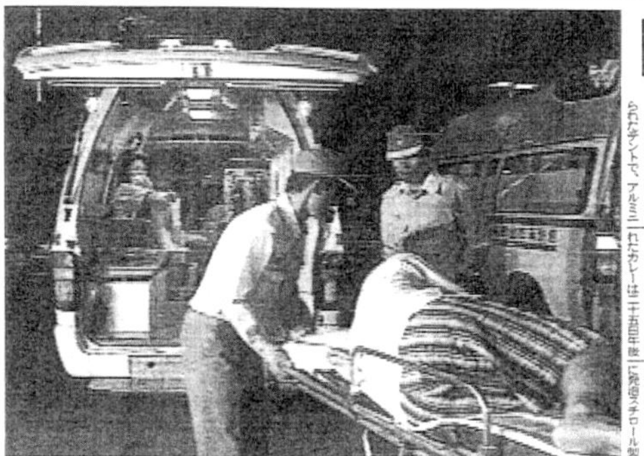

夏祭りで出されたカレーを食べて青酸中毒を起こし、救急車で搬送される患者（25日午後８時30分、和歌山市園部で）＝よみうりテレビ提供

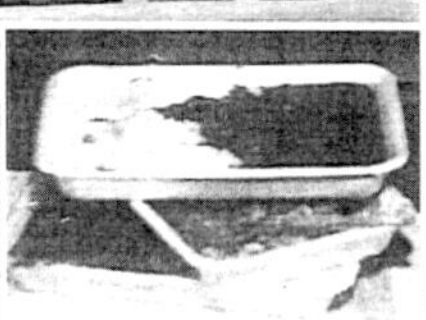

㊤カレーの調理に使われた大なべ㊦炊き出しで出され、現場に残されたカレー（26日午後６時40分）＝よみうりテレビ提供

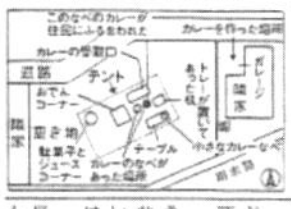

「わしは最後に…」　自治会長

死亡した４人

谷中孝寿さん

田中孝昭さん

鳥居幸さん

林大貴君

混入、ごく微量？

読売新聞　３６面　遺影に募る無念

青酸カレー

遺影に募る無念

青酸カレー

自由に選べたトレー

「無差別殺人」疑い強まる

4人がなお重症

四人が死亡し、六十七人が治療を受けた和歌山市のカレーライス青酸化合物混入事件で、カレーを盛ったトレーは十数食ずつがテーブルの上に並べられ、参加者が自分で選ぶ方法で配られていたことが二十七日、和歌山県警捜査本部の調べで分かった。特定の人物は狙いにくい状況で、同本部では無差別殺人の疑いがさらに強まったとしている。同日には、亡くなった地元自治会長、同副会長の通夜が営まれたり、私立開智高一年、鳥居幸さん(16)の〝遺作〟となった絵が展覧会出品のため会場に搬入されたりして、新たな涙を誘った。この事件ではなお四十四人が入院中で、うち四人が重症だ。

▲㊤谷中さんの通夜に長い列を作る弔問客㊦涙をぬぐいながら林大貴君の家に入る人たち

これまでの調べで、カレーライスは発泡スチロール製のトレーに盛って十数個ずつテーブルに並べていき、引換券を持ってきた参加者が自分で選ぶ方法で配っていたことが分かった。自治会長の谷中孝寿さん(64)と副会長の田中孝昭さん(53)も手渡しではなく自分でカレーを選んでいた。

捜査本部では、特定の人物を狙って青酸入りカレーを食べさせるのは困難な状況だったと判断、不特定多数の被害者が出た事件の構図がさらに浮かび上がった。

また、入院患者のうち四人がなお重症であることが同日、和歌山市保健所の調べで分かった。この日は入院患者が二人増え、各病院には四十四人が収容されたままだ。

木下純子・同保健所長の同市議会への報告によると、重症の四人は意識はあるものの、一人は心電図の値が異常を示し、和歌山県立医大の集中治療室で治療中。別の一人は血圧がかなり低下しており、昇圧剤が効果を示さない状態で、この二人はいずれも症状がかなり重いという。残る二人は二十七日朝になって昇圧剤の効果が出始めているが、退院のメドはまだ立っていない。

木下所長は「青酸化合物の毒性は体内に入ってから十九時間程度で薄れてくるとされる。突然、容体が急変した例もあったので楽観はできないが、今後は次第に回復に向かうのでは」と話す。

しかし、同市岩橋の誠佑記念病院では、入院した七人のうち三人がまだ低血圧や脈拍の乱れ、循環器や呼吸器系の障害を残し、青酸化合物の毒性の強さを示している。同病院ではこの日も、患者たちに点滴のほか昇圧剤や利尿剤、解毒剤などの投与を続けており、上野雄二院長(49)は「生命に危険はないが、今後も容体の推移を注意深く見守る必要がある」と話している。

「犯人へ憤り覚える」弔問客

谷中さんの通夜は同日午後七時から新築間もない自宅で行われ、親族や近所の人ら約五百人が参列した。祭壇中央には、横向き加減でにこやかにほほ笑む遺影。その両わきには家族が座り、涙にくれながら弔問客らに頭を下げていた。

谷中さんが県社会保健センター総務部長時代に世話になったという県職員中田盛雄さん(54)は「まじめな人で、厳しいなかにも優しさがあった。今でも間違いではないかと思う」と声を震わせた。また、親せきの会社員野口昭生さん(62)も「よき兄貴のような存在だった人を突然奪った犯人に怒りを覚える」。

谷中さんの妻と同級生だったという西口勇・和歌山県知事も出席し、「楽しみにしていた夏祭りでこのようなことが起き、お気の毒です」と沈痛な表情で話した。

田中さんの通夜は同市内の葬儀場で行われ、自治会の住民や、金物店を経営していた田中さんの仕事の関係者など二百人余りが参列した。

祭壇には、薄いブルーのワイシャツにノーネクタイでにっこり笑った遺影が飾られ、その前に涙にくれる妻礼子さん(50)と娘二人。仕事でつきあいのあった同市の会社員井上克己さん(54)は「無理を言っても聞いてくれる頼りがいのある人だった。新聞で亡くなったのを知り、『まさか』と思った。こんな事件に巻き込まれるなんて」と沈痛の表情だった。

読売新聞　７月２７日（夕刊）１面　カレーに青酸　四人死亡

カレーに青酸 4人死亡

夏祭り会場で混入

和歌山 66人中毒、42人入院

和歌山市郊外の住宅地・園部地区で二十五日に行われた夏祭りで、炊き出しのカレーライスを食べた住民六十六人が腹痛や吐き気などの症状を訴えて病院で手当てを受け、そのうち地区の正・副自治会長と女子高生、小学生の男児の四人が二十六日未明から午前にかけて死亡した。患者のおう吐物などから青酸化合物の反応が出たため、和歌山県警捜査一課は、何者かが毒物を混入した無差別殺人事件の疑いが強いとして和歌山東署に捜査本部を設置した。症状が軽い患者は帰宅したが、同日夜現在、なお四十二人が入院している。（関連記事30・31面）

無差別殺人で捜査

死亡したのは、園部第十四自治会会長で無職谷中孝寿さん(64)、同自治会副会長で自営業田中孝昭さん(53)、会社員林雄二さん(44)の長男、大貴君(10)(市立有功小四年)、電気工事業鳥居秀文さん(52)の長女、幸さん(16)(私立開智高一年)の四人。

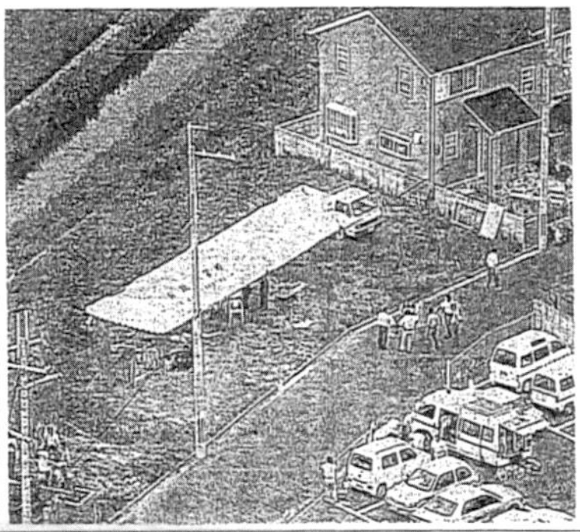

夏祭りでカレーが出されたテント付近を調べる和歌山県警の捜査員（26日午前10時10分、和歌山市園部地区で、本社ヘリから）＝山本高裕撮影

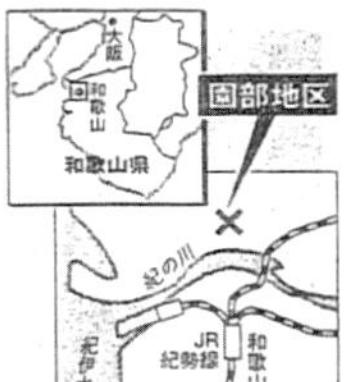

調べによると、夏祭りは同自治会（約七十世帯）の主催で二十五日午後六時から地区内の空き地で開かれ、この際、炊き出しのカレーを食べた住民らが次々と腹痛や吐き気などを訴え病院などに搬送された。

県警と同市保健所は集団食中毒とみていたが、二十六日午前三時過ぎに谷中さんが死亡。同六時になって、県警の検査で、十一袋分の患者のおう吐物とトレー一枚に付着して残ったカレーから青酸化合物の反応が検出された。トレーからは粘

…見つかっており、粉末を混入されたとみられる。また谷中さんの遺体を解剖した結果、同日夜になって、心臓血や胃の内容物から青酸化合物が検出され、捜査本部は、谷中さんの死因は青酸化合物による中毒死と断定した。

調べによると、カレーは地区の主婦ら約二十人が自宅で下ごしらえした材料を空き地東隣にある民家のガレージと、別の民家に持ち寄り、二十五日午前八時半から正午ごろまで、大小三つのなべで調理した。

うち、ガレージでは大なべ二つ、民家では小なべ一つで調理し、それぞれ午後五時ごろ、空き地のテントに運ばれ、なべをアルミホイルで覆い、段ボールでふたをして主婦らが三人交代で見張っていた。

トレーには祭りが始まる午後六時ごろから盛りつけられ、事前に配られていた無料引換券を持ってきた住民にテントで配られた。盛りつけ直前に味見をした主婦に症状が出ていないことから、毒物はこの直後に混入されたとみられる。

トレーは市販の発泡スチロール製で、昨年の祭りで残り、谷中さん宅にあったもので、スプーンは新たに購入されていた。家族の分ももと小さいなべでカレーをもらった主婦も発症していることから、捜査本部は、毒物は配布された大なべに混入された可能性が高いと判断している。カレーは少なくとも百—百四十食分あったとみられるが、大なべは一つが空になっていたものの、別の大小のなべはほとんど残っていた。現場には当時、約七十人の住民がいた。食べてすぐに症状が現れたため、カレーの提供はまもなく中止された。

読売新聞　１５面　「許せない」怒りの黙とう
青酸混入

「許せない」怒りの黙とう

青酸混入

夏休み直前の衝撃……

亡くなった鳥居幸さん　クラスメート絶句

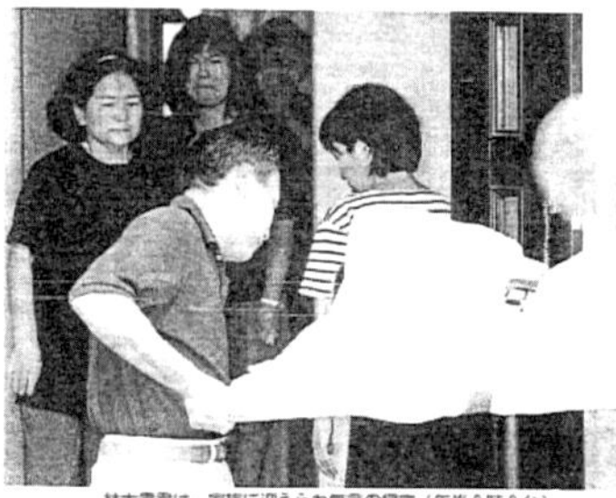

林大貴君は、家族に迎えられ無言の帰宅（午後0時8分）

夏祭りなど次々中止　広がる警戒体制

後手に回った「解毒」

●警察、保健所、病院……「食中毒」にしばられ

患者の容体安定

読売新聞　７月２８日（夕刊）１面　青酸カリ混入濃厚

カレー事件

青酸カリの混入濃厚

和歌山県警　研究施設捜査に重点

和歌山市園部地区の夏祭りのカレーライスに混入した青酸化合物により住民四人が中毒死した事件で、混入された青酸化合物は極めて純度の高い青酸カリ（シアン化カリウム）の可能性が高いことが二十八日、和歌山県警捜査本部の調べで分かった。青酸カリは青酸ナトリウム（シアン化ナトリウム）より毒性が強く、市販されている量も少ないといい、捜査本部は、青酸カリを使っている研究施設などの聞き込み捜査を重点的に進めている。

捜査本部は、これまで患者の吐しゃ物やカレーが付着したトレーなど二十三点から検出した青酸化合物を詳しく分析。その結果、青酸カリを含む二次製品には含まれているはずの別の物質がまったく検出されず、純度の高い青酸カリが混入した可能性が濃厚となった。

業者や研究者の間に出回っている青酸化合物は、ほとんどが青酸カリか青酸ナトリウム。致死量は青酸カリが〇・一五―〇・二㌘、青酸ナトリウムが〇・二―〇・三㌘で、青酸カリのほうが毒性が強く、発症時間も早いという違いがある。

青酸カリは致死量以上を口に入れると、すぐに口内の粘膜を溶かして体内に吸収され、急激に死に至る。

捜査本部が死亡した四人の患者の発症状況を詳しく調べたところ、呼吸困難や血圧低下など容体悪化から危篤状態になるまでの変化が急激で、悪化後すぐに死亡した患者もいるなど、青酸カリの顕著な特徴を示していることがわかった。

今回は食事後二時間たってから発症した患者もいるなど、発症に時間がかかったケースもあったが、捜査本部は混入された量が微量で、患者の摂取量が致死量下限ぎりぎりかそれを下回っていたり、カレーに混入された青酸カリが水の中などと違って均一に溶けず、摂取量に差があったりしたためとみている。

青酸化合物は、毒物および劇物取締法で毒物に指定されている。薬局などで入手しようとした場合、書面に氏名、住所などを記載、押印して身分を証明すれば可能だが、実際に扱っている薬局が少ない上、使用目的などがあいまいな客には売らないよう行政指導されていることもあり、入手は困難という。

大学や企業の研究機関などでの使用については法的規制はなく、保管庫の施錠や紛失時に警察への届け出が要求されるだけだという。

捜査本部の調べでは、過去五年間に同県内で青酸カリの盗難、紛失の届け出はない。（関連記事15面）

青酸カリ　常温で気体となる青酸（シアン化水素）とカリウムを結合させ、扱いやすい無色か白色の固形状にしたもの。メッキ、青化製錬、化学試薬、顔料（青色）などに使われる。水に溶けやすく、体内に入ると、細胞の活動を支える酵素の働きを阻害するため、急激に窒息や麻痺（まひ）状態に陥り、量によっては数秒で死亡する場合もある。

これに対し、一般的に青酸ソーダと呼ばれる青酸ナトリウムは白い粒状で、青酸カリと極めて近い性質を持つが、毒性は青酸カリより弱い。

読売新聞　７月２９日（夕刊）１４面　混入青酸、スプーン１杯分

混入青酸、スプーン一杯分

約5グラム、25人分の致死量

和歌山市園部地区の夏祭りで四人が死亡した青酸カレー事件で、カレーの大なべに混入された青酸化合物の量は、ティースプーン一杯分の五グラム前後であることが二十九日、専門家の指摘などで分かった。中毒患者が死者を含め計六十七人だったことなどから算出したもので、和歌山県警捜査本部(和歌山東署)の見方もほぼ一致している。混入された疑いの強い青酸カリの一人の致死量は〇・二グラムで、二十五人分に相当する。

調べによると、問題の大なべは直径約三十センチ、高さ約四十五センチ、容量約三十二リットル。当初、大なべの八割程度のカレーが入っており、食べた住民が次々と症状を訴え、通報を受けた和歌山市保健所職員が駆けつけた時には、カレーは大なべの底に数センチ残すだけだった。

発症者は六十七人で、このうち死者が四人、重症十八人、中症十一人、軽症三十四人。死者は食後かなりの時間を経過した後に亡くなっており、渡部烈・東京薬科大教授(衛生化学)は「一人当たりの摂取量は致死量ぎりぎりと考えられる」とし、症状と人数、体調の個人差などを加味すると、混入されたのは少なくとも五グラム前後になると推定。他の専門家や捜査本部もほぼ同じ見方をしている。

仮に十グラム前後の量になった場合は、死者数が急増するとともに、食後ほぼ即死状態のケースが出るといい、五グラムよりかなり少ないとこれほどの患者数にはならないという。

青酸化合物は粉末状態で混入された可能性が高く、油分が多く溶けにくいカレーの中で、混入された青酸化合物の粉末が、長い時間にわたって残っていたらしい。

青酸化合物は直接手に触れると体内に吸収されて中毒を起こすため、瓶などの容器か、ろう紙に包んで持ち込まれたとみられ、にぎわっていた祭り会場で、だれにも気づかれずに紙を開いたり、瓶のふたをとったりして大なべに混入させることは難しい。

捜査本部は主婦らの監視の目が届かないスキをついた可能性が高いとみており、〈空白時間〉の特定に全力を挙げる一方、数グラム単位の青酸化合物の紛失や、盗まれた研究施設、工場がないかなどの調べを急いでいる。

林大貴君の自宅玄関近くには黄色い通学帽や虫捕りかごなどが飾られた（けさ９時35分）

大貴君の通学帽悲し

和歌山市園部地区の青酸カレー事件で犠牲となった市立有功小四年林大貴君(10)と私立開智高一年鳥居幸さん(16)の告別式が行われるのは、それぞれ二十九日午後一時から。会場の自宅などでは、この日朝から葬祭業者が準備に追われた。

大貴君の自宅では、祭壇が設けられた居間に隣接したガレージに黄色の通学帽が置かれた。「昆虫博士」と呼ばれた大貴君の麦わら帽子のほか、虫捕り用のかご、網も並べられ、関係者の涙を誘った。

式には同級生の児童約七十人も参列、同じクラスの学級委員がお別れの言葉を述べる。

鳥居さんの告別式が行われる同市有本の葬祭場でも、中学時代に所属していた演劇部や自治会などからの供花が並んだ。

祭壇中央には白いトレーナー姿でピースサインを送りながらほほ笑む遺影。午前十時前には喪服姿の男性二人が式場の最後列で、疲れた様子でじっと座りこんでいた。

前日の通夜の席では、同級生七十二人が担任教諭を通して、それぞれ鳥居さんにあてたメッセージを遺族に手渡した。一年間に約百五十冊も読破した鳥居さんの図書カードと共に「ひつぎに入れてほしい」と託された。

式では図書委員の先輩で前生徒会副会長の同高三年永山太一君(17)が弔辞を読み上げる。

読売新聞　７月３０日（夕刊）１９面　混入青酸　ここ１、２年間に製造？

混入青酸

ここ1、2年間に製造？

劣化少なく、100%近い純度

和歌山市園部地区で起き
青酸カレー事件で、混入
れた青酸化合物は分析の
果、長期間保存されたも
ではなく、ここ一、二年
間に製造された可能性が
いことが三十日、和歌山
県捜査本部の調べで分か
た。捜査本部は入手経路

るとみている。
　青酸化合物は製造後時間
が経過すると、空気中の炭
酸ガスと反応して不純物が
増加する。完全密閉された
うえ、冷凍保存が施されて
いないと純度が落ちる性質
がある。一年たてば純度は
数%劣化し、工場などの青

の不純物が混じるという。
　しかし、現場から検出さ
れた青酸化合物は、同県警
科学捜査研究所の分析で1
00%に近い極めて高純度
だった。捜査本部は長期間
空気にさらされたものでは
ないと見ている。
　一方、捜査本部によると、

扱い登録業者は和歌山県内
に薬局など約七百九十業
者、保管を伴う施設の届け
出はメッキ工場五社があ
り、卸売業三社から青酸化
合物を購入している。この
三社に保存が義務付けられ
ている過去五年間の販売先
のリストの提出を求めた結

個人も含め薬局、メッキ工
場など数十回、約百キロ・グラム
だったことがわかった。

読売新聞　7月31日（夕刊）１２面　青酸カレー「問題の３０分間」
特定できぬ複数人物

青酸カレー「問題の30分間」

特定できぬ複数人物

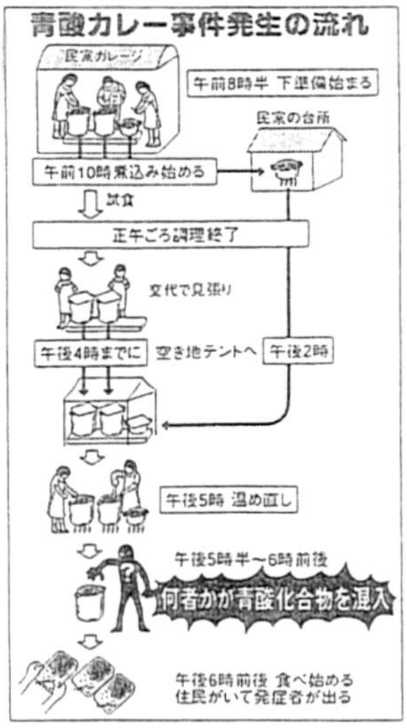

　四人が死亡した和歌山市の青酸カレー事件で、和歌山県警捜査本部（和歌山東署）は、犯人が青酸化合物をカレーの大なべに混入したとみられる時間帯を、祭りが始まるまでの「三十分間」に絞り込んで捜査しており、この時間帯に名前を特定できない複数の人物がいたことが分かった。大なべ周辺から数十個の指紋も検出している。事件はあす一日で発生から一週間。住民が集まる夏祭りを舞台にした特異な事件の犯人像に、捜査本部はどこまで迫っているのか――。

　捜査本部の調べや関係者の証言によると、青酸化合物が混入された大なべが、民家ガレージから祭り会場の空き地に運びこまれたのは二十五日午後四時ごろ。発症者の中で最初にカレーを食べたのは、祭りのカラオケ大会の受け付けを担当していた会社員(52)と住民(67)の男性二人だった。二人は午後六時前に主婦らによそってもらった。五分ほどして会社員が吐き出し、住民も何度も吐いた。これが最初の中毒症状で、犯人が青酸化合物を混入したのはこれ以前になる。

　さらに、使い捨てトレーに付着していたカレーを分析した結果、青酸化合物の結晶構造が検出され、青酸混入から最初の発症までそれほど時間が経過していないことが分かった。混入時間は長くても三十分前までと判断されている。

　捜査本部は大なべから主婦らの目が離れた〈空白時間〉がなかったかを調べたところ、名前を特定できない複数の人物がこの時間帯にいたことが判明した。

読売新聞　８月１日（朝刊）３５面　青酸カレー袋小路の怪

青酸カレー　袋小路の怪

犯人像、動機絞れぬまま1週間

和歌山市の自治会夏祭りで、四人の犠牲者を出した青酸カレー事件から、きょう一日で一週間。手口は一見、無差別犯行を思わせる。しかし、会場の先は行き止まりで、祭りそのものの開催を知る人は限られていた。現場を歩いて感じた。結果の大きさだけから犯行動機や犯人像を読んでは、犯人追及もまた袋小路に踏み迷うのではないか――と。渦中にある「園部第十四自治会」を検証した。

（社会部　平尾　武史）

亡くなった林大貴君の自宅に弔問に訪れた和歌山市議会議員ら（31日午前11時20分、和歌山市園部で）＝河村道浩撮影

新興住宅地　薄い地縁

園部第14自治会ルポ

●事件現場

同市園部地区はJR和歌山駅から北へ約三㌔。事件のあった住宅街は、市内北部を流れる紀の川の河川敷に広がる田んぼの一角で、北側には県道が走り、ひっきりなしに車が行き交っている。

事件当時、住民が駆け込んだ「前田外科病院」から、幅約六㍍の道に入ると、一転、静かな家並みが続く。さらに約百八十㍍入った南端に、祭りが開かれた空き地があった。広さは家二軒分ほどで、道の反対側は用水路で仕切られる。県道からの道以外、ここに入れるのは、用水路沿いの小道だけ。この道も空き地までは通じていない。

「会場に知らん人が入って来たら、絶対わかる」。住民の一人は言い切った。

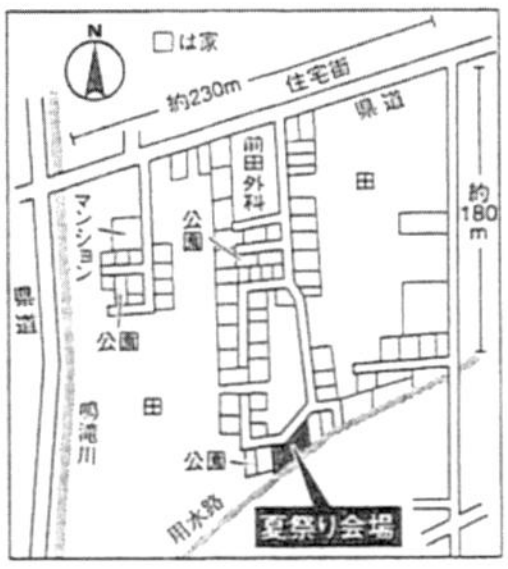

●65世帯

もともとは田んぼで、住宅地が造成されたのは一九七八年ごろ。現在、六十五世帯、約二百人が暮らしている。

登記簿から各家（マンション一棟を含む）の建築年月日を調べると、北側から八〇年代に約三分の二、九〇年代に残りが建てられた。まさに新興住宅地だ。

分譲した地元不動産業者(61)は「八〇年代は住宅ブーム。造成すれば売れた。購入したのは、大半が市中心部から来たサラリーマンだった」と話す。

●夏祭り

住民の増加で、同自治会が隣接する自治会から独立したのは九〇年四月。当時の役員(47)は、「寄り合い所帯だったので、その親ぼくを兼ねて、年に一回の祭りを始めた」と話す。

会長、副会長ら役員四人と、七つに分かれた班の班長が集まって、半年前から今回の祭りを計画。六月末には、市の広報紙に案内状を挟み、班長が各戸に配った。食事は、案内状の右半分に刷かれた「カレーライス券」「ビール券」という部分を切り取り、現物と交換する仕組み。しかし、それ以外ポスターなどは一切ない。亡くなった会長宅から道一つ隔てたところに住む別の自治会の主婦(38)は、「祭りがあったことすら知らない」と言った。

ただ、自治会員が知人を誘うケースもあり、死者四人を含めた被害者計六十七人のうち、十数人は周辺の住民だった。

●トラブル

現場で驚くのは、道のあちこちに、自治会名で「路上駐車禁止」の立て看板が立っていることだ。

約二百㍍四方の現場周辺に、お好み焼き屋が二軒、居酒屋が一軒。その客の路上駐車に対し、住民が苦情を訴えたからだ。店に近い住民は、「『警察、呼ぶぞ』とどなって、けんかになったこともあった」と言う。

店側も新たに駐車場のスペースを確保したが、「雨の日なんて、全然足りない」というのが実情だ。初めて看板が立ったのは五年以上も前。しかし、トラブルは減らず、数か月前に、新たに目立つような看板に変えたばかりだったという。

奥まった場所にある家の生け垣には、「たばこの吸いがら　すてないで」と書かれた紙があった。「最近、ギスギスした雰囲気で嫌だった」と、主婦は嘆いていた。

●さびたブランコ

「『顔は知っているけど名前までは』と言われる方が多いので……」

和歌山東署に置かれた捜査本部での会見で、小松建二・副署長は、当時の状況を把握するのに時間がかかっている理由をこう説明した。住民から話を聞くと、「六時二十分ごろ、女の人が二人、会長を呼びに行った」「自分が行った時は、三つの炊飯器が空だった」など細かく状況を話してくれる。が、人の名前が出てこない。現場近くには公園が三か所もある。しかし、うち二か所は、一㍍以上の雑草が生い茂り、ブランコや滑り台がさびて真っ茶色になっていた。

道路わきに立てられた「路上駐車禁止」の看板。電柱には、飲食店が立てた同様の看板も

重症はゼロに

和歌山市園部地区の青酸カレー事件で、和歌山県警捜査本部は三十一日、現場から採取したトレーなど四百八十五点のうち三十二点から青酸化合物が検出されたことを明らかにした。三十二点の内訳は、住民の吐しゃ物二十六点、トレーのカレー、鍋の水各一点など。一方、この事件で入院中の人は三十三人いるが、ICU（集中治療室）で治療を受けていた二人がこの日、一般病棟に移り、重症者はゼロになった。

読売新聞　８月３日（朝刊）１面　青酸カレー，ヒ素も検出

青酸カレー、ヒ素も検出

胃と食べ残しから

和歌山県警 2種混入で捜査

四人が死亡した和歌山市の青酸カレー事件で、和歌山県警捜査本部（和歌山東署）は二日、死亡した自治会長・谷中孝寿さん(64)の胃の内容物と、市立有功小学校四年・林大貴君(10)が食べたカレーの残りから、猛毒のヒ素が、警察庁科学警察研究所の分析で検出されたと発表した。ヒ素はネズミ駆除薬や農薬として古くから使われてきた毒薬で、すでに県警の分析で検出されている青酸化合物より入手が困難とされる。捜査本部では二種類の猛毒の混入が明らかになったことが、犯人像の特定に結び付くとみて、流通ルートの捜査に全力を挙げる。（関連記事30・31面）

和歌山県警は、毒物の分析のため、被害者の胃の内容物、血液、皿に残ったカレーなど四百八十五検体を採取。そのすべてについて県警科学捜査研究所で分析を進めるとともに、保存状態のよい検体約二十点を選んで警察庁科警研に送った。

警察庁科警研が分析を進めた結果、谷中さんの胃の内容物、林君の残したカレーの二検体からごく微量のヒ素が検出された。科警研ではさらに別の薬物についても分析を進めている。

県警科捜研では当初、青酸化合物の分析だけを行い、三十二検体から青酸反応を検出した。この中に死亡した谷中さんの血液も含まれていたため、青酸化合物による中毒死と判断、ヒ素など他の毒物の検査は行わなかった。

専門家によると、この二つの物質の化合物はないとみられ、「意図的に混ぜない限り、この二つの物質が同時に検出されることはない」（磯部正和・摂南大教授）という。このため、捜査本部は二種類の毒物を使用した疑いがあるとみている。

ヒ素化合物による中毒症状はおう吐や血圧の低下などの症状が青酸中毒とよく似ており、捜査本部は一人の死因について詳しく調べる。さらに、死因が特定されていなかった自治会副会長・田中孝昭さん(53)、私立開智高一年・鳥居幸さん(16)についても、県警科捜研で調べた検体を科警研に送って再鑑定する。

ヒ素は、酸素と結合した亜ヒ酸などの化合物として存在し、毒物及び劇物取締法で青酸化合物と同じく「毒物」に指定され、薬品問屋から購入するには身分証明書などが必要になる。

ヒ素化合物の使用は、最近では研究者が管理する医療用試薬や歯の治療薬、半導体の材料などに限られており、捜査本部は青酸化合物よりも入手が困難とみている。

捜査本部は、二種類の毒物が混入されていたことについて、犯人が持っていたどちらかの毒物だけでは量が少なかったか、薬物の分析捜査の混乱を狙った可能性もあるとみている。

化合物は無味無臭

ヒ素　ヒ素自体に毒性はないが、亜ヒ酸などの化合物は有毒。化合物は無味無臭の白色粉末で、温水によく溶ける。致死量は体重一キロ当たり五－八ミリ・グラム。大量に摂取すると胃の激痛、おう吐、下痢、けいれんなどを起こして死ぬ。長期にわたって少量を摂取した場合は知覚、運動の失調などの末梢(まっしょう)神経障害、筋肉の委縮のほか、皮膚がんを発症することもある。過去の中毒例では、西日本一帯の乳児ら約百三十人が中毒死した「森永ヒ素ミルク中毒事件」（一九五五年）や、ヒ素化合物の製造所で作業員や住民約百五十人が中毒を起こした「宮崎県土呂久公害」（七一年）などがある。

（４）産経新聞

７月２７日　１面　カレーに青酸　４人死亡

カレーに青酸　4人死亡

夏祭り　自治会の炊き出し

66人中毒、39人入院

和歌山　殺人で本格捜査

食事の直前投入？

3つの鍋うち1つに　外部侵入可能性低い

捜査本部

有功小学校

大阪府

和歌山県

産経新聞　３面　和歌山の青酸カレー事件
狙われた地域交流の場

産経新聞　（第三種郵便物認可）

狙われた地域交流の場

和歌山の青酸カレー事件

自治会の夏祭りで起きた和歌山の青酸カレー事件。地域の恒例行事が狙われたことから、コミュニティー活動の停滞を懸念する声も出ている。和歌山市内では今回の事件を受け、早くも夏祭りを中止する地区が出た。

住民ら動揺隠せず

夏祭り　隣町急きょ中止

「夏祭りは恒例のもので、十年以上前から続いていた。こんな事件が起き、身震いする」。事件の舞台となった和歌山市園部に住む男性会社員は、地域活動への影響を心配する。

事件現場の地区には約七十世帯が住んでおり、五年ほど前から田んぼなどを造成して住宅が建ち始め、新住民が増えていた。

ある主婦[illegible]は、「ここ数年の間に新築住宅が増え、若い人も増えた。近所付き合いが希薄になりつつあるのかもしれない」と話す。

周辺の地区でも、同様に[illegible]開発によって新住民の割合が増えつつある。そうしたなか、自治会が主催する夏祭りは、数少ない新旧住民の交流の場だったという。

二十六日に同様の夏祭りを開く予定だった隣町の鳴滝地区は事件を受けて急きょ、祭りを中止した。祭りは市立鳴滝小学校のPTAと同校区の八自治会が主催していたが、このうち鳴滝団地自治会長の中西文夫さん[illegible]は「役員で協議した結果、中止はやむを得ないと判断した」と話す。

また、これまでは模擬店を出店していたが、来年からは食品を扱わないようにするなど、祭りの形態をかえていかなければならない。一歩間違えれば、私たちが遭遇したかもしれず、驚いている。小さな範囲の祭りでこのような事件が起きれば、地元同士で疑心暗鬼になってしまう可能性もあり、今後、近所付き合いをどうすればいいのか」と不安そうに話していた。

和歌山市内では小学校の校区ごとに例年、同様の夏祭りが開かれており、二十八日には小学校やPTA、自治会の主催で計六カ所で予定されていた。

このため、同市教委は二[illegible]の日、主催者に食中毒の発生などに十分注意して実施するよう申し入れたほか、今後、祭りを予定しているところについても、小学校長に対して、同様の通知を出すことにしているという。

しかし、「自主的に中止するケースが今後増えるのではないか」と指摘する関係者らは少なくない。

▲青酸カレー事件が起きた和歌山市園部。手前の現場は紀ノ川が近くを流れる静かな住宅地だ＝26日午前11時、本社ヘリから

ドキュメント

【25日】

8・30ごろ　夏祭りの会場近くの飲食店からガスコンロなどを借りて、主婦らが民家二カ所で、カレーライスの調理を始める。

12・00ごろ　調理をいったん終える。

14・00ごろ　近くの子供が三つの鍋のうち一つのカレーを味見。異常はなかった。

17・00ごろ　カレーを会場に運ぶ。

18・00ごろ　夏祭りが始まる。おでんやカレーライスのテントに人の列。

18・15ごろ　[illegible]で吐き気をもよおしたり、おう吐したりする人が出る。

19・08　和歌山市消防局に住民から「おう吐している人がいるので来てほしい」と通報。その後も通報が続いた。

19・20ごろ　気分が悪くなり会場近くの前田外科へ向かう人の列ができる。なかには路上で吐いてしまう人も。「おう吐するポリ袋が足りなくなってしまって…」[illegible]

19・28　現場に到着した救急隊から応援要請。計[illegible]台の救急車が患者搬送。

19・32　和歌山県警が事件性があるとして捜査を始める。

19・40　病院の外で心配そうに様子をうかがっていた主婦は「[illegible]ってしまった。どうしたらええんやろうか」と不安な表情。

19・45　市消防局から保健所に連絡。保健所が調査を始める。

20・30　前田外科のある医師は「食中毒にしては発症が早すぎるのが気になる。原因はきちんと調べなくては分からないが…」

【26日】

0・00　和歌山市保健所が記者会見し、[illegible]

3・03　自治会長の谷中孝寿さん[illegible]が搬送先の病院で死亡。

6・30　和歌山県警が和歌山東署に「園部における毒物混入事件捜査本部」を設置。

7・35　自治会副会長の田中孝昭さん[illegible]が[illegible]病院で死亡。

7・54　小学四年の林大貴君[illegible]が[illegible]病院で死亡。

9・30　和歌山市が「園部第十四区自治会食中毒対策本部」を設置。

[illegible]　和歌山東署で記者会見。「患者のおう吐物から青酸化合物が検出された」と事件性に言及。

10・16　高校一年の鳥居[illegible]さん[illegible]が日赤和歌山医療センターで死亡。

15・00　捜査本部が市役所で会見。[illegible]水道の監視強化を表明する。

17・00　和歌山東署捜査本部の小松建・副署長と県警捜査一課の中村真代治・次席が会見。「毒物はカレーの中に含まれていた。殺人を視野に捜査している」などと話す。

17・24　尾崎吉弘和歌山市長が林大貴君の自宅を弔問。

[illegible]さんの遺体[illegible]

22・00前　捜査本部が谷中さんの司法解剖の結果を発表。心臓血、胃内容物から青酸化合物が検出された。

入院の皆さん

入院しているのは次の皆さん。[illegible]

【中谷病院】[illegible]

【前田外科】[illegible]

【日赤病院】[illegible]

【中谷医科歯科病院】[illegible]

【和歌山労災病院】[illegible]

【日赤医大付属病院】[illegible]

【和歌山県立医大付属病院】[illegible]

【中谷病院】[illegible]

和歌山市も調査へ

和歌山市の対策本部は[illegible]、市民の健康調査に当たる[illegible]。同本部は病院や患者からの聞き取り[illegible]とともに、[illegible]健康相談を受け付ける。

▲カレーライスを食べた後で激しい吐き気などを訴え、救急車に運び込まれる住民ら＝25日午後8時10分ごろ、和歌山市園部

産経新聞　１３面　卑劣な犯行 だれが…

卑劣な犯行 だれが…

会場搬入前、異常なし
関係者慌ただしく出入り

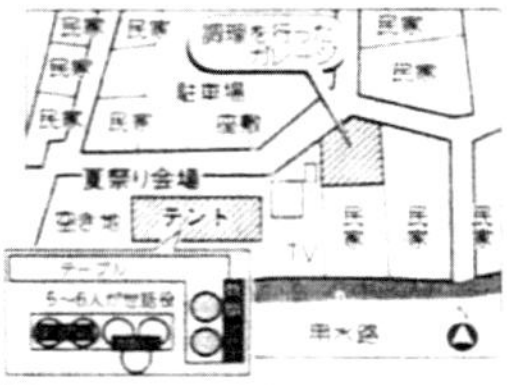

生死分けた青酸化合物 幼児ら助かる

青酸化合物が混入されたカレーライス＝25日午後9時ごろ、和歌山市園部の夏祭り会場

楽しい夏祭りの最中に突如起こった、青酸カレー事件。果たして犯人の狙いは何なのか。世間を騒がせるのが目的の劇場型犯罪なのか、それとも特定個人や地域社会に対する恨みが原因か。識者らに聞いた。

識者ら推理

特定の個人を逆恨み？／被害妄想型犯罪か劇場型愉快犯か

産経新聞　２７面　夏祭りに「無差別殺人」
和歌山の青酸カレー事件

平成10年（1998年）7月27日　月曜日　産経新聞

夏祭りに「無差別殺人」

和歌山の青酸カレー事件

地域の親ぼくを深める自治会の夏祭りが、悪夢のようなせい惨な事件に一変した。自治会長や小学生ら四人の命を奪った和歌山の青酸カレー事件。家族らは、突然の悲しみのなかで、無差別殺人への、やり場のない怒りに体を震わせた。なお多くの人が入院している各病院では、患者と家族らが不安の表情をみせるなど動揺はおさまっていない。だれが、なぜ…。[illegible]、また地域のきずなは[illegible]事件に引き裂かれた。

「なぜ」遺族ぼう然

犠牲の小4　姉は回復したのに

病院騒然

あふれる患者

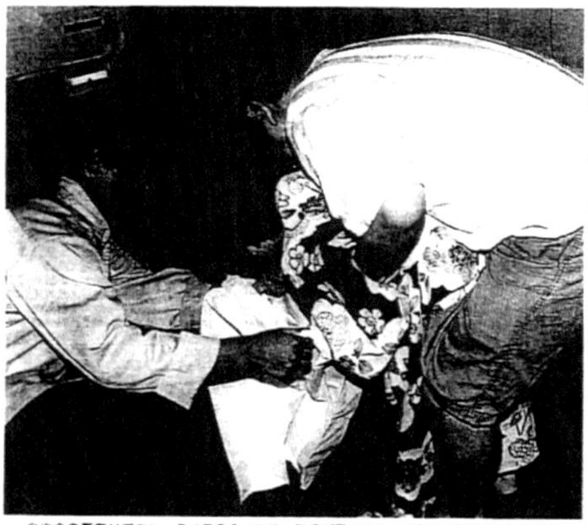
自治会の夏祭りでカレーライスを食べた後、気分が悪くなり、おう吐する浴衣姿の女の子

「まさか青酸とは」

悔やむ医師

谷中孝寿さんの遺体を乗せた車。青酸カレー事件の犠牲となり、無言の帰宅となった＝26日午後9時27分、和歌山市園部

産経新聞　７月２７日（夕刊）１面　高純度のカリかソーダ
青酸カレー事件　水溶液で混入

産経
〒530-8277 大阪市北区梅田2-4-9
☎大阪(06)343-1221(大代表)

の[illegible]が始まるからきっと塩辛かろうと想像する
時人は、身のあまさに「生」を見ている。（[illegible]）

高純度カリかソーダ

青酸カレー事件　水溶液で投入

捜査本部分析　化合物検出されず

青酸カレー事件の被害者となった鳥居幸さんの死を知らされ、号泣するクラスメート。鳥居さんの机には白いユリが供えられた＝午前8時55分、和歌山市直川の開智高校

小学生ら四人が死亡した和歌山市園部の青酸カレー事件で、カレーに混入された青酸化合物は純粋な青酸カリか青酸ソーダである可能性が高いことが二十七日、和歌山東署捜査本部の調べで分かった。純粋な青酸化合物の入手は一般には極めて困難なことから、捜査本部は現場周辺の工場や薬品会社など青酸化合物を扱っている場所で、最近、盗難や紛失がなかったかなどについて捜査を進めるとともに、前日に引き続きカレーライス作りに協力した主婦や自治会関係者らから事情を聴き、薬物を混入した不審者の割り出しや目撃者捜しに全力を挙げている。

（12、13面に関連記事）

捜査本部は、現場で収集した証拠物の分析を続け、同日までに新たに、患者が吐き出したカレー七点と食べ残したカレー一点から、青酸反応を検出した。

これまでに青酸化合物が検出された計二十点について、科学捜査研究所でさらに詳しく検査した結果、農薬など青酸化合物を使った二次製品の場合には含まれるはずの他の毒物などは一切検出されなかった。

青酸化合物は人体への吸収が早く、純粋な青酸カリや青酸ソーダを致死量（〇・[illegible]グラム）程度摂取した場合、極めて短時間で死亡するとされる。

今回の事件で青酸化合物による中毒死と断定された地元自治会長、谷中孝寿さん（六四）は、摂取後九時間経過してから死亡している。

このため、捜査本部は混入されたのは固形や粉末の青酸化合物ではなく、水などで希釈した水溶液がカレーに投入された可能性が高いとみている。

これまでの調べで、青酸化合物はカレーを調理した[illegible]つの鍋からは検出されていないという。しかし、盛り付けられた小皿ごとに青酸を混入させるのは困難と捜査本部はみており、[illegible]の鍋のうちの大鍋（直径[illegible]センチ）の一つに、食事が開始される直前に混入された疑いが強まっている。

捜査本部は二十七日朝から、捜査員約百五十人を投入し、現場での聞き込みを中心とした広範囲な捜査を実施、薬物を混入した不審者の割り出しや目撃者捜しを進めている。また、現場付近の用水路にはダイバーを潜らせ、青酸化合物の容器など事件に絡む遺留品がないかなど徹底的に調べている。

青酸化合物は一般的には入手が難しく、最近はメッキ工場などでしか使用されていない。和歌山県によると、現在、和歌山市内の毒劇物を販売できる店舗は三百四十[illegible]店あるが、実際に青酸化合物を取り扱っているのは数軒しかない、という。

そのうちの一軒の薬品販売会社の社長は「基本的には何度も取引のある業者にしか販売しておらず、知らない人が来ても職業を確認できなければ販売しない」と話している。

被害67人　1人増え

和歌山の青酸カレー事件で、和歌山市の対策本部は二十七日、新たに一人が中毒症状を訴えて入院し、今回の事件の被害者は計六十七人になった、と発表した。

また、この日までに入院して治療を受けていた三十九人のうち、四人が退院したが、新たに六人が入院。被害者は死者四人、入院四十一人、通院二十二人になった。

青酸管理厳格に　橋本首相

橋本龍太郎首相は二十七日午前、四人が死亡した和歌山の青酸カレー事件に関し「亡くなった方のごめい福を祈る。これ以上広がらないようガードをしなければならない」と青酸化合物の管理を厳格にすべきだとの考えを示した。首相官邸で記者団の質問に答えた。

青酸カリや青酸ソーダなどの青酸化合物は毒劇物法で厳重な保管が義務付けられており、一般人が合法的に入手するのは極めて困難という。犯人はどのようにして青酸化合物を入手したのだろうか。

青酸化合物　扱い慣れた人物／投入は少量

青酸カリや青酸ソーダは水に溶けやすいために混入するのは簡単だが、においがきつい。犯人はにおい消しのためカレーに混入したとみられ、専門家の多くは「扱い慣れた人物ではないか」と指摘する。

毒物に詳しい大阪府立病院の吉岡敏治・救急医療診療科部長は「中毒者が多い割に死者が四人にとどまったのは、混入量が少なかったのかもしれない」と話している。

大阪府薬務課によると、こうした青酸化合物は鋼の熱処理、金、銀などのメッキ、写真現像、農薬や殺虫剤原料などにも広く用いられ、メッキや金属の熱処理に使用する場合は「業務上取扱者」の届け出が義務付けられている。

保管方法も「医薬用外毒物・劇物」と表示したうえで、カギのかかる専用の保管庫に収納することになっている。

しかし、大学や企業などの研究機関が青酸化合物を扱う場合は届け出は必要なく、府では「どのくらいの機関が所有しているかなど実態は把握していない」という。

大阪府警の担当者は「グリコ・森永事件を教訓に保管や取り扱いには慎重になっており、少なくともここ一年間は、盗難の届け出は受けていない」と話している。

捜査官2人派遣　警察庁長官

警察庁の関口祐弘長官は、激励のため訪れた和歌山県警本部で二十七日、記者会見。和歌山の青酸カレー事件に触れ、「大変痛ましい事件。警察庁としても捜査一課特殊事件捜査室長と係官の二人を派遣し、[illegible]

産経新聞　7月28日　1面　青酸カレー事件　会場近くの水田
祭りの朝，魚大量死

祭りの朝、魚大量死

青酸カレー事件
会場近くの水田
事前に実験？関連捜査

約400人が詰めかけた園部第14自治会長の谷中孝壽さんの通夜。参列者からはおえつがもれた＝27日午後7時10分、和歌山市園部

自治会の夏祭りで調理された炊き出しのカレーを食べた小学生ら四人が死亡するなどした和歌山市内の青酸カレー事件で、問題のカレーを調理し始める約一時間半前の二十五日朝、夏祭りの会場に近い水田で、小型のフナなど約百匹の魚が死んでいたことが二十七日、わかった。保健所や警察への届け出がなかったことから魚の死因は不明だが、魚の大量死が事件当日の朝であることから、和歌山東署捜査本部はこの情報を重視。何者かが水田に青酸化合物を投入し、その効果を事前に"実験"した可能性も含め、犯人に結び付く情報とみて注目している。

（2面に「主張」、26、27面に関連記事）

魚の大量死があったのは、現場となった夏祭り会場から東へ約百㍍のマンションに隣接する水田の中。住民らの話では、近所の主婦が二十五日午前七時ごろ、近くの喫茶店に行くため、この水田の横を通りかかったところ、約百匹の魚が白い腹を上にして死んでいるのに気づいた。魚は体長十五㌢。水田のあぜと稲の間に数匹ずつ、点在しながら浮いていたという。

水田の所有者によると、水田には数日前に農薬を散布していた、という。しかし、これまでから同様の農薬を使用しているものの、こうした魚の大量死は過去になく、「原因はわからない」と話している。

この所有者は二十五日朝には水田に行っておらず、魚の大量死には気づいていなかった。同日昼ごろ、水田に出かけたときはすでに、大量の魚の死がいはなかったという。

また、同日午前九時ごろ、水田の用水路につながる川で魚が大量に死んでいた、との目撃証言もある。水田の魚が用水路に流出した可能性はあるが、用水路で死んでいた魚は、水田で見つかったものより大きな魚との情報もあり、毒物が用水路から川に流れ出た可能性も、指摘されている。

七月下旬は水田の水を放出する時期で、水が少なくなれば、気温の上昇とともに、魚が酸欠状態になり、大量に死亡するケースはある。今回の大量死が確認された水田でも水を放出していたものの、小魚の生息に必要な水深はあったとみられている。また、例年、同時期に魚の大量死などはなかったことから、何者かが犯行前、この水田で青酸化合物の毒性を実験した可能性もあるとみられる。

これまでの調べでは、カレーに混入された青酸化合物は農薬などの二次製品ではなく、純粋な青酸カリか青酸ソーダである可能性が強まっている。

青酸化合物は水に溶けやすい上、純粋な青酸化合物なら人間の致死量でさえ〇・二㌘と極めて毒性が強いことから、青酸化合物を使用すれば、水田内の魚を大量死させることも可能、という。

一方、和歌山東署捜査本部の司法解剖の結果、同日、亡くなった小学四年、林大貴君（一〇）▽私立開智高校一年、鳥居幸さん（一六）▽金物店経営、田中孝昭さん（五三）＝ともに和歌山市園部＝の死因が青酸化合物による中毒死の疑いが強いこともわかった。

青酸カレー事件の現場となったテントのある空き地（手前）。魚の大量死があった水田（車が走る道路の上）とは約100㍍しか離れていない＝和歌山市園部（本社ヘリから）

産経新聞　２７面　わずかなスキ犯人凶行

カレー上部に毒物

産経新聞

わずかなスキ 犯人凶行

カレー上部に毒物

園部地区 駐車、ごみでトラブルも

和歌山 青酸カレー事件

和歌山の青酸カレー事件は、十七日までの和歌山県警和歌山東署捜査本部の調べなどで犯行の状況が少しずつ明らかになった。〇・一〇・[illegible]グという極めて微量でも死にいたる強い毒物をだれが何の目的で混入したのか。食事の直前のわずかな時間での混入、純粋な青酸カリか青酸ソーダを水などに溶かして投入したとみられる—。さらにその青酸水溶液とカレーとの比重が被害者の生死を分けたとの可能性も浮上し、犯人に結び付く情報が徐々に絞り込まれていく。

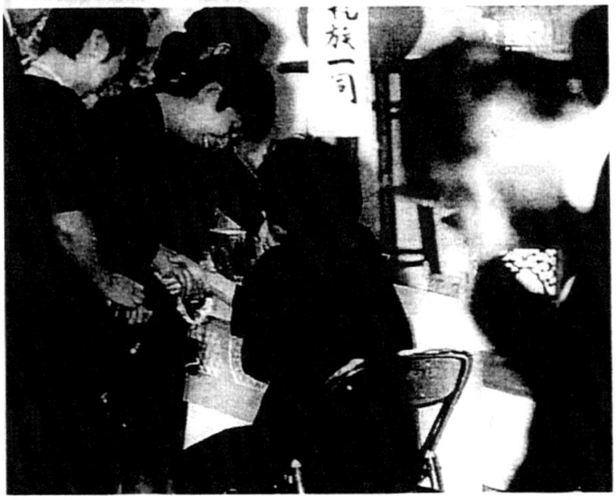

深い悲しみに包まれた園部第14自治会副会長の田中孝昭さんの通夜。遺族らを励ます姿もみられた＝27日午後7時40分、和歌山市六十谷

住民の目前で

青酸化合物は会場に近い民家のガレージで調理されたカレーの入ったなべ[illegible]に混入されたことがすでに分かっているが、県警の分析では、なべの底部に残っていたカレーからは青酸化合物は検出されなかった。

司法解剖で青酸化合物による中毒死と判明した園部第十四自治会の会長、谷中孝壽さん(64)をはじめ、犠牲になった被害者四人はいずれも祭り開始の二十五日午後六時前後の早い段階でカレーライスを食べており、捜査本部は混入された青酸化合物が一部から溶けはじめ、底部まで届かない間に食事として住民に出されたとみており、住民に配るまわれる直前に混入された可能性が高まっている。

濃度の違い

今回の事件で混入された青酸化合物は農薬などのように青酸化合物と他の物質を配合した二次製品ではなく、極めて純度の高い青酸カリや青酸ソーダとほぼ断定されたが、谷中さんの死亡はカレーライスを食べてから約九時間後。高純度の青酸化合物を摂取した場合、数分で死亡するケースもあるが、今回は青酸の[illegible]だったため、毒の進行が遅れたことも指摘される。しかも比重の重いカレー[illegible]の上にまかれたため、カレーの上部に水溶液が集中。早い段階でカレーを食べた人から重い症状になったとの可能性もある。

夏祭りにはカレーのほか、おでんも出ていたが、青酸化合物をカレーに混入したのは、カレーの味やにおいの強さで青酸混入をごまかすためとみられる。

また、毒性の強い高純度の青酸化合物を[illegible]

新旧住民が混在

[illegible]帯が入っている。古くからの住民と新しく同地区に住み始めた住民が混在しているのが特徴だ。今回の自治会主催の祭りも新旧の住民の融和を図るのが目的で、地元小学校も協賛してい[illegible]

ただ、地元では駐車をめぐるトラブルや乗用車から[illegible]

連合自治会が見舞金

[illegible]

二人三脚で自治会活性化に尽くす

会長 谷中さん　副会長 田中さん

「最後まで責任感の強い人だった」。和歌山の青酸カレー事件で亡くなった園部第十四自治会の会長、谷中孝壽さんと副会長、田中孝昭さんの通夜が二十七日夜、しめやかに営まれた。[illegible]

産経新聞　8月1日（夕刊）1面　青酸カレー事件　丸1週間
犯人は，動機は？

不安　日増しに増幅
犯人は　動機は？

あどけない少年を含む四人が犠牲になり、六十人もの中毒患者を出した和歌山の青酸カレー事件は一日、発生から一週間を迎えた。「ごくわずかな量で死にいたらしめる猛毒の恐怖」。被害者はいまも全員が入院か通院を続けている。連日百七十人の捜査員を動員して捜査する和歌山県警は、関係者の入院という壁に阻まれながらも、事件当日の再現から犯人に迫る。小さな自治会という地域社会の中で、事件の影響が日増しに増幅している。

（11面に関連記事）

1週間前、夏祭りが行われた事件現場はテントなども片づけられ、人通りも少ない＝1日午前、和歌山市園部

青酸カレー事件　丸1週間

住民沈黙、子供の遊ぶ姿なく

揺れる地域社会

「なお六十余人の方が入院、通院治療にさらされ、不安の日々を迎え、心身ともに疲労している」

七月二十日午後、事件の舞台になった和歌山市園部の園部第十四自治会で、全世帯の玄関先に、報道陣の取材自粛を求めるチラシが掲げられた。

六十九世帯、約二百二十人が暮らす小さな新興住宅街は事件後、様相が一変した。夏休み中というのに、公園などで子供たちの遊ぶ姿はほとんど見られない。多くの家のカーテンは昼間から閉め切られたままだ。

夏祭りの参加者のほとんどが地元住民だけに、さまざまな思いがよぎる。

「犯人が捕まらないと、安心して、暮らせない」。また、「こんなことが起きるのでは…」。主婦が重い口を開いた。

「犯人は外部から来たのでしょうか、それとも…」。一部では住民らが「犯人捜し」をしようという異常事態にまで発展し、住民同士の関係がぎくしゃくしたものになりつつある。

加えて、一時は百人を超えた報道陣と地元とのあつれきも強まっている。

「もういい、あんたら、いいかげんにしてよ」

ある女性は報道陣に声を荒らげた。現場で不審人物を見かけた可能性が高いなど、情報を持つ人物として注目された女性だが、今は沈黙を守り続ける。

心身ともに疲れ、静かにと願う地元住民と、大事件だからこそ取材をしたいという報道陣。さまざまな地域から集まってできた小さなコミュニティーは、異常な事件に大きく揺れ、日増しに振幅を広げている。

見えない犯人像

「和歌山市園部における毒物混入事件」。そう書かれた和歌山東署捜査本部の看板には、今も「殺人、殺人未遂容疑」の文言は書き込まれていない。

夏祭り会場で発生した"集団食中毒事件"は、患者の吐き出したカレーからシアン（青酸）化合物が検出され、シアン中毒による最初の犠牲者を出した後、一転して"毒物混入事件"となった。

事件は青酸混入による無差別殺人の様相を呈しており、捜査本部は青酸の詳細な分析を進める科学捜査と並行して殺人事件としての本格捜査を進めている。

現場は地域の夏祭り会場で、捜査は限られた範囲での聞き込みが中心に行われ、これまでに重症の入院患者などを除いてほぼ一通りの聴取を終えた。

聴取の目的は、祭りの概要・運営に始まり、カレーの調理や保存、配布の実態など、すべてのタイムテーブルの解明だった。

しかし、聞き終えた内容には時間的なズレや矛盾点もあるといわれ、不審者情報もはっきりしないのが現状だ。

カリかソーダか。混入された青酸の特定は難しく、「ブツ（物）よりも人からの捜査」。そう語る捜査員も少なくない。聞き込みは地区内に限定せず、周辺も含めて行われている。

事件現場西側の公園は、夏休み中だというのに、子供たちの遊ぶ姿も見られない。街は事件の衝撃で静まり返っている＝1日午前、和歌山市園部

「次は私….」夜も眠れず

心の傷

カレーに青酸化合物を混入するという異常な犯罪は、被害者の体だけでなく心にも深い傷を与えた。死に対する恐怖を口にする入院患者。退院してもなお再発への不安を募らせる住人たち…。

眠れなくなるといった症状も表れており、心的外傷後ストレス障害（PTSD）がいま、地域住民だけでなく、周辺地域の住民にまで及んでいる。

「大丈夫という医者の言葉が信じられない」。妻と一緒にカレーを食べて入院した男性会社員は、退院後も眠ることに恐怖心さえ抱いているという。

「二度と目を覚ますことができないのではないかと不安でたまらない」

妻はまだ入院している。四人が犠牲になったことを知ってから「次はわたしかも」と口にした。今もその不安は消えず、男性は「これからもあの恐怖と闘っていかなければならない」と話す。

心理的ダメージは被害者や家族だけでなく、周辺地域の子供たちにも広がりをみせている。

近くに住む男児は「一家みんなでカレーを食べて、お兄さんが死ぬ夢を見た」と話した。

事件で亡くなった林大貴君と同じ小学校に通う男児を持つ母親は「夏休みはいつも真っ黒に日焼けするまで遊んでいたのに、事件の後は外に出たがらない」という。

和歌山市や県警犯罪被害者対策室は、相談所を開設するなど住民の心のケアに乗り出した。同市教委も二学期から、周辺の学校に精神科医や臨床心理士らを配置する。

産経新聞　８月３日（朝刊）１面　新たに「ヒ素」検出

新たに「ヒ素」検出

和歌山の青酸カレー事件

犠牲者や食べ残しから

夏祭りのカレーを食べた小学生ら四人が死亡し、六十三人が中毒被害を受けた和歌山の青酸カレー事件で、和歌山東署捜査本部は二日、警察庁科学警察研究所に鑑定を委託していたカレーのルーなどの検体のうち、食べ残しのカレーなど二点から猛毒のヒ素を検出した、と発表した。犯人は殺傷力を高めるために青酸化合物にヒ素を混ぜていたとみられ、無差別殺人の可能性がより濃厚になった。さらに犯人は両方を入手できる立場にいるとみられ、捜査本部は人物特定をするうえで貴重な資料になると判断、事件当日の状況解明や動機面での捜査とあわせ、入手ルートの特定を急ぐ。

（26、27面に関連記事）

捜査本部によると、ヒ素が検出されたのは捜査本部が先月二十九日に科学警察研究所に鑑定委託したカレーや嘔吐（おうと）物など二十数点のうち、亡くなった小学四年、林大貴（ひろたか）君(10)の食べ残したカレーと、同じく亡くなった自治会長、谷中孝寿さん(64)の胃の内容物から。そのほかの検体についても、さらにヒ素やその他の物質の検査を進めている。

これまでの県警科学捜査研究所の検査では、谷中さんの心臓血と胃の内容物から青酸化合物が検出されたため、死因は青酸化合物による中毒死と断定。また、亡くなった林君らほかの三人の胃の内容物などからは青酸化合物は検出されていなかったものの、死因は青酸化合物による中毒死の疑いがあるとしていた。

ヒ素が検出されたことによって、少なくとも二人の検体には二種類の猛毒が混入されていた。ほかの被害者の嘔吐物や残ったカレーについても検査を進めており、今後、ヒ素が検出される可能性は強い。

関係者によると、ヒ素は青酸化合物や鉛と並んで毒性が強いが、ヒ素と青酸化合物の両方の成分を使用した薬剤は確認されていない。

ヒ素　除草剤、殺虫剤、殺鼠（そ）剤などに使われる有毒物質。青酸、鉛と並んで中毒が多い。通常はグレー系の光沢のある結晶で、鉛、石灰、マンガンなどとの化合物の形で使われている。致死量は体重一㌔当たり五－七㍉㌘といわれ、口から入った場合は、一時間以内に激しい腹痛と嘔吐（おうと）、血圧の低下や下痢を引き起こし、死亡することもある。金属ヒ素は合金や半導体の材料として使われる。

昭和三十年に起きた「森永ヒ素ミルク中毒事件」では、粉ミルクの製造の際にヒ素化合物が混入し、百三十八人が死亡、一万人以上の被害者を出した。

混合、殺傷力高める？

捜査本部

こうしたことから、カレーに混入した犯人は、青酸化合物の殺傷力をさらに高めるために、二つを混ぜ合わせて、カレーに入れたとみられる。

また、今回のヒ素検出を受けて、捜査本部は「四人の死因が青酸化合物かヒ素のどちらかについては今後、さらに捜査を進める」としている。

一方、カレーを食べた六十三人は、現在も入、通院中で、捜査本部は和歌山市保健所に連絡。同保健所は日本中毒情報センターから入手したヒ素中毒の治療法などとともに、ヒ素検出について、患者の入、通院する医療機関に連絡した。

産経新聞　夕刊　１面　青酸カレー事件

食中毒カムフラージュ

ヒ素の毒性犯人精通

「食中毒」カムフラージュ

ヒ素の毒性 犯人精通？

入手ルート解明全力

青酸カレー事件

自治会の夏祭りで調理されたカレーを食べた小学生ら四人が死亡した和歌山の青酸カレー事件で、新たに検出されたヒ素は、青酸化合物の毒性には見られない下痢症状を引き起こすことが三日、和歌山県警和歌山東署捜査本部の調べで分かった。発生当初、患者の一部が下痢を起こしたことが、食中毒と受け止められた原因の一つになっていた。捜査本部は、食中毒にカムフラージュすることを狙った疑いも捨て切れないとして、犯人が、薬物の中毒症状などにも精通したうえで青酸とヒ素の二種類の猛毒物質を混入したケースなどについて慎重に捜査を進めている。また、双方の薬物を同時に入手できるルートの洗い出しにも着手した。

（11面に関連記事）

調べでは、今回の事件でカレーを食べ、激しい吐き気をもよおした住民の一部には、下痢症状を訴えた患者もいた。

薬物の専門家によると、青酸化合物とヒ素はいずれも、嘔吐（おうと）や腹痛などの中毒症状が出る。青酸は摂取直後に症状が出るのに対し、ヒ素は一時間から数時間後にこうした症状が出る。

際立った違いとしては、青酸化合物は摂取直後、下痢症状を引き起こすことはほとんどないのに対し、ヒ素はコレラのような激しい下痢症状を起こす。また、摂取された毒物は通常、尿から体外に排出されるが、ヒ素は排尿を抑える「乏尿」「無尿」という症状を引き起こす特性がある。

これを裏付けるように、

寿さん（64）は病院に搬送された際、尿が全く出ない状態で、搬送先の病院では利尿剤の投与を継続したが、無尿の状態が続いたという。

今回の事件では、被害者らがヒ素による下痢症状を訴えたことで、搬送先の病院で食中毒と診断され、結果的に適切な治療の遅れを招いた可能性が強い。

捜査本部は、一般には入手が困難な青酸化合物、ヒ素の二種類の毒物をあえてカレーに混入していることを重視。犯人はこうした二つの有毒物質の特徴を十分に知ったうえで、一種類だけを使用した時に出る中毒症状の特徴を打ち消し、食中毒に見せかけるため、わざわざ青酸化合物とヒ素を併用した疑いも捨て切れないとみている。また、青酸化合物の毒性を継続させるという“相乗効果”を狙って、ヒ素を使用した疑いもあるという。

青酸化合物とヒ素は通常、使途も異なるため、同時に扱っている施設は限られている。このため、捜査本部は、この双方が使用されていたことは、容疑者を絞り込むうえでの有力材料とみている。

一方、死亡した谷中さんの胃の内容物や、被害者が食べ残したカレーからヒ素を検出した警察庁の科学警察研究所は、引き続き検体の鑑定を実施、三日までに県警科学捜査研究所と同様に青酸化合物を確認した。

検出されたヒ素は微量だったことから、捜査本部は「四人の死因は青酸化合物の疑いに変わりはない」としたうえで、「ヒ素の検出を考慮して、今後さらに捜査を進める」としている。

◇

青酸カレー事件で新たに猛毒のヒ素が検出されたことを受けて、和歌山市保健所は三日、ヒ素に詳しい聖マリアンナ医科大学（川崎市）の山内博・助教授に、患者から採取した尿を送り、含まれるヒ素の量などの検査を依頼することを決めた。

産経新聞　２７面　猛毒　なぜ二重に使用

産経新聞　【新聞定価朝夕刊セット1ヶ月3850円(本体3667円＋消費税183円)・朝刊1部110円夕刊50円(各消費税込)】　〈第三種郵便物認可〉

猛毒　なぜ二重に使用

和歌山　青酸カレー事件

ヒ素と青酸
「両方含む薬剤ない」
専門家分析　一般の入手は困難

自治会の夏祭りで調理されたカレーを食べた小学生ら四人が死亡した和歌山の青酸カレー事件は二日、死亡した園部第十四自治会長、谷中孝寿さん(64)の胃の内容物などから猛毒の「ヒ素」が検出され、青酸とヒ素という猛毒物質二種類を使用した無差別殺人事件へと新たな展開をみせた。専門家は一様に、「青酸とヒ素を同時に使った薬品は聞いたことがない」と首をかしげる。二種類の劇毒物を混合した犯人の狙いは何か。どうやって二種類も入手したのか。疑問は膨らむ。

昭和大学薬学部の宮坂[illegible]学部長は、ヒ素について「農薬のほか、医薬品としても使われているが、現在は決してポピュラーな薬物ではない」と話す。「現在は一部の殺虫・殺鼠（そ）剤に使われているだけで、一般の農家にはまずないし、市販もされていない。ただ、希釈され、人間にとって無害な形では、市販の殺鼠剤に入っている可能性もある」という。

農薬メーカーも「青酸化合物とヒ素を含んだ農薬はない。それに有機ヒ素剤自体、今はほとんど製造していないはず」と言うが、「ただ、農家などに古いものが残っている可能性は否定できない」としている。

また、ヒ素は、微量が医薬品として使用されるケースもあるが、購入にあたっては毒劇物取締法で厳密な規制があり、「一般で手に入るようなものではない」という。

そのヒ素が、青酸とともに検出されたことについて、疑問を投げかける専門家が多い。

千田重男・元岐阜薬大学長は「ヒ素と青酸は全く用途が違う。一つの薬剤に両方含まれることはありえないし、一緒の店で売っていることもない」と話し、それぞれが別々に収集されたものと推測する。

また、別の専門家は「青酸化合物を製造する際、精製が不十分な場合、まれに不純物としてヒ素が検出されることが考えられるが、精製技術が進んだ今日では、考えにくい」としたうえで、「ヒ素と青酸化合物は嘔吐（おうと）や腹痛など、摂取後の症状が酷似しているものの、反応時間は青酸化合物のほうが断然早い。どちらか一方でも極めて有毒な物質なのに、なぜ二重に使用したのか分からない」と首をかしげる。

一方、「青酸とヒ素はまるで性質が違うので、大学でも扱うのは別の研究室。一緒に置いている所があるとすれば、高校の実験室くらいだろう」と指摘する学者もいる。

住民に再び激しい憤り

猛毒のヒ素までもがカレーなどから検出されたことで、和歌山市園部の地元住民の間では二日、犯人に対する強い憤りの声が再びわき起こった。一方、ヒ素の検出で治療方法の見直しも考えられるため、和歌山市保健所は、入院患者のいる病院などへの連絡に追われた。

自治会長の谷中孝寿さん(64)らが亡くなった園部第十四自治会ではこの日夕、約十人が集まり、臨時役員・班長会議を開き、役員の態勢などについて話し合っていた。

ヒ素検出のニュースが伝わったのは、その会議の終了後まもなく。依然として住民三十人余りが入院しているだけに、会議に出席した会社員の男性([illegible])らは「明らかに人を殺す目的で毒物を混入したのではないか。このような人間が世の中にいること自体、悲しいし、憤りを感じる」。

一時、妻が集中治療室で治療を受けていた会社員の西川[illegible]さん([illegible])は「私たち住民が苦しんでいるのを

犯人はどんな顔をしてみているのか…

犯人はどんな顔をしてみているのか。言葉で表現できないような怒りを持っている」と話した。

また、事件現場となった園部第十四自治会を含む「有功地区連合自治会」の中谷和久会長代行は「仮に複数の毒物が使われたのだとしたら、より無差別性が強まったことになる。何とも言葉も出ない」。

一方、捜査本部からヒ素検出の連絡を受けた和歌山市保健所では同日夜、木下絢子所長が記者会見し、「予想外です」と驚きを表した。

保健所が捜査本部から連絡を受けたのは同日午後三時五十八分。職員四人が手分けして、患者がいる医療機関にヒ素検出を連絡するとともに、日本中毒情報センターから入手した治療法などの情報も伝えた。

木下所長は、治療に関して「難しい薬を使う必要がある。今後、どのような医療措置を施すかは、医療現場で患者の症状などから判断してほしい」と話した。

臨時役員・班長会議の後、報道陣の質問を受ける住民ら。ヒ素検出のニュースは地元に新たなショックを広げた＝2日午後5時17分、和歌山市園部

（5）中日新聞

7月26日　26面　夏祭りで食中毒

夏祭りで食中毒

和歌山で35人入院

二十五日午後七時十分ごろ、和歌山市園部の住宅街で開かれた夏祭りに参加した幼児を含む住民約六十人が、吐き気や腹痛など食中毒症状を訴え、病院に運ばれた。

病院の話では、住民の手作りのカレーライスを食べた人が発症。いずれも命に別条はないが、激しい嘔吐（おうと）を続け、手がしびれたり不整脈が出るなどして三十五人が入院した。

同市保健所は集団食中毒とみて調査。患者の症状の確認や原因食材の特定などを急いでいる。患者の発症が早いことから和歌山東署も原因調査を始めた。

付近の住民らによると、夏祭りは自治会の主催で毎年の恒例行事。近所の母親らが作ったカレーライスとおでんが配られた。食べている最中から気分が悪くなる人もおり、万国旗やちょうちんで飾られた会場は一時騒然となったという。

中日新聞　２７日　１面　カレーに青酸４人死亡

和歌山県警察捜査一課は，なべの一つや食べ残しのカレーなどから青酸化合物を検出。捜査本部によると谷中孝壽さんの死因は解剖の結果青酸中毒と分かった。

中日新聞
発行所
中日新聞本社
© 中日新聞本社 1998

夏祭り 無差別殺人

自治会手作り

40人以上入院

和歌山

カレーに青酸 4人死亡

和歌山市園部の住宅街の空き地で二十五日夜開かれた自治会主催の夏祭りで、手作りのカレーライスを食べた幼児を含む六十六人が、吐き気などを訴えて病院に運ばれ、自治会の正、副会長と小学四年の男児ら四人が二十六日、死亡した。和歌山県警捜査一課はなべの一つや食べ残しのカレーなどから青酸化合物を検出、毒物が故意に混入された殺人事件の疑いで和歌山東署に捜査本部を設置して殺人容疑などで本格捜査を始めた。入院患者は四十人以上で、和歌山市も対策本部を置いた。捜査本部は、死亡患者を司法解剖して詳しい死因を調べ、百五十人態勢で聞き込みや現場付近の捜索を続け、毒物混入ルートや住民の間でトラブルがなかったかなど調べている。集団食中毒とみられた騒ぎは一転して、無差別殺人事件に発展した。（関連記事③㉒㉓面に）

青酸化合物が混入されたカレーライスで、参加者４人が死亡した夏祭りの会場＝26日午前11時、和歌山市園部で

死亡したのは、いずれも同市園部の▽会社員、林雄二さん([illegible])の長男で、市立有功（いさお）小学校四年、大貴（ひろたか）君([illegible])▽夏祭りを主催した地元の「園部第十四自治会」（約七十世帯）の会長で無職、谷中孝寿さん([illegible])▽同副会長で金物店経営、田中孝昭さん([illegible])▽電気工事業、鳥居芳文さん([illegible])の長女で私立開智高校一年、幸（みゆき）さん([illegible])。

林　大貴君　鳥居　幸さん　田中孝昭さん　谷中孝寿さん

調べでは、夏祭りは同自治会が地区内の空き地で開催した毎年恒例の行事。二十五日午後六時ごろからスタートし、自治会の役員らが、炊き出ししたカレーライスやおでん、ビールを参加者に配布。このうち、カレーライスを食べた六十六人がおう吐や腹痛、手のしびれなどの症状を訴え、病院に運ばれた。

捜査本部によると、谷中孝寿さんの死因は解剖の結果、青酸中毒と分かった。

当初は集団食中毒とみられていたが、患者の瞳孔（どうこう）が開いたり、血圧が低下するなど毒物による中毒症状がみられたため県警科学捜査研究所、和歌山保健所などで患者の吐しゃ物や食べ残しのカレーライスなどを分析。カレーなべ一つと、吐しゃ物十一点、皿に残したカレーライスのカレー一点から青酸化合物を検出した。

カレーライスなどの食材は、自治会員らが近くのスーパーで購入した。二十五日午前八時半ごろから、会場の公園の隣の駐車場や民家で、地区の主婦ら約二十人が交代で三つのなべで調理し、百人分以上を準備した。調理の際、主婦らが味見したがその際は異常はなかったという。

カレーはこの後、午後五時ごろ、公園にたてられたテントの中になべごと運ばれたという。

夏祭りでは、自治会員の各家庭に、事前にカレーとおでん、ビールのチケットを配布し、当日、炊き出しした料理と交換していた。新興住宅地のため、地域の親ぼくを深めることが目的で、地区住民以外への広報などはしていなかった。

現場は和歌山市北部の紀ノ川沿いにあり畑や住宅が点在している。最近は周辺の宅地開発が進んでいる。

青酸化合物　シアン化カリウム（青酸カリ）、シアン化ナトリウムなどシアンを含む物質の総称で、メッキ工業、写真現像、農薬や殺虫剤原料など広く用いられる。青酸カリは致死量は〇・一五グラム。体内に吸収されると細胞の呼吸酵素の働きを阻害し、急激な中毒症状が出て、呼吸促迫などからけいれん、こん睡に至り死亡する。一九四八年一月に東京で発生した帝銀事件の毒殺でも青酸カリが使われた。

中日新聞　２４面　食事直前に混入？

（第3種郵便物認可）

食事直前に混入？

検出の大なべ　住民以外は近づかず

「カレー食べるな」

和歌山の青酸カレー事件で、カレーを煮込むために使った大小三つのなべのうちの大なべの一つだけに青酸化合物が混入されていたことが二十六日、和歌山県警和歌山東署捜査本部の調べで分かった。捜査本部は亡くなった被害者四人のうち三人までが食事が開始された二十五日午後六時ごろに集中していることを重視。青酸は食事開始の直前に混入された可能性が強いとみている。また、外部の参加者がほとんどいないイベントだったことから、自治会などに絡んだトラブルがなかったかなどについても捜査している。

和歌山県警捜査本部のこれまでの調べや関係住民の話によると、問題のカレーは二十五日午前八時半ごろから、地区の女性約二十人が、祭り会場となった広場の東側民家のガレージと台所で調理を始めた。

ガレージに二つ、台所に一つの計三つの大なべが持ち込まれ、自治会役員が用意した肉や野菜を使ったという。野菜は前日、肉は当日、スーパーで購入したとの情報もある。

計百人分のカレーが出来上がったのは正午ごろ。道に面したガレージの二つのなべは、ラップをかけた上で段ボールでふたがされ、夕刻の祭りを待った。

女性たちは「犬や猫が来ないように、常に二、三人で番をしていた」と話している。調理中も待機中も、不審な人物がガレージに近づいたことはなかったという。

一方、ご飯は、同じように自治会役員が用意した米を、数世帯の主婦が手分けし、それぞれの自宅で炊飯したという。

カレーなどを作っていたなべ＝25日午後9時ごろ、和歌山市園部の夏祭り会場で

祭り会場の広場では、午後一時ごろから、男性陣の手でテント設営などの準備が始まっていた。そこにカレーとご飯が運び込まれたのは午後五時ごろ。「カレーのなべを運んだのは、男性数人」（捜査本部）だったという。

祭り開始まで約一時間、なべはテントの中に置かれていた。テントの周囲では祭りの準備が続いていた。準備に参加した男性の一人は「新興住宅地とはいえ、住民は皆、互いに顔を知っている。地区の住民以外は来ていなかった」と話す。

つまり、なべに近づくことができたのは、地区の住民だけということになる。

午後六時ごろ、祭りが始まると同時に、テントの下でカレーの盛り付けが始まった。昨年の夏祭りが雨で中止になったため、自治会長（この事件で死亡）宅で一年間、保管されていた発泡スチロールの使い捨て食器が使われた。ご飯の盛り付けは女性一人、その上へのカレーの盛り付けは三人の女性が担当した。住民らは、一人ずつ引換券と交換でカレーを受け取った。異変が起きたのは、その直後だった。

三つのなべのカレーのうち、それまでに盛り付けられたのはガレージで作られた一つだけ。捜査本部によると、問題のなべに残ったカレーから、青酸化合物が検出されたという。

愉快犯／社会への復しゅう…

専門家が分析

和歌山市で、夏祭りで出されたカレーライスなどを食べた人が相次いで死亡・入院し、患者が吐き出した物から青酸化合物の反応が出た異様な事件。背景や犯人像について二十六日、専門家の間でもさまざまな見方が出ている。

小田晋・国際医療福祉大学教授（精神医学）は「オウム真理教事件の衝撃が薄れ、またこのような無差別殺人が起こされてしまった。無差別殺人の動機は二つしかない。一つは陰湿な愉快犯。もう一つは地域に対する個人的な怨恨（えんこん）だ。現場周辺のニュータウン化が急速に進んでいることを考えれば『愉快犯』の可能性も捨てられない」と話す。

穐山貞登・芝浦工大教授（社会心理学）も「最近、その地域に対する嫌がらせのような事件がなかったかどうか調べる必要がある。何か予兆があったのではないか」と指摘する。

ノンフィクションライター吉岡忍さんは「同質化を迫る日本社会は、少しでも外れることや人と異なることは悪とされ、漠然とした不満や劣等感が見えない形で蓄積されやすい。社会に対する復しゅう心や憂さ晴らしが原因の、現代の典型的な犯罪ではないだろうか」とする。

中日新聞　２５面　和歌山の青酸混入４人死亡　次々おう吐，倒れ

狙われた夏祭り

和歌山の青酸混入４人死亡

次々おう吐、倒れ

病院 袋持ち患者あふれる

地域の親ぼくを深める自治会の夏祭りが、悪夢のようなせい惨な事件に一変した―。自治会長や小学生ら四人の命を奪った和歌山の青酸カレー事件。突然、かけがえのない人らを失った家族らは、深まる悲しみのなかで、やり場のない怒りに声を震わせた。だれが、なぜ…。築かれつつあった地域のきずなは信じられない事件に引き裂かれた。（❶面参照）

祭りが始まったのは、午後六時ごろ。ところがその直後、カレーを口にした人は次々と吐き気を訴え、倒れ込んだ。会場で配られたカレーを持ち帰った人も多く、自宅で意識を失う住民も相次いだという。

「のどや口がヒリヒリする。カレーの辛さじゃない」。現場近くの主婦島本美和子さん([illegible])の夫([illegible])は、同日午後七時すぎ、カレーライスを自宅に持ち帰って食べ、三口ほどで異変に気付いた。

しばらくすると「カレーを食べるな」と、怒鳴るように近所を触れ回る声が聞こえた。夫は数回吐き、病院で治療を受けた。島本さんは「うちは大事に至らなかったが、知人が亡くなったので何とも言えない気持ち」と話した。

「みんな、前田外科へ行ってください」。午後七時ごろから、自治会役員の誘導で、吐き気を訴えた住民は、会場近くの前田外科病院に駆け付けた。だが、ベッド数が足りず、待合室にも患者があふれ、ナイロン袋を手にへたりこんだり、母親の胸にすがりついたまま吐き続ける幼児の姿も見られたという。

同地区は十数年前から宅地が建ち始めた新興住宅地。住民同士のつながりは薄く、自治会は十年ほど前に発足したばかりで、夏祭りは住民の懇親を深めようと、一九九四年に始まった。今年も、金魚すくいなど店が出店。万国旗やちょうちんが飾られ、カラオケ大会などが予定されていた。

ところが、一連の騒動で、すべてが中止に。「子供たちも楽しみにしていた祭りだったのに、こんなことになるなんて」と怒りに満ちた表情で話していた。

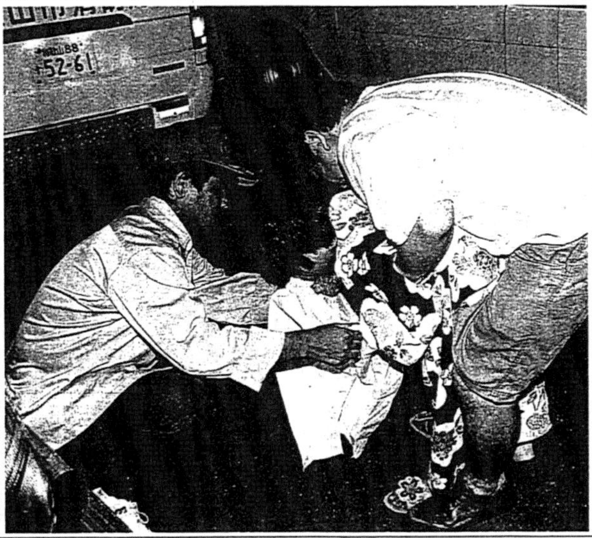

カレーなどを食べた直後、気分が悪くなり、吐く浴衣姿の少女＝25日午後9時20分、和歌山市園部で

一夜明け『青酸』連絡

警察や和歌山市 食中毒で治療…混乱

「まさかシアン（青酸）化合物なんて…」。当初、集団食中毒とみられていた和歌山市の青酸カレー事件。患者の搬送先の病院は二十六日午前十一時前になって、市当局からようやく青酸化合物であることが伝えられたが、その時点で既に四人の犠牲者を出していた。

患者が次々と運ばれた二十五日夜。「他の病院に運ばれた患者の瞳孔（どうこう）が縮小している。リン中毒ではないか。（しかし）警察は青酸化合物の見立てで動いているようだ」。ある病院の医師は保健所に問い合わせると、こんな返事が返ってきたという。

この医師は「リンの数値が特異に出るということはなかった。初めから青酸化合物と分かっていれば、中和剤の投与など違う手だてもあった」と悔やむ。

市幹部は二十六日夜の記者会見で「けさから報道でシアン混入の話を聞き、警察に問い合わせたが相手にしてもらえなかった。こちらも確認できないと動けない。病院では酸素の吸入など青酸中毒の処置はなかなか施されていなかったようだ」と苦渋の表情だった。

不自然とは思ったが

和歌山市保健所は、二十六日午前零時の段階で、「集団で発生しており食中毒が疑わしい。医療機関によると患者の症状は重くない」と発表していただけに、早朝までに三人が死亡したことを知らされ絶句。「食中毒にしては不自然だとは思ったがまさかシアン化合物とは」と動揺をあらわにした。

二十五日午後七時半すぎに一報を受けた市保健所は、同八時すぎに指導職員を現場に派遣。残っていたカレーを採取するとともに、居合わせた人から「食べている途中から吐き出した」「三、四口食べただけで苦しみ出した」などという話を聞いた。

青酸化合物 難しい個人での購入

愛知県薬務課によると、青酸化合物を登録販売業者から入手するには、毒劇物法に基づいて氏名、住所などを書いたうえ、押印が義務付けられている。さらに各県では販売業者に対し、購入者から使用目的などを聞き「個人が飛び込みで購入することは難しい」という。

しかし鋼の熱処理、金、銀などのメッキ、写真現像、農薬や殺虫剤原料などにも広く用いられており、こうした作業場などの保管先から盗み出されるケースは過去にもあった。

考えられぬ…

東海地方 祭り関係者に衝撃

和歌山の夏祭りで起きた青酸カレー事件。東海地方でも今、夏祭りシーズン真っ盛りで、突然の惨事は、各地の祭り関係者らに大きな衝撃となって伝わった。

名古屋市北区で二十四日から開かれていた「大曽根七夕まつり」の責任者、大曽根商店街振興組合の渡辺泰彬理事長([illegible])は開口一番「考えられない事件。びっくりした」。

この時期、最も気掛かりなのは食中毒。O157騒動以降、出店の食料品は「火を通した物」に限定するなど配慮しているが、青酸混入については「毒物なんて…。夏祭りのイメージが悪くならなければよいが」と心配する。

トウモロコシと団子を焼いていた出店では、朝一番に業者から直接、トウモロコシ二百本、団子二百本を受けとり、そのまま祭り会場に持って行くという。同店の責任者は「もし無人状態で何者かが薬物を混入したとしたら、油断があったのかなと思う」と話した。

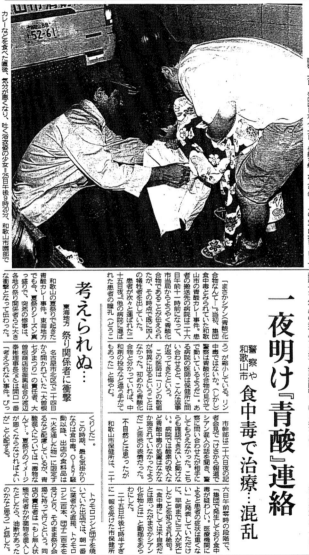

中日新聞２７日(夕刊) １面　青酸カレー，入手困難な純正化合物。

カレーに混入された青酸化合物は純正な青酸カリか青酸ソーダである可能性が高いことが 27 日和歌山東署捜査本部の調べで分かった。

中日新聞
夕刊
中日新聞本社
名古屋市中区三の丸一丁目6番1号
電話 名古屋052(201)881
〒460-8511 郵便振替 00890-0-1

青酸カレー

入手困難な純粋化合物

工場 薬品会社 盗難や紛失捜査

小学生ら四人が死亡した和歌山市園部の青酸カレー事件で、カレーに混入された青酸化合物は純粋な青酸カリか青酸ソーダである可能性が高いことが二十七日、和歌山東署捜査本部の調べで分かった。純粋な青酸化合物の入手は一般には極めて困難なことから、捜査本部は現場周辺の工場や薬品会社など青酸化合物を扱っている場所で、最近、盗難や紛失がなかったかなどについて捜査を進めるとともに、前日に引き続きカレーライス作りに協力した主婦や自治会関係者らから事情を聴き、薬物を混入した不審者の割り出しや目撃者捜しに全力を挙げている。（関連記事⑪⑪面に）

下水からも検出

捜査本部は、現場で収集した証拠物の分析を続け、同日までに新たに、患者が吐き出したカレー七点と食べ残したカレー一点から、青酸反応を検出した。

これまでに青酸化合物が検出された計二十点について、科学捜査研究所でさらに詳しく検査した結果、農薬など青酸化合物を使った二次製品の場合には含まれるはずの他の毒物などは一切検出されなかった。

青酸化合物は人体への吸収が早く、純粋な青酸カリや青酸ソーダを致死量（〇・一―〇・二㌘）程度摂取した場合、極めて短時間で死亡するとされる。

今回の事件で青酸化合物による中毒死と断定された地元自治会長、谷中孝寿さん(六四)は、摂取後九時間経過してから死亡している。このため、捜査本部は混入されたのは固形や粉末の青酸化合物ではなく、水などで希釈した水溶液がカレーに投入された可能性が高いとみている。

これまでの調べで、青酸化合物はカレーを調理した三つのなべからは検出されていないという。しかし、盛り付けられた小皿ごとに青酸を混入させるのは困難と捜査本部はみており、三つのなべのうちの大なべ（直径三十㌢）の一つに、食事が開始される直前に混入された疑いが強まっている。

捜査本部は二十七日朝から、捜査員約百五十人を投入し、現場での聞き込みを中心とした広範囲な捜査を実施、薬物を混入した不審者の割り出しや目撃者捜しを進めている。また、現場付近の用水路にはダイバーを潜らせ、青酸化合物の容器など事件に絡む遺留品がないかなど徹底的に調べている。

青酸化合物は一般的に手が難しく、最近はメッキ工場などでしか使用されていない。和歌山県によると現在、和歌山市内に毒劇物を販売できる店舗は三四十二店あるが、実際に青酸化合物を取り扱っている店は数軒しかない、という。

そのうちの一軒の薬品販売会社の社長は「基本的には何度も取引のある業者しか販売しておらず、知らない人が来ても職業を確認できなければ販売しない」と話している。

また、捜査本部は、祭りが開かれた空き地近くの下水からも青酸化合物を検出した。住民が食べたカレーが入っていたなべは、トレーに盛り分けた後洗っていることから、同本部は洗い流した際に下水に流れたとみている。

青酸カレー事件で犠牲となった鳥居幸さんが通学していた学校の教室では同級生らが悲しみの中で黙とうをささげた＝27日午前8時55分、和歌山市直川の開智高校で

泣きじゃくる同級生

鳥居さんが通学の高校

夏祭りのカレーに青酸化合物が混入という衝撃的な事件発覚から一夜明けた二十七日、犠牲になった鳥居幸さん(一六)が通学していた和歌山市の私立開智高校では、鳥居さんの机の上に白いユリの花が飾られ、同級生の女子生徒らが泣きじゃくる声が響いた。

八月一日からが夏休みの同校では、いつも通り生徒が登校。午前九時前から、稲田武彦校長が校内放送を通じて全校生徒に事件の内容を伝え、鳥居さんの死を悼んで黙とうした。

鳥居さんの担任の村中紀文教諭(三〇)は「とても明るく活発な子だった。将来を楽しみにしていたのに。休み時間はいつも本を読んで、よく感想を話してくれた」と沈痛な面もち。

死亡した林大貴君(一〇)の通っていた市立有功小学校では緊急の職員会議。同小では児童六人が入院、二人が通院しており、二沢律子校長は「昨日子どもたちの入院先などを回った。血色は良くなっていたが、急変することもあるので…」と表情を曇らせた。

同校では当分の間、容体を確認するため一日三回これらの児童への連絡を取り続けるという。

中日新聞　２８日　１面　青酸カレー事件
　　　　　　　　　　　調理後２回　監視に空白

中日新聞
発行所
中日新聞本社
© 中日新聞本社 1998

青酸カレー事件

調理後2回監視に空白

正午すぎと夕方計50分　すき突き混入？

和歌山青酸カレー事件で、調理後のカレーを見張っていた住民が、二十五日正午からの約三十分間と、午後四時からの約二十分間の二回にわたり、なべのそばを離れ、計約五十分間の「空白」の時間帯があったことが二十七日、和歌山東署捜査本部の調べで分かった。これまで調理後のなべを現場の夏祭り会場に運ぶまで、住民が常に見張っていたとされていた。捜査本部は、無人の時間帯があったことを重視。この時間帯に犯人がすきを突いて青酸化合物を混入した疑いがあるとみて、不審な人物がなべに近づいたのを目撃した人がいないか聞き込みに全力を挙げている。（関連記事③面「核心」と㉛㉜面、社説⑦面に）

通夜 やりきれない怒り　青酸カレー事件で亡くなった自治会長の谷中孝寿さんの通夜がしめやかに営まれ、地元の人たちら大勢の弔問客が訪れた＝27日午後７時すぎ、和歌山市園部で

調べによると、青酸化合物が混入されたとみられるのは、夏祭り会場近くの民家のガレージで調理した二つのなべのうちの一つ。カレーは二十五日正午ごろ出来上がり、犬や猫に荒らされないように段ボールなどでふたをした上、ガレージに保管、住民が見張ることになっていた。

しかし、見張り役の住民は、調理を終えた直後に味見してから約三十分間自宅にいったん戻っており、ガレージが無人になっていたことが分かった。さらに午後四時からの約二十分間、見張りの二人が席を外していたことも判明した。

カレーは午後五時ごろ会場に運ばれて再び加熱、午後六時ごろトレーに盛り分けられた。ガレージでは、住民が常時見張っていたとされた上、味見をした人に異常がなかったことなどから、混入したのは盛り分ける直前との見方もあった。

しかし、捜査本部は会場に運ばれた後は、なべの周囲に大勢の人がおり、混入するのは難しいことから、二回の空白の時間帯を中心に捜査を進めている。

カレー『見張り番』厳密ではなかった

住民証言で明らかに

和歌山青酸カレー事件で、調理したカレーの見張りが実際は緩い状態で、当番以外の住民が一時的にカレーの配給にあたるなど事前の役割分担通りにはなっていなかったことが二十七日、住民の証言から明らかになった。捜査本部は、犯人が青酸化合物をカレーに混入するすきがあったことを裏付ける証言として重視している。

地元の自治会関係者によると、当日、カレーは正午ごろに出来上がり、その後は会場近くの民家のガレージに火をかけないまま保管。見張り役のはずの住民らはその場で談笑したり、祭りの準備などでその場を離れる人もいたという。

カレーの『見張り役』になっていたある主婦によると、カレーを温めなおしたのは祭りが始まる午後六時前とみられ、正午からその時間までは見張りといえるほど厳密な管理は行われていなかった。

一方、会場近くに住む主婦（[illegible]）は炊飯担当だったが当日午後六時すぎ、自宅で炊いたばかりのご飯を持って会場を訪れたところ、カレー盛り付け役の女性から「急用ができたので」と言われ交代したという。

この主婦が盛ったカレーを会場で三口ほど食べた主婦の長女（[illegible]）は突然、吐き気を訴え、一緒にいた一歳と五歳になる二人の孫も、けいれんを起こしたような状態になった。しばらくすると、何人もがカレーを吐き出したという。

住民によると、自治会では、夏祭りの開催にあたって、事前の話し合いで役割を分担することに決めていた。ところが、当日は、事前の取り決め通りにはならず、突然の交代などによる空白の時間が生まれたとみられる。

中日新聞　２５面　祭りの朝，魚大量死

会場近くの水田 100 匹。県警和歌山東署捜査本部は水田に青酸化合物を投入し，その効果を事前に実験した可能性を含めてこの情報を注目している。

祭りの朝 魚大量死

青酸カレー事件

会場近くの水田

100匹 事前に効果試す？

自治会の夏祭りで調理された炊き出しのカレーを食べた小学生ら四人が死亡するなどした和歌山の青酸カレー事件で、問題のカレーの調理を始める約一時間半前の二十五日朝、夏祭り会場に近接する近くの水田で、小型のフナなど約百匹の魚が死んでいたことが二十七日、分かった。保健所や警察への届け出がなく魚の死因は不明だが、魚の大量死が事件当日の朝であることから、県警和歌山東署捜査本部はこの情報を重視。何者かが水田に青酸化合物を投入し、その効果を事前に〝実験〟した可能性も含めて、この情報に注目している。（❶面参照）

現場（下中央のテント）近くで魚が死んでいたという目撃証言があった水田（右上）＝27日、和歌山市園部で

魚の大量死があったのは、現場となった夏祭り会場から東へ約百㍍のマンションに隣接する水田。

住民らの話では、近所の主婦が二十五日午前七時ごろ、近くの喫茶店に行くため、この水田の横を通りかかったところ、約百匹の魚が白い腹を上にして死んでいるのに気づいた。魚は体長十―五㌢。水田のあぜと稲の間に数匹ずつ、点在しながら浮いていたという。

水田の所有者によると、水田には数日前に農薬を散布していた、という。しかし、これまでも同様の農薬を使用しても、魚が死んだことはないといい、「原因はわからない」と話している。

同日午前九時ごろ、水田の用水路につながる川で魚が大量に死んでいた―との目撃証言もある。水田の魚が用水路に流出した可能性はあるが、用水路で死んでいた魚は、水田で見つかったものより大きな魚との情報もあり、毒物などが用水路から川に流れ出た可能性も指摘されている。

患者1人増え67人に

青酸カレー事件で、和歌山市の対策本部は二十七日、新たに患者が一人増え、患者数は計六十七人になったと発表した。現在、命に別条のある重症患者はいないという。

内訳は死亡四人、入院四十四人、通院十九人。

中日新聞　２９日(夕刊)１１面　青酸カレー事件「持帰り」が被害拡大

青酸カレー事件

「持ち帰り」が被害拡大

異常伝達遅れる

開始から50分も配布

自治会の夏祭りで調理されたカレーを食べた小学生ら四人が死亡した和歌山の青酸カレー事件で、青酸化合物が混入されたカレーの配布は食事の開始から少なくとも五十分以上にわたって続けられていたことが二十九日、和歌山県警和歌山東署捜査本部の調べで分かった。その場で食べずに自宅へ持ち帰る人が多いため、異常に気づくのが遅れ被害が拡大したとみられる。

調べでは、住民らへのカレーの配布は二十五日午後六時ごろから始まった。カレーを盛り付けたトレーを数皿用意、住民が自分でカレーを選び、受け取っていた。かなりの人が自宅に持ち帰ったという。最終的に午後六時五十分ごろに現場で受け取った男性(四〇)が確認された。

捜査本部は現場から持ち帰ったカレーのトレーや吐しゃ物など約百七十点を青酸反応確認の対象にしたが、カレーの配布予定だった約百食分に比べて、現場で回収できたトレーは少なく、捜査本部は多くが自宅に持ち帰り、廃棄されたとみている。

今回の犯行で使用された青酸化合物は、摂取されると数秒から数分で吐き気やめまいなどの中毒症状が現れるのが特徴。祭りの会場で住民が食事をすれば、食事開始からまもなく、異常が確認され、今回の事件のように約五十分にわたって配布が継続することは考えにくい。このため、捜査本部は持ち帰りの多さが被害の拡大につながったとみている。

今回の事件では、消防への一一九番通報が午後七時八分が最初。地区全体が「集団食中毒」のパニックになるまで、食事の開始から約一時間が経過していた。

中日新聞　３０日　１面　青酸カレー午後６時直前に混入

青酸カレー

午後6時直前に混入

5時すぎ　試食の主婦異常なし

　自治会主催の夏祭りでカレーを食べた小学生ら四人が死亡した和歌山青酸カレー事件で、祭りが始まる約一時間前の二十五日午後五時すぎ、準備にあたっていた主婦らがカレーを試食していたことが二十九日、分かった。試食した主婦らはいずれも異常はなかったという。和歌山東署捜査本部はこの事実を重視。祭りが始まる午後六時直前に青酸化合物が混入された可能性が強まったとみて、引き続いて自治会関係者から詳しく事情を聴いている。（関連記事㉗面に）

　捜査本部や自治会関係者などによると、カレーは同日午前八時半ごろから、夏祭り会場となった空き地隣の民家のガレージなど二カ所で作り始め、正午ごろに出来上がった。調理には地元の主婦ら約二十人があたった。その後、ガレージなどで保管。午後四時から五時前ぐらいにかけ、会場に運ばれた。

　この後の経過について自治会関係者の話をまとめると、午後五時ごろからカレーにコンロで火をかけて加熱。カレーが温まると、調理担当の主婦ら数人が最終的に味をチェックするため、試食をしたという。主婦らは三つのなべに入ったカレーすべてを試食したが、吐き気など異常を訴える主婦はいなかった。

　捜査本部では、主婦らが味見をした午後五時すぎから、祭りの始まる六時までの間に、何者かがカレーのなべに青酸化合物を混入させた可能性が強まったとみている。

　一方、カレーに混入された青酸化合物は、水に溶かした液状ではなく、粉末か粒状だった可能性が高いことが捜査本部の調べで分かった。

　トレーに盛り分けられたカレーを一皿全部食べながら、比較的症状が軽かった住民がいる一方、二、三口食べただけで入院した住民もおり、捜査本部は混入された青酸化合物がなべの中で均一に混ざっていなかったとみている。

中日新聞　８月３日　１面　青酸カレー　ヒ素も検出
検察庁科学警察研究所の鑑定。
林大貴の食べたカレーの皿にあったルーと谷中の胃の内容物からヒ素検出

青酸カレー　ヒ素も検出

食べ残しと胃内容物

和歌山市

カレーに毒物が混入され四人が死亡した事件で、和歌山東署捜査本部は二日、警察庁科学警察研究所の鑑定で死亡者の食べ残したカレーのルーと胃の内容物から、猛毒のヒ素を若干量、検出したと発表した。捜査本部は、犯人がカレーに二種類の毒物を混入した疑いもあるとみて、ヒ素中毒が死因となった可能性も視野に、ヒ素の分析など詳しく調べている。発生当時、和歌山県警はヒ素について調べていなかった。（関連記事③面「核心」と㉔㉕面に）

毒物、複数混入の疑い

捜査本部はこれまで、現場などから採取した吐物や土など検査資料四百八十五点のうち、同県警科学捜査研究所の鑑定により、自治会長の谷中孝寿さん(六四)の遺体の胃の内容物やカレーの食べ残しなど三十二点から青酸化合物を検出した。さらに詳細な毒物の特定をするため、二十数点を科警研に鑑定を依頼した。

その結果、亡くなった林大貴君(一〇)の食べたカレーの皿にあったルーと、谷中さんの胃の内容物の二点からヒ素が検出された。

捜査本部は、カレーの中に青酸化合物に加えてヒ素も含まれていたことから、双方の薬物を入手でき、扱いに詳しい人物の犯行の可能性が強いとみるとともに、亡くなった四人のうち、谷中会長を除く三人の内臓から青酸化合物が検出されていなかったことから、ヒ素中毒が死因の可能性もあるとみて、検出されたヒ素の分析を急ぐ。

和歌山市保健所の木下純子所長は「食道の痛みや血性下痢などの症状はかなり（ヒ素中毒と）共通した部分があると思う」と話した。

捜査本部は、和歌山市保健所を通じ、患者を収容している病院に、入院患者に対するヒ素の検査、治療法に対する注意を要請した。

同事件は七月二十五日夕、和歌山市の園部第十四自治会主催の夏祭りに参加し、住民が調理したカレーライスを食べた六十七人が中毒症状を訴え、二十六日にうち四人が死亡、現在も三十四人が入院している。

中日新聞　3面　見直し迫られる犯人像

捜査本部では青酸化合物とヒ素の双方の入手が可能な人物の捜査が求められる

青酸カレー
ヒ素混入

見直し迫られる犯人像

検出遅れ 捜査に打撃

カレーなどからヒ素を検出したと発表する、中村喜代治和歌山県警捜査一課次席㊨と小松健二和歌山東署副署長＝2日午後6時5分、和歌山東署で

和歌山県警捜査本部はこれまで、混入された毒物を青酸化合物と判断、入手ルートについても青酸化合物に限定して捜査を進めてきた。しかし、今回のヒ素検出で捜査の軌道修正を迫られることになった。事件発生から九日、なぜヒ素検出にこれほど時間がかかったのか。対応の遅れを指摘する声もあがっている。

県警では事件が発生した七月二十五日深夜、病院などから被害者の症状がおかしいとの指摘を受け、吐しゃ物やカレーの残りなどを採取。翌二十六日午前一時ごろから県警科学捜査研究所で検査をはじめ、午前五時半ごろに青酸化合物を検出した。

その後も別の被害者の吐しゃ物やトレーに残ったカレーなどから相次いで青酸化合物を検出したが、青酸化合物を使った農薬などの二次製品に含まれるほかの物質は検出されなかったことから、カレーのなべに混入された毒物は「純粋な青酸化合物」と判断、ヒ素など別の毒物の検査は行っていなかった。

和歌山市保健所は事件直後、毒物が混入されたナベに残っていたカレーなどを持ち帰っていたが、捜査本部がさらに詳しく鑑定するため、このカレーについて任意提出を受けたのは、三日後の二十八日午後七時ごろ。ほかの証拠物を含め、警察庁の科学警察研究所に詳しい鑑定を依頼したのはその翌日の二十九日だった。

科警研で、これらを詳しく分析した結果、二日になって食べ残しのカレーや、被害者の胃の内容物から、ヒ素が検出されたという。

こうしたヒ素の検出の遅れが、捜査にも大きく影響を与えようとしている。

捜査本部ではこれまで、毒物を青酸化合物に絞り、県内だけでなく、県外にも盗難や紛失事件がなかったかなどを照会。さらに、県内で青酸化合物を扱うことができる約八百の販売店にあたるなどの捜査を進めていた。

このため、捜査本部では、青酸化合物に限った捜査を変更、ヒ素と双方の入手が可能な人物の捜査、さらに両方が混じった毒物はないかなど、より化学知識を組み込んだ捜査が求められるなど、根本的に方針を見直す必要が出てきた。

用意周到？ 化学の素人？

青酸化合物とヒ素。なぜ二つもの猛毒が使われていたのか。だれが…疑問は膨らむ。

分析化学が専門の藤永太一郎・京大名誉教授は「ヒ素を青酸の化合物とともに使用するというのは念が入り過ぎだ。両方必要だと思ったのなら、犯人は化学に詳しくない人物。しかし二つを同時に保管しているのは研究機関などに限られるはず…」と話す。

「毒物を二重にしたというのは、ただのいたずらとは考えにくい。被害は不特定多数に及んだが、実際は特定のだれかに対する明らかな殺意と動機があるはず。用意周到な犯行だ」と分析するのは福島章上智大教授（精神医学）だ。

犯罪社会学者の岩井弘融東洋大名誉教授は「青酸かヒ素単独でも、殺人や騒ぎの目的は達することはできる。わざわざ二種類も使うのは信じ難い。もしそうなら大掛かりな準備が必要で

識者推理 不純物混じった 青酸ソーダ説も

両方入手できる職種は自然と限られてくる」と言う。

青酸化合物とヒ素が同時に検出される毒物があると指摘する専門家もいる。赤池昭紀・京都大薬学部教授（薬理学）は「青酸化合物には、研究用と工業用の二通りがあるが、工業用の場合はヒ素を含む鉱石の一部を原料としており、今回の青酸化合物は工業用のものにヒ素が不純物として入っていた可能性が考えられる。また、研究用には青酸カリが使われる一方、工業用では青酸ソーダが使用されるケースが圧倒的に多く、今回の青酸化合物は工場を入手経路とする青酸ソーダであると推測される」という。

一方、作家の別役実さんは「古い共同体では不満が暴力など直接行動に出やすい。それに比べ新興住宅地などでは、互いに直接ぶつかっていくようなことがなくなった」とし、陰湿な若年層の犯行と想像する。

（６）和歌山新報

７月２８日　１面

男児ら４人死亡。

和歌山市園部夏祭りカレーに青酸化合物。県警捜査一課などは和歌山東署内に捜査本部を設置27日までの調べで被害者の吐しゃ物や死亡した被害者の内容物から青酸化合物を検出した。

和歌山新報　２９日　１面　現場北側排水口，採取した水から青酸検出

現場北側排水口 採取した水から青酸検出

和歌山市園部の自治会主催の夏祭りで、青酸化合物が混入されたカレーライスを食べた六十数人が被害を受け、小学生ら住民四人が中毒死した事件で、県警捜査一課や和歌山東署捜査本部は、青酸化合物が混入されたみられる二十五日正午から午後六時まで間の関係者の動きを中心に、混入時刻の絞り込みに引き続き全力を挙げているが、これまでのところ有力な情報は得られていない。科学捜査研究所の調べで、新たに現場北側の排水口から採取した水から青酸化合物を検出した。二十八日午後、亡くなった園部第十四自治会長の谷中孝壽さん（六四）と同自治会副会長の田中孝昭さん（五三）の告別式が営まれ、関係者はあらためて悲しみにくれるとともに、「一日も早い解決を」と事件への憤りを強くした。【7面に関連記事】

亡くなった谷中自治会長の葬儀が営まれた（28日、和歌山市園部で）

悲しみ、憤り新た

園部青酸化合物事件 谷中さんらの告別式しめやかに

現場から約六百メートル西北の同市大谷の水田で魚が死んでいたのが発見されたが、同本部などの調べで田の水と魚から青酸反応はなく、事件とは無関係とわかった。

事件後洗うために水が張られていた青酸化合物が混入されたとされるなべの底にこびりついていたカレーからも青酸化合物は検出されなかった。

事件のあった園部第十四自治会が属する有功地区連合自治会（中筋久雄会長）の対策本部は二十八日まで、入院、通院患者に対し、一人一万円の見舞金を贈った。また、入院費の全額を和歌山市や県が負担するよう要望していくことも決めた。

救急医療体制を高

和歌山市園部で起きた青酸化合物混入事件について、二十七日から和歌山市に派遣されていた厚生省の岩尾總一郎・保健医療局地域保健・健康増進栄養課長、土居弘幸・健康政策局課長補佐と県の小西悟・福祉保健部長、辻健・同次長の四人が二十八日、県庁内で記者会見した。

岩尾課長は、現地の状況把握で医療機関や対策本部などを訪問し、これまでの情報収集を通じ「事件の発生が土曜日の夕方だったにもかかわらず、患者の搬送、転送がスムーズで、救急医療体制が確保されている」と評価。「今後は患者の心理的外傷に応じて、心のケアが重要。自治体から技術的や財政的な支援要請があれば検討する」と話した。

さらに、今回の事件で患者を受け入れた病院の多くが青酸化合物の解毒

事態を冷静に見極め正確な情報で対応を

米田頼司・和歌山大学教育学部助教授（社会学）

今回の事件が、自治会の夏祭りという、地域社会の親ぼくの場で起こったことの衝撃は大きい。事件の真相はまだ今の時点では明らかになっていないが、不安や恐怖心、あるいは怒りの感情の高まりの中で、否定的な波紋や影響が広がることが懸念される。

こうした事件の場合、不確かな情報が乱れ飛ぶことが多い。とくに初期の段階では流動する事態の冷静な見極めと正確な情報に基づく対応が求められる。また、事件に巻き込まれた当事者は、直接に被害を被らなかった人の場合でも多かれ少なかれパニックに陥っていることも少なくなく、事態への対応に追われたりする中で、さまざまにダメージを受けていると考えられねばならない。当事者に対しては、何よりも配慮やいたわりが求められる。

とにかく初期の段階では、不正確な情報の流布によって疑心暗鬼を生じさせ、さらにそれを増幅させるといったことがないように心がけたい。予断や偏見に基づいた犯人捜し、あるいは興味本意でのうわさ話は慎むべきだ。こうしたことによるトラブルや不愉快な思いは後々まで後遺症として残ることになる。これだけの事件なのでその強烈なインパクトによって生ずるさまざまな波紋や影響は避けがたいが、否定的な問題が派生して起こることがないように努めたい。

今は子どもたちは夏休みで、地域社会で過ごす時間が多くなっている。地域住民の親ぼくと交流のための催しが行われたり、楽しい思い出をつくる時期でもある。事件への過剰な対応の故に、結果として子どもたちの地域社会での生活や地域住民の親ぼくと交流の場が失われてしまうようなことは極力避けたい。むしろこうした不幸な事件の中でこそ、これまで以上に地域社会における連帯と交流の場を大切にしたいものである。

和歌山新報　３０日　１面　カレー青酸混入事件

祭り直前に会場で最初に食べた４人わかる。

「時間」割り出しへ

最初に食べた4人わかる

カレー青酸混入事件 祭り直前に会場で

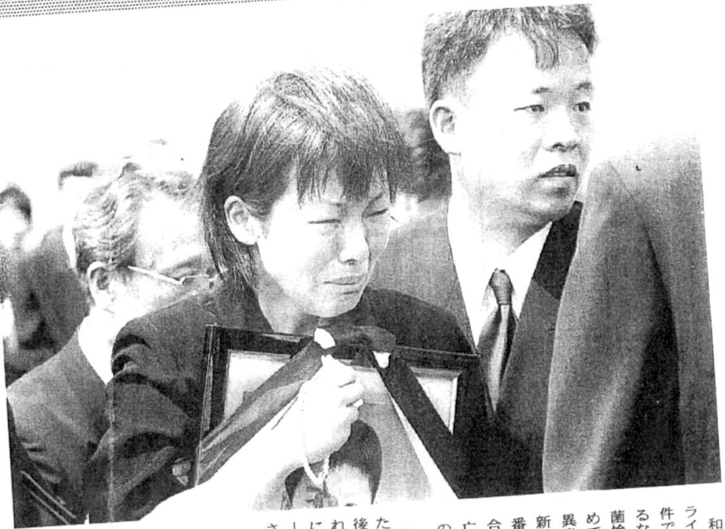

亡くなった林大貴君の遺影を抱き悲しみにくれる母有加さん（29日、和歌山市園部で）

和歌山市園部の自治会主催の夏祭りで、青酸化合物が混入されたカレー
ライスを食べた六十数人が被害を受け、小学生ら住民四人が中毒死した事
件で、県警捜査本部（和歌山東署）は、青酸化合物が混入されたとみられ
るなべから市保健所が事件直後の二十五日午後八時半ごろ、集団食中毒の
菌検査のために採取していたカレーの任意提出を受け、青酸反応検査を進
めている。また、祭りが始まる午後六時直前に会場でカレーを食べ、体調
異常を起こして入院した男性が二人いたことが二十九日の関係者の話から
新たに分かった。この際、主婦二人も一緒に食べて体調を崩していた。本
番時に最初にカレーを食べたのがこの四人と分かり、捜査本部は、青酸
合物が混入された時間の割り出しにつながるとみて注目している。この日
亡くなった有功小学校四年林大貴君（一〇）と開智高校一年鳥居幸さん（
の告別式も行われ、クラスメートらが別れを告げた。【7面に関連記事】

青酸化合物が混入されたとされるなべは事件後、洗うために水が張られていたため、なべの底にこびりついていたカレーから青酸化合物は検出されなかった。捜査本部は、保健所から任意提出を受けたカレーの詳細な鑑定を進めることで、青酸化合物の種類の特定や入手経路などの解明につながる手がかりになるみている。

祭りが始まる直前
レーを食べた男性
自治会メンバーで、
り会場の空き地で
ケを行う際の機械
係を担当。祭りが
と食事する時間が

市、65世帯巡回し 心と体の相談に

和歌山市は二十九日、「園部第十四自治会食中毒様症状対策本部」を「園部毒物混入事件和歌山市対策協議会」に組織変更した。今後、庁舎内に同協議会室を設置し、混入事件への対応を図る。「心のケア」として保健婦、教員、精神保健相談員が二人一組になり、被害を受けた六十五世帯六十七人の家
回相談に訪れ、心
相談などにのる。
　有功支所（和歌
部）に二十九日午
相談ブースを置き
婦、精神保健相談
が相談を開始した
者だけでなく広く
住民を対象にし、
応じる。

和歌山新報　３１日　１面　カレー青酸混入事件
ルーなど科警所へ捜査依頼

THE WAKAYAMA SHIMPO

結果判明、来週以降に

ルーなど科警研へ検査依頼

カレー青酸混入事件

「心のケア」スタート

和歌山市園部の第十四自治会の夏祭りで出されたカレーに青酸化合物が混入され、四人が青酸中毒死した事件で、県警捜査本部は三十日、保健所から二十八日に任意提出されたカレールーなどを二十九日に東京の科学警察研究所へ検査依頼したことを明らかにした。提出したのは水を張る前のなべに残っていたカレールーと、患者の吐物で、検査結果が判明するのは来週以降の見通しとなっている。

また、青酸化合物の盗難届は平成元年以降、近畿県内（二府四県）で一件もないことが捜査本部の調べでわかった。

和歌山市園部の第十四自治会での毒物混入事件に伴い市は二十九日、「心のケア」として心の相談窓口を有功支所（同市園部）に設置するとともに、巡回相談をスタートさせた。

巡回相談は同自治会の六十五世帯のうち、入院患者以外を対象に二十九日午後から実施した。具体的には心と体の相談を行うが和歌山市保健所の木下純子所長は「当面は、安心して相談してくれるような環境づくりが大切と思う。地域住民から『食べるものが怖い』や『外に出たくない』などという話を聞いているため、今後、相談に応じていきたい」と話す。

同自治会の二十五歳の主婦は「一日も早く、犯人が捕まってほしい。不安で不安で仕方がない」。五十代の男性は「路上駐車などが多くって、トラブルもあったが、それぐらいのことで人を殺すとは思いたくない。でも人間不信に陥るよ」と表情を曇らせた。

亡くなった田中孝昭さん宅と道路を隔てて美容院を経営する女性は「人の世話を何でもしてくれるいい人だった。こんなことになるなんて」と一日も早い解決を口にした。

ただ、テレビなどのマスコミが連日、取材合戦を繰り広げる状況の中、地域住民は不安やいらだちを隠せない様子で、日中は住民の姿を見かけることはほとんどない。木下所長は「正直、相談にも応じられない状態」とし、有功支所も「マスコミの過剰な報道で住民の不安が増幅する」と困惑している。

和歌山市は三十日、毒物混入事件の被害者に、見舞い金などを支給した。

死亡者には弔慰金として五万円。入院者と通院者には見舞い金として二万円。自宅や入院先を訪問の上、渡された。

「心の相談窓口」場所など決まる

園部毒物混入事件和歌山市対策協議会と「心の相談窓口」の場所と電話番号が決定した。

同協議会は和歌山市
所十階の第三会議室に
置され、電話はダイ
インの場合は073
35・1399、内線
合は代表0734・
0001（内線521
5215、5216
FAXは35・138

「心の相談窓口」
歌山市園部の有功
内。電話は073

和歌山新報　８月１日　７面　カレー青酸混入事件　犯人手掛かり得られず

犯人の手掛かり得られず

青酸カレー事件から1週

現場再現

取材メモから　脳裏に"毒物混入"浮かぶ

現場に飛んだ本紙記者が取材メモなどから事件直後の現場の様子を今一度再現してみた。

あの悲惨な現場に着いたのが午後八時前後だったろうか。消防無線からは、うわずった声の救急指令がひっきりなしに聞こえていた。食中毒のような症状。いずれも軽症の模様——。患者の人数こそ多かったものの、「軽症」という言葉に胸をなで下ろしながら現場に到着すると、ぐったりとした子どもらが今まさに救急車に運び込まれているところ。全身に鳥肌が立った。

患者らが応急処置を受けている前田外科の駐車場には救急車が五、六台が待機していた。玄関からは点滴を打ちながら、両脇を抱えられ、ひきずられるようにして数人が救急車に向かっている。ごみ袋を口元にあて、家族に背中をさすってもらっている人。不安げな顔で赤ん坊を抱き、「この子と同じ病院に運んでください」と救急隊員に懇願している若い母親。いやな予感がした。全身の力が抜け、自力ではたっていられない人があちこちにいるのを見て「食中毒でこんな症状になるものか？」と疑った。脳裏に"毒物混入"という言葉が浮かんだ。

夢中でシャッターを切っていると、「なんか薬物でもいれられたんちゃう？」と脳裏をかすめているうち、「その症状の度合いからいって、毒物混入は考えられない」という話が伝わってきた。その言葉を信じ、少しほっとした。

大勢の靴が散乱した玄関から先は、片手に点滴、もう片手にごみ袋といった患者があふれかえっていた。比較的軽症に見えた男子高校生（十六）に話を聞く。高校生は午後六時半ごろ、カレーを持ち帰って家で食べた。食べ終わってしばらくすると急に吐き気がして、勢いよく吐いた。休んでいたが続けて四、五回吐いた。「テレビとかで食中毒のこととかみてると人ごとやったけど、まさか自分がなるとは。去年の

ったか尋ねたが「水っぽくてまずかったけど、べつに変わった味はしなかった」と答えた。

そうこうするうち看護婦が点滴を抜きにきた。高校生は「これって食中毒なんですか？」と不安げな表情で尋ねた。看護婦は「たぶんそうやと思うんやけど」と仕事に追われた様子で次の患者へと向かっていった。

一方、事件の舞台となった祭り会場。地区の小学校から借り受けたテントの下に折り畳み式のテーブルが並べられたていた。夏祭りといえども、お世辞にも「大きい」とはいえない雰囲気。それ

間。会場には数人の主婦らが残っていた。「食中毒」といわれただけに、主婦らのショックは大きいよう。報道陣の取材に対して「今、会長さんらも向こう（患者の搬送）に行ってて、話できる人いてへんのよ」と、答えが返ってきた。主婦だけに「食中毒」という言葉に敏感に反応したのか、目の前にした光景があまりにもすさまじかったからか、力無く立ちつくす姿が印象に残った。

◇

一通りの取材を終え、患者の搬送もほぼ終わった様子だったので帰社することに。「大事に至らなければいいが」と、祈るような気持ちで車を走らせた。

犯
ポ
ポ
体

病院に収容される住民ら（25日の午後８時すぎ）

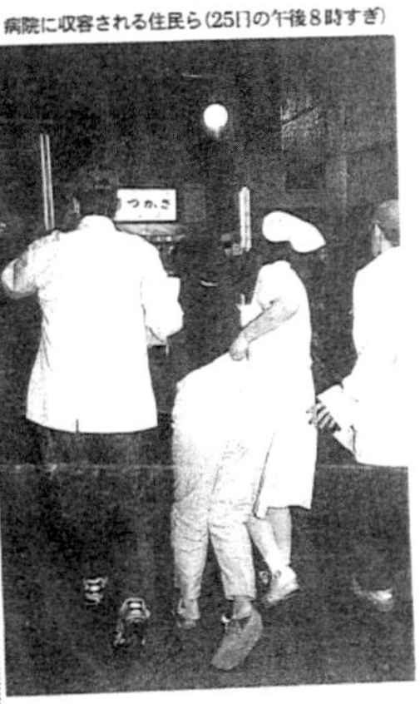

現場の声（7月26～27日）

夏祭りに参加した人たちの声（七月二十六、七日）

男性＝50歳代　食べた直後から気分が悪くなった。胃の奥の方から焼けるような感じだった。すぐに吐いたが、舌がピリピリした。どう考えても食中毒という感じではなかった。

男性（六三）　孫が二人とも食べ、気分が悪くなり入院した。もっと早く、毒物と疑えなかったのか。

主婦＝40歳代　地域の懇親の場をこんな風に殺人の場にするなど許されない。もっと地域住民が安心できるような情報がほしい。

男性＝50歳代　三つのカレーなべのうち、最初のカレーのなべに毒が混入されていたことは間違いないと思う。うちの子もそのカレーを食べてすぐに吐いた。体力があるのでよかったが今、思うとぞっとする。

男性（六〇）　カレーは正午前後にできたように思う。その後も二、三人の主婦が見張りをしていたため（午後五時過ぎまでは）毒物を混入することは困難だったはず。地域の人たちの夏祭りで、地域住民以外の人がうろうろしていたら絶対分かるはず。地元の人の行為と考えたくはないが…。

男性＝40歳代　住民のトラブルといっても、大きなものは無かった。ただ、違法駐車が後を断たず、はり紙をしたり自治会長（亡くなった谷中孝壽さん）に苦情を言ったりするケースはあったと聞く。

主婦＝30歳代　谷中さん（自治会長）は細かなことにも気配りをする方だった。葬儀で奥様の様子を拝見し、あまりにもお気の毒で言葉もなかった。

一歳くらい。身長百六十五

取材自粛申し入れ　有功地区連合自治会

和歌山市園部の第十四自治会で起きた毒物混入事件で、同自治会が所属する有功地区連合自治会（中筋久雄会長）は、三十日、報道陣に対し住民への取材自粛を申し入れた。

同連合自治会では、二十七日から事件の被害者を訪問し一人一万円の見舞い金を手渡す作業を続けてきた。三十日も亡くなった林大貴君の自宅をはじめ二十五世帯を訪れたが、「悲しみの中でカメラを向けられるのでノイローゼ気味」などストレスを訴える声が相次いだという。

このため、同自治会では緊急会議を開いて、取材自粛の申し入れを行うことを決め、早速、「報道取材を自粛して静かに休息させてください」などと書かれたチラシを約二百枚印刷、園部第十四自治会全六十五世帯の玄関先に張り出した。

夏祭りの会場近くの五十代の男性は「カメラを向けられると嫌になる。自分たちが知っていることは限られているし、

色々聞きたい気持ちは分かるが、静かにしてほしいよ」と困惑した様子だった。

入院は35人　31日正午現在

園部毒物対策事件和歌山市対策協議会の調べでは三十一日正午現在、患者数は六十七人。うち入院三十五人、通院二十八人、死者四人。

病院関係者の話では、現在入院している患者はいずれも容体は安定、順調に回復している。

和歌山新報　2日　1面 カレー青酸混入事件

いまだに 34 人が入院。

捜査員数延べ 1050 人

事情聴取者男性 50 人女性 60 人

住民生活にきしみも

カレーの青酸混入事件 いまだに34人が入院

和歌山市園部の自治会主催の夏祭りで青酸化合物が混入されたカレーを食べた小学四年の男児ら四人が死亡した事件は、一日で発生からちょうど一週間を迎えた。これまで犯人に結び付く目撃証言や遺留品などは得られておらず、捜査は難航している。事件のあった七月二十五日に兵庫県尼崎市内の運送会社の支店から青酸化合物のシアン化金カリウムが行方不明になっていることが明らかになり、捜査本部（和歌山東署内）は事件との関連を調べている。同本部は、青酸混入時間の割り出しに全力を挙げているとともに、市保健所から任意提出を受けた青酸が混入されたとみられるなべのカレーなどを警察庁科学警察研究所に送って青酸化合物の特定など分析を急いでいるが、四人もの犠牲者を出した計約七十世帯の地元自治会は、住民生活にきしみも出始めた。

上部ほど濃い青酸？

祭りのカレーは地元の主婦約二十人が二つの大なべと家庭用一つで調理した。このうち、青酸化合物は大なべの一つに混入されていたが、その濃度は上部ほど濃かったとみられている。最初に食べた人の方が症状が重く、後で食べた人の方が比較的軽いためだ。この結果、地元住民の間には午後六時の夏祭り開始時間直前に混入されたのではないかとの見方が広がっている。実際、同六時直前に食べた男女計四人がいずれも異常を訴えている。

青酸カリなら貴金属メッキ

青酸カリは高価で、金や銀などの貴金属のメッキに使われる。青酸ナトリウムは染料原料か通常の金属メッキ——。ある化学メーカーの社員は青酸化合物の大まかな用途をこう語る。

犯行に使われた化合物が判明したら、入手ルート特定につながる可能性もあるが、化合物は未解明だ。

捜査本部は、被害者の吐しゃ物や保健所がカレーから採取した検体の鑑定を急いでいるが、カリウム、ナトリウムとも食品には多量に含まれているため「解析が困難」といい、警察庁科学警察研究所の調査に望みをつないでいる。

空白の時間は？

「当日は、正午ごろに調理が終わり、アルミホイルなどでふたをした」と、調理に加わった主婦たちは証言している。午後二―四時ごろまでに調理場所のガレージなどから祭り会場の広場に移動。同五時ごろから温め直し、同六時の祭り開始とともに参加者に配られたという。

また、なべは犬や猫などが近づかないよう二人一組交代で見張りをしていたが、シフト通りだったか判然としない。主婦らの証言から見張りがなくなった時間帯もありそうで、捜査本部は「空白の時間」の特定も急いでいる。

一方、発生から一週間が経過して体調が回復する被害者も増え始めているが、捜査や取材が進むにつれ、さまざまな憶測も広がっているため、地元住民の生活にはきしみも生じ始めている。

和歌山市園部の青酸カレー事件で、同市対策協議会の一日午前までのまとめによると、被害者のうち三十四人がいまだに入院しており、二十九人が通院中という。

一方、犠牲者の小学四年林大貴（ひろたか）君（一〇）、高校一年鳥居幸（みゆき）さん（一六）ら [illegible] 復、犠牲者の告別式が済んだ」ことなどから閉鎖した。しかし、今後も午前八時から午後十時までは毎日窓口を設け、住民の相談などに応じることにしている。同対策本部は、住民の要望を市の対策に反映させるため、事件翌日の七月二十六日に設置された。

兵庫県で青酸系商品が紛失？

兵庫県尼崎市の運送会社の支店から三十一日、「七月下旬に倉庫にあるはずの青酸系商品がない」と尼崎中央署に届出があった。同支店によると、小さな箱に入ったもので、一個が行方不明という。盗難にあったのか、誤配なのか不明で、従業員から事情を聴くという。

なくなったのは、青酸化合物のシアン化金カリウムで、事件のあった同月二十五日とみられるが、和歌山東署内の捜査本部は一日、青酸カレー事件では「これまでに採取した検体から金が検出されたと報告を受けていない」としながらも事件との関連を兵庫県警と連絡を取りながら慎重に進めていく考え。

捜査員数延べ1050人

和歌山市園部の第十四自治会の夏祭りで出されたカレーに青酸化合物が [illegible] めた。それによると、延べ捜査員数は千五十人（三十一日現在）。事情聴取したのは男性五十人、女性六十人の計百十人で、約七割が自治会の住民で、約六十人が祭りのカレーを食べた人という。また、これまでに電話や手紙で寄せられた情報は、県内十三件、県外五十一件。いずれも犯人に直接結びつく情報はなかった。

この日の記者会見で和歌山東署・小松通二副署長と県警捜査一課・中村喜代治次席は、兵庫県尼崎市の運送会社の倉庫から事件当日に青酸化合物が紛失した件についても触れ「事件との関係については、兵庫県警と連携をとりながら捜査を進めている」とした。

今後の捜査方針については「当日の現場の実態解明を早急に進めたい」とし、現場の捜査を中心に、毒物の入手経路、犯行動機などを絞り込んでいくという。

和歌山新報　4日　1面　３つのなべなど新たにヒ素

3つのなべなど新たにヒ素

青酸と故意に混入？　新局面

和歌山市園部の自治会主催の夏祭りで、毒物の混入されたカレーを食べた住民六十数人が中毒を訴え、四人の犠牲者が出た事件は、死亡した小学四年生林大貴（ひろたか）君（一〇）が自宅に持ち帰ったカレー容器のカレーと、自治会長の谷中孝寿さん（六四）の胃の内容物から猛毒のヒ素が検出されたことで新たな局面を迎えた。また、調理した三つのなべに残されたカレーのルーからもヒ素が検出された。同事件ではこれまで、食器や吐しゃ物から青酸化合物が検出されていたが、同本部は青酸化合物のほかにヒ素あるいはヒ素化合物も混入された可能性もあるとみて調べているが、二種類の毒物が検出されたことで故意に混入された疑いが強くなった。

県警捜査本部（和歌山東署内）は三日、警察庁科学警察研究所に送った検査資料二十数点のうち、調理した三つのなべに入っていたカレーすべてから、ヒ素が検出されたことなどを明らかにした。

捜査本部によると、ヒ素が検出されたのは計六点で林君の食べ残したカレーから併せて青酸化合物も検出された。

一日以降、県警科学捜査研究所でも百三十四点を検査。うち吐しゃ物から二点、血液中血清十八点の計二十点から新たに青酸が検出された。

科警研で青酸が検出されたのは林君の食べたトレーだけだが、会見した捜査一課の中村喜代治次席は「青酸は時間が経過すると気化して検出しにくいと聞いている」と説明。カレーの中にヒ素と青酸の両方が入れられた可能性があるとみて、今後、入手経路など幅広い捜査を行っていくとした。

捜査本部によると、検体の鑑定を依頼していた警察庁科学警察研究所の検査結果で分かったもので、検出されたヒ素はいずれも若干量。県警科学捜査研究所では青酸化合物の鑑定を重点的に行っており、ヒ素については調べていなかったという。

この事件で死亡した四人は青酸化合物による中毒が死因とみられていたが、新たにヒ素が検出されたことから、同本部は今後、司法解剖の結果なども重ね合わせて、総合的に死因を究明していく。

また、科警研はすでに検出されている青酸化合物について、青酸カリウムか青酸ソーダなのか種類の特定を急ぐ一方、捜査本部は新たに検出されたヒ素が故意に混入されたものかどうか調べる。

入院、33人に

園部毒物混入事件和歌山市対策協議会のまとめ

林君の〝最後の作品〟となったイラスト入りの詩を紹介する担任の村岡倫子教諭

亡くなった林大貴君の遺影を前に黙とうする児童ら（３日午前、和歌山市の有功小学校で）

児童に大きな影落とす

カレー青酸混入　有功小で事件後初の登校日

毒物混入事件で死亡した小学四年の林大貴（ひろたか）君（一〇）らが通っていた有功小学校（児童四百五十二人）で三日午前、事件後初めての登校日の全校集会が開かれ、二澤律子校長（五七）が「命を大切に頑張りましょう」と児童に呼び掛けた。

全校集会には児童約四百人が出席し、全員で一分間の黙とう。このあと、二澤校長が林君の遺影を横に「林君は四年生になって頑張ろうと張り切っていた。夏休みの計画もしっかり立てていた。まだまだやりたいことがたくさんあったと思うと、この事件は許せません。林君のご家族はみんなに元気になってほしいと言ってくださった。まだ入院しているお友だちもいるが、早く元気になるよう心の中で応援しよう」と話した。

集会後、二澤校長と担任の村岡倫子教諭（四四）が同校会議室で記者会見した。二澤校長は「五、六年生の表情が硬く、いつもよりにぎやかではない」などと、今回の事件が子どもたちに大きな影を落としているとした。

村岡教諭は「大貴君は家でも学校でもよく気のつく子でした。給食の時間にみんなを楽しませたり、絵を書いていた姿が思い出されます。しかも何でも一生懸命やろうとしていた」とハンカチで目頭を押さえながら話した。

また、「祭りを楽しみにし、早く行こうよ、早く行こうよと言って食べたカレーで、なぜこんな目に合わないといけないのか」と事件への怒りをあらわにした。

村岡教諭は林君の最後の作品になった「めざまし時計」という詩を紹介し、「まじめだけれども、この作風から分かるようにひょうきんなところもありました」と思い出を語った。

今回の事件では、林君のほか同校の児童六人が入院、三人が通院している。同校は事件後、各担任が児童の家庭訪問を二回実施。今後、心のケアのため講師を招いて指導を受けるという。

患者の尿のヒ素濃度検査へ

和歌山市保健所

青酸化合物が混入したカレーライスを食べた四人が死亡した事件で、カレーライスから新たにヒ素も検出されたことか

ヒ素　原子番号33の金属元素。金属ヒ素は半導体材料に使われ、河川など環境中にも微量ながら存在する。化合物は殺

（7）週刊文春

8月6日号

青酸カレー大量殺人の噂にあがった2人の人物密告情報。

死因はシアン（青酸中毒），何者かによって青酸化合物が混入された。食事の時間の直前に青酸が振りかけられ，鍋の底には青酸があまり沈んでいなかった。

「青酸カレー」大量殺人の"密告"情報

噂にあがった2人の人物

左から亡くなった鳥居幸さんと林大貴君、田中副会長・谷中会長

戦後第三位という大量殺人に発展した和歌山青酸カレー事件。半径五百メートル六十五世帯のメンバー以外に犯人は考えられない。密室殺人の犯人は誰なのか……。殺到したマスコミと住民の間には、早くも「誰それが怪しい……」という密告情報が溢れだしている。

日本中を騒然とさせた夏祭りの惨劇は、七月二十五日にはじまった。悲劇の原因となる手作りカレーの配膳をした前田千恵子さん（51）が事件を振り返る。

「六時ごろからカレーライスを配り始めたのですが、匂いなど特に変わった様子はありませんでした。それなのに、十分もたたないうちに、カレーを食べた女子高生（鳥居幸さん）がお腹を押さえてしゃがみこんで吐き始めた。

最初は体調が悪いのかな、ぐらいにしか思いませんでした。すると、カレーを取りにきた私の娘まで気分が悪いと言い出し、周りのほとんどの人が三口ほど口に入れただけで吐き出し始めました。

私もびっくりして、それ以上配ることができなくなり、慌てて家に戻ってみると、家でカレーを食べた主人も吐いてうずくまっていました。主人と娘はまだ入院したままなんです……」

和歌山市園部では、浴衣姿や、団扇を手にした人々がうめき声をあげ、嘔吐《おうと》と共にバタバタと倒れ、救急車のけたたましいサイレンは未明まで鳴り止まなかった。

半径五百メートルの密室殺人

一夜明けると、四人の死者、四十四人の入院患者など、被害者は計六十七人（七月二十八日現在）にまで拡大した。

結局、手当ての甲斐《かい》もなく和歌山市立有功小学校に通う林大貴君（10）、私立開智高校の鳥居幸さん（16）、祭りを主催した園部第十四自治会の谷中孝寿会長（64）、田中孝昭副会長（53）の四人が死亡した。

155

週刊文春　８月１３・２０号　青酸カレー大量殺人　噂の全真相

'98.8.13・20
週刊文春

「青酸カレー」大量殺人
噂の全真相
報道されない捜査情報の洪水

今、和歌山市園部には報道陣が大挙して押し寄せている。六十九世帯、人口二百二十人の小さな町に、人口以上の報道陣と捜査員があふれているのだ。その中で、様々な噂がでては、消える。一体、何が真実で、何が虚報なのか。戦後第三の毒殺事件の謎を検証する。

故谷中会長の葬儀

故鳥居幸さん

「いまさら何を言うても娘は帰ってきません。今はただ、これ以上犠牲者が増えないことを祈るしか……」

和歌山市園部で七月二十五日に起きた青酸カレー事件で、娘の幸さん（16）を亡くした鳥居芳文さん（52）は、それだけ言うと、声を詰まらせた。

ピースサインをかかげながら明るく笑う遺影が、何よりも雄弁に事件のむごさを物語る。

鳥居幸さんを含め、四人の死者を出した夏祭りの惨事から一週間以上がたった今、現場の園部第十四自治会は沈黙と混乱におおわれている。

なにしろ、町の人口以上の報道陣がつめかけ、話をしてくれる住民を発見するや、列をつくって順番待ち。たまりかねた住民たちは、自治会が作った「取材自粛のお願い」の貼り紙を門に貼っている。

事件が事件だけに、洪水のように噂が流れでたが、一体何が真実で、何が誤りなのか検証してみよう。

まず、祭りの準備をした人々の犯行説。

祭りの準備にかかわった主婦の一人が、困惑を語る。

「警察の事情聴取は連日続いていますが、こんな狭いところやから、何を言うても、近所の人が犯人扱いされてしまうことになる。亡くなった自治会長さんは、『おととしのＯ１５７のこともあるから、今年はビールと枝豆ぐらいにしとこうか』と言っていた。でも、祭りの中心メンバーになった三人の奥さんが、どうしても、というので、結局例年通り、カレーとおでんが出されることになった。それで、最初はその奥さん方が疑われたぐらいなんです」

自治会は、わずか六十九世帯、二百二十人ほど。祭りの案内は回覧板が廻っただけなので、地域以外の参加者は地元住民の親戚か子供の同級生に限られる。いきおい内部犯行説が囁かれる。そこで出てきたのが「トラブル原因説」。

和歌山市中心部から五キロほど離れた現場周辺は、もと

捜査は長引く？

215

（8）週刊新潮

8月6日号　和歌山青酸化合物混入　空白の20分の犯人像

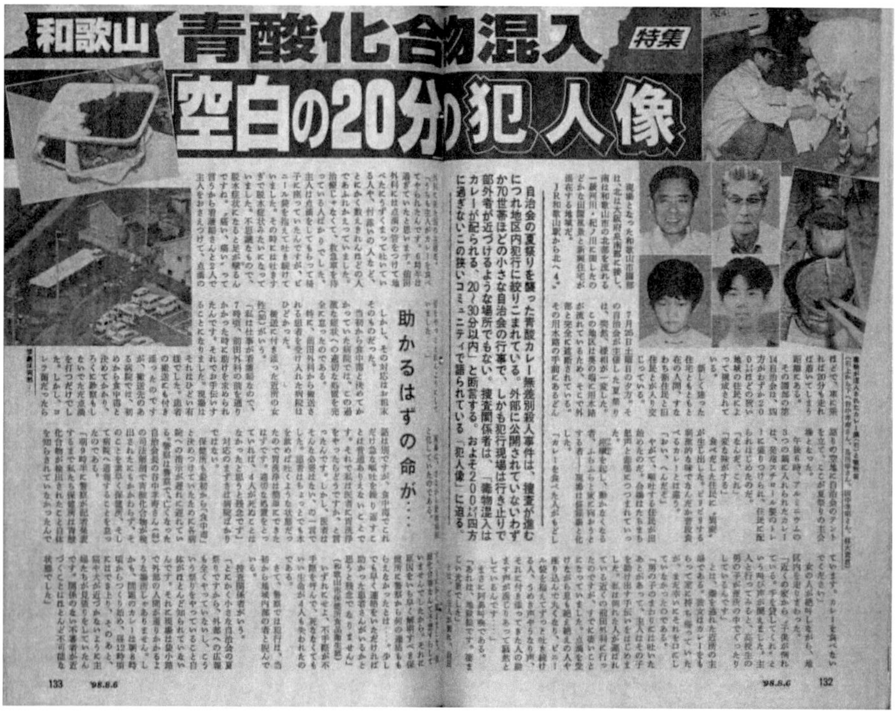

和歌山 青酸化合物混入 特集

「空白の20分の犯人像」

自治会の夏祭りを襲った青酸カレー無差別殺人事件は、捜査が進むにつれ地区内犯行に絞りこまれている。外部に公開されていないわずか70世帯ほどの小さな自治会の行事で、しかも犯行現場は行き止りで部外者が近づけるような場所でもない。捜査関係者は、「毒物混入は、カレーが配られる、20～30分以内」と断言する。およそ200㍍四方に過ぎないこの狭いコミュニティで語られている「犯人像」に迫る。

助かるはずの命が……

133 '98.8.6

'98.8.6 132

犯行は5時半前後

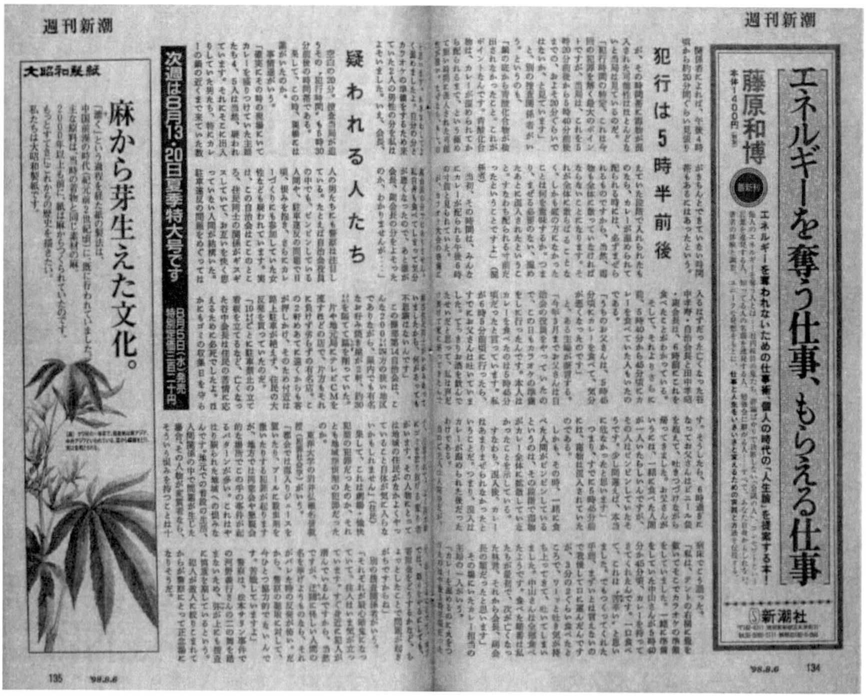

週刊新潮

犯行は5時半前後

疑われる人たち

次週は8月13・20日夏季特大号です

134 '98.8.6

135 '98.8.6

週刊新潮

２０日号　絞り込まれた青酸カレー事件の犯人

焦点は動機明快

週刊新潮

12 絞り込まれた青酸カレー事件の「犯人」

焦点は動機解明

ワイド特集

金と女の醜聞列島

179 '98.8.13·20

'98.8.13·20 178

2　１９９８年（平成１０年）８月４日から～

（1）朝日新聞

８月４日　２３面　なべ三つ全部にヒ素

毒カレー事件

なべ三つ全部にヒ素

午後4時以降混入

和歌山市園部の毒物混入事件で、和歌山県警捜査本部は三日、住民が用意した三つのカレーなべのすべてから新たにヒ素を検出した、と発表した。警察庁科学警察研究所（科警研）の検査で分かった。三つのカレーなべは会場近くの二カ所で調理された後、祭り会場に運び込まれた。このため捜査本部は、三つのなべが会場にそろった午後四時から、最初の被害者が出る午後五時四十分ごろまでの間に毒物が投入されたとほぼ断定した。三つのなべにはヒ素と青酸化合物の両方が投入された疑いが強く、この時間帯に会場にいた住民らから、当日の状況や不審人物が出入りしなかったか詳しく事情を聴いている。

調べによると、祭りにはカレーをつくるために大なべ二つと、小なべ一つが用意された。このうち住民らが食べたカレーは一つの大なべから配られた。

死亡した林大貴君(一〇)が自宅に持ち帰って食べたカレーの残りからは、ヒ素に加えて青酸化合物も検出された。カレーなべのそばにあったおでんのなべからは、ヒ素、青酸化合物ともに検出されなかったという。

県警が科警研に分析を依頼した試料は二十数点。まだすべての検査は終わっていないが、今後、別の試料からもこれらの毒物が検出される可能性があるという。

捜査本部によると、カレーは夏祭り当日の七月二十五日午前八時半ごろ、園部第十四自治会の主婦らが現場東隣の民家のガレージで仕込みを始めた。その後、大なべ二つをそのままガレージ内で、小なべを近くの別の民家の台所に持ち込んで煮込んだ。

午後二時すぎに小なべが祭り会場の空き地に運び込まれ、午後四時までに大なべ二つも会場に運ばれた。午後五時ごろには、温め直すため再点火され、十数人の主婦らがかきまぜるなどしながら祭り開始を待ったという。

午後五時四十分ごろに、最初の被害者がカレーを食べているため、捜査本部は、カレーに毒物が投入された時間帯を三つのなべがそろった午後四時以降、午後五時四十分ごろの間に絞り込んだ。

また、三つのなべすべてからヒ素が検出されたことで、これまで一つのなべだけに青酸化合物が混入したとする見方より、すべてのなべに青酸化合物が投入された可能性の方が強いとみている。

捜査本部は今後、三つのなべの周囲にいたとみられる住民らから事情を聴き、不審人物がまじっていなかったか、だれもいなくなった時間帯はなかったかなどについて調べ、犯人の特定を進める。

カレーの調理の流れ

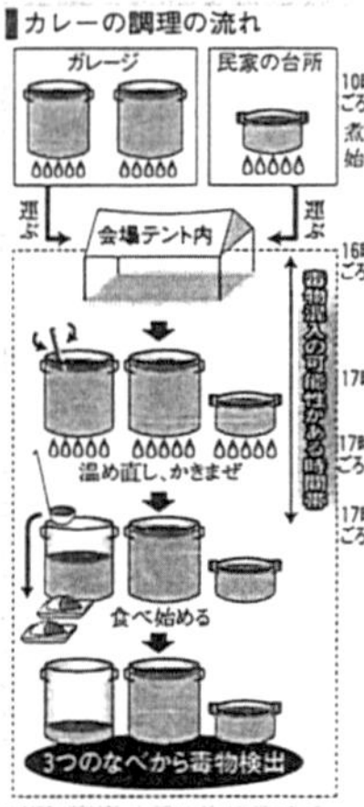

梅里雪山で10遺体確認

【徳欽（中国雲南省）3日＝琴寄辰男】中国・雲南省の梅里雪山（六、七四〇㍍）で遭難した京都大学学士山岳会と中国の合同登山隊の遺体の収容作業に当たっている合同派遣隊は三日、明永氷河の現場で十人の遺体を確認した。日本人と見られる遺体が五体あり、うち二体は衣類などに記された名前などから京都大工学部の児玉裕介さん（当時二三）と、朝日テクノシステム部の米谷佳晃さん（当時三二）と見られる。

合同派遣隊はこの日で収容作業をすべて終え、四日は遺体などを同隊のベースキャンプ手前まで運ぶ予定。合同派遣隊によると、残り五体のうち、二体は中国人。三体はどちらか分かっていない。このほかにも遺品の一部などがあり、いずれも氷河上の安全な場所に移した、という。

朝日新聞　７日　１５面　亜ヒ酸 400 グラム以上投入か
致死量 1000 人〜4000 人分

毒カレー事件

亜ヒ酸400㌘以上投入か

致死量1000人〜4000人分

和歌山市で起きた毒物混入事件で、カレーのなべから検出されたヒ素の量は、一つのなべにつき百㌘を超える疑いが強いことが、和歌山県警捜査本部と警察庁科学警察研究所の調べで七日、わかった。採取したサンプルのヒ素含有量から全体量を推定した。実際にカレーに投入されたのは酸素が結合した亜ヒ酸かその化合物だったため、一・五倍前後重く、三つのなべに投入された亜ヒ酸の量は試薬の瓶一本分（約四百㌘以上）に相当するとみられる。これは千―四千人分の致死量に当たり、混入した青酸化合物よりはるかに多いとみられる。捜査本部は、犯人はまとまった量の亜ヒ酸を手にすることができた人物とみて、亜ヒ酸の入手経路の特定を急いでいる。

入手経路特定急ぐ

調べによると、大なべは二つとも直径約三十㌢、深さ約四十五㌢で、容量は約三十㍑。小なべの容量は大なべの約半分という。それぞれのなべに残っていたカレーから二百ccのサンプルを採取し、ヒ素含有量を調べた。それをもとに全体の量を推定すると、三つとも百㌘を超えたという。なべのうち、大なべが最も混入量が多く、小なべは少なかったという。

さらに、ヒ素の量から実際に混入していた亜ヒ酸の量を推定すると、四百㌘を上回るという。祭りでは、約百人分のカレーがつくられたことから、一人当たり四㌘以上が入っていた計算になる。これは、亜ヒ酸の致死量〇・一―〇・三㌘をはるかに超えている。

しかし、カレーは粘りが強く、全体に混ざっていなかった可能性が高いことや、住民のほとんどが食べてすぐに吐き出していたことなどから、推定される被害以下におさまったとみられる。

検出されたカレーは、事件が発生した七月二十五日夜、大小のなべ三つから和歌山市保健所がサンプル採取した。ヒ素は三つのなべすべてから検出されたほか、被害者の吐いた物など科警研が鑑定中の二十数点の試料のうち十二点からも反応が出ている。

朝日新聞　9日　２７面　カレー鍋に入れられた青酸化合物とヒ素化合物は，研究所や化学工場などで使われる高純度の「試薬」だった可能性が強い。

毒物 高純度の試薬か

混入事件 一般では入手困難

　四人が死亡した和歌山市園部の毒物混入事件で、カレーなべに入れられた青酸化合物とヒ素化合物は、研究所や化学工場などで使われる高純度の「試薬」だった可能性の強いことが、和歌山県警捜査本部と警察庁科学警察研究所の調べで八日、わかった。高純度の毒物から殺虫剤など一般的な製品をつくる際には様々な物質を加えるが、食べ残しのカレーなどからそれらの物質は検出されなかった。代表的な農薬に含まれる鉛や銅も検出されず、混入した毒物の純度は百%に近いと推定されるという。このような試薬を一般人が手に入れるのは難しいことから、捜査本部は入手経路を特定する有力な手がかりになるとみている。

　試薬は、大学や企業の研究用などで使う純度の高い化学物質の総称。通常、一度に大量に使うことはないため、数十㌘から数百㌘単位でビン詰めされている。

　捜査本部は、被害者の胃の内容物や吐いた物、食べ残しのカレーなど約六百点の試料を検査。これまでに五十二点から青酸化合物、十二点から亜ヒ酸かその化合物を検出した。

　さらに詳しく調べたところ、殺虫剤などを製造する際、高純度の毒物を薄めたり、錠剤の形や液状に加工したりするために加える物質は検出されなかった。事件翌日に被害者から採取した尿にも、ヒ素化合物が検出された以外、こうした物質はなかったという。

　さらに、検査試料と被害者の尿のいずれからも、代表的なヒ素系農薬に含まれる鉛や銅などの金属類の反応は得られなかったという。

　純粋な青酸化合物やヒ素化合物は、研究所や化学工場などで使われることが多く、入手先は限定されている。和歌山県内には、毒劇物を取り扱う登録業者が七百八十二あるが、その中では紛失や盗難はなかった。

　しかし、登録業者から毒物を購入した中小の工場や個人の顧客については実態に不明な点が多く、所有者自身が盗難や紛失に気づいていない場合もあるという。捜査本部は、他府県警の協力も得て、全国の工場や研究施設を中心に紛失や盗難の実態を調べる。

朝日新聞　２４日　３面　直後の混乱尾引く捜査

直後の混乱 尾引く捜査

和歌山の毒物カレー事件、あす1カ月

夏祭りで出されたカレーを食べ、四人が死亡した和歌山市の毒物混入事件は、二十五日で発生から一カ月を迎える。和歌山県警捜査本部は祭りの参加者を百四十三人まで特定し、それぞれの事件当日の行動を再現する「時系列表」をほぼ完成させた。なべに近づいた不審者の目撃情報など有力な手がかりを得ようと懸命だ。しかし、「食中毒」から一転して「青酸中毒」になり、一週間後には「ヒ素化合物」混入が判明した混乱から、死因さえ揺れ動いている。袋小路の住宅地で開かれた祭りを惨劇の舞台に変えた背景には、どんな動機がひそんでいるのか。県警は全職員の一割にあたる二百四十六人態勢で、犯人像の絞り込みを急いでいる。

時時刻刻

●分刻み

捜査本部は、事件現場の状況に注目する。祭りを開いた園部第十四自治会は六十九世帯、二百二十人。周囲を水田や用水路で遮られ、袋小路のような一角だ。祭りの案内は自治会員にしか通知されておらず、ある捜査幹部は「この地域に詳しい者の犯行の可能性が強い」とみる。

捜査本部がまとめた時系列表は分刻みのち密さだ。捜査幹部の一人は「ようやく下絵ができつつある。これからが勝負だ」と話す。

午前八時半　カレーの仕込みが始まる

午前十時ごろ　三つのなべを使い、民家とガレージで調理開始

正午　数人が味見をしたが異常なし

午後四時ごろ　なべ三つが現場に運ばれる

午後五時四十分ごろ　最初の被害者がカレーを食べる

この流れに沿って、自治会住民やその知人ら百四十三人が登場する。すべてのなべからヒ素が検出されたことから、毒物の混入時間はなべがそろった午後四時以降だった疑いを強める。

番をしていた主婦を含め、なべの近くにだれもいなかった「空白の時間」がほとんどなかったことから、一瞬のすきを突いた犯行との見方も浮かぶ。

死因ぶれ入手経路も壁

143人の「行動表」は完成

「和歌山市毒物混入事件」の経過

7月25日	和歌山市園部の園部第14自治会が午後６時ごろから空き地で開いた夏祭りで、カレーを食べた住民ら67人が激しい吐き気や腹痛を訴えて病院へ。和歌山市保健所は「集団食中毒」で調査
26日	午前３時ごろに自治会長の谷中孝寿さん（64）、午前中にさらに３人が相次いで死亡。和歌山県警は犠牲者の吐いた物から青酸化合物を検出し、捜査本部を設置
27日	４人の司法解剖が終了。県警は谷中さんの死因を「青酸中毒」、あとの３人は「青酸中毒の疑い」と発表
8月2日	警察庁科学警察研究所の鑑定結果を受け、捜査本部が谷中さんの胃の内容物などからヒ素化合物を検出したと発表
4日	捜査本部の態勢が67人増員され217人に
6日	ヒ素化合物は亜ヒ酸か亜ヒ酸化合物と判明
11日	捜査本部の態勢が29人増え246人に
13日	死亡した４人の心臓血からヒ素を検出
15日	捜査本部が「祭りの参加者は143人」と発表

●再鑑定

当初、事件は「集団食中毒」だった。県警が最初に異変に気づいたのは、発生から約二時間後の「毒物かも知れない」という消防署の通報だった。しかし、現場の鑑識活動が本格化したのは、青酸化合物を検出後の翌朝。なべの一つはすでに洗われ、途中で雨も降って微細な遺留品や痕跡も洗い流された可能性が強い。

新たにヒ素が検出されたのは偶然だった。事件後に兵庫県尼崎市で青酸化合物の紛失が発覚し、警察庁科学警察研究所（科警研）が関連があるかどうか念のために、和歌山の試料を再検査して見つけた。

これまでに、青酸は死亡した自治会長の谷中孝寿さん(64)の心臓血や、ほかの犠牲者三人の吐物などから検出、ヒ素は死亡した四人全員の心臓血などから検出された。入院した被害者の尿には最大で通常の約七百倍のヒ素が含まれており、混入していた青酸は微量で、ヒ素は瓶一本分（四百㌘以上）に及ぶ疑いが強まっている。このため、当初は「青酸中毒」「青酸中毒の疑い」とされた死因の再鑑定が進む。

死因とともに毒物の入手経路を洗う作業も揺れた。行政が把握している毒物所有者は販売業者まで。末端の所有実態はわからず、捜査の壁となっている。

●絞れぬ動機

捜査本部は、混入されたヒ素が千人分以上の致死量だった疑いがあるため、「殺意があったのは明らか」としている。しかし、県警幹部は「無差別殺人か、個人を狙ったのかを特定できず、動機を絞りにくい」と話す。

自治会内では数年前から、住民の間でごみの出し方のマナーや迷惑駐車などが問題になっており、谷中さんは祭りの直前まで苦情を受けていた。しかし、捜査本部はこうした一般的な問題を大量殺人に結びつく直接の動機ととらえることに慎重だ。

朝日新聞　１９面　かさむ医療費，いら立つ住民

犯人逮捕早くして。死因ぶれ入手経路も壁。

143 人の「行動表」は完成

被害者	入院日数	感想
60代男性	3日	保健所には毒物ではという疑いを早く持ってほしかった
30代女性	12日	医療費、特に入院費が足りない。経済的な補助をしてほしい
40代男性	通院	保健所はもっと早く毒物が原因と気づくべきだった。初めのうちはごたごたしていた。医療費をなんとかしてほしい。うちはあまりかかっていないが
女児の母		（女児が４日間入院）一家の大黒柱を失って今後の生活を不安に思う家族もあるでしょう。さらに経済的援助をお願いしたい
30代女性	12日	市の助役が事件のあとに、ねぶた祭りを見学に行ったのは許せない
40代女性	9日	早く犯人を見つけてほしい。犯人に早く出てきてほしい。何でこんなことをしたのか聞きたい

毒カレー１カ月

かさむ医療費、いら立つ住民

犯人逮捕「早くして」

六十七人の被害者（うち四人が死亡）を出した和歌山市の毒物混入事件の発生から、二十五日で一カ月。ピーク時には四十四人いた入院患者も全員退院し、徐々に落ち着きを取り戻している。だが、入通院などで高額な医療費を強いられ、急性ヒ素中毒による後遺症の心配も消えない。行政への不満や、医療体制の見直しを求める声もある。被害者への取材などをもとに、この一カ月を検証した。

●市民生活

うだるような暑さの中、被害者の女性（四四）は毎週月曜日、バイクで病院に赴き血液や尿の検査を受ける。

七月二十五日、夏祭り会場からカレーを持ち帰り、ビールを飲みながら少し食べた。夫（四八）は、一皿全部食べて病院に運ばれた。入院は、女性が十七日間、夫が二十日間に及んだ。その間、自営の商売はストップした。

検査費、入院代など夫婦合わせて支払った医療費は計三十四万円。高額療養費制度を利用すれば、十七万円程度は返ってくるが、それも数カ月後だ。和歌山市が被害者のために緊急に設けた医療費助成は二人分で十万円になるが、十分ではない。

気がかりなのは尿や髪の毛の検査費。尿検査は厚生省が医療保険の適用を決めた。しかし、通常の保険とは違い、一度全額を支払い、後から保険適用分が戻ってくる仕組みだ。

「検査は治療ではないから、いずれ行かなくなるかもね」と、この女性は言う。

●医療現場

誠佑記念病院の上野雄二院長は、最後の入院患者が退院した二十一日、重くのしかかった責任感から解放された気分をかみしめた。

園部第十四自治会の谷中孝寿会長（六四）の血圧が下がり始めたのは七月二十五日午後十一時ごろだった。昇圧剤を投与したが血圧は上がらず、二十六日午前零時四十分、心肺停止した。心臓マッサージを繰り返したが、同三時三分、死亡を確認した。

谷中さんが二十五日の午後九時すぎに運ばれてきた時には、呼吸が速く、チューブで吸い出した胃の内容物には赤い色が混じっていた。二㍑の点滴をしたが、尿は出なかった。

上野院長が午後十時すぎ、電話で市保健所と話した時、「他の病院では農薬中毒の症状があった」と聞いたが、基本的には「食中毒として対応すればいい」との内容だった。不安を感じながらも、食中毒の治療を続けるしかなかったという。

「症状が激しすぎ、食中毒にしては変だと思った。でも、何が原因か確証が持てず、言い出すことができなかった」。上野院長は自戒をこめてそう振り返る。

あの日、患者は十三の医療機関に運ばれ、四人が命を落とした。

「容体などの情報をとりまとめる中枢医療機関があれば、もっと早く正しく判断できたかもしれない」。そんな声が事件直後から医師の間で上がっている。

朝日新聞　２５日　１面　事件前にもヒ素中毒，24 日和歌山県警の調べで園部地区を訪れたことのある男性２人が，今回の事件の発生以前に毒物の中毒とみられる症状で入院していることが分かった。

事件前にもヒ素中毒

和歌山の毒カレー

県警、関連に強い関心

毒物混入事件のあった和歌山市園部地区をこれまで何度か訪れたことのある二人の男性が、今回の事件の発生以前に毒物中毒とみられる症状で入院していたことが二十四日、和歌山県警の調べで分かった。このうち一人は退院しており、毛髪などから猛毒のヒ素が検出された。二人は地区内の同じ民家で飲食をしていた可能性があることから、県警は、四人の犠牲者を出した毒物混入事件との関連について強い関心を寄せており、関係者から近く事情聴取する方針を固めた。

県警の調べによると、二人は毒物混入事件が起きた七月二十五日の以前に、園部地区の同じ民家に何回か別々に立ち寄ったという。それぞれこの民家には数時間いたとされるが、帰宅する途中や自宅に戻った後、激しい腹痛や吐き気に襲われたことが複数回あり、救急車で病院に運ばれたこともあったという。

ともに入院して手当てを受け、一人は退院したが、一人が今も入院中という。県警はすでに二人の毛髪とつめを採取して鑑定した。その結果、一人からヒ素が検出された。もう一人についても詳しい鑑定を進めている。

関係者によると、この民家には家人の招きでひんぱんに人が訪れていたという。二人の男性はいずれも和歌山県内に在住し、家人とも数年前から顔見知りだった。

県警は、毒物混入事件が発生する前にもヒ素によるとみられる中毒が起きていたことを重視している。

朝日新聞　２６日　１面　入院男性２人に保険

入院男性2人に保険

毒カレー事件前　給付金、第三者に？

詐欺の疑い

和歌山市の毒物混入事件以前に、猛毒のヒ素によるとみられる中毒症状で二人の男性が入院していた事件で、二人に多額の保険が掛けられ、合わせて数千万円の入院給付金が第三者に渡っていた疑いのあることが二十五日、和歌山県警の調べでわかった。県警は、契約や給付金支払いの手続きに不正があったのではないかとみて、詐欺容疑で詰めの捜査を急いでいる。県警は、男性らがこの保険の契約後に中毒症状を起こした点に注目しており、その原因などについて詳しく調べている。

（31面に関係記事）

調べによると、中毒症状で入院したのは和歌山市内の四十五歳と三十五歳の男性。四十五歳の男性は現在も入院中という。和歌山市園部地区での夏祭りで起きた毒物混入事件後、県警が警察庁科学警察研究所に依頼して二人の毛髪やつめを調べた結果、一人の試料から通常のレベルを大きく上回る濃度のヒ素が検出された。もう一人も、詳しい鑑定が進められている。

二人は約五―十年前に、それぞれ生命保険や簡易保険など複数の保険に加入した。入院給付金や保険金の受取人の中に、本人や家族以外の第三者が含まれる契約になっていたという。

二人が入院した際に保険会社から支払われた入院給付金のうち、かなりの部分が第三者に渡った疑いがでてきた。給付金は半年程度

朝日新聞　３１面　毒カレー事件前

ヒ素中毒の２人　救急搬送三年で十数回,

同じ民家で飲食後

毒カレー事件前
ヒ素中毒の2人
救急搬送、三年で十数回
同じ民家で飲食後

写真提供・三重県警

夏祭りで出されたカレーへの毒物混入事件があった和歌山市園部地区をこれまで何度も訪れ、今回の事件発生以前に猛毒のヒ素によるとみられる中毒症状で入院していた二人の男性は、この三年間で少なくともそれぞれ十数回にわたって救急車で運ばれていたことが二十五日、和歌山県警の調べでわかった。いずれも園部地区内の同じ民家で飲食などをして帰宅する途中で、一一九番通報の電話はこの民家の住民の名前を名乗って入ることが多かったという。県警は、この地区に立ち寄るたびに中毒症状が出ていた可能性があるため、二人の行動や症状について、二人や周辺の関係者から詳しく事情を聴くことにしている。

調べによると、二人のうち三十五歳の男性は昨年秋に入院し、現在は退院。四十五歳の男性は今年春ごろから入院している。

二人は五―十年前から園部地区内の同じ民家の住民と付き合いがあった。今年三月ごろまで民家をたびたび訪れ、うどんやどんぶり物を食べるなどしていたが、帰る途中でめまいや腹痛、激しい下痢などを訴え、救急車で病院に運ばれたり、自宅で一時寝込んだりしたという。

和歌山市消防局によると、記録が残っているこの三年間で二人は少なくとも十数回は園部地区がある市北部周辺から病院に搬送されていた。搬送される途中の救急隊員による報告で、「中毒症状の疑い」とされたことがあったほか、退院した男性は意識がもうろうとして川に落ちたこともあったという。

朝日新聞　２６日（夕刊）１５面　中毒2男性保険，10社近くに加入
受取人大半が第三者

中毒の2男性

保険、10社近くに加入
受取人、大半が第三者

毒物混入事件のあった和歌山市園部地区を何度か訪れていた二人の男性が、今回の事件発生以前にヒ素によるとみられる中毒症状で入院していた事件で、二人に掛けられた多額の保険は、国内の生命保険のほか、外資系の保険など少なくともそれぞれ十社近くにわたっていたことが二十六日、和歌山県警の調べでわかった。受取人は、本人や家族などの近親者は少なく、大半が第三者や法人になっているという。契約件数が異様に多いうえ、加入したことを二人が知っていた保険がわずかしかなかった可能性があり、詐欺容疑で調べを進めている県警は関係者から詳しく事情を聴くことにしている。

調べによると、中毒症状を起こした和歌山市内の四十五歳と三十五歳の男性二人を被保険者とする保険は、国内の数社の大手保険会社などに加え、外資系保険会社など判明しているだけで、それぞれ十社近くにのぼるとされる。いずれも契約時の死亡保険金は大半が三千万－五千万円だったという。

これらの保険で、給付金の受取人が本人や家族など近親者だった契約は一、二社しかなく、残りは受取人が第三者やその関係者、法人など様々に分かれていた。

このうち法人が受取人になっていた保険の一つは、夏祭りでの毒物混入事件が発生した和歌山市園部地区周辺にある自然食品販売会社が契約者になっていた。同社は七年前に設立され、今は事実上営業していない。男性二人は同社の従業員だったが、仕事はほとんどしていなかったという。

入院した期間に応じて支払われる入院給付金は、本人や家族名義の一、二社分以外は二人の手に渡らずに、合わせて数千万円が第三者の手に渡っていた可能性があるという。

朝日新聞　２７日　１５面　ヒ素中毒２男性保険契約，解約繰り返す。
本人事情を知らぬ疑い

ヒ素中毒2男性

保険契約・解約繰り返す

本人、事情を知らぬ疑い

毒物混入事件のあった和歌山市園部地区を何度か訪れていた二人の男性が、今回の事件発生以前に猛毒のヒ素によるとみられる中毒症状で入院していた事件で、二人に掛けられていた多額の保険が、第三者によってひんぱんに契約と解約が繰り返されていたことが二十七日、和歌山県警の調べでわかった。手続きの時期は入院給付金などが支払われた直後が多く、全く別のタイプの保険に乗り換えられたり、他の会社の保険に変更されたりしていたという。二人はこうした手続きについては了承していなかった疑いがあるという。保険金詐欺容疑で調べを進めている県警は、契約の経緯が極めて不自然とみて詳しく分析している。

調べによると、中毒症状を起こした和歌山市内の四十五歳と三十五歳の男性二人は、園部地区の同じ民家などを訪れて飲食をしたあと、激しい吐き気や手足のしびれなどの毒物症状を訴え、数十日間から半年間の入院を繰り返していた。

いったん入院給付金が支払われると、保険契約は解約されたり中断されたりして、別の種類の保険に乗り換えられていたという。さらに詳しく調べたところ、解約や中断されたのとほぼ同時期に、別の会社の保険が契約されているケースがあるという。

二人に保険会社から支払われた保険給付金は入院時には一日一万円前後あり、この数年では二人合わせて数千万円が支払われていたとみられている。そのかなりの部分が第三者に渡っていた疑いがあるという。

朝日新聞　２９日　３１面　ヒ素中毒男性２人給付金を受けた第３者。
保険金ほかの人物からも訴訟ざたにも。

保険金　他の人物からも

訴訟ざたにも

ヒ素中毒男性2人の給付金受けた第3者

和歌山・毒物事件

和歌山市の毒物混入事件の発生前に男性二人がヒ素中毒とみられる症状を訴えていた事件で、二人の入院給付金を受け取ったとされる第三者が、十三年前に亡くなった別の男性の死亡保険金をめぐって遺族から訴訟を起こされていたことが二十八日、和歌山県警の調べで分かった。さらに二年前には親族が死亡し、保険金が渡った可能性があるという。県警は、死亡した二人の保険契約のいきさつや金の流れに不自然な点がないか調べている。

県警の調べや関係者によると、最初に死亡した男性はこの第三者のもとで働いていたという。一九八五年十一月、大阪府内の病院で脳出血で死亡した。二十歳代の若さで、生命保険に加入してから約二年後だったという。

死亡に伴い保険金二千五百万円が遺族に支払われることになったが、手続きは第三者が代行。遺族は仕事仲間だったため信頼して任せたという。

その後、保険金が支払われないため遺族は八八年三月に和歌山地裁に提訴した。第三者側は「受取人の名義は違うが、保険料を払ってきたのだから保険金を受け取る権利がある」と主張したが、八九年五月に保険金を折半することで和解が成立した。

一方、この第三者の、当時六十歳代の親族が九六年十月、「白血病による脳出血」で死亡し、保険金約一億三千万円が支払われたという。このケースも保険に加入してから約二年後だった。当時、死亡診断書を出した病院の関係者は「保険会社四社の書類を持ってきたので数が多いと思った」と話している。

県警は、第三者の周辺で亡くなった二人の死亡保険金の流れを解明する一方、死亡した当時の状況についても病院関係者らから事情を聴いている。

（2）毎日新聞

8月4日　1面　検出ヒ素は致死量

和歌山カレー事件

検出ヒ素は致死量

捜査本部 死因を再検討

和歌山市園部の自治会の夏祭り会場で起きた毒物カレー事件で、住民の多くが食べたカレーに混入されたヒ素化合物の濃度は、大人の致死量に達していたことが、4日までの警察庁科学警察研究所（科警研）の鑑定で分かった。同事件では4人の住民が死亡、死因は園部第14自治会会長の谷中孝寿さん(64)が「青酸中毒」、他の3人は「青酸中毒の疑い」とされているが、致死量に達する濃度のヒ素検出で、捜査本部は4人の死因について再検討を急ぐ。

捜査本部は、和歌山市保健所からの任意提出分を含め、現場に残っていた三つのなべから取ったカレーを科警研に鑑定依頼。三つのなべからヒ素を検出した。さらに、青酸化合物が入っていたとみられる空なべのカレーからは「高濃度」のヒ素を検出したことから、さらに分析を進めた。

その結果、空なべから検出されたヒ素はヒ素化合物の中で最も一般的な三酸化二ヒ素（亜ヒ酸）に換算した場合、カレー1杯では大人の致死量の100〜300ミリグラムに達する濃度だったことが判明した。他の二つのなべの濃度は、空なべの数分の1以下だった。

これまでの調べによると、谷中さんの司法解剖では、胃の内容物や心臓血から青酸化合物を検出。ところが科警研の鑑定では、谷中さんの胃の内容物からは青酸反応は出なかった。

また、市立有功《いさお》小4年、林大貴《ひろたか》君(10)ら亡くなった他の3人の体内からは青酸が検出されなかった。

捜査本部は、青酸化合物は時間とともに気化する性質があり、検出が困難になっている可能性もあるとしながらも、致死量に達するヒ素検出で死因についての再検討の必要性が高まったとしている。

毎日新聞２５面　ヒ素特定遅すぎる

「ヒ素特定遅過ぎる」

地域住民、捜査に不信感

毒物カレー

和歌山市園部で起きた毒物カレー事件で、ヒ素は青酸化合物が混入したとみられていたカレーのなべだけでなく、他の二つのカレーなべにも入っていたことが3日、明らかになった。青酸だけでなく、ヒ素が検出されたのが事件発生9日目の2日。さらに3日になって、青酸よりヒ素の量がかなり多いことも判明した。被害は青酸ではなく、ヒ素によるものだった疑いも出てきた。

息子夫婦が入院し、残された孫の世話をしている女性は「息子たちはもうすぐ退院するはずだったのに、ヒ素が検出されたため今日になって『再検査の必要がある』と言われた。これでは、いつ退院できるか分からない。心配です。私も血圧が上がり、ふらふらする」と疲れ切った様子。

和歌山県警捜査本部はヒ素が検出された2日午後、会見で「青酸化合物を検出し、毒性が強いということで重点的に捜査した」とし、「（ヒ素の検査は）していない」と述べた。

こうした捜査について、五十嵐一雄・神戸学院大助教授（毒性学）は「患者が食後すぐに激しいおう吐を繰り返す症状があれば、まず最初に青酸化合物と有機リン、そしてヒ素の3種類の中毒を疑って検査するのが常識」と指摘する。また、「ヒ素の検出だけなら、特殊な検査機器がなくても調べられるはず」とも。検査時間は半日程度という。

高校生の娘が今も入院している男性は「何で10日もたってからそんな毒物が分かったのか。毒物の特定は、犯人を捕まえるだけでなく、被害者の治療のためにも大切なはず。遅過ぎると思う」と捜査への不信感をあらわにした。

新たな展開について、ジャーナリストの黒田清さんは「三つのなべからヒ素が出たことで、『青酸カレー』から『毒物カレー』になり、事件の様相がガラリと変わった。『えらいこっちゃ』と警察自身が一番ショックを受けているだろう」と指摘する。

毎日新聞　7日　1面　死因はヒ素中毒

死因はヒ素中毒

毒物カレー　尿検査で決定的

死者4人を出した和歌山市園部の毒物カレー事件で、和歌山市保健所から患者の尿検査を依頼された聖マリアンナ医大（川崎市）の山内博助教授（予防医学）は6日、会見し、事件翌日の先月26日に採取した患者の尿から、正常値の最高700倍のヒ素化合物を検出したと発表した。

また、青酸中毒が死因とされている園部第14自治会会長の谷中孝寿さん(64)が、病院搬送の時点で激しい下痢や腹痛というヒ素中毒の典型的な症状を起こしていたことも分かった。こうしたことから、被害者の死因、症状はヒ素中毒であることが決定的となった。

山内助教授の検査は、先月26日の10人分、今月2、3日の21人分の尿が対象。最も毒性が強い無機ヒ素化合物と、それが体内で化学変化した代謝物のメチル化ヒ素、ジメチル化ヒ素の総量を測定した。

その結果、先月分については、1リットル当たり最高23ミリグラムを検出。正常値は同31・6マイクログラムで700倍に達した。最低でも正常値の40倍ほどの高濃度で毒性が高い無機ヒ素の割合が高かったという。

今月分も正常値の100～10倍の濃度はあったが、代謝が進み、無機ヒ素の割合は低かった。

毎日新聞　9日　27面　ヒ素検出なぜ遅れた

ヒ素検出　なぜ遅れた

毒物カレー
事件発生から２週間

死者4人を出した和歌山市の毒物カレー事件は8日、発生から2週間を迎えた。当初の「集団食中毒」から「青酸事件」に変容した夏祭りの惨劇は、さらに致死量のヒ素検出で「ヒ素事件」へと二転した。「もっと早く分からなかったのか」。後手に回った捜査や保健行政に、被害者の家族や専門家から疑問の声が上がる。犯人像がつかめない中での異例の展開に、住民たちの不安と緊張の日々が続いている。

◇死因は？

和歌山県警の依頼を受けた警察庁科学警察研究所（科警研）は、青酸化合物の検出から鑑定を始めた。その直後、兵庫県尼崎市の倉庫からシアン化金カリウムが紛失していることが分かり、金などの鑑定にも取りかかった。ヒ素化合物はその過程で見つかった。住民がカレーを食べた大なべ（少量残存）からは、致死量に達する濃度のヒ素が検出された。

一方、青酸化合物は死亡した自治会長の谷中孝寿さん(64)の心臓血などから同県警科学捜査研究所、科警研とも検出した。司法解剖の結果、谷中さんの死因は「青酸中毒」、他の3人は「青酸中毒の疑い」とされる。しかし、検出量はヒ素に比べて微量だ。「青酸は気化しやすい」との指摘もあるが、青酸中毒を疑問視する声も強い。

和歌山市保健所は急きょ聖マリアンナ医大の山内博・助教授に被害者の尿検査を依頼した。その結果、正常値の最高700倍ものヒ素化合物が検出されたと6日に発表され、ヒ素中毒が決定的になった。事件発生から12日後になって、事態は大きく転換した。

◇症状は語る

ヒ素中毒を示す症状は、実は現れていた。ある病院の医師は「入院中の患者に青酸中毒にみられる急激な呼吸障害が全然ない。むしろ、おう吐や手足のしびれ、赤血球、白血球、血小板の数が低下する汎血球減少症など、ヒ素の症状があった」と証言する。別の医師も「カレーを二口食べた子供が36時間後におう吐や腹痛を訴えて来院した。発症の遅さから青酸中毒とは考えられなかった」と語る。しかし、ヒ素中毒に対する解毒などの治療に踏み切る病院はなかった。

今後の治療について、和歌山県立医科大の谷村弘病院長は「症状は既に落ち着いており、基本的に治療方針は変えない」と話した。多くの病院も同様の立場を取っている。

◇募る不信感

被害者や家族の動揺は大きかった。長女が入院中の男性は「食中毒、青酸、ヒ素と次々と出てきて治療が後手になっていないか心配。一体どうなっているのか。娘の心のケアを含めて不安は大きい」と話した。

和歌山県警は、ヒ素の鑑定をしなかったことについて「青酸化合物を重点的に捜査した。今後、（死因については）ヒ素も合わせて判断したい」と説明する。

警察関係者の1人は「警視庁や大阪府警に比べ、科学捜査の態勢は強くない。詳細な鑑定を科警研にゆだねた判断は責められない」と語った。

また和歌山市保健所は「毒物なので警察にお任せした。双方が得意分野を受け持つということだ」と事件に対する経験不足を強調した。

◇犯人像は？

和歌山県警はヒ素の入手経路追及などのため、4日以降は67人増強した217人態勢で捜査を進めている。事情聴取は自治会関係者、被害者、医師など約190人、情報提供は犯人像や薬物関係など延べ270件に上る。

しかし、まだ具体的な犯人像は浮かんでいない。事件の被害者は死者4人を含め67人で、8日午前10時現在、15人がまだ入院している。

<毒物カレー事件の経過>

7月25日	和歌山市の夏祭り会場でカレーライスを食べた住民が腹痛を訴え、集団食中毒の疑いで病院へ搬送
26日	住民４人が死亡。和歌山県警が青酸反応を検出し、捜査本部を設置
27日	４人の遺体の司法解剖が終了、青酸中毒死などと判断
29日	同県警が科警研にカレーなどの鑑定を依頼
8月2日	科警研がカレーなどからヒ素化合物を検出
3日	和歌山市保健所が山内博助教授に尿検査を依頼
6日	山内助教授が「尿から高濃度のヒ素化合物検出」と発表

<毒物カレー事件の鑑定・検査状況>

	青酸	ヒ素
大なべ（少量残存）のカレー		●
大なべ（多量残存）のカレー		●
小なべのカレー		●
谷中孝寿さんの心臓血	○●	
谷中さんの胃内容物	○	●
田中孝昭さんの吐しゃ物	○	●
鳥居幸さんの吐しゃ物	○	
林大貴君の食べ残しカレー	●	●
被害者宅に残されたカレー４件		●
現場のごみ袋中のカレー２件		●
現場近くの排水溝の水	○●	
被害者の尿31人分		☆

（○は和歌山県警科捜研、●は科警研、☆は山内助教授の鑑定・検査）

青酸中毒の先入観か

上野正彦・元東京都監察医務院長（法医学）の話　ヒ素は無味、無臭。今回は「味がおかしい」という証言もあるので、青酸も相当量入っていたのではないか。しかし、青酸は3～4時間がやま場の即効性なのに対し、ヒ素は遅効性。食べて10時間前後の死者もおり、死因はヒ素かもしれない。和歌山県警は青酸中毒との先入観があり、ヒ素の検査をしなかったのではないか。通常複数の毒物は使われないし、ヒ素は古典的な毒物で、今の日本では入手も難しくて混入など考えにくい。盲点を突かれた感じだ。まずヒ素を混入、すぐに反応がないので青酸を加えたなどのケースも考えられる。医療、捜査の現場を混乱させる意図も感じられ、悔しい思いがする。

専門家も判断困難

井上尚英・九州大医学部教授（衛生学）の話　ヒ素中毒は30分ほどで激しい下痢が起き、脱水症状を起こして血圧が下がり、最終的にショックを起こし、循環障害により死亡する。青酸中毒は1時間以内に呼吸が停止して死亡する。今回は死亡時間が遅く、不思議に思っていた。しかし、ヒ素の症状は下痢が食中毒に似ているなど特徴的なものはなく、早期にヒ素中毒と判断するのは専門家でもかなり難しい。ヒ素中毒が早く分かっていれば、早期治療は変わっていたと思う。

毎日新聞　１２日　２３面　致死量に近い濃度

一般には入手困難

致死量に近い濃度

検出アジ化ナトリウム…新潟・毒物混入事件

一般には入手困難

アジ化ナトリウムを検出——。新潟市鳴島町の木材防腐処理会社「ザイエンス」（本社・東京）新潟支店で起きた毒物混入事件の鑑定結果が11日夜、警察庁科学警察研究所から新潟県警の捜査本部に伝えられた。アジ化ナトリウムの濃度は致死量に近かった。事件発生以来、毒物が特定されないため、捜査が足踏み状態を続け、入院患者の治療も難航していただけに、捜査本部や被害者にとっては、貴重な手掛かりとなる。しかし、この毒物は、一般に入手が困難で、混入をめぐるなぞは残ったまま。さらに、ほかの毒物検出の可能性も消えておらず、一刻も早い、鑑定作業の完了が待たれている。

今回の場合、100㍉㍑中に約0・7㌘のアジ化ナトリウムが含まれていたことになる。致死量は成人では1～2㌘とされているが患者は口に含んだときに異常を感じ吐き出している。

成人の一口は20㍉㍑前後なので、飲んだアジ化ナトリウムは多くても0・2㌘程度と推測される。0・15㌘を水に溶かして飲んだ成人では、吐き気、頭痛、下痢などの症状が出たが、10日間で回復したという報告がある。

石倉俊治・前東京理科大教授（裁判化学）は「お茶を1杯分飲んだとしても致死量には至らないが、人によっては重い症状を起こすこともあるだろう。水溶性なので外見的には混入が分からないが、おかしな味がしたということで大量に飲まれなかったことが幸運だった」と話す。

新潟市内の薬品卸会社によると、同市内でアジ化ナトリウムを扱っている薬品卸会社は10社で、このうち約半数が常時、一定量以上のアジ化ナトリウムを扱っている。流通しているのは主に東京のメーカー3社のもので、薬品卸会社が注文を受ける都度に仕入れ、ほとんどを研究機関に卸している。もともと流通量は少なく、中堅の卸会社でも取扱量は年間500㌘程度だという。実験室レベルではバクテリアやカビを防ぐ防腐剤としてよく使われる。また薬局などには置いていないという。

◆病院

7人が入院している新潟市民病院（新潟市紫竹山）は、アジ化ナトリウム検出の連絡を受け、午後7時から緊急会見した。広瀬保夫医師は「アジ化ナトリウムによる中毒はシアン化合物中毒と似ており、症状からみると納得できる。この中毒の治療は初めての体験なので、文献を調べながら大急ぎで対応を検討している」と述べた。

一方、桑名病院（新潟市古川町）に入院している支店長の伊地知茂さん(54)は病室のテレビのニュースで毒物の検出を知った。担当の医師によると、伊地知さんは「アジ化ナトリウムは私の会社では使っていない。これは重大なことだ。間違いで混入したものではないことが分かったことで、問題は大きくなった。しっかりしなくてはいけない」と驚いた様子で話したという。

毒物混入をめぐる事務所の動き

7日(金)	●午後5時ごろ 女性社員がポットに水を入れ退社 ●午後6～7時 残業の男性社員退社
8日(土)	●昼すぎ 社員が休日出勤（数分間）
9日(日)	●昼すぎ 社員が休日出勤（数分間）
10日(月)	●午前7時前 早出の男性社員出社 ●午前7時40分すぎ 女性社員が出社し、茶の準備 ●午前8時前 社員10人が茶などを飲み、異常を訴える

※県警発表、警備会社の記録などから作成

ポット、空白の63時間

◆いつ混入？

いつ電気ポットにアジ化ナトリウムが混入されたのか——が捜査のポイントのひとつだが、ポットは7日夕に水を入れられ、事件発生の10日朝まで約63時間にわたって事務所の台所に置かれたままだった。

調べでは、ザイエンス新潟支店は、休日前の7日午後5時ごろ、女性社員の1人がポットに水を足し入れ、加熱スイッチを入れて退社した。しかしその後、男性社員1人が残業で午後6時から7時ごろまで居残ったことが確認されており、この男性が最後に支店の入り口を施錠して帰宅した。

土日の8、9日は同支店は休日だった。入り口に設置された警備会社の防犯装置には8日と9日それぞれ1回ずつ、いずれも昼過ぎに社員とみられる人物が数分間程度、支店内に入ったことが記録されていた。

事件発生の10日は午前7時前に、男性社員1人がほかの同僚より早く出社した。同40分過ぎ、ポットでお茶を入れた当番の女性社員が出社してお茶を入れ、10人が相次いで吐き気やめまいなどを訴えた。

遊びや嫌がらせで使用か

藤永太一郎・京大名誉教授（分析化学）の話　化学の実験などでもあまり使わない物質だ。シアン化カリウムや亜ヒ酸のような毒性はなく、大学の実験室などではその辺に置いてあるものだろう。毒性の高い薬物がたくさんあるのに、これを使ったというのは本当に人を殺したりするつもりはなく、遊びや嫌がらせではないか。ちょっと気

毎日新聞　１４日　２３面　通常の数百倍のヒ素中毒園部地区に出入り

毒物カレー

通常の数百倍のヒ素

死者4人の血液から検出

和歌山市園部の毒物カレー事件で、和歌山県警捜査本部は13日、警察庁科学警察研究所（科警研）の鑑定の結果、自治会長、谷中孝寿さん(64)ら死亡した4人の血液から、極めて高い濃度のヒ素が検出されたことを明らかにした。

鑑定結果や専門家によると、通常の日本人のヒ素の血液中の濃度は0・009ppmとされているが、4人のヒ素濃度はその数百倍、ヒ素中毒と判断される濃度の数十倍という。また、4人の胃の内容物からも高濃度のヒ素が検出された。これまで、4人の死因は「青酸中毒」と「青酸中毒の疑い」とされているが、谷中さんを除く3人の血液からは青酸化合物を検出していなかった。

今回の科警研の鑑定で、4人の死因がヒ素中毒であることが改めて決定的となった。

毎日新聞　１５日　９面　事件前２人ヒ素中毒

死者４人の血液から検出

事件前 2人ヒ素中毒

毒物カレー

園部地区に出入り

捜査本部、関連捜査

毛髪から化合物検出

和歌山市園部の毒物カレー事件の前に同地区に出入りしたことがある男性2人が、ヒ素中毒とみられる症状で入院していたことが、和歌山県警捜査本部の25日までの調べで分かった。うち1人の毛髪などからヒ素化合物を検出している。毒物カレー事件と同種の毒物を取った可能性があり、捜査本部は関連について、慎重に捜査を進めている。

調べでは、男性2人は30歳代と40歳代で、いずれも園部地区周辺に住んでいる。2人の男性は、吐き気、下痢などのヒ素中毒とみられる症状で近くの病院に入院したが、うち1人は今回のカレー事件が発生する約1カ月以上前に既に退院していた。

捜査本部は、事件前だった点を重視し、警察庁科学警察研究所に2人の毛髪などの検体の鑑定を依頼した。その結果、ヒ素化合物が検出されたという。

捜査本部は、2人が園部地区に、たびたび出入りしていたことをつかんでおり、同地区に知人がいるとみている。しかし、同地区での飲食が原因かどうかについては断定できておらず、慎重に調べている。

事件は先月25日午後6時ごろ発生。同自治会の夏祭り会場で、カレーを食べた住民ら67人が、吐き気や下痢などの激しい症状を訴え、翌26日未明から午前にかけて、市立有功小4年、林大貴君（当時10歳）▽自治会長の谷中孝寿さん（同64歳）▽副会長の田中孝昭さん（同53歳）▽私立開智高1年、鳥居幸さん（同16歳）の4人が死亡、63人が入通院した。当初は青酸中毒とみられていたが、残ったカレーや犠牲者の吐しゃ物などから高濃度のヒ素化合物が検出され、ヒ素中毒との見方が強まっている。

同自治会は69世帯、約220人。夏祭りは、新興住宅地の自治会員の親ぼくを図る目的で、約5年前から行われ、今回は約165人が参加していた。

毎

日新聞　２８日(夕刊)１３面　和歌山ヒ素中毒

保険契約男性４人に 1000 万円以上の給付金

生命保険仲介者らに１億 5000 万円流れる

和歌山ヒ素中毒

生保契約仲介者らに 1億5000万円流れる

和歌山市園部地区の毒物カレー事件の前に、高額の生命保険をかけられた無職男性(35)がヒ素中毒で入院していた疑惑に絡んで、保険契約を仲介した同地区の住民とその関係者に、この2年間で、大手生命保険会社など約10社から無職男性と住民の親族の2人分の入院給付金、生命保険金として計約1億5000万円が流れていたことが30日、和歌山県警捜査本部の調べで分かった。特に、男性の保険の大半は本人に無断で頻繁に契約・解約が繰り返されていたという。ヒ素中毒疑惑で、住民とその関係者への保険金の流れが具体的に確認されたのは初めて。複数のルートで入金されており、捜査本部はさらに詰めの捜査を進めている。

調べでは、無職男性は一昨年から今年にかけ、大手・中堅の国内外の生命保険会社をはじめ、公的機関なども含め約10社との間で、死亡時2000万～6000万円の生命保険に加入した。途中で解約し、別の保険などに新規契約しているケースが目立つという。保険金の受取人は、既に事実上倒産した本人とは無関係の健康食品会社や、第三者の個人名義が多かった。

捜査本部が調べたところ、男性について生命保険会社1社当たり100万円前後の入院給付金計約1000万円が支給され、住民とその関係者に流れていたことを確認した。男性はこれまでの事情聴取に対し「保険加入の手続きや保険金の支給などについて自分はよく知らない」などと話しているという。

残りの1億4000万円は、保険契約に関与していた園部地区の住民の親族（当時60歳代）の死去に伴う生命保険金。関係者によると、この親族は一昨年10月、白血病で入院後、数週間で亡くなった。生命保険会社数社と死亡時総額1億4000万円の生命保険に加入しており、既にこの住民に支払われたという。

毎日新聞　３１日　２８面　和歌山ヒ素中毒
１０００万円以上の給付金

和歌山ヒ素中毒

1000万円以上の給付金

保険契約男性ら４人に

　和歌山市園部で起きた毒物カレー事件の前に、高額の生命保険金をかけられた同市内の男性２人がヒ素中毒症状で入院した問題で、この男性２人と、２人の保険契約にかかわった同地区の住民ら計４人に対し、大手生命保険会社（本社・大阪市）１社だけで、少なくとも１０００万円以上の入院給付金が支払われていたことが28日、和歌山県警捜査本部の調べで分かった。給付金の約半分は本人とは無関係の第三者に渡った可能性が高い。男性２人は４年間に10回も救急搬送されるなど不審点もあり、捜査本部は関係者の入院状況や保険の契約内容などについて詳しく調べている。

　調べでは、男性２人は元健康食品会社社長(45)と無職男性(35)。後の２人は、この２人の男性の保険契約にかかわった同地区の住民と、現在、じん臓や肝臓の不調で入院中の50歳代の自営業者。

　これら関係者４人はいずれも顔見知り。大手生命保険会社との契約は１９９１年から95年にかけてで、死亡時２０００万～６０００万円の生命保険に加入していた。受取人は元社長と無職男性の分は、元社長の経営する会社名義。同社は保険契約が始まった91年ごろ設立され、不動産売買を中心に健康食品の販売などを手掛けていた。しかし、ここ数年は営業実績がなく、民間の信用調査機関によると、不渡りを出して今年初めに銀行取引停止になり、事実上倒産している。

　元社長はこれまでに約１２０日間入院、給付金は約１８０万円に上り、無職男性は約２００日間で約３００万円になった。また、自営業者の受取人は第三者の個人名義になっており、約２３０万円の給付金が支払われた。元社長らの保険契約を仲介したとされる園部地区の住民にも約４６０万円が支払われている。

（3）読売新聞

８月５日朝刊　３面　毒物カレー　ヒ素　新たに６検体

田中，鳥居の吐しゃ物から青酸反応

谷中の胃の内容物　林大貴の食べ残しカレーからも青酸反応

毒物カレー
ヒ素、新たに6検体

和歌山市の毒物カレー事件で、和歌山県警捜査本部（和歌山東署）は四日、入院患者ら四人が食べたカレーの残りなど計六点からも、警察庁科学警察研究所の鑑定でヒ素が検出されたことを明らかにした。ヒ素の検出はこれで、死亡した自治会長の谷中孝寿さん(64)の胃の内容物などと合わせ計十二点となった。捜査本部はヒ素化合物の入手経路洗い出しに全力を挙げるため、同日、捜査員約五十人を増員した。

毒物カレー事件での青酸反応、ヒ素検出状況（４日までの発表）

		青酸	ヒ素
谷中孝寿さん	心臓血 胃内容物	有 有	？ 有
田中孝昭さん	吐しゃ物	有	有
林　大貴君	食べ残し （トレーの）カレー	有	有
鳥居　幸さん	吐しゃ物	有	？
サンプル	大なべ①（残存少量） 大なべ②（残存多量） 小なべ③ （ほぼ手つかず）	？ ？ ？	有 有 有
	入院患者４人の自宅に残っていたカレー	？	有
	夏祭り会場のゴミ袋中のトレーのカレー２点	？	有
その他	他の吐しゃ物、側溝水など	有	？
		53点	12点

一方、捜査本部によると、亡くなった自治会副会長田中孝昭さん(53)と私立開智高一年鳥居幸さん(16)の吐しゃ物から、青酸反応が検出された。すでに、谷中さんの胃の内容物や市立有功《いさお》小四年林大貴《ひろたか》君(10)の食べたカレーの残りから青酸反応が検出されており、これで死者四人すべての関係物から青酸反応が出たことになる。このうち、青酸とヒ素の両方の反応が確認されたのは、谷中さんの胃の内容物、林君の食べ残しのカレー、田中さんの吐しゃ物の三検体となった。

読売新聞　８月５日夕刊　１５面　毒性最強の亜ヒ酸か

毒性最強の亜ヒ酸か

カレー事件

四人が死亡した和歌山市の毒物カレー事件で、検出されたヒ素化合物が、毒性の最も強い亜ヒ酸（三酸化二ヒ素）である可能性が濃厚なことが五日、警察庁科学警察研究所（科警研）の鑑定などでわかった。亜ヒ酸は、かつては農薬などに利用されていたが、最近は用途が限られており、和歌山県警捜査本部（和歌山東署）は、入手ルート解明につながる手掛かりになるとみている。

これまでの調べで、ヒ素化合物は死亡した谷中孝寿さん(64)の胃の内容物や、林大貴君(10)の食べたカレーの残りなど十二点から検出された。いずれも酸素と結合した状態で見つかり、結合の形によって毒性が異なるため、科警研で鑑定を進めていた。

その結果、十二点のうち分析作業の終わったものの中から、亜ヒ酸とみられる反応を得た。亜ヒ酸は白い粉末状の無味無臭の猛毒。冷水には溶けにくいが、温水には良く溶ける。致死量は青酸カリ（シアン化カリウム）と同じで〇・一—〇・三㌘。摂取すると、発熱、おう吐、コレラのような激しい下痢、皮膚の色素沈着、じん臓や肝臓機能障害などの症状が出る。摂取後、発症までの時間は青酸化合物に比べて遅く、数時間以上で、発症後、容体は徐々に悪化し、急変することがある。

捜査一課長を警察庁が派遣

毒物カレー事件で、警察庁は五日、深草雅利・刑事局捜査一課長を現地に派遣した。同課長は現場を視察したうえで捜査状況を検討、改めて和歌山県警に徹底した捜査を指示する方針。

読売新聞8月6日夕刊　１５面　大なべの底，高濃度のヒ素

大なべの底、高濃度ヒ素

毒物カレー　1リットル当たり5グラム相当

和歌山市の毒物カレー事件で、被害者が食べた大なべのカレーサンプルから「一㍑当たり五㌘」に相当する高濃度のヒ素が検出されたことが六日、警察庁科学警察研究所の分析で分かった。大なべのカレーの量は二十五㍑前後で、単純計算ではヒ素化合物約百二十五㌘に相当するが、和歌山県警捜査本部（和歌山東署）は大なべの中のヒ素に濃淡があったとみて、さらに詳細に調べる。

調べによると、検体のカレーは事件発生の先月二十五日午後七時半ごろ、和歌山市保健所が大なべの底にわずかに残っていたのを約二百CC採取したサンプル。捜査本部が四日後に任意提出を受け、科警研に分析を依頼した結果、「一㍑当たり五㌘」に相当するとの回答を得た。

カレーは大なべの八分目まで入っており、約二十五㍑と推定される。

「一㍑当たり五㌘」で単純計算すると、約百二十五㌘のヒ素化合物が混入していたことになる。致死量は〇・二㌘で、計算上は六百人余りの致死量となる。

カレー全体がこの濃度だった場合、もっと大きな被害が出ていたはずで、大島徹・金沢大学医学部教授（法医学）は「カレーのような粘着力のある液体の中では、ひとつのサンプルで全体の量は算出しにくい。高濃度のヒ素が検出されたにもかかわらず、死者が少なかったのは、均一に溶けていなかった可能性が高い」と話している。

また捜査本部は六日、警察庁科学警察研究所の鑑定の結果、検出されたヒ素化合物は亜ヒ酸か亜ヒ酸の化合物と回答があったことを明らかにした。

読売新聞　8月7日朝刊　35面　ヒ素濃度　最高700倍

ヒ素濃度最高700倍

毒物カレー

毒物カレー事件の患者三十一人の尿（三十三検体）を検査した聖マリアンナ医科大は六日、全検体から濃度が通常の十倍以上、最高で七百倍に上るヒ素化合物を検出したと発表した。最高値が一リットル中二十三ミリ・グラムで、致死量の約半分に当たる五十ミリ・グラム程度のヒ素化合物・亜ヒ酸類を摂取したと推定される。カレーに相当量が混ぜられ、患者がヒ素中毒症状を起こしたことが改めて裏付けられた。

同医大の山内博助教授（予防医学）によると、七月二十六日に患者十人から集めた尿中の濃度は、通常（一リットル中三十一・六マイクロ・グラム）の四十―七百倍と高い数値だった。今月二、三日の二十一人分は排せつや代謝で十―百倍に下がっていた。

読売新聞　８月２５日夕刊　１面　和歌山毒カレー
事件前　ヒ素中毒症状
地区の民家で食事の２人

EVENING EDITION

和歌山・毒カレー

事件前、ヒ素中毒症状

地区の民家で食事の2人

和歌山市園部地区の毒物カレー事件で、地区に出入りしたことのある男性二人が、事件の起きた先月二十五日以前に、激しいおう吐や腹痛など、毒物中毒とみられる症状を起こし、病院の治療を受けていたことが二十五日、わかった。和歌山県警捜査本部（和歌山東署）でこれまでに警察庁科学警察研究所などに二人の毛髪などの鑑定を依頼、これまでに一人から、ヒ素が検出され、ヒ素中毒の疑いのあることが判明した。同本部では、事件との関連を慎重に調べている。

調べによると、ヒ素中毒の疑いが持たれている二人は三十歳代と四十歳代の男性。今春まで、同地区の民家に頻繁に出入りし、その民家で別々の機会に食事を取った後におう吐などの症状を起こしていた。

男性を診察した病院では当時、毒物中毒とは診断されなかったが、カレー事件発生後、捜査本部が聞き込み捜査を行った中で、二人が中毒とみられる症状を訴えていたことが分かった。

捜査本部では、三十歳代の男性に専門医の診察を受けてもらったところ、「ヒ素中毒の疑いがある」と診断された。さらに、二人から毛髪などの任意提出を受けて科警研などに鑑定を依頼。これまでに一人からヒ素が検出されている。捜査本部は毒物カレー事件の発生前に、同地区に出入りしていた二人が、ヒ素中毒とみられる症状を起こしていた点に強い関心を寄せており、事情を聞いている。

読売新聞　８月２６日朝刊　１面　ヒ素事件

中毒２男性に生命保険

ヒ素事件

中毒2男性に生命保険

勤務先が法人契約　入院給付受ける

毒物カレー事件が起きた和歌山市園部地区の民家で食事をした後にヒ素中毒症状を訴えていた男性二人について、生命保険の法人契約が結ばれていたことが二十五日、分かった。二人のヒ素中毒症状による入院などで給付金が支払われており、和歌山県警捜査本部（和歌山東署）は、給付金を最終的にだれが受け取っていたのかなどによっては、保険金絡みの詐欺事件に発展する可能性もあるとみて捜査。関係者らから事情を聞くなどして、毒物カレー事件との関連についても慎重に調べている。

調べによると、書類上、法人契約の主体は、健康食品販売などを営業内容に掲げている会社。同市内に住むこの三十代と四十代の男性二人は、その従業員ということになっている。

同社は一九九三－九四年、二人を被保険者、会社を受取人としてそれぞれ死亡保険金三千―五千万円の保険契約を結んだ。二人は今春までに別々に同民家で食事をした後にヒ素中毒症状を起こし、入院するなどして治療を受けた。

同社は、カレー事件前の七月までに三十代の男性、事件後の八月中旬までに四十代の男性について、この保険から給付金を受け取った形になっている。

だが、九一年に園部地区近くに設立されたこの会社は、業績不振で、保険契約を結んだ時期にはすでに事実上休眠状態。また給付金が支払われた時点で同社の所在地は、会社としての実体がまったくない園部地区内の同民家に移っていた。

このことから、捜査本部は給付金受け取りのいきさつに疑惑があるとみており、二人が契約の経過を知っていたかどうか、どのような状況で中毒症状になったのかなどを調べている。

（関連記事30面）

（４）産経新聞

８月４日朝刊　１面　３つの鍋すべてにヒ素

無差別殺人計画と判断

午後４時以降に混入

3つの鍋すべてにヒ素

無差別殺人計画と判断

午後4時以降に混入

毒物カレー事件

捜査本部

自治会の夏祭りで調理されたカレーを食べた小学生ら四人が死亡した和歌山の毒物カレー事件で、和歌山県警の和歌山東署捜査本部は三日、住民らが調理したカレーの三つのなべすべてからヒ素を検出したと発表した。検出されたヒ素は微量だが、捜査本部は、自然に混入したとは考えられないとしており、何者かがカレーのなべにヒ素を入れて無差別殺人を図ったと判断、青酸化合物と合わせ、両方の毒物を入手できる立場の人物の洗い出しに全力をあげている。

（2面に「主張」、22、23面に関連記事）

[illegible]

されていたなべと、もう一つの同型のなべは、夏祭り当日の先月二十五日午後四時ごろまでに会場のテント内に運ばれた。家庭用なべは午後一時ごろに会場に運ばれていた。

捜査本部では、調理段階で三つのなべに個別に混入するのは困難とみており、会場に三つのなべが運び込まれた午後四時以降の犯行との見方を強め、現場でなべの温め直しを担当していた自治会の住民らから不審者の目撃などについて、事情を聴いている。

青酸、ヒ素混合　薬品は４種類

和歌山の毒物カレー事件で、青酸とヒ素の双方を含む薬品が四種類存在することが三日、和歌山東署捜査本部の調べで分かった。

捜査本部は、犯人が無差別殺傷を狙って二種類の毒物を混入した可能性が強いとみて捜査。青酸、ヒ素の両方を含む薬品がないか調べていた。

四種類の薬品には青酸、ヒ素以外の成分も含まれることから、捜査本部では警察庁科学警察研究所の分析を待ち、こうした薬品が使用されたかどうかを判断する。

これまでの調べでは、ヒ素は三つのカレーなべすべてに、青酸はこのうちの一つに混入されたとみられており、捜査本部はこうした両方の毒物を含む薬品が使用された可能性は薄いとみている。

◇おことわり　和歌山の「青酸カレー事件」は、新たにヒ素混入も判明しましたので、事件名を「毒物カレー事件」とします。

産経新聞　８月４日朝刊　２３面　全員が狙われた
ヒ素混入

全員が狙われた

ヒ素混入

なべ3個同時配ぜんなら 予測できぬ被害

自治会の夏祭りを舞台にした和歌山の毒物カレー事件で三日、三つのカレーなべからヒ素が検出されたことが明らかになった。カレーは民家とガレージの別々の場所で調理されたが、すべてのなべにヒ素が混入されていたという事実の持つ意味は。犯人はいつ、どうやって、そしてその目的は…。事件はさらになぞを深め、新たな展開を見せ始めた。

和歌山 毒物カレー事件

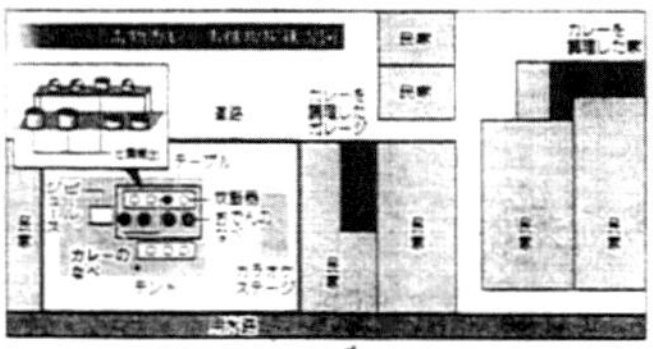

カレーを調理したなべ。3つすべてからヒ素が検出された＝7月25日夜、和歌山市園部

◇犯人に強い殺意

すべてのカレーのなべからヒ素が出たことは、無差別・大量殺人の意図を感じさせる。

青酸化合物が体内に入るとすぐに症状を示すが、ヒ素はじわじわと効いてくる。捜査員の一人は「毒物の種類を増やすことで[illegible]に殺傷能力を高めようとしたのではないだろうか。信じられない強い殺意を感じた」と話した。

[illegible]

混入はいつ？

[illegible]

ただ、大なべにはアルミホイルと段ボールの二重のふたがかぶせてあった。捜査関係者は「いつ目撃されてもおかしくないテント内でふたをはずして毒物を[illegible]」

入手はどこで？

農林水産省農薬対策室によると、かつて生産されていたヒ素を使ったおもな農薬は、ブドウの害虫駆除に使われる「有機ヒ素」と、ミカンの酸味を抜く「ヒ酸鉛」の二つ。

いずれも、回収されずにそのまま農家に残っていた可能性はあるが、同対策室では「カレーに使うジャガイモやニンジンなどに付着する可能性は低い」という。

[illegible]

治療方針を検討

和歌山市保健所 医師らが協議会

[illegible]

産経新聞　8月4日夕刊　1面　混入，無機ヒ素と断定
毒性強い亜ヒ酸

☎大阪(06)343-1221(大代表)

りした感じを巧みに言い当てている。（塩）

混入、無機ヒ素と断定

毒物カレー事件

毒性強い亜ヒ酸か

犠牲者3人、死因の可能性

自治会の夏祭りで調理されたカレーを食べた小学生ら四人が死亡した和歌山の毒物カレー事件で、和歌山県警和歌山東署捜査本部は四日、三つのカレーなべに混入されたヒ素の種類は、毒性が強い無機ヒ素と断定、中でも亜ヒ酸などが有力とみて使用されたヒ素化合物の特定を急いでいる。亜ヒ酸類は医薬品のほか殺虫剤、除草剤などに使われている猛毒物質。死亡した四人のうち「青酸による中毒死」と断定された一人を除いては「青酸中毒による疑い」としか鑑定されておらず、死因がヒ素による可能性もあるとみて調べている。

（12面に関連記事）

調べでは、県警の依頼を受けた警察庁科学警察研究所（科警研）が、調理に使われたなべに残っていたカレーや被害者が吐き出した食べ物などについて検査。その結果、三つのなべのカレーからすべて有毒物質のヒ素が検出された。

捜査本部では、殺虫剤、殺鼠（そ）剤、除草剤などとして使われ、有機物、無機物に大別されるヒ素がどのような化合物として混入されていたかについて検討。

その結果、有機ヒ素はコンブ、海草など自然界にも存在し、主に抗原虫剤として使われ、中毒性はあるが比較的毒性が低く、胃や腸から吸収されにくいのに対し、亜ヒ酸など無機ヒ素の化合物は、体内に入ると赤血球、血清タンパクと結合、臓器に入り込み、呼吸困難などの急性中毒を引き起こす猛毒であることがわかった。

捜査本部では、なかでも、特に毒性が強い亜ヒ酸が使用された疑いが強いとみて、詳しく分析を進めている。

日本中毒情報センター（茨城県つくば市）によると、亜ヒ酸は単独では状態が不安定で、他の元素と結合し、安定した状態を保てるようになる。化合物としては、亜ヒ酸鉛や亜ヒ酸ナトリウム、亜ヒ酸カリウム、亜ヒ酸カルシウムなどがあり、亜ヒ酸カリウムが医薬品として使用される以外は殺虫剤、除草剤、害虫駆除などに使用されているという。

最も代表的な亜ヒ酸鉛は

殺虫剤として使用され、致死量は小児の場合、体重一㌔に対して二㍉㌘。体重十㌔の場合は二十㍉㌘を体内に摂取すると死亡する。

ヒ素中毒に詳しく、和歌山市保健所から被害者の尿の鑑定を依頼されている聖マリアンナ医科大学（川崎市）の山内博・助教授（予防医学）も「状況などから、今回の事件は亜ヒ酸などの無機ヒ素が使用された疑いが極めて強い」との見方を示している。

今回の事件で犠牲になった四人のうち、体内から青酸化合物が検出されたのは自治会会長の谷中孝壽さん（六四）だけ。

残る三人は症状から「青酸中毒の疑い」とされたものの、科警研の鑑定では、自治会副会長の田中孝昭さん（五三）の胃の内容物からは青酸ではなく、ヒ素が検出されている。

産経新聞　８月５日夕刊　１面　ヒ素投入なべは一つ
他の２つに混ざる　調理器具併用

毒物カレー事件

ヒ素投入なべは一つ

調理器具併用　他の二つに混ざる

産経新聞　８月６日朝刊　１面　毒物カレー事件
患者３１人から高濃度ヒ素

毒物カレー事件

患者31人から高濃度ヒ素

尿検査　最高は300倍の異常値

和歌山の毒物カレー事件で、入・通院中の被害者の尿から、最高で通常の三百倍を超える高濃度のヒ素が検出されたことが五日、明らかになった。和歌山市保健所が検査した三十一人の尿すべてから通常のレベル以上のヒ素が検出されており、被害者全員がヒ素中毒の可能性が強まった。この事件で死亡した四人の犠牲者のうち、死因が「青酸中毒」と断定された二人を除く二人は、青酸中毒の疑いとされていたが、ヒ素中毒が死因となった可能性が強まった。

（22面に関連記事）

検査は同保健所が、聖マリアンナ医大（川崎市）の山内博・助教授に依頼していた。

関係者によると、尿検査の結果、通常の三百倍以上のヒ素が検出されたのは二人。それ以外の患者は、通常の数倍～数十倍の値だった。ヒ素の量と患者の症状は、必ずしも比例していないことから、医師らは患者二十四人の尿を再度採取、さらに詳しい検査を依頼する。

無機ヒ素の場合、摂取後四十八時間で大部分が排せつされ、七―十日で緩やかに尿などで排出される。尿中のヒ素は通常、一リットル当たり十二～二百六十マイクログラムと個人差が大きく、平均値は百三十マイクログラム。今回はいずれもそれをはるかに上回っていた。無機ヒ素の一つ「亜ヒ酸（三酸化ヒ素）」を経口摂取した場合、七十～百八十ミリグラムが致死量という。

中毒に詳しい専門家は「通常の三百倍という数字は聞いたこともないし、考えられない数字だ」と驚いている。

死亡した四人はカレーを食べた九―十六時間後に死亡していたが、即効性のある青酸中毒にしては時間がかかりすぎているという指摘もあった。今回の犠牲者の死因がヒ素中毒による可能性が一層強まったとみられる。

同保健所は、さらに詳しく調べるため、患者から、尿に比べて残留期間が長い毛髪を採取し、ヒ素の有無や化合物の種類を調べたいとしている。

夕刊　１面　亜ヒ酸と断定
　　　　　　ミスに溶かし混入か

毒物カレー事件

「亜ヒ酸」と断定

ルーに粘り気なし　水に溶かし混入か

小学生ら四人が死亡した和歌山の毒物カレー事件で、食べ残しのカレーなどから検出したヒ素の種類は、警察庁科学警察研究所の鑑定で六日、「猛毒の亜ヒ酸か亜ヒ酸の化合物」と確認された。和歌山県警和歌山東署捜査本部は犯人につながる重要な手掛かりになるとみて、流通ルートなどの解明を急いでいる。

（11面に関連記事）

亜ヒ酸類は無機ヒ素の一種で、医薬品のほか殺虫剤、除草剤などに使われていた猛毒物質。しかし、毒性が強いことから最近は使用されていない。大学などの研究機関での実験的用途があるほか、ガラスの脱色など工業利用はされているが、使途は限定されている。

亜ヒ酸は単独では状態が不安定で、他の元素と結合し、安定した状態を保てるようになる。亜ヒ酸鉛や亜ヒ酸ナトリウム、亜ヒ酸カリウム、亜ヒ酸カルシウムなどがあり、亜ヒ酸ナトリウムや亜ヒ酸カリウムは水によく溶けるという性質がある。

住民らからの聞き取り調査でも、最初に食べた大なべのカレーは調理終了時より、水気がかなり多く、薄められたような状態だったことが判明。犯人が亜ヒ酸を多量の水に溶かし、混入した疑いがある。

最も代表的な亜ヒ酸鉛は殺虫剤として使用され、致死量は体重十㌔の場合は二十㍉などといわれる。

亜ヒ酸類は大量に摂取すると頭痛、嘔吐、めまいなどの症状を引き起こす。長期的にはがんを誘発するなどの報告もある。

産経新聞　８月７日朝刊　１面　全員がヒ素中毒
青酸も不純物見られず

毒物カレー事件

全員がヒ素中毒

尿検査31人　最高値、通常の700倍

和歌山の毒物カレー事件で、入・通院している被害者の尿を調べていた和歌山市保健所は六日、大人の患者の尿中から最高で通常の七百倍以上のヒ素化合物が検出された、と発表した。子どもが同量のカレーを摂取していたら死亡したとみられる量だった。検査した聖マリアンナ医大（川崎市）の山内博・助教授は「被害者は多量のヒ素を摂取し、（生命の）危険な状態を乗り越えてきた大変まれなケース」と指摘。尿検査をした三十一人全員が急性ヒ素中毒だったと判断した。死亡した四人の死因もヒ素中毒による疑いがより濃厚になった。（27面に関連記事）

同保健所の依頼を受けて検査した山内助教授によると、検出されたのは無機ヒ素化合物の一種のヒ酸化合物と亜ヒ酸化合物。それにこれらのヒ素化合物が体内で代謝されて生じる有機ヒ素化合物。

検査は事件翌日の七月二十六日と、八月三、四の両日に、和歌山県立医大付属病院と日赤和歌山医療センターに入・通院している患者計三十一人から採取した尿を調べた。

その結果、尿中のヒ素は健康な人で、平均[illegible]とされるが、七月二十六日に採取した大人の患者の尿からは約七百十六倍の[illegible]六四八[illegible]が検出された。ヒ素は摂取後三十時間で半分が排出されるといい、普通の体格の大人の致死量の半分にあたる五十[illegible]のヒ素を含んだカレーを食べた疑いがあるという。

また、事件から一週間以上たった八月三、四日に採取された尿からも通常の百倍程度の濃度で検出されるものがあり、最低でも正常値の十倍だった。

慢性ヒ素中毒の事例などでは、無機ヒ素を多量に体内に取り込んだ場合、二十－五十年の潜伏期を経て、がんを発生させるという報告がある。しかし、今回のように無機ヒ素を一度に多量に摂取した例は近年ではなく、参考になる資料もほとんどないという。このため、被害者が入・通院している病院では、週一回程度の割合で尿を採取して追跡調査をするほか、比較的ヒ素分析がしやすい髪の毛についても定期的に採取していく方針。

山内助教授は「食物を介した極めて過剰なヒ素の摂取で、最高値の患者の場合、致死量を考えると大変危険な状態を乗り越えてきたようだ」とした。他の患者については「後遺症は一概に言えないが、発がん性も指摘され、十分に患者を診ることが必要」と話した。

産経新聞　８月８日朝刊　２７面　捜査，長期化の様相

新聞　【新聞定価朝夕刊セット1ヶ月3850円（本体3667円＋消費税183円）・朝刊1部110円夕刊50円（各消費税込）】　〈第三種郵便物認可〉

捜査、長期化の様相

発生2週間

和歌山毒物カレー事件

小学生ら四人が犠牲となった和歌山の毒物カレー事件は八日で発生から丸二週間を迎えた。青酸とヒ素の二種類の猛毒を使うという犯罪史上でも例がない凶悪な無差別犯行に対し、和歌山東署捜査本部は過去最大規模の態勢で捜査を展開。わずか六十九世帯の自治会が舞台だったこともあり、当初は早期解決の可能性が高いとみられていた。しかし、初動捜査の遅れに加え、発生から九日もたってのヒ素検出、意外なほど希薄な住民関係など、さまざまな壁にぶつかり、捜査は長期化の様相も見せ始めている。

遅れたヒ素検出

デマやうわさ　住民ら疑心暗鬼

事件発生から２週間。捜査は長期化の兆しをみせるなか、警官のパトロールが続く＝７日午後、和歌山市園部

食中毒騒ぎ

警察庁科学警察研究所の鑑定で、カレーからヒ素が検出されたのは今月二日。事件発生の七月二十五日から九日目だった。

当初、食べ残しのカレーなどから青酸が検出されたため、県警は毒物を青酸化合物に絞って捜査していた。さらに念のため、科警研に鑑定を依頼したところ、検出されたのがヒ素。捜査は軌道修正を迫られることになった。

今回の事件では、県警の立ち上がりが遅れた。第一報が本来は保健所の扱う「食中毒」だったためだ。事件当夜、和歌山東署員が現場に駆けつけたときには、毒物が混入されたカレーのなべの一つは水で洗浄され、かきまぜられていた。アルミホイルは丸められ、指紋の採取もできなかった。

「食中毒」騒ぎで現場周辺はごった返し、事件の最重要とされる「現場の保存」ができなかったのも響いている。

薄いつながり

事件の舞台となった園部第十四自治会には六十九世帯、約二百二十人が暮らす。夏祭りの参加者もほとんどが住民かその知人。不審者の割り出し作業は容易に進むものと思われた。

祭りの翌日、聞き込み捜査が本格化した。しかし、犠牲者の一人で自治会副会長の田中孝昭さん(五三)宅とは目と鼻の距離の家に十年前から住む人からも、「田中さんて、どこにお住まいの方ですか」というような答えが返ってきた。

田園地帯の宅地開発でできた住宅地は新旧住民が入り交じり、互いの交流は少ない。連日聞き込みを行い、住民のひとりひとりの記憶をつなぎあわせる作業を進める捜査関係者は「お互いに顔と名前が一致しないため、当日の様子があちこちで食い違う。いつまでたっても当日の人の動きがつかめない」と嘆く。

一方、入院患者が多く出たことで、実際にカレーを口にし、犯人とも間近で接した可能性がある人たちの証言が事件直後に得られなかったのも痛い。

悪循環

衆人環視の場での犯行だったにもかかわらず、不審者の目撃情報や有力情報はない。物的証拠といえる毒物についても特定はまだ困難という。

時間がたつにつれ、住民らの不安も高まるばかり。住民同士が互いに疑心暗鬼に陥り、「あの家に刑事が長時間入り込んでいた」「××さんは○○さんのことを詳しく聞かれたらしい」といったたぐいから、「事件前に毒を入れるという電話があったらしい」といったデマやうわさも飛び交い始めた。捜査本部もその真偽を確認するのにまた時間をとらなければならないという悪循環になっているのが現状という。

ある捜査員は「捜査は状況証拠と、物証、アリバイなどがうまくクロスしなければならない。（無関係の人を容疑者扱いした）松本サリン事件の二の舞いにならないためにも、腰を据えて地道な捜査をする必要がある」と話した。

義援金を受け付け　和歌山市

毒物カレー事件で、和歌山市は七日、被害者への義援金の受け付けを始めた。市民だけでなく福岡など他府県からも問い合わせなどがあり、窓口を設置した。

銀行振り込みの場合は、紀陽銀行和歌山市役所支店普通口座249781「園部毒物混入事件義援金（和歌山市収入役・勝山勝司）」へ。問い合わせは市自治振興室（☎0734・35・1011）。

産経新聞　８月１２日朝刊　２２面　青酸かヒ素か　死因めぐり混迷

検体		青酸	ヒ素
谷中孝壽さん	胃内容物	○	●
	心臓血	○●	
林大貴君	食べ残しカレー	●	●
田中孝昭さん	おう吐物	○	●
鳥居幸さん	おう吐物	○	
患者のおう吐物		○	
トレーに残ったカレー		○	●
現場近くの排水溝の水		○●	
３つのなべに残ったカレー		○	●
患者の血液中の血清		○	
被害者の尿31人分			★

（○は県警科捜研、●は警察庁科警研、★は市保健所）

青酸かヒ素か

死因めぐり混迷

捜査本部「解剖医の判断」

和歌山毒物カレー事件

死因は青酸中毒か、ヒ素中毒か――。和歌山の毒物カレー事件の犠牲となった四人の死因をめぐり、波紋が広がっている。和歌山東署捜査本部は司法解剖の結果をうけ、「青酸中毒死」「青酸中毒死の疑い」と発表したが、その後、ヒ素が検出される異例の展開に。医療関係者からは「ヒ素中毒」「二つの毒物の複合作用」との見方が出る一方、法医学の専門家は「特定は困難」と口をそろえる。死因の特定は公判での重要なポイントだけに、最終判断に向けた捜査本部などの対応が注目されている。

今回の事件で犠牲になった谷中孝壽さん（六四）ら四人は、死亡当日の七月二十六日に谷中さんが、翌二十七日に他の三人が県立医科大学で司法解剖された。

その結果、胃の内容物から青酸反応が確認された谷中さんの死因は「青酸中毒死」、他の三人は青酸反応が出なかったため「青酸中毒死の疑い」とされ、捜査本部に伝えられた。

ところが、今月[illegible]日になって警察庁科学警察研究所の鑑定で、谷中さんの胃の内容物などからヒ素が検出された。

さらに、和歌山市保健所の調査で入・通院中の被害者の尿からも、最高七百倍という高濃度のヒ素が検出され、全員が「ヒ素中毒」と診断された。青酸よりヒ素の方が多く混入されていた疑いも浮上している。

このため、一部の医療関係者からは、「四人の死因もヒ素中毒では」といった声も。一方、捜査本部は「見解を変更する予定はなく、あくまで解剖医の判断」との立場をとっている。

こうした混乱について「死体は語る」の著者で元東京都監察医務院長、上野正彦医師は、「急性のヒ素中毒は慢性中毒と違い、発疹（ほっしん）などの症状が遺体に現れない。司法解剖の段階でヒ素の予見は極めて困難」としたうえで、「死因の特定には青酸とヒ素の量のバランスが問題になるのではないか。容易に判定はできないだろう」と死因特定の難しさを強調する。

小嶋亨・広島大学医学部教授（法医中毒学）も「血中の濃度など、正確なデータや資料が必要になる。担当者はあせらずに、科学警察研究所のデータや基礎資料を少しでも多く集め、法廷で耐える鑑定書を書いてほしい」と話している。

産経新聞　８月１３日夕刊　１１面　味見５人ヒ素検出されず

正午以降の混入裏付け

1998年　8月13日　木曜日　産

味見5人、ヒ素検出されず

正午以降の混入裏付け

和歌山 毒物カレー事件

和歌山の毒物カレー事件で、カレーを味見した五人の尿から、通常値を上回るほどの異常な量のヒ素は検出されなかったことが十三日、警察庁科学警察研究所の鑑定などで分かった。五人のうちほとんどは調理終了後すぐの正午過ぎに味見をしており、毒物混入はこの時間帯以後であることが改めて裏付けられた。

和歌山東署捜査本部は、住民らから事情聴取を進めた結果、死亡した四人・通院した被害者六十七人のほか、少なくとも五人が夏祭りが始まるまでの間に味見したとみられ、いずれも中毒症状などはなく、医療機関での診察を受けていなかったことが判明している。

五人のうち、[illegible]四人は調理し終わった[illegible]過ぎに、ヒ素が混入された[illegible]人などのカレーを味見しており、別の[illegible]人は夏祭りの会場の空き地で温め直され、住民に振る舞われる前の[illegible]後五時半過ぎに、口にしていた。

こうした状況から捜査本部は、五人の尿から通常の値を上回るヒ素が検出されれば、どの時間帯に混入されたかを特定する有力な手掛かりになると判断。五人に対し、尿の任意提出を求め、毒物反応の鑑定を科警研に依頼。その結果、通常レベルを上回る量のヒ素は検出できなかった。

尿の採取が事件から約[illegible]週間経過していたうえ、[illegible]後五時半過ぎに口にした人は、指に付着したカレーを口にする程度のごくわずかな量だったため、[illegible]応が出なかったこともあ[illegible]られるが、捜査本部は、少なくとも調理が終了した正午過ぎまでは、毒物が混入されていなかったことを裏付けられるとしている。

産経新聞　８月２５日夕刊　１面　毒物事件前にヒ素中毒症状
男性２人地域内の民家で飲食

毒物事件前にヒ素中毒

男性2人 地域内の民家で飲食

和歌山県警捜査

自治会主催の夏祭りで調理されたカレーを食べた小学生ら四人が死亡し、六十三人が入・通院した和歌山の毒物カレー事件で、このカレーを食べていない男性二人の毛髪からもヒ素が検出されていたことが二十五日、わかった。この男性二人は事件の起きた和歌山市園部地区にある知人宅に数年前から頻繁に出入りしていたという。和歌山東署捜査本部は今回のヒ素検出と毒物カレー事件との関連について強い関心を寄せており、慎重に捜査を進めている。事件は未解決のままこの日で発生から一カ月を迎えたが、新たな展開を見せる可能性も出てきた。

（11面に関連記事）

調べでは、二人はいずれも和歌山市内に居住する中年の男性。七月二十五日に毒物カレー事件の起きた同市園部に住む遊び仲間と数年前に知り合い、うち一人の男性(三五)は一時この家に同居するほど親しかった。またもう一人の男性(四五)も近くに住み、頻繁にこの家に通って運転手のようなことをしていたという。

二人はこの家族と付き合っている間、飲食などをともにしていたが、気分が悪くなるなどの中毒症状を訴えることがあり入院したこともある。また、うち一人は突然、意識を失うことがたびたびあり、ミニバイクで事故を起こしたこともあるという。

毒物カレー事件後、捜査本部は地域内の現在の居住者だけでなく、かつて居住や出入りをしていた人物についても捜査。二人からも事情を聴き、毛髪を調べたところ、ヒ素を検出した。

二人は、今年に入ってからこの家族とは疎遠になっており、祭り当日は会場に姿を見せておらず、カレーは食べていなかった。

捜査本部では、同地域内の家に頻繁に出入りして飲食をともにしていた二人からヒ素が検出されたことに注目。毒物カレー事件との関連について慎重に調べを進めている。二人の毛髪から検出された濃度には大きな開きがあり、捜査本部などで詳しく調べている。

産経新聞　８月２６日夕刊　１面　ヒ素中毒症状の男性２人
１０種類近くの生命保険

ヒ素中毒症状の男性２人

10種類近くの生命保険

和歌山県警

総額は数億円に

毒物カレー事件が起きた和歌山市園部地区に出入りし、事件発生前にヒ素中毒とみられる症状を起こしていた三十五歳と四十五歳の男性二人に、数千万円単位の生命保険が計約十件かけられていたことが二十六日、和歌山東署捜査本部の調べで分かった。死亡時の支払金の総額は数億円に達するとみられる。すでに約一千万円前後の給付金が支払われている。

捜査本部では、二人が保険契約後にヒ素中毒などで入院した際、保険会社から入院給付金を受け取っていないことから、保険契約に至る経緯などについて男性らから詳しく事情を聴くとともに、給付金をだれが受け取ったかなどを捜査。毒物カレー事件との関連も慎重に捜査している。

調べによると、これらの保険のほとんどは数年前、四十五歳の男性が社長を務めている有限会社が法人契約した形式で締結。受取人も同社となっており、二人の男性が昨年から今年にかけて入院した際の入院給付金は保険会社から支払われていた。

このうち三十五歳の男性は少なくとも六種類の保険に加入。このうちの一つは災害死亡時二千五百万円の生命保険。入院時一日当たり一万円が支払われるなどの内容になっている。平成七年十二月に大手生命保険会社と契約した形になっていた。

男性二人はいずれも捜査本部の事情聴取に対し、「入院給付金は受け取っていない」と話しているという。捜査本部では、契約に至る経緯などについて男性らから詳しく事情を聴いている。

保険締結の舞台となっている有限会社は平成三年、和歌山市北部に設立された。しかし、数年前に業績不振で事実上倒産しており、今は実体はなく、休眠状態になっている。

捜査本部ではこうした実態から、二人の男性にかけられた保険の入院給付金はいずれも第三者にわたっていた可能性が高いと判断。さらに、二人のうち一人の

病状を専門の医師に鑑定してもらった結果、「ヒ素中毒の可能性が高い」と診断されたことから、保険金を狙った事件の可能性もあるとみて、慎重に捜査している。

捜査本部はこれまで、毒物カレー事件後、園部地区に住む住民だけでなく、かつて住んでいたり、出入りしていた関係者についても捜査。この過程で、男性二人が体調不良を訴え、入院していたことが判明。毛髪などの任意提出を受け鑑定したところ、三十五歳の男性の毛髪からは通常値を大幅に上回るヒ素を検出した。

三十五歳の男性は十年近く前、四十五歳の男性は数年前に、現在、園部地区に住む住民と知り合いになり、頻繁にこの家に通うようになった。二人とも現在はこの家族と疎遠になっており、四十五歳の男性は現在も入院している。

（5）中日新聞

8月4日　1面　なべ3つからもヒ素

なべ3つからもヒ素

毒物カレー　会場に準備後 混入か

カレーに毒物が混入され四人が死亡した事件で、和歌山県警東署捜査本部は三日、警察庁科学警察研究所の鑑定でカレーの三つのなべと死亡者の吐しゃ物の計四点から猛毒のヒ素を検出した、と発表した。現場にあったカレーなべすべてにヒ素が混入していたことになり、捜査本部は、犯人が夏祭りに参加した住民を無差別に殺傷しようとしたとの見方を強め、ヒ素化合物の種類特定を急いでいる。

（関連記事㉓面に）

新たにヒ素が検出されたのは、夏祭りを主催した自治会の田中孝昭副会長（53）の吐しゃ物と、現場にあった大小三つのカレーなべ。

谷中孝寿会長（64）の遺体の胃の内容物と、亡くなった林大貴君（10）の食べ残したカレーのルーからもヒ素が検出されており、ヒ素の検出は計六点。いずれも、量、成分などについては分かっていない。

これまでの捜査本部の調べなどによると、大なべ（直径三十㌢）二つが夏祭り会場の隣のガレージで、小さいなべが近くの民家でカレー調理に使われ、事件があった七月二十五日の午後二時から四時の間に、会場に集められた。

午後五時からカレーを加熱し主婦ら数人が試食したが異常はなかった。しかし、祭り開始直前の午後五時四十―四十五分ごろ、食べた男性が吐き気を訴えた。

別々に調理されたなべに同じ毒物が混入され、しかも直前の試食で異常がなかったことから、捜査本部は毒物は会場で混入されたとみている。

和歌山県警科学捜査研究所の鑑定では、三つのなべのうち大なべ一つから青酸化合物を検出したが、ヒ素の検査はしていなかったため、ほかの二つのなべからは毒物は見つかっていないと発表していた。

科警研は、亡くなった林大貴君（10）の食べ残したカレーから青酸化合物を検出、種類の特定も急いでいる。一方、三つのなべからは青酸化合物は検出しなかったが「時間の経過で水に解け、分解したことも考えられる」としている。

捜査本部は、青酸化合物とヒ素の二種類の毒物を使った犯行と断定。両方の毒物を入手でき、夏祭りの事情に詳しい人物の割り出しや流通ルートの割り出しを進めている。これまでのところ、和歌山県内でのヒ素の盗難があったという情報はないという。

中日新聞　２５面　「やはり無差別殺人か」
午後５時以降 40 分間に犯行？

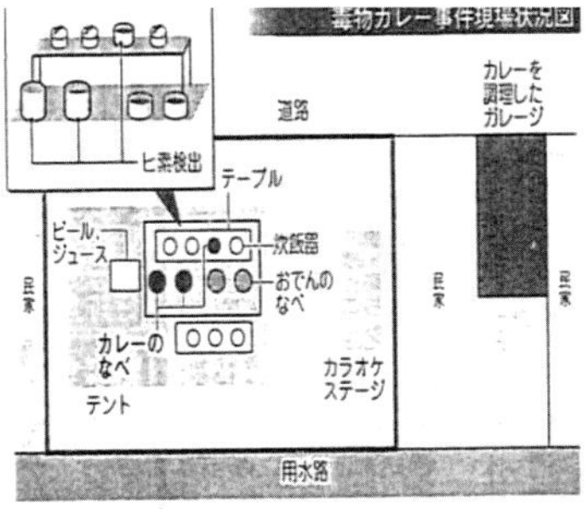

「やはり無差別殺人か」

毒物カレー事件

午後5時以降　40分間に犯行？

和歌山の毒物カレー事件は三日、別の場所で調理された三つのなべのすべてでヒ素が検出されたことから、毒物混入の時間を絞り込む捜査は転換点を迎えた。三つが一カ所に集まっていた時間帯に毒物が混入された可能性が高く、和歌山東署捜査本部は、夏祭り開始直前の会場での関係者の動きの解明を急いでいる。（❶面参照）

捜査本部のこれまでの調べや住民の話によると、カレーの調理は、祭り当日の七月二十五日午前八時半ごろ、会場東側民家のガレージで始まった。用意した大なべ二つに材料が入り切らなかったため、小なべ一つを追加。大なべ二つはガレージで、小なべは別の民家の台所に運んで煮詰めた。カレーは正午ごろに出来上がり、午後二時から四時ごろまでの間に会場のテントに運ばれた。五時ごろから温め直され、その際、担当した数人の主婦が三つのなべをすべて味見したが、異常はなかったという。

盛り付けは、大なべの一方から始まり、祭りが始まる直前の五時四十分すぎ、最初に食べた男性二人は、すぐに吐き戻した。

これまで、最初の大なべに関係する検体だけでしか青酸化合物の反応が出なかったため、捜査本部は、この大なべをめぐる動きを重視していた。今回、三つのなべに残っていたカレーすべてからヒ素が検出されたことから、三つが一緒に置かれた時間帯に注目。「味見」証言との関係などから、再加熱が始まった午後五時以降の約四十分間に毒物が混入された可能性がさらに高まったと見ている。

毒物カレー事件の経過

【7月25日】	
午前８:30	民家のガレージで大なべ２つ、別の民家の台所で小なべ１つを使ってカレーをつくり始める
正午ごろ	カレーが出来上がる
午後２:00	ガレージで少女が味見。異常なし
２:00〜４:00	カレーのなべ３つが夏祭り会場の空き地に運ばれる
５:00	カレーを再加熱。その後、主婦らが試食したが、３つとも異常はなかったという
５:40〜５:50	会場係の男性２人がカレーを食べ、吐く
６:00	夏祭り開始。来場者がカレーを食べ始める。吐き気を訴える人が続出
７:08	和歌山市消防局に119番通報
【26日】	
午前３:03	自治会長の谷中孝寿さん(64)死亡
５:30	県警が混入物を青酸化合物と断定
７:35	自治会副会長の田中孝昭さん(53)死亡
７:54	林大貴君(10)死亡
10:16	鳥居幸さん(16)死亡
【8月2日】	
午後６:00	捜査本部が「死亡者の胃の内容物と食べ残しのカレーからヒ素を検出」と発表
【3日】	
午後４:35	捜査本部が「３つのなべからヒ素検出」と発表

ヒ素についても調査
愛知県、近く実施

愛知県は七月三十日から、青酸化合物を取り扱う県内約四百施設の緊急立ち入り調査を実施している。ヒ素についても近く、立ち入り調査をする。調査は、県薬務課と県内十八保健所の毒物劇物監視員が実施。事業所や販売業者、メッキ工場、研究機関などを回り、保管状況や盗難対策を調べたり、在庫量の定期点検などを指導する。

中日新聞　6日　1面　ヒ素通常の300倍

ヒ素 通常の300倍

毒物カレー　患者の尿から検出

和歌山市の毒物カレー事件で、同市保健所が聖マリアンナ医大（川崎市）の山内博・助教授に検査依頼していた患者の尿から、通常、尿中に含まれる量の最高で三百倍以上のヒ素が検出されたことが五日、明らかになった。（関連記事㉙面に）

入院、通院している患者のうち検査した三十一人全員の尿から、通常のレベル以上のヒ素が検出されており、患者全員がヒ素中毒の可能性が強まった。患者の治療に当たっている医師らは、死亡した四人の死因もヒ素中毒の可能性があるとしている。

ヒ素中毒は森永ヒ素ミルク事件などの例があるが、大量のヒ素を急激に体内に摂取した例は極めてまれで、患者に対する治療法が今後問題となりそうだ。

また同市保健所は、山内助教授の助言で、患者を抱えるすべての医療機関に対し、患者の毛髪を採取するよう指示した。

尿からのヒ素検出を受け同市保健所は、医師らを集め緊急の会議を開き、和歌山県立医大を中心にプロジェクトチームをつくり、治療方法を検討するとともに、治療費などを含め厚生省に支援を求める方針を決めた。

関係者によると、尿検査の結果、通常の三百倍以上のヒ素が検出されたのは二人。それ以外の患者は、通常の数倍－数十倍の値だった。ヒ素の量と患者の症状は、必ずしも比例していないことから、医師らは患者の尿を再度採取、さらに詳しい検査を依頼する。

毛髪の検査については、体内にヒ素が入った場合、その多くは数日経過すると体外に排出するとされており、同市保健所は残留期間が尿より長い毛髪の検査が必要と判断した。

死亡した四人の死因について遺体を解剖した和歌山東署捜査本部は谷中孝寿さん(六四)は青酸中毒と断定。ほかの三人は青酸中毒の疑いとしていた。しかし、その後ヒ素がカレーに混入されていたことが判明。患者の症状などからヒ素中毒の疑いが指摘されていた。

中日新聞　6日(夕刊)　11面 溶けやすい亜ヒ酸？

多量の水使い混入か。大鍋のカレーは調理終了時より水気がかなり多く薄められたような状態だった

毒物カレー

溶けやすい「亜ヒ酸」？
多量の水使い混入か

小学生ら四人が死亡した和歌山の毒物カレー事件で、食べ残しのカレーなどから検出したヒ素の種類は、警察庁科学警察研究所の鑑定で六日、「猛毒の亜ヒ酸か亜ヒ酸の化合物」と確認された。和歌山県警和歌山東署捜査本部は犯人につながる重要な手掛かりになるとみて、流通ルートなどの解明を急いでいる。

亜ヒ酸類は無機ヒ素の一種で、医薬品のほか殺虫剤、除草剤などに使われていた猛毒物質。しかし、毒性が強いことから最近は使用されていない。大学などの研究機関での実験的用途があるほか、ガラスの脱色など工業利用はされているが、使途は限定されている。

亜ヒ酸は単独では状態が不安定で、他の元素と結合し、安定した状態を保てるようになる。亜ヒ酸鉛や亜ヒ酸ナトリウム、亜ヒ酸カリウム、亜ヒ酸カルシウムなどがあり、亜ヒ酸ナトリウムや亜ヒ酸カリウムは水によく溶けるという性質がある。

住民らからの聞き取り調査でも、最初に食べた大なべのカレーは調理終了時より、水気がかなり多く、薄められたような状態だったことが判明。犯人が亜ヒ酸を多量の水に溶かし、混入した疑いがある。

最も代表的な亜ヒ酸鉛は殺虫剤として使用され、致死量は体重十㌔の場合は二十㍉㌘といわれる。

亜ヒ酸類は大量に摂取すると頭痛、嘔吐（おうと）、目まいなどの症状を引き起こす。長期的にはがんを誘発するなどの報告もある。

ヒ素中毒死の疑い

吉岡敏治・大阪府立病院救急診療科部長の話　被害者の症状から毒物は青酸ではなく、猛毒の亜ヒ酸だと思っていた。亡くなった被害者がカレーを食べた直後に、小康状態だったことなど、非常にヒ素中毒の症状に合致している。死因はヒ素中毒だと思う。

中日新聞　7日　３１面　ヒ素検出最高700倍
混入物は異常な高濃度

毒物カレー

ヒ素検出　最高700倍

混入物は異常な高濃度

和歌山市の毒物カレー事件で、市内の病院に入院、通院中の患者の尿から最高で通常の七百倍もの濃度のヒ素が検出され、混入されたヒ素は異常に高濃度だったことが六日、分かった。患者らはヒ素中毒の可能性が高く、治療方法があらためて問題となりそうだ。

尿は同市保健所の依頼で聖マリアンナ医科大（川崎市）の山内博・助教授が、事件直後に採尿した十人と今月初めに採尿した二十一人の三十一人分を検査。患者三十一人全員の尿から高濃度のヒ素が検出されたことを同保健所での記者会見で明らかにした。

最も数値が高かった患者は、通常の人の七百倍に当たる尿一㍑中二十三㍉㌘を検出。百倍以上の患者も数人おり、少ない患者でも十倍だった。百倍以上は事件直後の分に集中していた。

結果について、同助教授は「ヒ素による人の致死量は一㍑中百㍉㌘。検査からは五十㍉㌘前後の濃度のものを被ばくしたと考えられる。極めて異常な値」と指摘。混入されたヒ素は、非常に高濃度だったことも強調した。

中日新聞　１０日(夕刊)１０面　毒物カレーから２週間
混入事件未解決多く

毒物カレーから二週間

混入事件 未解決多く

再び無差別殺人を狙ったのか、特定の人物への恨みがあったのか。

和歌山の毒物カレー事件から約二週間後の十日、新潟市でも毒物の混入事件が発生した。過去の毒物混入事件では青酸化合物を使用したケースがほとんど。

古くは一九四八年、東京都豊島区の銀行で赤痢予防薬として飲まされた青酸化合物入りの液体で十二人が死亡した帝銀事件が戦後初めて。用意周到な手口で銀行員らは不信感を持たず毒物を飲んだ。動機は強盗だった。

このほか無差別殺人を狙った事件も頻発している。七七年には東京都内の電話ボックスに置かれた青酸入りコーラをたまたま口にした二人が死亡した。八四年にも東京都内の食堂で調味料入れの小瓶に青酸ソーダが混入された。

企業脅迫事件で使用されたケースは八四年のグリコ・森永事件。「かい人21面相」が京阪神や名古屋のスーパーなどに青酸入り菓子をばらまいたほか、八五年にも東京と名古屋の百貨店や飲食店内に青酸チョコを置いた。

8年前には 上越で混入

新潟県では一九九〇年一月にも、上越市の財団法人上越環境科学センターで二度にわたり、飲み物に青酸カリが混入される事件があった。二十人が口にしたが全員無事。新潟県警は殺人未遂事件とみて捜査したが、解決していない。

調べでは同年一月十二日朝、同センターの職員数人が、事務室でのミーティングで出されたお茶やコーヒーを飲もうとした際、異臭に気付き吐き出した。同月三十一日朝にも、同様にお茶などに異臭がしたため、二月八日、同県警に届けた。捜査の結果、お湯を沸かしたやかんなどから微量の青酸カリが検出された。

中日新聞　１３日　２３面　ヒ素500人分致死量
なべ混入は百数十グラム警察庁鑑定で判明

毒物カレー

ヒ素500人分致死量

なべ混入は百数十グラム

警察庁鑑定で判明

和歌山市の毒物カレー事件で、カレーなべに混入されたヒ素は、五百人分以上の致死量に当たる百数十㌘に上ることが十二日、和歌山東署捜査本部が依頼した警察庁科学警察研究所（科警研）の鑑定の結果、分かった。

　混入された毒物のうち青酸化合物はヒ素に比べかなり少量だったことも判明。捜査本部は、患者の血液や尿についても鑑定を科警研に依頼しており、これまで「青酸中毒」「青酸中毒の疑い」としていた四人の死者の死因の特定を急ぐ。

　調べによると、三つのなべのヒ素濃度は、住民が食べてほとんど空になった大なべが一番高く、一㍑当たり数㌘。もう一つの大なべはその数分の一、家庭用なべはさらに薄いとみられている。

　大なべは直径約三十㌢、深さ約二十八㌢、容量は約二十㍑で、捜査本部は、鑑定結果などから推定して、一番高濃度の大なべだけで、約五百人分の致死量に当たる百㌘近くのヒ素が混入されていたとみている。

　これまでの調べで、三つのなべのヒ素濃度が極端に違うことから、ヒ素が混入されたのは住民が食べてほとんど空になった大なべだけで、ほかの二つには、調理器具を通じて混ざったとの見方が強まっている。

　一方、同市保健所が聖マリアンナ医大に依頼した患者の尿検査では、最高で正常値の約七百倍のヒ素が検出されており、捜査本部は同市保健所から検査結果の提出を受け、尿中のヒ素濃度からも混入されたヒ素の量を調べている。

3人の血液から青酸検出されず

死因はヒ素の可能性

　和歌山市の毒物カレー事件で死亡した四人のうち、自治会長谷中孝寿さん＝当時（六四）＝以外の三人の血液からは青酸が検出されていないことが十二日、和歌山東署捜査本部の調べで分かった。捜査本部はこれまで三人の死因について「青酸中毒死の疑い」としてきたが、実際の死因はヒ素中毒だった可能性が出てきた。

　これまでの調べで、谷中さんは胃の内容物と血液から青酸反応が確認されており、死因は「青酸中毒死」とされ、ほかの三人についてはおう吐物や食べ残しのカレーから青酸化合物が検出されたため、「中毒死の疑い」とされていた。

　しかし警察庁科学警察研究所などの分析の結果、この三人の血液からは青酸が検出されなかったという。

中日新聞　１４日　２７面　４人の体内からヒ素
警察庁鑑定で検出　死因の変更を検討

毒物カレー

4人の体内からヒ素

警察庁鑑定で検出　死因の変更を検討

毒物カレー事件で、和歌山東署捜査本部は十三日、警察庁科学警察研究所（科警研）の鑑定の結果、死亡した四人の血液と胃の内容物からいずれもヒ素を検出したことを明らかにした。

四人の死因は「青酸中毒」「青酸中毒の疑い」とされていたが、谷中孝寿さん(六四)以外は、体内からは青酸化合物が検出されておらず、捜査本部は、死因はヒ素中毒だった可能性があるとして、遺体を解剖した鑑定医に科警研の鑑定結果を送り、死因変更の検討を始めた。

これまでの調べでは、ヒ素は谷中さんの胃の内容物や田中孝昭さん(五三)の吐いた物、林大貴君(一〇)の食べ残しカレーから検出されていたが、科警研の鑑定で新たに、田中さん、林君、鳥居幸さん(一六)の胃の内容物と、四人の心臓から採取した血液からそれぞれヒ素が検出された。

青酸化合物は谷中さんの胃の内容物や血液などから検出されていたが、ほかの三人については、体内からは検出されていない。

また、捜査本部は同日、カレーを食べて症状が出なかった住民数人の尿を科警研で鑑定した結果、いずれもヒ素は検出されなかったと発表した。

鑑定した数人にはカレーを事件当日の七月二十五日正午ごろまでに味見した人が含まれており、捜査本部は、毒物が混入されたのは同日正午以降と断定した。

中日新聞　２１日　３０面　ヒ素中毒に死因変更へ

毒物カレー

ヒ素中毒に死因変更へ

青酸混入の可能性薄い　初動捜査でつまずき

和歌山の毒物カレー事件で、捜査当局は二十日までに、これまで「青酸中毒」「青酸中毒の疑い」とされていた谷中孝寿さん(六四)ら四人の死因を「ヒ素中毒」に変更する方針を固めた。警察庁科学警察研究所（科警研）の鑑定で、検出された青酸化合物が通常でも食べ物などに存在する程度のごく微量だったことが判明。捜査当局は、実際に混入されたのはヒ素だけだった可能性が高いと判断した。

二種類の毒物の入手ルート解明から犯人絞り込みを進めていた捜査方針に大きな影響を与えるのは確実。初動捜査のつまずきがあらためて浮き彫りになった。

和歌山県警は、事件翌日の七月二十六日、同県警の科学捜査研究所で、死亡した谷中さんの血液や胃の内容物から青酸化合物が検出されたとして、死因を「青酸中毒」と断定。患者の吐いた物など計五十四点からも青酸化合物を検出したとしていた。

残る三人の体内からは青酸化合物が検出されなかったため、捜査本部は死因を「青酸中毒の疑い」と発表していた。

その後、科警研で精密な鑑定を実施した結果、谷中さんの血液や、死亡した林大貴君(一〇)の食べ残しカレーなどから青酸化合物が検出されたが、ごく微量で自然界に通常から存在する程度と判断された。

検査重ねたかが問題

山本郁男北陸大薬学部長（毒性学）の話　（死因を青酸中毒から変えるということなら）警察が混入物はシアン（青酸）と発表するにあたり、どれだけ検査を重ねたかが問題となる。新潟の事件でもそうだったが、シアンに関する比較的簡単な「予試験」では酸化性のガスなどほかの物質のせいで、シアンと同じような反応結果が出てしまう場合がある。複数の検査方法で確認した上でないと、シアンと断定できない。さらに事件と同じような状況でカレーを実際につくり、シアンを入れた場合、入れなかった場合など比較対照する実験を重ねることも必要だ。

（6）和歌山新報

8月5日　1面　新たに 6 点からヒ素　ヒ素は青酸化合物と一緒に 7 月 25 日午後4時から5時半の間にナベに混入された疑い

新たに6点からヒ素

カレー毒物混入　捜査員増やし入手ルートに重点

和歌山市園部の自治会主催の夏祭りでカレーライスを食べた住民四人が死亡し、ヒ素や青酸化合物が検出された事件で、県警捜査本部（和歌山東署内）は四日、警察庁科学警察研究所に送った検査資料二十数点のうち、新たに六点からヒ素を検出、青酸も二点から検出したことを明らかにした。ヒ素が検出されたのは死亡した四人のそれぞれの家にあった容器に入ったカレーの食べ残しと、現場にあったごみ袋に捨てられていた容器に入ったカレーの食べ残し二点の計六点で、ヒ素の検出は計十二点となった。青酸はすでに県警科学捜査研究所でも検出されている現場北側の排水溝の水と亡くなった谷中孝壽さん（六四）の心臓血から。捜査本部は、これまでの百五十人体制から六十七人を増員し、二百十七人体制で毒物の取り扱いや入手経路を重点的に捜査を進める方針。

会見で「科捜研ではなぜヒ素の検査をしなかったのか、技術的にできなかったのか」との質問に対し、小松建二・同署副署長は「先日、兵庫県内で発生したシアン化金カリウムの紛失事件との関連を調べる過程でヒ素が検出された」と説明。中村喜代治・県警捜査一課次席も「科捜研では青酸が出たのでそれを集中的に調べた」と話した。

捜査本部の増員は、毒物の取り扱いや、入手経路について捜査を進めるためで、このほか現場近くの有功交番に二十一人を新たに配置し、第十四自治会の警戒をはじめ、周辺の被害者や関係者の相談など、被害者対策に従事しているという。

◇

四日午後三時現在の患者は、入院二十六人、通院三十七人。

包括医療協議会について報告する木下純子・和歌山市保健所長(右)と山内博・聖マリアンナ医大助教授

和歌山市園部で起きた毒物混入事件で、ヒ素の混入が明らかになったことで同市保健所（木下純子所長）は三日、毒物中毒症例に関する「包括医療協議会」（仮称）を同保健所（和歌山市吹上）で開いた。

同協議会は現在も、患者が収容されている十病院の十八人の医師などが参加し、毒物中毒に詳しい聖マリアンナ医科大学（神奈川県川崎市）の山内博助教授（予防医学）が国内外の症状などについて説明した。

この日、三つのなべからヒ素化合物が検出されたことで、患者はヒ素中毒ではないかとの疑いが浮上した。山内助教授は各病院の臨床データから「ヒ素系化合物中毒特有の症状と思われるものがあった」としながらも、「それだけでヒ素中毒と断言できない」と慎重な調査の必要性を強調した。

同保健所は山内助教授に三十一人三十三検体の尿検査を依頼したが、山内助教授によるとヒ素は体内に入ってから約三十時間で半分、四日で大部分が排出され、その後は尿に混じる量はわずかになるが「現在の濃度から逆算し、事件当日のヒ素濃度を推定することは可能で、四十八時間以内（三日午後八時から）に結果を明らかにしたい」とした。

会議ではヒ素による後遺症や今後の治療方法などに対する質疑も交わされたというが、山内助教授は「検査の結果を待って慎重に今後の処置を行うべき」とした。

れていることが分かった。今回の事件を教訓にさらに医療機関の連携を図ることなども検討したい。また反省点として検査体制の確立なども必要」と話した。

ただ、地域住民の中にはヒ素の発覚が事件発生から十日も経過しているため「なぜもっと早い段階で、分からなかったのか」「後遺症などが出たらどうするのか」など不安な声も聞かれた。

◇

ヒ素は青酸化合物と一緒に七月二十五日午後四時から五時半の間に一緒にカレーを調理していたなべに混入された疑いが強い。

ヒ素盗難届け　85年以降なし

毒物劇物を取り扱う業

て全国で一件もないことが四日、和歌山東署捜査本部などの調べで分かった。

同本部は、カレーに混入されたのはヒ素の化合物だった可能性が高いとみて、鑑定を進めている。

和歌山新報　6日　1面　いまだ殺人事件と断定せず

7月27日捜査一課の特殊事件捜査室長らを派遣しているがその後青酸化合物に加えヒ素の混入も判明したことで捜査一課長を派遣した。

いまだ殺人事件と断定せず

カレー毒物混入　県警、慎重姿勢のまま

和歌山市園部の自治会主催の夏祭りでカレーライスを食べた住民四人が死亡し、ヒ素と青酸化合物が検出された事件は、五日で発生から十二日目を迎えた。県警捜査本部（和歌山東署内）は、二百十七人体制で毒物の入手経路を重点的に捜査を進めているが、これまで事件に結びつくような目撃や有力な手がかりはなく捜査は難航している。同日午前、深草雅利・警察庁刑事局捜査一課長が事件現場を視察、県警に徹底した捜査を指示。だが、二種類の毒物の混入が明らかになったにもかかわらず、「事件、事故の両面で捜査している」と同本部は慎重な姿勢を崩しておらず、一向に事件の全容が解明されないなか、住民の不安は一層募っている。

調べによると、祭りにはカレーをつくるために大なべ二つと、小なべ一つが用意された。当初は亡くなった谷中孝壽さん（六四）の胃の内容物などから青酸化合物が検出されたため、青酸化合物による事件と判断され、混入も大なべ一つと推定されていた。

ところが三つのなべすべてからヒ素が検出されたことで、三つのなべすべてにヒ素と青酸化合物の両方が混入された可能性が高くなった。

一層募る住民の不安

しかし、現在のところ、有力な目撃者はなく、住民の不安は隠せない。しかも、現場は狭い住宅地で、地域以外の不審者がいれば目立ちやすいことも不安をあおっている。

前の自治会役員は「いろいろ不安なことが多く、毎日、落ち着かない状況」と話す。しかも同自治会の会長（谷中孝壽さん）、副会長（田中孝昭さん）が亡くなったことで自治会が機能しなくなったことも、地域住民には不安材料になっている。

「毎日、毎日、地域にはカメラを持った人がうろうろしているのに苦情を聞いてもらうところがない」「子どもが不安がって外に遊びにもいけな…」「このような状態が続けばストレスがたま…てしまう」などと話す住民も少なくない。

和歌山市保健所は、…功支所（和歌山市園部）に「心の相談窓口」を…け、さらに個別に巡回…談をし、県警も事件現場に最も近い有功交番を…

捜一課長が現場を視察　警察庁

和歌山市園部の毒物カレー事件で警察庁は五日、捜査状況の把握と捜査指導のため、深草雅利・刑事局捜査一課長を現地に派遣した。

深草課長は午前十時すぎから約十分間、県警幹部の案内で事件現場を視察。カレーが配られた園部第十四自治会の夏祭り会場の空き地などを見て回った。

このあと、同十時半に捜査本部の置かれている和歌山東署入り。同十一時五十六分、大勢の報道陣が取り囲む中、終始無言で玄関に用意された車へと足早に乗り込み、捜査本部をあとにした。

同庁は七月二十七日、同課の特殊事件捜査室長らを派遣しているが、その後、青酸化合物に加えヒ素の混入も判明したことで、捜査一課長を派遣した。

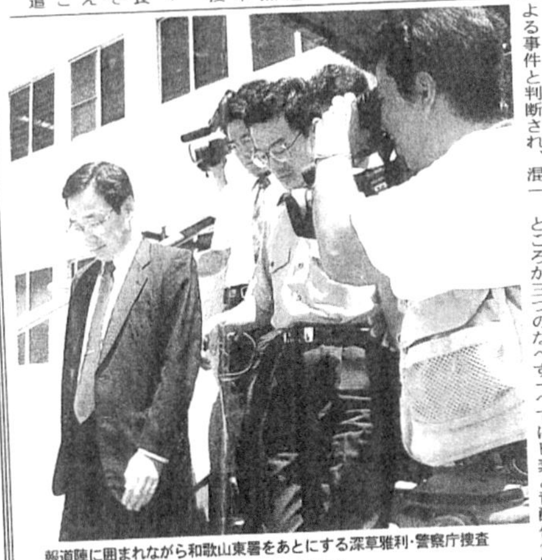

報道陣に囲まれながら和歌山東署をあとにする深草雅利・警察庁捜査一課長(左)（5日午前11時56分、和歌山東署で）

県、被害者67人に弔慰金など支給

和歌山市園部の毒物混入事件で県は五日、被害者六十七人に弔慰金などを支給した。県の幹部ら十数人が被害者宅や入院先の病院を直接訪問し、死亡した四人の遺族に弔慰金五万円と花束を、被害を受けた住民に見舞金をそれぞれ渡した。

「現在中国でもさまざま…りハードな行程と言われ…20日から2…

和歌山新報　７日　１面　亜ヒ素か亜ヒ酸化合物

「亜ヒ素」か「亜ヒ酸化合物」

カレー混入の毒物判明 流通経路解明へ

捜査本部

和歌山市園部の夏祭りで青酸化合物とヒ素化合物が混入されたカレーライスを食べた四人が死亡した事件で、カレーに混入されたヒ素化合物は猛毒の「亜ヒ酸」または「亜ヒ酸化合物」だったことが六日、警察庁科学警察研究所の鑑定で分かった。県警捜査本部（和歌山東署内）は、青酸化合物に加え、亜ヒ酸などの流通経路の徹底解明を進める。また、中毒症状が出た患者三十一人から採取した尿から通常の七百―四十倍の極めて高い濃度のヒ素が検出された。

同本部は、現場から採取した被害者の胃の内容物や吐いた物、食べ残しのカレーなど二十数点の検体の鑑定を科警研に依頼。これまで、調理に使われた大なべのカレーには大量、小なべのカレーには少量のヒ素化合物が入れられていたことが判明していたが、新たにヒ素化合物の種類が亜ヒ酸か亜ヒ酸化合物と分かった。

亜ヒ酸は無味・無臭で、通常は白い粉末。〇・一—〇・三グラムが致死量。摂取後、大半が四十八時間以内に体内から排出されるが、一部は長期体内に残留する。かつては農薬や殺そ剤など幅広く使われたが、最近は研究室の試薬に使われるなど、用途が限られているという。

科警研は別の検体についても亜ヒ酸などの検出とともに、青酸化合物の種類の特定も進めているが、種類の特定は難航しているという。

同事件では、毒物が混入したカレーを食べた直後には症状が軽かった人がその後死亡するなど、青酸中毒ではなくヒ素中毒の症状が出ていた。和歌山市保健所は入院患者ら三十一人の尿の検査を聖マリアンナ医大の山内博・助教授に委託。全員の尿から極めて高い濃度のヒ素が検出され、患者らがヒ素中毒の疑いも強まっている。

「県警は必要な措置取った」

警察庁長官

関口祐弘警察庁長官は六日の定例記者会見で、毒物カレー事件での和歌山県警の捜査や対応について、「県警は被害者の生命を最優先に考え、必要な措置を取ったと承知している」と述べ、捜査や医療機関への連絡面で同県警に不備はなかったとの見解を示した。

この事件では、毒物鑑定の開始や、青酸化合物検出後の保健所や病院などへの連絡に遅れがあったのではとの指摘が一部に出ているほか、発生から九日目になって新たにヒ素が検出された。

関口長官は「県警は毒物鑑定を迅速に行うとともに、青酸化合物を検出後、直ちに被害者のいる病院に治療措置を依頼するなど必要な措置をした」と語った。

また、同長官は「現在、住民や被害者を含めた事情聴衆を進める一方、毒……ならない。大阪府警など近隣警察にも捜査を支援するよう指導したい」と述べた。

吉岡敏治・大阪府立病院救急診療科部長の話　被害者の症状から毒物は青酸ではなく、猛毒の亜ヒ酸だと思っていた。亡くなった被害者がカレーを食べた直後に小康状態だったことなど、非常にヒ素中毒の症状に合致している。死因はヒ素中毒だと思う。ただ、わたしの知る限り、ヒ素の急性中毒で亡くなるケースは全国的にもほとんどなく、年間に一件自殺者があるかないかぐらいだ。

和歌山新報　８日　１面　ヒ素摂取どう影響する？
不明部分多く患者の不安募る

ヒ素摂取どう影響する？
不明部分多く、患者の不安募る

和歌山市園部の毒物混入事件で、和歌山保健所（木下純子所長）から患者の尿の検査を依頼されていた聖マリアンナ医科大（神奈川県川崎市）の山内博助教授（予防医学）は六日、「通常の七百倍から四十倍のヒ素」が検出されたと発表した。

山内助教授は三十一人、三十三検体を調べた。検体は二十六日の十件と八月二日から三日にかけての二十一件。その結果「最も高いもので、尿一

が必要」という。患者の中には妊婦も四人存在しているが、山内助教授は「確かに重要な問題ではあるが、過去に事例がなくここでのコメントはできない」と明言を避けた。

また、後遺症に関しても「定期的にヒ素を摂取した場合、発がん性は確認されている。ただ、ヒ素が過剰に体内に入れば発がん性の確率は高まると推定される」と語った。発がん性の潜伏期間は約三十年から五十年とい

ので医者に任せている」。夫（四四）とともに通院する主婦（四二）は「体調も落ち着いてきたため必要以上の心配はしないようにしている」。

しかし、娘（[illegible]三）が通院しているという主婦（五九）は「だいぶ体調がよくなってきたので、ヒ素のことで心配させないように気を配っている」と不安を隠せない声もある。

また、ヒ素の混入が大人と子どもで影響に違いはないのかなども、「どれだけ摂取したかの方が問題だが、明らかなことは分からないのでは」（市内の病院）など不明な部分も多く、患者たちたちの不安は消えない。

和歌山新報　１２日　１面　義援金協力求め発起人会が発足

義援金協力求め 発起人会が発足

毒物混入 支援の輪広がる

和歌山市園部の自治会主催の夏祭りで毒物が混入されたカレーライスを食べた住民六十七人が被害を受け、小学生ら四人が死亡した事件で、被害者への義援金の協力を求める発起人会（代表＝吉川俊一・市自治会連絡協議会会長）が十一日、発足した。また、和歌山市は市役所内に開設していた義援金の受付窓口に加え、振込口座を開設し、同日から一部の金融機関から振込手数料無料で振り込めるようにした。義援金は十一日午後三時現在、各種団体や企業、個人から合わせて約七百万円集まり、この日だけでも二十七件が寄せられるなど日に日に増加、支援の輪が広がっている。

11日現在、700万円集まる

発起人会は、市民から義援金の募集を求める声が上がっていたため、自治会と経済界が協力して発足したもの。このほかの発起人は、小林謙三・和歌山商工会議所会頭、田辺弘・市自治会連絡協議会副会長、奥本義一・同副会長、土山憲一郎・同副会長、岩井敏一・同副会長。

市民生活課は、七日に市役所一階市民生活課カウンターに義援金の受付窓口を設置。さらに義援金の振り込み口座を開設し、十一日から銀行や信組、農協、漁協など二十五金融機関から振込手数料を無料とすることにした。

義援金は十一日（午後三時現在）までに六十一件、七百五万九千二百六十三円集まり、十一日だけでも二十七件が寄せられた。

義援金の振り込み口座は、紀陽銀行和歌山市役所支店▽普通預金▽口座番号二四九七八一▽口座名義「園部毒物混入事件義援金、和歌山市収入役勝山勝司（かつやま・かつし）」。問い合わせは市民生活課（☎０７３４・35・１０２５）へ。同課での受付は毎日午前八時半から午後五時十五分まで。

振込手数料が無料の金融機関は次の通り。

【銀行】紀陽▽あさひ▽近畿▽幸福▽さくら▽三和▽住友▽泉州▽第一勧業▽第三▽和歌山▽南都▽住友信託▽東洋信託

【その他】きのくに信用金庫▽商工組合中央金庫▽紀北信用組合▽信用組合関西興銀▽朝銀近畿信用組合▽和歌山県商工信用組合▽和歌山県労働金庫▽わかやま農業協同組合▽雑賀農業協同組合▽県信用漁業協同組合連合会▽県信用農業協同組合連合会

議会運営委が視察旅行を延期

和歌山市議会

和歌山市議会の議会運営委員会（浅井武彦委員長、十一人）は十日、今月十九日から二泊三日で予定していた長崎、佐世保両市への視察旅行の延期を決めた。

視察目的は「議会運営のあり方の勉強」で、三会派での旅行予定だったが、さらに一会派から不参加の意向があったため延期されることになったもの。

和歌山新報　１４日　１面　ヒ素が死因の可能性

毒物カレー事件犠牲者３人血液から青酸検出されず。

死亡した４人のうち谷中さん以外の３人の血液からは青酸が検出されていない。

ヒ素が死因の可能性

毒物カレー事件　犠牲者３人の血液から青酸検出されず

混入は正午以降　裏付け

和歌山市園部のカレーへの毒物混入事件で、事件当日の先月二十五日、カレーを食べたものの入通院していない数人の尿について警察庁科学警察研究所でヒ素の鑑定を進めていたが、県警捜査本部（和歌山東署）は十三日、ヒ素が検出されなかったと発表した。この中には、カレーが出来上がった正午ごろ味見した人も含まれており、毒物混入はこの時間帯以降であることが改めて裏付けられた。また、死亡した四人のうち、自治会長の谷中孝壽さん＝当時六十四＝以外の三人の血液からは青酸が検出されていないことも明らかになった。捜査本部はこれまで死因について、谷中さんは「青酸中毒」と断定、ほかの三人は「青酸中毒の疑い」としてきたが、三人の死因はヒ素中毒だった可能性が出てきた。

事件発生から20日が過ぎ、現場付近は巡回する警察官と報道陣の姿が目立つ

今回、ヒ素が検出されなかった数人の中には、カレーの調理が終わった正午ごろに味見をしたとされる人が含まれており、毒物が混入された時間は、同日正午以降だったことが改めて裏付けられた。

死亡した四人のうち、谷中さん以外の三人の血液からは青酸が検出されていないことが分かった。

これまでの調べで、谷中さんは胃の内容物と血液から青酸反応が確認されており、死因は「青酸中毒死」とされ、ほかの三人についてはおう吐や食べ残しのカレーから青酸化合物が検出されたため、「中毒死の疑い」とされていた。

しかし、捜査本部が鑑定を依頼していた警察庁科学警察研究所などの分析の結果、この三人の血液からは青酸が検出されなかったという。

死因をめぐっては、入通院している患者の尿から高濃度のヒ素が検出されたことなどから、医療関係者に「犠牲者の死因もヒ素中毒」との見方もある。このため、同本部は科警研に精密鑑定を依頼している。

薬品の管理体制を強化

県教委

和歌山市園部の毒物カレー事件で、県教委は十三日までに、県立高校などに保管されているヒ素化合物や青酸化合物などの劇毒物を、一部の実験用を除いて廃棄する方針を固めた。これらの劇毒物は学校で使用される機会が極めて少ない上、一部にずさんな管理もみられることから、処分することとし、薬品管理体制の強化を図る。

県教委は事件発生前の今年三月、県立校で不要になった実験用薬品の実態調査を実施。この結果、長期間の保管で中身が確認できない薬品や湿気を含んで液状化した薬品が数多く確認されていた。

また、事件後に緊急で全県立学校（四十七校）を対象に実施した青酸化合物、ヒ素化合物の保有・保管状況に関する調査では、青酸化合物と

和歌山新報　２３日　１面　被害者に皮膚炎　知覚異常　ヒ素中毒症状

被害者に皮膚炎、知覚異常　ヒ素中毒症状

園部カレー毒物混入　市「毛髪検査が必要」

四人の犠牲者を出した和歌山市園部のカレーへの毒物混入事件は二十二日、事件発生から四週間を迎えた。二十一日に入院患者はゼロとなったが、被害者の中に皮膚炎や知覚異常などヒ素中毒特有の症状を訴えている人がいることが、市が各病院から受けた報告で分かった。市は毛髪検査などで経過を注意深く見守る必要があるとし、尿検査同様、毛髪検査に医療保険を適用するよう国に働き掛けているが、今のところ方針は未決定。だが、被害者にとっては経済的負担が大きいだけに、何らかの支援が必要になりそうだ。

市はこれらの症状が出た被害者数など詳細は明らかにしていないが、被害者の尿中のヒ素濃度は個人差があり、全体的には低下傾向にある。しかし、今回のように一度に大量のヒ素を摂取した前例がなく、「慢性のヒ素中毒の治療法を参考にするしかない」（木下純子市保健所長）という。

治療の際、重要なのが患者の体内にどれだけヒ素が残留しているかの測定。各病院は現在、尿中のヒ素濃度の検査を聖マリアンナ医大の山内博・助教授に委嘱しているが、尿中のヒ素は摂取後一カ月程度で排出されなくなる。長期にわたって体内の残留ヒ素を検査するには毛髪に含まれるヒ素の濃度を測定することが不可欠で、尿中ヒ素濃度が通常値を下回った時点▽その後、毛髪内の濃度がピークとなる一―三カ月後▽さらにその六カ月後――の最低三回は実施する必要があるという。

尿検査は厚生省が既に、特例として医療保険の適用を決めているが、

義援金累計1千823万円に

和歌山市のまとめによると、二十二日（午後三時現在）までに寄せられた義援金の累計は、一千八百二十三万千五百一円（三百六十五件）になった。

前年より24％減

ミカン予想収穫量

県の平成十年産ミカンの予想収穫量は前年産に比べ、果実の肥大は順調なものの、果実数が大幅に少なく、十アール当たり収量が大幅に減少することが予想されるため、二四％減の十七万千二百トンの見込みであることが二十二日までに、近畿農政局和歌山統計情報事務所がまとめたミカンの出荷予想（八月一日）で分かった。

まとめによると、ミカンの結果樹面積は、果樹園転換対策事業や改植などにより、前年より三％減の七千八百九十ヘクタールとやや減少。品種別では早生・普通とも減少傾向にあり、極早生はこれからの転換でやや増加している。

品種別ではハウス・極早生はほぼ前年並みが維持されるが、レギュラー早生・普通については前年産を大幅に減少する見通し。

和歌山新報　２６日　１面　事件前にもヒ素中毒　園部カレー毒物混

事件前にもヒ素中毒

園部カレー毒物混入

地区の民家訪問直後に症状

関係者聴取へ　県警捜査本部

自治会主催の夏祭りでカレーへの毒物混入事件が起きた和歌山市園部地区の民家を訪れた男性二人が今回の事件発生前に、激しい腹痛やおう吐など素中毒とみられる症状で入院し、そのうち一人の体内からヒ素が検出されたことが二十五日、分かった。二人はこの民家で飲食した直後に中毒症状を起こした可能性がある。県警捜査本部（和歌山東署）は同事件との関連について強い関心を寄せており、近く民家の家人から事情聴取する方針。事件は発生から一カ月を迎え、新たな展開を見せる可能性も出てきた。

捜査本部の調べによると、二人は事件が発生した七月二十五日以前に、園部地区の同じ民家を別々に訪問。この民家から帰宅する途中や自宅に戻ったあと、激しい腹痛や吐き気に襲われ、病院で手当てを受けた。うち一人は現在も入院中。いずれもヒ素中毒に似た症状だったため、同本部は既に二人から毛髪とつめを採取して鑑定を進めた結果、このうち一人からヒ素が検出された。もう一人についても詳しく調べている。

男性二人は三十代と四十代で、いずれも和歌山市内に在住。この民家の家人とは顔見知りで、たびたび同家を訪れていたという。

事件は同日午後六時ごろ、園部第十四自治会が行った夏祭りで出されたカレーを食べた住民六十七人が腹痛や吐き気などを訴え、このうち自治会長の谷中孝壽さん＝当時六十四＝ら四人が翌日午前になって相次いで死亡した。死亡者を含む被害者全員から高濃度のヒ素化合物が検出された。

被害者ヒ素中毒の症状について今後の見通しなどを発表する山内助教授（中央）（24日夜、和歌山市保健所で）

被害者のヒ素、安全基準値まで

あと2、3週間

和歌山市園部の毒物混入事件被害者のヒ素検査を行っている聖マリアンナ医科大（神奈川県川崎市）の山内博・助教授は二十四日、市保健所で記者会見し、患者らのヒ素の体外排出ペースが鈍っており、安全基準値（一リットル中五十マイクログラム）まで回復するにはあと二、三週間はかかることを明らかにした。

山内助教授は事件直後の先月二十六日からの患者の尿検査を定期的に行ってきた。当初は通常値の七百倍に相当する濃度の患者もあったが、今は快方に向かっているという。

しかし、今月十日（五十二人分）と十七日（四十四人分）のヒ素濃度を調べた結果、十日までは

る。ただ、長期的に患者の経過を観察しなければならないことに変わりはない」とした。

また、四人の妊婦に関して「資料を集め、検討中」とし、患者らの手足のしびれや後遺症などに関しても「臨床とヒ素濃度などのデータを分析中」と、なお課題の多いことを明らかにした。また、患者の毛髪のヒ素検査は九月中旬ごろから始める予定という。

不安取り除く報告できず残念

毒物カレー事件が発生から一カ月たったことについて、「和歌山県警はもちろん、近県の県警にも応援させるなど事件解明に総力を挙げてきたが、今日まで皆さんの不安を取り除く報告をできないのが残念」と述べた。その上で「（他の毒物混入事件である）新潟の事件を含め、これらの解決に警察挙げて取り組んでいきたい」と事件解明に向けた決意を示した。

70人熱心に「心のケア」学ぶ

和歌山市保健所　PTSD対応、教育関係者向け講習会

和歌山市保健所（木下純子所長）は二十五日、園部の毒物混入事件後の心的外傷後ストレス（PTSD）に対応するため、教育関係者向けの「講習会」を同保健所内で開き、約七十人が参加。三重県

ば保存されるとし、その体験を受けた人たちは

和歌山新報　２７日　１面

事件前のヒ素中毒男性２人に多額の生命保険

男性２人に多額の生命保険

事件前のヒ素中毒

先月二十五日のカレーへの毒物混入事件が起きる以前に、和歌山市園部地区の民家をたびたび訪れ、ヒ素中毒とみられる症状で入院していた男性二人に、多額の生命保険が掛けられ、勤務先などに保険の入院給付金が支払われていたことが、二十六日までの和歌山県警の調べで分かった。掛けられた保険金は少なくとも十社近くに上り、死亡時の保険金はそれぞれ数千万円前後だったとみられる。この民家に住む人が保険の契約に関与した可能性もあり、県警は担当医師らから事情を聴くなど、慎重に捜査を進めるとともに、四人の犠牲者を出したカレー事件との関連を調べている。

カレー事件との関連は？

調べによると、保険が掛けられていたのは同市に住む三十五歳と四十五歳の男性。このうち三十五歳の男性は昨年秋、ヒ素中毒の症状を起こして入院。退院後に、入院していた期間に応じて支払われる入院給付金が、保険会社から勤務先の会社など第三者に支払われた。一方、四十五歳の男性は同社の元社長で、今年春、中毒症状を訴えて入院。やはり保険が掛けられていたという。

二人はいずれも、園部地区の民家の住人と顔見知りで、この民家をたびたび訪問。民家から帰宅する途中などに、激しい腹痛や吐き気に襲われ、救急車で入院していた。

同県警などによる鑑定の結果、一人の体内からヒ素が検出された。

県警は毒物カレー事件以前の二人の症状を重視。両事件とも同じ種類の毒物が使用されていることに強い関心を示しており、入院先の医師に事情を聴くほか、市消防局の搬送記録の提出を受け、症状を詳しく分析すると

捜査状況を首相に報告

警察庁次長

警察庁の田中節夫次長は二十六日午後、首相官邸で小渕恵三首相に対し、和歌山、新潟両県の毒物混入事件について捜査状況を報告した。これに対し小渕首相は「頑張ってくれ」と、早期解決への努力を求めた。

10数社近くから

既に入院給付金支払いも

ともに、保険契約の経緯や給付金の流れなどについて調べている。

和歌山市のま
ると、毒物混入
援金は二十六日
時現在）は四十
口持参二十、振
三）、三十八万二
八十二円が寄せら
計では五百十六件、
六十四万九千七百
なった。

つつある
智高校前で）

鳥居幸さんが通っていた開智高で全校集会

深い悲しみ乗り越えて

和歌山市園部の毒物混入事件で死亡した鳥居幸さん＝当時一六＝が通っ

事件から一カ月が経過したこともあり、登校時の生徒たちには笑顔も見

わくわく
おかあさ
あいうえ
まちかと
さわやか
さんすう
たっくん
虹色定期
生きてい
たったひ
しらべて
自然満喫
グハウス
英語◇50
ＮＨＫみ
ＮＨＫ手
きょうの
スクール
10ｍｉｎ．
教育セミナ
ＮＨＫ人間
理解への12
やさしい日
うた◇
プチプチ◇
ひとりで
おかあさん
人間コン◇
忍たま乱太
天才てれび
愉快なシー
「みんなの
50　地球ロマン
7.15　世界の町の
20　ミニ英会話
25　名曲アルバム
30　こどもの療育
ばとコミュニ
を育てる」
00　ホームページ
くない「ホー
世界は広がる
30　きょうの健康
い心筋梗塞」
45　手話ニュース
00　きょうの料理
残り物で」坂
25　おしゃれ工房
の"土仏をつく
西村公朝
50　視点・論点
00　ＥＴＶ特集
の現場～最新技
らす重い課題」
・胎児細胞利用
45　ＮＨＫ人間▽家
さぐる～現代の
▽家族から逃げ
11.15　教育セミナー
「物理実験～偏
45　英会話「交通の
0.05　中国語会話
0.35　教育トゥデイ
▽メディアと教
校になった教師
どもの個性をど
か

ラジオ番組案内

WBS和歌山

5.00　青春◇元気ＵＰ
6.00　心◇05歌謡◇大自

和歌山新報　9月1日　1面　給食からカレー消える

9月 給食からカレー消える

毒物事件の影響

不安訴える子どもに配慮

和歌山市立29小学校 ほかのメニューに変更

四人の犠牲者を出した和歌山市園部のカレーへの毒物混入事件の発生からすでに一カ月あまりが経過した。捜査本部の置かれている和歌山東署や事件現場周辺は今も報道陣の姿が絶えない。そんな中、市内の公立小学校は、きょう一日から二学期がスタート。七日からは学校給食も始まるが、毒物混入事件に絡み、九月の給食の献立からカレーを外し、他のメニューへの変更を決めるなど、子どもたちの楽しみの給食へも事件が大きな影響を及ぼしている。亡くなった林大貴君＝当時一〇＝など十人の児童が被害を受けた有功小学校（三澤律子校長、児童数四百五十三人）が既にカレーを献立から外すことを決めているのをはじめ、これまで市内の市立小学校五十二校のうち二十九校がカレーから他のメニューへの変更を決め、市教育委員会へ変更届を出した。

事件発生から１カ月あまり。捜査本部の置かれている和歌山東署は今も報道陣の姿が絶えない

学校給食は、事前に市の栄養士らが決定。献立表を学校側が変更する場合は、各校が市教委に変更届を出すことになっている。九月は九日か十七日のいずれかをカレーにする予定だったが、学校に調理場のある単独調理方式二十一校、共同調理場からの配送による八校の計二十九校が、カレーを献立から外し、他のメニューへの変更を決めた。

市保健体育課は「園部の事件でカレーを食べたくないという子どもの声もあり、配慮したものと思われる」と話す。

残る23校も「検討中」

毒物混入事件のあった園部地区に近い同市大谷の楠見小学校（明渡俊広校長、同六百四十四人）は「事件のこともあり、九月は献立からカレーを外した。十月以降は検討中」。同市栄谷の貴志小学校（大岡潤校長、同五百三十三人）も「不安を訴える子どももあり、九月の献立からカレーを外した」という。

その反面、カレーを外すことで「かえって子どもたちの不安をあおる」と懸念する声もある。同課は「子どもたちに給食のアンケートを取った学校もあるが、ほとんどの学校は夏休みの間、子どもたちの実態がつかめていない。九月はカレーについての子どもたちの意見を聞き、話し合って十月以降の献立を決めていくことになる」と話す。

既に変更を決めている二十九校同様、残る二十三校も「検討中」で、九月の献立からカレーを外す学校はさらに増えるものと予想される。

パソコンネットに「犯人」と実名

和歌山市のカレーへの毒物混入事件で、事件の起きた同市園部地区の住民の実名を挙げて、犯人と名指しする文面が、日本コンピュータクラブ連盟（大阪市浪速区）の主催するパソコンネットに書き込まれていたことが分かり、同連盟は即日、ネット上からこの文面を削除した。

文面が書かれていたのは、同ネットの電子掲示板で園部地区の住民のフルネーム、住所、職業のほか、「毒カレーの犯人」などとあった。同連盟によると、この文面はネッ

画にわたって書き込んだ。ネット参加者の指摘で同三十日午前に気付き、この文面を削除した。

このパソコンネットの会員は約二百人。削除されるまでに、同掲示板に約九十件のアクセスがあった。

「住人」がヒ素中毒男性の印鑑を保管

ことが分かっているが、捜査本部の調べに対し、二人は「知らない契約もあった」と話している。

捜査本部は二人に掛けられた保険の一部につい

和歌山新報　１７日　１面　殺人未遂容疑も視野に詐欺目的でヒ素混入か。カレー毒物混入事件以前にヒ素中毒とみられる症状で入院した無職男性に多額の生命保険金が掛けられていた疑惑

木曜日

1998年（平成10年）第15720号

THE WAKAYAMA SHIMPÔ

殺人未遂容疑も視野に

詐取目的でヒ素混入か

ヒ素中毒 保険金疑惑 県警、詐欺容疑立件へ詰め

和歌山市園部地区のカレーへの毒物混入事件以前に、ヒ素中毒とみられる症状で入院した無職男性（三七）に多額の生命保険が掛けられていた疑惑で、県警捜査本部（和歌山東署内）は十六日までに、入院給付金などの詐取を目的にヒ素が混入された疑いが強まったとして、詐欺容疑で立件する方針を固めた。捜査本部は殺人未遂容疑も視野に、検察当局との詰めの捜査を急いでいる。

調べによると、男性は昨年九月下旬、園部地区の住民宅でどんぶり物などの食事をした後、激しい腹痛や吐き気などヒ素中毒特有の症状を起こして入院。当時の勤務先の健康食品販売会社が男性に掛けていた生命保険から、同社に入院給付金が支払われた。

しかし、同社は平成六年八月から休眠状態となり、今年一月に事実上倒産。男性の保険契約手続きは実際には住民が行っていたとされ、入院給付金数百万円が住民に流れた疑いが持たれている。

男性は住民と約十年前に知り合い、住民宅に頻繁に出入りしていた。住民宅の家人の仲介で多数の生命保険や傷害保険に加入した後の同八年夏以降、住民宅などで食事をした後に十回以上体調を崩し、腹痛に襲われたり突然意識を失うなどして長期入院したこともあり、既に六百数十万円が支給されている。昨年九月下旬からの一カ月間だけでも、住民宅での食事後に三回もヒ素中毒とみられる症状を示していたという。

園部カレー毒物事件に絡み 学校給食の安全性 言及

和歌山市議会一般質問、3議員が登壇

和歌山市議会の九月定例議会は十六日、武内まゆみ（共産）、藤井健太郎（同）、柳野純夫（弘和ク）の三議員が登壇し、一般質問を行った。武内議員は同市園部のカレーへの毒物混入事件に絡み、学校給食の安全性について言及した。

武内まゆみ議員

藤井健太郎議員

和歌山新報　３０日　１面　早期解決求める意見続出

早期解決求める意見続出

県会経済警察委　園部カレー毒物混入事件

発生から二カ月余りが経過し、いまだ犯人逮捕に至っていない和歌山市園部のカレーへの毒物混入事件について、二十九日午前に開かれた県議会の経済警察委員会（高瀬勝助委員長）では、委員から引き続き一日も早い事件の解決を求める意見が相次いだ。

米田壮県警本部長は「全国で薬物・毒物混入の連鎖事件が相次いでいるが、この事件の解決が再発防止につながる。一日も早い解明に向け、詰めの捜査を行っている」と報告。

これまでの捜査状況について中卓爾刑事部長は「被害者の家族やカレーの調理者など三百十人から詳細な事情聴取をし、園部地区、隣接地区の四千四百人から聞き込みを行っている。一般からは犯人像や薬・劇物に関する七百五十件の情報が寄せられ、掘り下げて捜査している」などと報告するとともに「早期解決に向け、引き続き捜査を強化したい」と話した。

また、保険金詐欺疑惑などマスコミ報道がなされている点にも触れ「人権上の配慮で捜査本部は個別的、具体的内容は発表していない」と述べた。

委員からは「今回の事件に対する警察全体の取り組みや意気込みはすごく評価できるが、いまだ犯人逮捕に至っていないのが残念」「連日、休む間もなく捜査にあたっている捜査本部員の健康管理に気を付けてもらいたい」などの意見が出された。

（７）週刊文春

８月２５日号　　　食中毒と断定した「この人」の重大責任

'98.8.27 週刊文春

問われる致命的ミス

② 食中毒と断定した「この人」の重大責任

犯人は誰かという報道ばかりが先行し、きちんと検証されていない事実がある。それは、発生直後に「食中毒」と断定せず、「毒物中毒」と診断していれば、四人の人命が救われたという可能性だ。

総力特集 毒物混入事件の「タブー」

住民はノイローゼ状態

③ ヒ素カレー「大誤報」を徹底追及する

週刊文春　9月3日号　　　ホースで水ブチまけた捜査線上の女

毒物カレー 記者100人に

ホースで水をブチまけた「捜査線上の女」

捜査はついに最終局面

水をかけられた報道陣　故・谷中自治会長　故・鳥居幸さん

和歌山市、園部地区に緊迫感がただよいはじめている。

地元記者が言う。

「捜査本部のある和歌山東署には、二十四時間態勢でカメラ五台が設置されています。リストアップされている容疑者の、任意同行の瞬間を捉えようというわけです。

新聞社は、県警本部が人目の多い署に容疑者を呼ぶわけがないと、近隣の西、北、岩出署にまで記者を張り込ませています。

それだけではありません。各社の社会部は、大阪府警詰めの敏腕記者を続々と和歌山入りさせ、逮捕Xデーに備えて予定稿を準備しています」

一方、事件現場も騒然としはじめた。住宅地から少し離れた用水路沿いの狭い道に、黒塗りのハイヤー、タクシーが連日、ズラリとならび、上空にはヘリも旋回する。

一カ月にわたる捜査の結果、祭りの参加者百六十五人のほぼ全員が、自治会関係者だったことがわかった。そのため、捜査陣から洩れてくる「容疑者」リストは地元住民ばかり。

当初は八人、途中で四人に絞り込まれたともいわれる「容疑者」たちの自宅付近には連日、カメラマン十数人が脚立や三角椅子を置いて張り込んでいる。

捜査員が近隣の住民から供述調書の確認をはじめたこと

さる八月二十一日、毒入りカレー事件の〝疑惑〟を晴らす記者会見を開くと宣言した夫婦がいた。その家に押しかけた報道陣に対して、妻がいきなりホースで水をかけはじめたのだ。この家では以前にヒ素中毒も出た。一体、「散水」で〝疑惑〟とやらは晴れたのか？

37

週刊文春　９月１０日号

１晩 100 万円のイカサマ麻雀「疑惑夫婦」の怪しすぎる言動

週刊文春　９月１７日号　　　疑惑夫婦Ｘデーの罪名

週刊文春　9月24日号　　　夫にもヒ素飲ませていた？

猛毒カレー事件 最大の"疑惑の妻"は「夫」にもヒ素を飲ませていた!?

徹底追及

A氏本人にも高額の保険金

手足が痺れてピリピリする

週刊文春　１０月１日号　　　夫の葬儀まで準備していた？

猛毒カレー事件 最終情報 "疑惑の妻"は「夫の葬儀」まで準備していた!?

二年と一日後に死亡の意味

一億の現ナマと家族で写真

週刊文春　１０月８日号

いよいよ逮捕でも新聞が書けない毒物カレー事件の全容

いよいよ逮捕でも新聞が書けない

猛毒カレー事件の全容

独走スクープ連弾!!

カレー殺人捜査を阻む闇の「麻雀メンバー」

各紙が〈ヒ素事件立件へ〉と報じているのに、なかなか逮捕されない疑惑のH夫婦。だが、いよいよこの一、二週間がヤマ場となる。一体、彼らは何をやり、何が捜査のネックとなっているのか。

（８）週刊新潮

８月２７日号　　　報道失速毒物カレーで捜査線上の男女

特集　報道失速「毒物カレー」で捜査線上の「男女」

発生から早3週間、「毒物カレー」事件の捜査が迷走している。混入された毒物は青酸化合物だけでなく、発生後8日を経てヒ素が判明。4人の死因もヒ素中毒の可能性が濃厚になり、和歌山県警はテンヤワンヤだ。捜査は振出しに戻ってしまったらしい。あれだけ過熱していた新聞・テレビの報道もバッタリ。が、ここに来て、捜査線上には、ある「男女」の存在が改めて浮び上っているという。

振出しに戻った捜査

週刊新潮　９月１０日号

毒物カレー　マスコミに名指しされた男女を逮捕できない壁

特集

毒物カレー マスコミに名指された「男女」を逮捕できない「壁」

発生から1カ月、「毒物カレー」事件は重大局面を迎えている。ヒ素混入の判明から、保険金詐欺疑惑へ——。事態はわが国犯罪史上にも例を見ない特異な大事件の様相を帯びてきた。渦中にあるのは事件の舞台となった和歌山市園部地区に住む一組の夫婦である。マスコミ報道で次々と浮び上る疑惑は、常識では計り知れない不可解なものばかり。捜査当局は、果して逮捕への「壁」を突破できるのか。

恐るべき「疑惑」の過去

週刊新潮　９月１７日号　毒物カレー疑惑の男女はこうして犯行に及んだのか

特集

「毒物カレー」疑惑の「男女」はこうして犯行に及んだのか

「毒物カレー」事件で疑惑の「男女」の周辺が俄に慌しくなっている。ヒ素を扱ったことはない——と嘯いていたA氏(53)だが、関係者からの任意提出で、かつて本人が間違いなくヒ素を所有していたことが発覚。さらに、事件当日に保険金をかけた知人を自宅に呼んでいたことも露顕して、カレーの準備に携わった妻(37)の挙動にも改めて不審な点が浮び上がっている。

夏祭り直前の保険契約

週刊新潮　９月２４日号　　捜査線上の例の女　毒物カレー犯罪の構図

特集

捜査線上の例の「女」毒物カレー犯罪の構図

日本列島を"毒物パニック"に陥れた和歌山「ヒ素カレー」事件が正念場を迎えている。不可解な保険金詐欺疑惑が暴き出されていく中で、捜査当局がターゲットに定めたのは、やはり例の「女」(37)だった。彼女を取り巻く怪しげな人脈が浮上するにつれ、当初、共謀者と見られていた夫さえ逆に狙われていた可能性も出てきている。前代未聞の犯罪の構図。その解明に向けてのカウントダウンが始まった。

「放火で火傷」の疑惑

週刊新潮　１０月１日号　　いよいよ毒物カレー問題の女殺人未遂で事情聴取開始

特集

いよいよ「毒物カレー」問題の「女」殺人未遂で事情聴取開始

ようやく、和歌山「ヒ素混入事件」の捜査が、本格的に動きはじめた。事件発生からすでに2カ月。和歌山県警は、捜査陣を300人体制に強化し、いよいよ問題の「女」の事情聴取を開始——。事件解明の突破口は、疑惑の夫婦による保険金詐欺容疑と殺人未遂という。とはいえ、肝心の「カレー殺人」事件は行き詰ったまま。一筋縄にはいかない相手だけに、そう簡単に全面解決とはいきそうにない。

捜査は二転三転

週刊新潮　１０月８日号　捜査当局が毒物カレー問題の女単独犯行の証拠固め

特集

捜査当局が急ぐ「毒物カレー」問題の「女」単独犯行の証拠固め

保険金詐欺から「毒物殺人」へ――。和歌山の「カレー殺人」で、県警が事件の全容解明に向けて捜査を本格化させている。むろん、ターゲットは問題の「女」(37)だ。目下、捜査当局は、ヒ素の混入を彼女の単独犯行と見て、懸命に証拠を固めているという。矛盾だらけの事件を解くカギは、夏祭り当日に彼女の自宅で予定されていたマージャン大会。そんな折も折、新たな重大証言が飛び出した。

焦った「女」

133　'98.10.8　　'98.10.8　132

週刊新潮１０月１５日号　「保険金詐欺」事前情報どおり４日未明逮捕された

特集

「毒物カレー」「保険金詐欺」事前情報どおり4日未明逮捕された「林真須美」容疑の全貌

10月4日、午前6時7分――。「毒物カレー事件」発生から2カ月を経て、ついに"疑惑"の夫婦が逮捕された。林真須美(37)と夫の健治(53)。4人の命を奪った事件は、ヒ素混入の判明から保険金詐欺へと紆余曲折を辿った。だが、二人は容疑を頑に否認。真須美は本誌の逮捕前日のインタビューにも余裕を見せた。果して、捜査当局は犯罪史上にも例を見ないこの特異な大事件の全貌を解明できるのか。

不気味な逮捕前日の余裕

27　'98.10.15　　'98.10.15　26

週刊新潮 １０月２２日号

妊娠まで暴露された林眞須未（容疑者）の奇怪なプライバシー

特集

「妊娠」まで暴露された林真須美（容疑者）の奇っ怪なプライバシー

林真須美（37）が夫の健治（53）と共に逮捕されて10日余りが経過した。夫婦宅の捜索でも警察は排水管などからヒ素反応を確認し、容疑はますます濃厚になるばかり。同時に、この〃稀代の悪女〃の奇っ怪なプライバシーも次々に暴露され、ついには逮捕時に「妊娠」していた事実まで明らかになった。手当たり次第に保険金を騙し取り、欲望の赴くままに生きてきた女の修羅――その凄まじさには言葉もない。

乱れ飛ぶ「愛人」情報

45 '98.10.22

'98.10.22 44

３ 「和歌山カレー事件」経緯の締めくくり

以上のような経緯で「和歌山カレー事件」は進展してきた。

平成１０年７月２５日の事件発生，このときは食中毒といわれた。しかし，２６日に４人が死亡し解剖結果，青酸化合物が死因と公表され，その報道が続いた。８月３日ごろ青酸化合物の外に更にヒ素がカレーに投与されていることが分かり，８月１０日ごろまでは青酸化合物とヒ素双方が報道され続けるが１０日過ぎからはヒ素だけの報道になる。そして８月２５日ごろからは保険金詐欺の報道に展開する。

この報道の進展と捜査の進展はほぼ一致しており，捜査の進展を反映したものが報道であると理解してよいと思われる。そして，最終的には，「和歌山カレー事件」はヒ素による殺人罪として，裁判に移行する。

それはそれとして，大騒ぎしてきた青酸化合物による殺人，死因はどうなったのか。

青酸化合物による殺人，死因の捜査の顛末について，国民は知る権利があり，捜査機関は国民に知らせる義務があるのではないか。

つまり，捜査について国民の知る権利の問題である。
世界の各国は捜査機関の恣意的捜査を排し適法，適正，合理的な捜査の追究し，国民が最終的にどのような捜査が適法，適正，合理的に捜査がなされたかを看視する意味を含めて捜査について知る権利を保障している。
「和歌山カレー事件」において当初大騒ぎをした青酸化合物による殺人，死因が最終的に有耶無耶の内に消えてしまい，ヒ素による保険金詐欺に進展し，最終的に被告人によるヒ素による殺人罪として起訴され裁判に至る。そのような捜査の進展が真に適法，適正，合理的であったか最も問題視される事件が，この「和歌山カレー事件」でもある。
被告人が「和歌山カレー事件」において有罪かどうかと「和歌山カレー事件」における捜査について国民の知る権利の問題は表裏一体の関係にある。

以下において国民が納得の行く捜査活動がされたか否かを焦点とする捜査における国民の知る権利の問題を論ずる。
それを通して「和歌山カレー事件」における捜査が恣意的な展開において被告人が犯人として追及されたのか，そうではなく，適法，適正，合理的な捜査の進展として被告人が犯人であるとする点に到達したかを明らかにする手がかりになると思われる。

以上の点はさておき，「和歌山カレー事件」において，事件の発端の争点は，４人の死因である青酸化合物を使用した犯行であった。「和歌山カレー事件」において，死者４人の死因を無視した事件の解決はあり得ないのである。
第一章において，本件申立の立脚点として，死因を立脚点とする旨述べた。本章の「第二　本件の経緯」から見ても，やはり，死因を立脚点とし論述すべきことがあるべき方向であることが示されているのである。

第３章　「和歌山カレー事件」の捜査，訴追の特徴

ここで「和歌山カレー事件」の捜査，訴追の特徴及び推測される捜査，訴追の真の目的を検討する。

第１　捜査の特徴

１　自治会長，副会長に関連する事項等

自治会長，副会長という地域自治のトップの早々の死亡。カレーを食べた被害者６７名という多くの中で，トップ２人（他に小学男子，女子高生各１人）の早々の死亡は，偶然か故意かという問題を，事件を知った人は，まず最初に感じる事であろう。そのためには，以下の捜査が必要不可欠である。

（１）役柄上，２人がそろって率先して自主的に最初にカレーを食べるということは考えられない。その２人がそろって最初に食べたのは相当の人物の勧めがあったと考えられる。２人にカレーを勧めた人物は誰か。配膳をしたのは誰か。

（２）２人（＋２人）の毒殺と他の６３名の被害者との毒の盛り方，種類の差はないのか。「和歌山カレー事件」の約１０年前の１９８６年（昭和６１年）にトリカブト殺人事件が発生した（「死体からのメッセージ」万代法書房６６～７１頁）。トリカブトとフグ毒を併用することで毒性の発現を遅らせ，捜査を混乱させた。

（３）毒殺事件は，犯人の意図を緻密に推察し，精緻な捜査が要求されるのである。捜査を混乱させる陽動作戦が講じられていることを配慮した捜査が要求されるのである。

殺人事件の被害者である死者の身辺を徹底的に洗うことは，殺人事件捜査の鉄則である。

（ア）２人の財産形成の内容，手段，方法，その過程での敵対者

（イ）経済活動，地域活動の方法，敵対者

（ウ）社会活動，地域活動の方法，敵対者

（エ）政治活動，政党活動の方法，手段，地位，敵対者

これらの捜査がされていない。それはなぜか？

さらには，事件当日の地域の住民以外の外部の来訪者の捜査。

夏祭りは，地域自治会間の親睦の機会でもある。また選挙の票田開発のため多数の関係者の来訪がある。これらは，最寄りの駅，道路，地域内の防犯カメラを一瞥すれば，来訪者は簡単に解る。その捜査をしないのはなぜか。

2　投与された毒物に関連する事項

（1）青酸化合物による死因の無視

死亡した４人は，いずれも医師の診療中に医師の面前で死亡した。会長は７月２６日，その他の３人は２７日に解剖された（「捜査概要」１５～１７頁）。

死因は青酸化合物であったと考えられる。

解剖結果はこれ以上優れた証拠は無いといっても良い優れた証拠である。（前記「死体からのメッセージ」２２頁《解剖しないと真相は分からない》）。しかし，解剖結果は証拠として裁判に提出されない。訴追側は被告人をヒ素による殺人罪等で起訴していて，青酸化合物はヒ素による殺人罪等の証拠に役立たないからである。

それはそれとして，青酸化合物殺人の犯人の捜査追及をしない。これはなぜか。

（2）ヒ素以外の毒物の可能性を捜査追及しない

「捜査概要」目次によれば（該当部分８３頁～９３頁は抜粋されているため）県警は，和歌山県警科捜研外６ヶ所に，警部加門仁によれば，これに外２カ所にヒ素等の鑑定を依頼している。しかし，その結果を明らかにしない。

九州大学医学部教授　井上尚英の意見書（検甲１１２７）では，カレーを２サジ３サジを食べて吐き出した被害者が６３名中に２２名居る。無味無臭のヒ素を食べてそのようなことが起きることは疑問である。ヒ素の外に毒物が投与されていたのではないか。

新聞報道でもカレーを食べた人の気持ちが報じられている。

（毎日新聞７月２７日３１面）

新聞定価1ヵ月3,925円(本体3,738円)・1部売り(消費税込み)朝刊110円 夕刊50円

無差別…死のカレー

次々倒れ、おう吐「酸っぱいと思った」

閑静な新興住宅地の夏祭りに集まった住民らが次々にうずくまり、倒れた。和歌山市園部の園部第14自治会夏祭りで25日起きた青酸カレー事件。26日になって自治会長や児童ら4人が亡くなり、病院は、おう吐をこらえながら点滴を受ける人たちで騒然となった。「みんなが楽しみにしていた祭りなのに」「だれが、なぜこんなことを」。住民は怒りに声を震わせた。

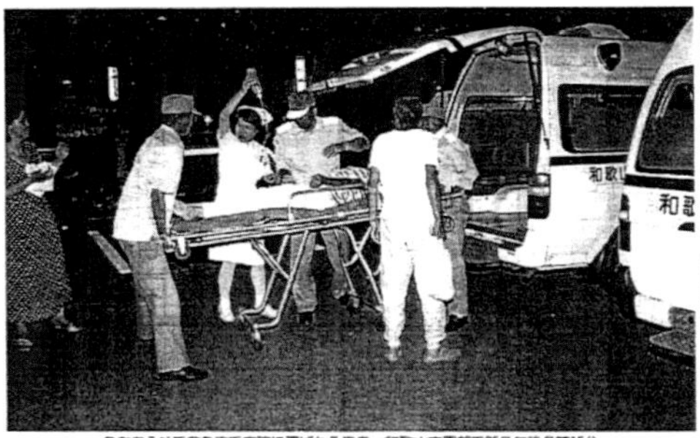

急なおう吐で救急車で病院に運ばれる患者＝和歌山市園部で25日午後8時15分

■遺族

わが子や父親を失った家族や親類の人たちは、突然の悲報に言葉を失った。私立開智高校1年の鳥居幸さん(16)方では、遺族が悲しみをこらえながら通夜の準備に追われた。親類の女性は「昨夜は医師も大丈夫だと言っていたのに。どうしてこんなことに……」とやり切れない表情を浮かべた。

幸さんは兄2人と両親の5人家族。近所の男性(63)は「幸さんが生まれた時、両親は『女の子が欲しかったんです』ととても喜んでいた。あんなにかわいがっていた子がこんなことになるなんて許せない」と怒りに震えていた。

高校の担任の村中紀文教諭(28)は「正午前に連絡を受け、驚いた。明るい子で友人も多く、スポーツから演劇までこなしていた。ほかの生徒に何と話せばいいか」。日曜日だったが、部活動の生徒が多数登校しており、教職員から悲報を聞き、「信じられない」と表情をこわばらせていた。

市立有功小4年の林大貴君(10)方では、親類の女性が「留守番で何も分かりません」と答えるだけ。また同小は来月2日の全校登校日に全校集会を開き、林君の死を児童に伝えることにしている。松山和教諭は「元気な子だった。残念です」と声を詰まらせた。

亡くなった谷中孝寿さん(64)は「責任感が強い」と園部第14自治会の会長を任されていた。和歌山市職員によると、「祭りは、災害時の炊き出し訓練も兼ねている。新興住宅地でも助け合う雰囲気を作りたい」と祭り当日に話していたという。親類の男性(56)は「きっちりした人で、『自治会長はやりがいがある』と一生懸命やっていたのに……」と悲しみをこらえていた。

副会長の田中孝昭さん(53)方には、名古屋市から弟で会社員の健二さん(51)が駆けつけた。「午前10時に着いたが、間に合わなかった。悔しい」と涙を浮かべた。

田中孝昭さん　谷中孝寿さん　林　大貴君　鳥居　幸さん

患者殺到、懸命の治療

■病院

現場近くにある和歌山市園部の前田外科（前田政克院長）には25日夜、60人以上の患者が一時、殺到。自宅でカレーを食べた近くの建設会社社長、松明博敏さん(49)は「食べてすぐ、吐き気が込み上げてきた。とっさに『おかしい』と思い、自分でのどに指を突っ込んで吐き出して、病院に行った」と話した。26日午後になっても、体のしびれとめまいは止まらず、つえがないと立てない状態という。

日赤和歌山医療センター（和歌山市小松原通）の集中治療室前には、患者の家族や知人ら約10人が詰め掛けた。治療中の西川美由紀さん(29)＝同市園部＝を見舞った夫の隆也さん(29)は、別の病院に収容されていたが、外出許可をもらって駆けつけた。隆也さんは「苦しむ妻の様子を見ていると、怒りが込み上げてくる。なぜ罪のない大勢の人が……」と話した。

西川さん夫婦は長女(4)を連れて夏祭りに参加した。隆也さんは「酸っぱいカレーだな、と思った。先に自宅に帰った妻が吐いているのを見てすぐに、自分も胃がもたれてきて5、6回吐いた。外へ出てみるとあちこちに吐いた跡があり、ただごとではないと思った。娘が食べなかったのは幸い」と語った。

無言の帰宅をした谷中孝寿さんの遺体＝和歌山市園部で26日午後9時25分、北村隆夫写す

（読売新聞７月２７日３１面）

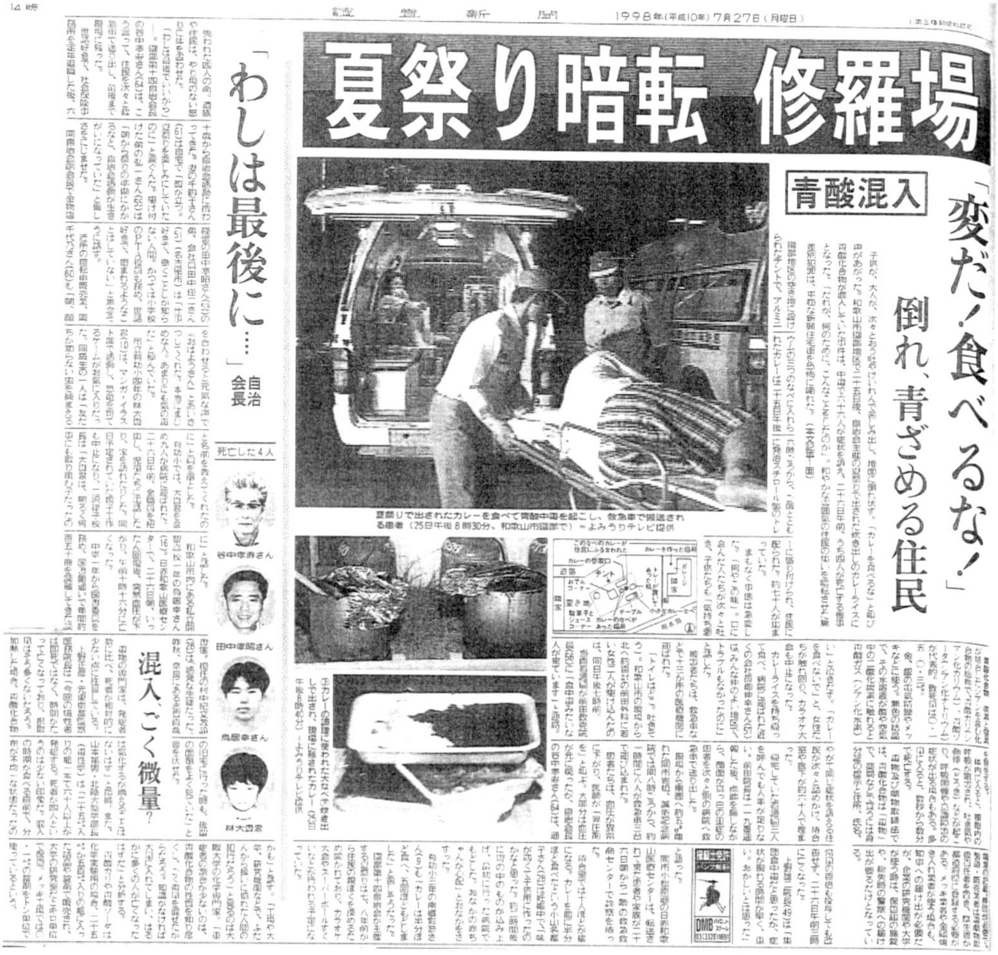

14版　読売新聞　1998年（平成10年）7月27日（月曜日）

夏祭り暗転　修羅場

青酸混入

「変だ！食べるな！」　倒れ、青ざめる住民

子供が、大人が、次々とおう吐やけいれんで苦しみ出し、地面に倒れ伏す。「カレーを食べるな」と叫び声があがった。和歌山市園部地区で二十五日夜、自治会主催の夏祭りで出された炊き出しのカレーライスに青酸化合物が混入していた事件は、中毒で六十六人が症状を訴え、二十六日午前、うち四人が死亡する惨事となった。「だれが、何のために、こんなことをしたのか」。和やかな雰囲気の住民の集いを暗転させた無差別犯罪は、平穏な新興住宅街を恐怖に陥れた。（本文記事1面）

夏祭りで出されたカレーを食べて青酸中毒を起こし、救急車で搬送される患者（25日午後8時30分、和歌山市園部で）＝よみうりテレビ提供

カレーの調理に使われた大なべ（上）と炊き出しで出され、現場に残されたカレー（26日午後8時40分）＝よみうりテレビ提供

「わしは最後に…」自治会長

死亡した4人

谷中孝寿さん

田中孝昭さん

鳥居幸さん

林大貴君

混入、ごく微量？

（産経新聞７月２７日２７面）

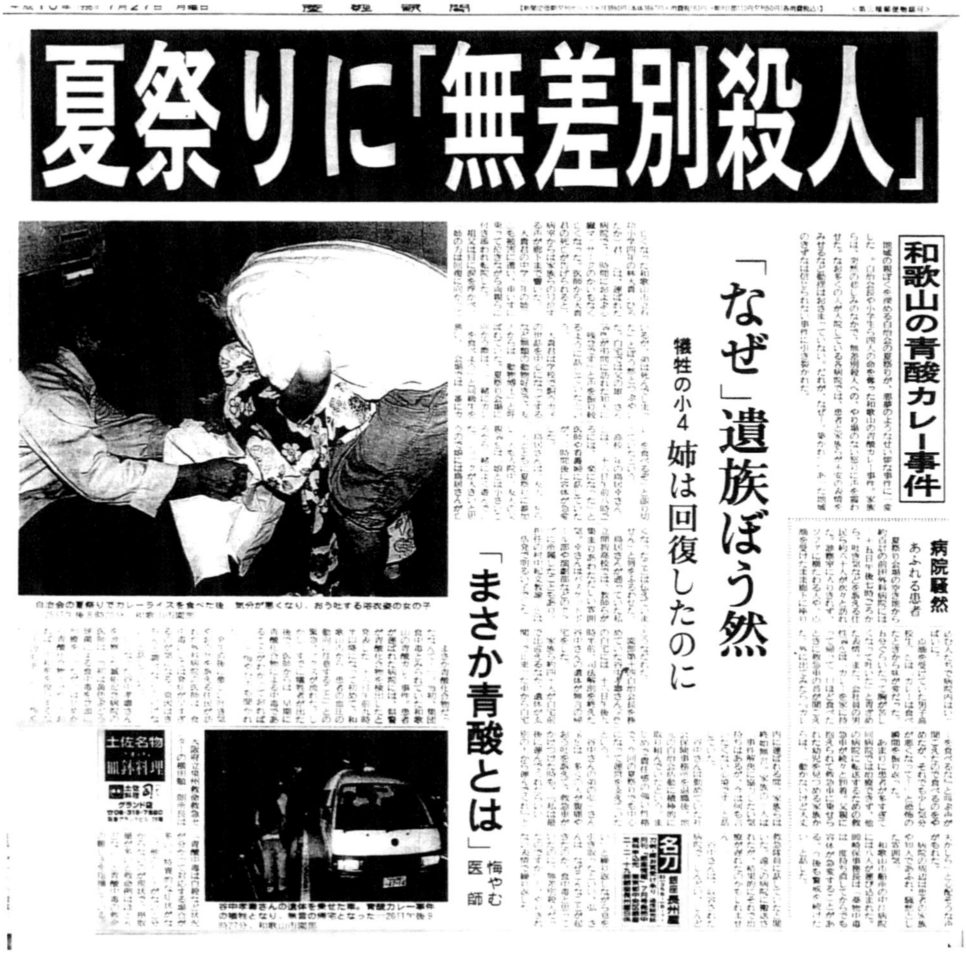

夏祭りに「無差別殺人」

和歌山の青酸カレー事件

「なぜ」遺族ぼう然

犠牲の小４ 姉は回復したのに

病院騒然

あふれる患者

「まさか青酸とは」悔やむ医師

自治会の夏祭りでカレーライスを食べた後、気分が悪くなり、おう吐する浴衣姿の女の子

谷中孝寿さんの遺体を乗せた車。青酸カレー事件の犠牲となり、無言の帰宅となった＝26日午後9時27分、和歌山市園部

当時匿名の毒物混入の電話があった。

以上の事実があるのに，捜査追及はなされない。

３　被告人に関連する事項

被告人は捜査から第一審を通じて全て完全黙秘（完黙）で通した。

（１）被疑者，被告人林真須美に捜査官が完全黙秘を勧める

この完黙を強力に進めた人物は驚くべきことに取調べに当った２人の捜査官（坂本捜査官と谷本捜査官）である。被告人に対し別々の取調べ時に，お前の力では覆すことは出来ないので完黙した方が良いと別々の機会に強力に薦めたのである。何の意図で勧めたのか。当該取調官の個人的意図か，捜査当局の方針か？

（2）黙秘が被告人の利益になるかは時と場合によること

取調べに際して黙秘することは被疑者，被告人の権利である。黙秘は被疑者，被告人が不利になることを防ぐといわれている。あらゆる場合に黙秘することが不利になることを防ぐことになるのか。

それは時と場合によるといわなければならない。

「和歌山カレー事件」において，被告人がカレーに関与したのは出来上がったカレーを７班ある班長の１人として原判決（原判決８９５頁）によれば，午後０時２０分ごろから午後１時ごろまでの間，最大限約１時間弱見張りをしたその短時間の関与だけである。黙秘せずに発言したとしても被疑者，被告人に不利になることは少ない。全面否認する被告人が不利な発言をするとは考えられない。

（3）被告人の能力と黙秘の利益

何よりも被告人は普通の人よりもはるかに弁が立ち，頭の回転も早い。そして記憶力も良い。被告人は看護学校の学歴，保険金勧誘業の経歴，実家の経済活動の影響等もあり，人脈も豊かである等，普通の主婦以上の高い見識を有している。

保険金請求裏事情，地域の大規模開発の裏事情等，被害者，被告人に自由に発言を許せば，捜査当局が逆に翻弄されることも考えられる。

そこで本件の特色は，被疑者，被告人に自由に発言させた方が捜査に有利か，黙秘させた方がし易い事件なのかを検討にかかっている。

（4）黙秘しなかった場合の本件の被告人の利益

そのためには「和歌山カレー事件」と保険金詐欺についての検討が必要である。

「和歌山カレー事件」については，先に論じたように被告人が関与した時間はわずか1時間弱に満たない短時間で全面否認している。通常人以上の高い能力を有する被告人が自己に不利な事を発言することは考え難い。黙秘しなくても被疑者，被告人に不利にならない。

保険金詐欺に関してはいうまでもないが，保険金詐欺という犯罪は単純な犯罪では無い。単に虚偽の事実の保険金請求をすれば，保険会社が請求金に関連する金額を支払うというわけではない。身体の故障，傷害，死亡に対する医師の診断がある。請求に対する詳しい調査もある。

従来から自由民主党関係者と医師のコネや保険金請求の調査との癒着がウワサされてきた地域である。そのため，１３年間も保険金詐欺関係事件が未処理事件として放置されていたのである。保険金詐欺を捜査すれば，少なからずの自民党関係者にも捜査の手が及ぶ。それが出来なかったところ「和歌山カレー事件」によって，被告人だけの追及で保険金詐欺事件の捜査が可能になったと捜査機関は考えたようである。そこで捜査機関は被告人に完黙させることにしたのである。

被疑者，被告人林真須美に自由な発言をさせると，保険金請求の裏社会の詳細を発言され，場合によっては関係者の摘発にも及び捜査官の思いのままのスムーズな捜査に支障を来す。そこで被告人に捜査機関の方から黙認を強く勧めたのである。

そして，被疑者調書１つ取れない事件を起訴することが出来たこと（「捜査概要」９頁），「自白を取らない，自白に頼らない捜査の推進を基本方針とした。」（同５７頁）ことを警察，検察の共同捜査の成果として打上げる。

警察，検察の共同捜査の大義名分も作れたのである。

（５）完全黙秘は，弁護団の利益にどのように関連するか

被疑者，被告人が本件の場合，完黙することと弁護団の利益はどのように関連するか。

被告人の完黙で利益を得たのは捜査側だけではない。最大の影響を受けたのは弁護側であるといっても良い。捜査側が被告人の完黙を勧め，被告人が完黙していることを良いことに被告人との打合わせも十分にせず，被告人の有する豊かな知識や情報（特に保険金詐欺について）を利用せず，夫 林健治，泉克典に対する情報不足で十分な追及に支障を来すなどした。そのため弁護団は訴追側の提示した範囲内で，それに反対し，被告人，弁護団独自の提言をするのがやっとのことで，被告人に自由な発言をさせれば，弁護活動は，その幅と識見を豊かにして，保険金詐欺の事実においても裏社会の追及などして，被告人に有利にするなど質的に違った弁護活動がされた可能性が高い。

そして，それに触発されて「和歌山カレー事件」についても濃縮な弁護活動が出来たはずである。なによりも刑事弁護活動の要諦は，被告人に完黙を勧めるか，自由な発言を認めるかを選択することにある。

そのためには，被告人との接見を重ねて被告人が有する種々の能力を発見し，さらには発掘することにある。

被告人に完黙を許した弁護団は最初の出だしから間違っていたのである。まして，裁判資料さえ被告人に十分見せていないとあっては，弁護に値しない弁護活動をしているのである。

何よりも被告人の完黙が捜査官の強い勧めによることを弁護団は被告人との

打合わせを満にして，事前に知っておかなければならない。それすらできない弁護団と被告人との関係なのである。

（6）被疑者，被告人林眞須美の完黙の効果

以上要するに，捜査機関は林眞須美を被疑者段階から第一審公判におけるまで完黙することを強力に勧めそれに成功し，それによって捜査，裁判に与えた効果は絶大なものがある。

本件「和歌山カレー事件」は膨大な情況証拠が特徴とみられている。その膨大な情況証拠の取集の捜査及び膨大な情況証拠による裁判を可能にした根底に，林眞須美の完黙があったからである。

そこで被告人林眞須美の完黙の影響をまとめておこう。

「和歌山カレー事件」は林眞須美の完黙にささえられた裁判なのである。

①林眞須美の完黙で得た捜査側の利益

（ア）１３年間も放置せざるを得なかった未裁事件の保険金詐欺　等の事件を関係者を巻き込まずに，林眞須美だけを処理することで解決することができた。

（イ）警察，検察の協力捜査の大義名分が得られたこと

被疑者調書が一通もないのに起訴できた（捜査概要９頁）

自白を得られない，自白に頼らない捜査の推進（同５７頁）

（ウ）情況証拠による「和歌山カレー事件」の起訴，被告人の有罪の獲得。

②林眞須美の完黙による弁護団に与えた影響

（ア）弁護団は完黙中の林眞須美と十分な打合せをせず，被告人の豊富な知識を利用して反撃できるのにそれをせず単なる検察請求に反対するだけの弁護に終始した。

（イ）特に保険金詐欺に関しては，被告人は絶大な知識を有し，これで反撃すれば状況は相当変わったものになっていた。

4　膨大な情況証拠収集の捜査の真の目的

本件公判記録はダンボール箱２４箱は優に有るといわれる。検察官証拠調べ請求の証拠関係カードでも甲が１５２６，乙が１２の合計１５４０弱の供述調書，捜査報告書，鑑定書等である。

書類中には添付された関係書類で６０頁余のものもある。それに１００人余の証人調べ調書（原判決２８頁）という膨大な証拠である。

問題は何のための証拠の膨大さか，ということである。情況証拠の膨大さにかまけて，肝腎の必要な証拠の収集を怠ったとしたら本末転倒である。
そのためには，少なくとも初歩的な論理のミスのないように証拠を収集しなければならない。ところが，本件捜査，裁判にはあってはならない初歩的な論理のミスで事が運ばれている。

例えば，その１として
原判決は，論告を引用しながらそれを是認して自己の見解とする特異な判決である。しかし，その論告に初歩的な論理のミスがある。

『これに対し，カレー毒物混入事件は，被告人が激昂して夏祭り用に調理されたカレー鍋の中に多量の砒素を混入したという無差別大量殺人であって，起訴にかかる前記４件の殺人未遂事件とは明らかに犯行態様を異にするため，犯人性に関する証拠構造もこれら４件とはおのずと異なっているが，これら４件の殺人未遂事件の敢行によって人に砒素を使用することに対する抵抗感が薄れ，（A）慣れ切った被告人が，従前同様，砒素を使用して犯行に及んでいること，また，積極的に保険金取得を目的とした犯行ではないと認められるものの（B）被告人がかねて生命保険等を掛けていた林健治ないしその麻雀仲間が夏祭りで提供されたカレーを食べていれば，被告人において多額の保険金を取得し得る可能性が存した点においてこれら４件の犯行の延長線上で敢行された事件ともいえる。というものである。
検察官は，以上のような方針に基づいて，カレー毒物混入事件の被告人の犯人性を立証するため，夏祭り当日の状況や関係亜砒酸の同一性に関して立証を行うとともに，多数の類似事件の立証を含めた立証活動を展開してきた。』（原判決２７頁）（アンダーライン（A）（B）は筆者が付けた）

上記アンダーラインの（A）（B）の論理に違和感ないし，同語反復（トートロジー）を感じるのであろう。
要するに（A）も（B）も被告人が犯行したか否かを認定するために，被告人が犯行したことを前提とした論理を展開している。論理矛盾以外の何ものでもない。
このような論告がなされ，それを判決が是認しているのである。

その２として，原判決は，判決書８８５頁以下で，
『カレー毒物混入事件における被告人の犯人性を総合的に検討する。』として（ア）ヒ素の同一性，（イ）混入機会の希少性，（ウ）鍋の見張り番中の被告人

の行動，（エ）被告人とヒ素とのつながり，（オ）人を殺す道具としてのヒ素使用歴，（カ）被告人以外の第３者のヒ素混入の可能性，（キ）被告人の見張り当番の時間帯における第３者による犯行の可能性，等を検討して，結論として，被告人が東カレー鍋にヒ素を混入したとする事実が合理的な疑いを入れる余地がないほど高度の蓋然性をもって認められる。とするのである。

しかし，ここで捜査，訴追，裁判は「和歌山カレー事件」は膨大な情況証拠によって，犯行を認定すると暗に謳って来たことを想い出すべきである。

情況証拠をこの場面に適用するとどうなるか。

なによりも情況証拠の適用を被告人だけに限っている原判決は不当である。出来上がったカレーの見張り番の７班の被告人以外の６班についてもそれぞれヒ素混入の機会の有無を検討すべきである。　被告人について（ア）～（キ）まで検討したように６班６人においても検討すべきである。

それだけではない。カレーを夏祭りに会場に運んだ後や配膳するに当ってもヒ素混入の機会の有無を情況証拠から検討すべきである。被告人以外に情況証拠を適用して，はじめて被告人の犯行かどうかが明らかになるのである。被告人だけに情況証拠の適用を限ってはならない。

何よりも，夏祭りに訪れた，部外者の捜査，調査が肝腎である。

このように見ていくと，本件捜査，訴追，裁判は情況証拠を謳い文句にしながら，肝腎の情況証拠収集の場所，時期，機会を誤っているといわざるを得ない。

判決は誤った情況証拠の使い方の典型といわれても仕方が無いであろう。

5　その他の事項

1　警察と検察の協力調査

「捜査概要」９頁では，警察と検察の協力捜査があったから被疑者調書が１通も無い中で起訴に持ち込んだ成果は大きかったと強調する。

「捜査概要」５７頁では，警察は検察庁との事前協議の結果，自白を得られない，自白に頼らない捜査の推進を基本方針とした。と協力捜査の成果を強調する。

しかしある意味では当然のことで，協力捜査の成果として強調すべき程の事がらではない。

さらに警察の検察の協力捜査の具体的必要性と実績が明らかにされる必要がある。

以上のままでは警察の独走を隠す手段として検察との協力捜査を掲げたとしか見られないであろう。

6　「和歌山カレー事件」捜査，訴追のまとめ

以上を総覧すると，以下の事実が強い疑いとして浮び上がる。

その１つ目は，ことさら自治会長，副会長の身辺を明らかにすることを回避する捜査に終始していること。

２つ目は，真犯人追及の最短コースともいうべき青酸化合物に関連することを回避する捜査を取っていること。

３つ目は，本来は黙秘を追及するはずの捜査において，捜査機関の方から，被告人に黙秘をすることを強く勧めて，被告人を完黙させ，その裏側として，被告人に関連する情況証拠の収集だけから事件を解決する証拠としていること。

４つ目は，さして必要も無い警察，検察の協力捜査を掲げていること。

これらを総合すると，警察は真犯人の目ボシをほぼ付けているが，真犯人の追及が種々の理由で極めて困難なことから，あえて真犯人の追及を放棄したこと。

しかし世論の手前，犯人を確保せざるを得ず，また１３年間も放置した未裁事件の処理を兼ねて，たまたまヒ素に関係したことから被告人を犯人としたと強く推測される。

第２　真犯人を逃し，身代りに被告人をデッチ上げる捜査の可能性

大物真犯人を逃してやり，身代りに被告人をデッチ上げる捜査の可能性を感じざるを得ない。

次に第４章で日本における捜査制度の欠陥がもたらした初動捜査の軽視と地道な本格捜査の履行を省いて極端に飛躍した捜査の結末や，「日本における捜査制度の欠陥と秘密主義」を述べるが，法律による捜査規範を持たない日本は捜査機関によって全く自由な捜査を遂行することが出来る。そのことが場合によっては，捜査機関が大物真犯人を逃してやり，身代りの犯人をデッチ上げる捜査をする可能性も十分にある。

「和歌山カレー事件」は，後に述べる「和歌山カレー事件」捜査，訴追のまとめで詳述したように，目ボシの付いた真犯人の追及を放棄して，ヒ素に関係した被告人を犯人にデッチ上げた可能性が強く推測される事件である。

このように考えると，捜査の常道に反して被害者の自治会長，副会長の身辺を洗う捜査をしなかったこと，なおさら，青酸化合物に関連する捜査を絶対にと言ってもよい程しなかったこと，事件当日に来訪した部外者の捜査を全くしなかったこと等が合

理的に納得の行くことが理解される。

また，「第６章の「被告人が無罪である決定的証拠が原判決に３箇所存在する」の項で詳論するように，被告人が無罪である証拠，加門仁警部の捜査報告書に添付された被害者資料鑑定結果一覧表が，それも３箇所に渡って証拠資料として存在していることも理解できるのである。

警察は，目ボシを付けた真犯人にそれとなく「真犯人は解っていますヨ！」と言いたいのである。いずれにしてもデッチ上げで死刑を宣告された被告人には代える言葉が無い程気の毒である。

このような捜査は二度と起こしてはならない。

そのためには法律による充実した「捜査規範」を日本社会として早急に確立しなければ成らない。

第４章　日本における捜査制度の欠陥と秘密主義

第１　法律による捜査規範は民主主義国家の基本である

１　「和歌山カレー事件」の勃発

事件は，平成１０年７月２５日午後６時頃，夏祭りの会場でカレーを食べた合計６７名の体調異常が発生した。２６日に自治会長外３名が死亡した。自治会長は２６日に，その他の３名は２７日に解剖された（「捜査概要」１６～１７頁），解剖結果，死亡診断書，死体検案書がある。

解剖結果，警察発表ということで，青酸化合物殺人事件発生と日本中の全マスコミの発表といってもよい程，騒然とした状況が少なくとも１週間の８月３日ごろまで続く。

８月３日ごろからは，青酸の外，ヒ素も使用されたとするマスコミ報道が８月１０日頃まで続く。

８月１０日ごろからは青酸の使用のトーンが次第に消え，ヒ素だけの報道に代わる。

８月２５日ごろからは，ヒ素による保険金詐欺の報道が加わる。

以上のような経過，第２章の事件の経過で詳述した通りである。

そして，第３章として，捜査の常道に反して，青酸化合物事犯として追及をしないのはなぜかという点を論及した。

２　なぜ捜査機関は青酸化合物使用犯行を追及しないのか

「和歌山カレー事件」において，犯行にはヒ素だけではなく，青酸化合物も使用されていることの証拠としては以下のものがある。

まず死亡した４人に対する解剖結果，死亡診断書，死体検案書である。

次に，「被害者資料鑑定結果表」である。これはカレーを食取した６７名全員の体から，ヒ素と青酸化合物（シアン）が鑑定されたとするものである。検察官請求証拠等関係カード，検甲１０４１，甲１０６３，甲１１０１に添付された加門仁作成の捜査報告書に各添付されている。

さらに，読売新聞平成１０年８月５日朝刊３１面の毒物カレー「ヒ素新たに６検体」の見出しの記事の中に，「田中副会長，鳥居の吐しゃ物から青酸反応。谷中の胃の内容物，林大貴の食べ残しのカレーからも青酸反応」の記事がある。

そして，毎日新聞平成１０年８月９日朝刊２７面に，「毒物カレー事件の鑑定，捜査状況」と題して，和歌山県科捜研と科警研の青酸とヒ素の死亡者４人の鑑定結果の一覧表が掲示されている。

詳細は第１章第２の刑訴法４３５条６号の新規明白な証拠を一読して頂きたい。

これほど「和歌山カレー事件」については，青酸化合物が犯罪と関連していると見られる証拠がありながら，捜査機関は捜査の常道に反して，青酸化合物捜査をしようとしていない。

3　捜査の常道に反する捜査の数々

「和歌山カレー事件」について捜査の常道に反する捜査はこれだけではない。被害者の身辺を徹底的に洗うことが捜査の常道といわれている。

第３章でも述べた通り，自治会長，副会長の

（ア）２人の財産形成の内容，手段，方法，その過程での敵対者

（イ）経済活動，地域活動の方法，敵対者

（ウ）社会活動，地域活動の方法，敵対者

（エ）政治活動，政党活動の方法，手段，地位敵対者

これらの捜査がされていない。それはなぜか？ということである。

さらに，事件当日の地域の住民以外の外部の来訪者の捜査も一切なされていない。これはどうしてであろうか？ このように見てくると，どうしても日本の捜査制度，捜査規範はどうなっているのか。捜査とは，全く捜査機関の専権事項で，国民の納得，看視は全く及ばないことなのかということが問題になる。

そこで，諸外国の捜査制度と日本の捜査制度を見てみようということになる。

第２　世界の捜査制度

世界の多くの国では，捜査システムが法律で基準が定められ公開され，国民がそれを知ることができるシステムになっている。それが冤罪を阻止し，民主主義化の最大の制度であると，世界各国では信じられているのである。

世界の多くの国は「捜査は三段階制度」を採っている。捜査を（１）初動捜査，例えば指紋，足跡等現場保存，（２）本格捜査，例えば捜査線（犯罪の手口，物件移動経路）等，（３）取調べの三段階に分ける。各段階に異なる捜査官を配置する。それだけではなく各段階ですべき要件を厳重に法律で定める。

このことは初動捜査を手抜きし，あるいはほどほどの初動捜査をして，ある一定の見込み捜査により直ちに本格捜査に入るという，いわゆる見込み捜査を防止することに，絶対的な効果がある。

初動捜査で犯人が関与した事実が多々あるのに本格捜査でそれを追及しないといった，本格捜査の怠慢も防止される。しかし，初動捜査が不十分で，これでは本格捜査

が出来ないといった，初動捜査の怠慢防止にも役立つのである。
そして，現実の捜査で成し得たこと，成し得なかったこと，以上を記録化し，捜査後公表に応じる。そうすると何が問題で，どこが不十分であったか等々が明らかになり，捜査の問題点が明らかになる。

そして，これらすべてのことが，事後的に国民の請求に応じて，国民に公開されるシステムになっている。

第３　日本の捜査制度

日本では三段階制度は採らず，鑑識と捜査に大きく二分されており，一貫して同じ捜査官（捜査班）が三段階を担当し，初動捜査，本格捜査は何よりもＡが犯人らしいという，Ａの犯人性の発見に重点が置かれ，早々にＡを逮捕して取調べ，自白を得て，その後裏付け証拠を得る。日本の捜査構造では，自白を得ることに重点があり，初動，本格各捜査に独自の意義は乏しい，ということになる。

何よりも「捜査の秘密」の名の元に，捜査の基準が事前に明示されることは無く，捜査内容は事前は元より，事後においても国民に公開されない。
このような捜査構造のため，捜査のやり方は，柔軟で初動捜査をほどほどにして本格捜査，取調べに進むことが出来るし，記録化もされていないので，逆に言えば，捜査を公開することも出来ない。
何よりも問題は，捜査に関する規制がないに等しいことから，捜査機関により，犯人が犯罪行為及び双方のデッチ上げが，容易であることである。

このような日本の捜査の特異性について，まず外国人から異議が出された。１９８９年シンガポールの警察幹部ジェフ・トウ・イーテンは，日本の警察大学校国際捜査研究所等において，約６ヶ月間，外国上級警察幹部研修に参加し，日本の捜査の国民に対する秘密主義に驚いたのでしょう。警察の雑誌，警察学論集４３巻４４頁以下に「日本の刑事警察制度，シンガポール警察幹部の見た日本の警察」を投載した。これによって，捜査の三段階が世界で公認されていることと，日本の秘密主義との大きな違いが知れ渡ることとなった。

第４　日本の法治国家性を嘆く声

このような捜査がよって立つべき準則の法律である捜査規範を持たず，その上，事後的にも捜査の公開が為されない日本の社会は，これでも法治国家であるのかと，法治国家性を嘆く声は，後を絶たない（佐藤友之著「法治国家幻想」学友社刊，郷原信郎，森 炎著「虚構の法治国家」講談社刊）。

そして，捜査機関によって犯人，犯罪行為とデッチ上げられたと主張する書籍は，身近な所にいくらでもある。例えば，「千葉成田ミイラ事件」釣部人裕，高橋弘二，ＳＰＧＦ２０１０年出版，「我が人生，ハザンへの道」室岡克典著，（株）室岡克典政治経済研究所２０１７年出版，「香川県警の捜査放棄と冤罪捜査２１５回」川上道大著，日本タイムズ社出版等である。

捜査機関は絶大な国家権力機関である。捜査機関が絶対的な権力を行使して行うのは犯罪の検挙，防止である。

ただでさえ，絶大な権力の行使として，捜査機関の思い通りに捜査を進展出来るのであるから，社会的な関心を得たくて，あるいは困難な捜査に替えて，安直な捜査をしたくて，あるいは捜査官が高名を得たくて等のため，時には捜査機関に犯人や犯罪，あるいは双方デッチ上げの誘惑が生じないとは絶対にいえないであろう。

国民の看視が無ければ，捜査機関自らによって，犯人や犯罪あるいは双方のデッチ上げが行われる可能性があるのが日本の捜査の特徴である。これを防止するためには，まず第一に，上述した世界の多くの国のように法律により，捜査の準則を定めること，そして第二として，捜査を事後的にでも国民に公開し，捜査の看視を国民に委ねる以外に，捜査機関自らによる犯人や犯罪及び双方のデッチ上げを防ぐ方法は無いのである。

まず，事前に捜査を準則に定め，その上で事後的にしろ，捜査を国民に公開して，捜査が適法，適性合理的に行われたか否か，について国民看視を仰ぐことが必要不可欠である。

第５　あるべき日本の捜査規範

そこで最後に今後日本で制定されるべき，あるべき日本の捜査規範の検討することにする。

１　はじめに　―国民意識の形成－

法律としての捜査規範が存在することは，単に犯罪捜査に限られたことに留まらず，広範囲の国民意識の形成に重要な役割を及ぼす。

まず，捜査の要件が事前にその準則が明定されているので，国民は必要以上に，捜査機関を怖がる必要がなく，安心した社会生活を送ることが出来る。

逆に，必要以上に捜査機関に頼ることも出来ず，自主，自立の精神が養われる。

それだけではない。犯罪防止という公共問題が国民共通の意識になることによって，国民の関心が社会全体のあり方にまで広く及ぶことになる。

このところ，日本は，経済における生産性はもとより，各種国民意識の点においても，世界各国から遅れを取ることが目立つようになってきた。

たかが犯罪捜査規範が法定されていないだけではないかと軽くあしらうことは相当ではない。犯罪捜査規範の未制定が，各種国民の意識の世界基準から遅れを取る重大な要因になっていることに早く気づくべきである。法律による捜査規範の制定とは，これほど社会の根幹に影響を及ぼす重大事項なのである。

民主主義の欠如を嘆く声も聞かれる。しかし，これほど社会の根幹に影響する犯罪捜査規範さえ，法定化されてない国である。民主主義のいたらなさが存在しても当然のことである。

民主主義国家，社会として当然に備えるべき法制度が無いのであれば，嘆く前に，一つ一つ備えて行うべきだと考える。

また，あるべき捜査規範の法制化について，後に検討するが，捜査の三段階制度を取り，各段階のすべき要件を明白化し，各段階の責任者を明確にし，責任者の責任を明確にし，捜査を事後的に公表する制度を明らかにする。

そうすると，これまで各捜査員は本部長の命ずる歯車の一つとして盲目的に命令に従っていた立場から，自主的な捜査員と生まれ代わり，主体的に自律的に捜査に関与することになる。

この点からも自律的な国民を養成することになり，国の隅々まで，民主主義を貫徹することに役立つことになる。

上司の命令の下に，歯車として動かなければならないと考えられていた犯罪捜査においてさえ，捜査員が自主的，主体的に行動できるとなると，社会のあらゆるところで，歯車的な行動が，自主的，主体的な行動に正されていく。社会はいよいよ自主的，主体的な行動が主流になるのである。

犯罪捜査規範の法制化は，これほどまでに社会の根幹から民主主義化をもたらす重要な要素なのである。

２　あるべき犯罪捜査規範の法定化の要件の検討

（１）犯罪捜査規範に関する事項は，法律で規定されるべきである

犯罪捜査規範は，国民主権の顕われであり，国法で民主主義的に制定されるべきである。

現行の「犯罪捜査規範」と命題されたものは，法律ではなく，国家公安委員会規則である。その上犯罪捜査の準則では無く，警察職員の勤務及び活動の基準と

しての性質を有する（「新版逐条解説犯罪捜査規範」警視庁刑事局編　東京法令出版株式会社４頁）規範に過ぎない。犯罪捜査の準則，公開，捜査担当者の責任問題等犯罪捜査規範に関する事項は，全て法律で規定されるべきである。

民主主義国家として，法律による犯罪捜査規範が無いということは，真に恥ずべきことである。

（２）捜査の段階を明記して，各段階の責任者を明記する

初動捜査，本格捜査，取調べの三段階はほぼ公知の事実である。その三段階を確定して明記し，各段階ごとに各責任者を振り分け担当する。

捜査員は担当する自己の段階に責任をもって担当する。初動捜査，本格捜査，取調べの各段階が明確化され，その段階ですべきことが明定されていると，捜査機関による怠慢や不正，捜査機関による犯人や犯罪のデッチ上げは極めて起こりにくくなる。

現行の規則は，捜査の段階を明記したりはしておらず，各段階の責任者を明記することなどは全くない。

上記第二節の捜査の組織の第１５条は，現行捜査規範の性格が如実に表れているのでそれを紹介する。

（捜査の組織的運営）

第１５条　捜査を行うに当たっては，捜査に従事する者の団結と統制を図り，他の警察諸部門および関係警察と緊密に連絡し，警察の組織的機能を最高度に発揮するように努めなければならない。

つまり，「現行捜査規範」規則は警察官の心構えを規定したものである。捜査の各段階の要件の明記が無いので，どのような捜査も捜査機関にとっては自由であるということになる。

（３）各捜査段階のすべき要件を明確化して確定すること

この点は重要である。誤導捜査の原因は，初動捜査の怠慢，本格捜査の怠慢，間違った方向への本部長等リーダーの暴走である。その原因を明らかにするためにも責任者を明確にしておく必要がある。各捜査段階の要件が明確化されているので，捜査機関は好き勝手に，どのような方向，相手に向かう捜査も自由ということにはならない。

（４）捜査の公開を求めることができる

捜査が適法，適性合理的に行われたか否か，国民は看視する権利がある。捜

査本部が設けられたときは捜査本部長，その他の場合は，警察署長は捜査に関して，国民の質問に応じる義務がある。

ところが，現行規則は，捜査の公開を定めた規定はない。国民の捜査公開を求める権利に触れた規定も無い。

「現行捜査規範」の性格を端的に表しているのは「第一章　総則」である。その項目を記する。

第一節　捜査の心構え（第１条～第１４条）
第二節　捜査の組織（第１４条～第２６条）
第三節　手配および共助（第２７条～第４４条）
第四節　検察官との関係（第４５条～第４９条）
第五節　特別司法警察職員等との関係（第５０条～第５４条）
第六節　捜査書類（第５５条～第５８条）

つまり「現行捜査規範」は警察官の勤務及び活動の基準としての捜査の心構え等を記したもので国民に対する関係で，捜査の基準を定め公開等を規定したものではない。

捜査の公開を定めた規定が無いことは，民主主義国家としては，致命的である。

捜査機関による犯人や犯罪のデッチ上げ等，捜査機関のやりたい放題のことが出来る事でもある。捜査機関が国民から必要以上に怖がられる理由も，この公開限定の無いことと関連している。捜査機関から睨まれると，何をされるか分からないと思うからである。これでは，国民が委縮し，伸びやかな国民が育たなくなるのは当然である。

（５）記録化すること

各捜査段階ですべきことをしたのか否か。なぜできなかったのか。それ以外にも捜査でしたこと，しようとして出来なかったこと，及びその理由を具体的に詳細に記録化する。捜査情報公開のための必須の前提要件である。

「現行捜査規範」規則には，捜査内容を記録化する規定は全く無い。「現行捜査規範」規則が警察職員の勤務及び活動の基準としての性質の有するものであっても，捜査内容を記録化することとは矛盾しないはずである。しかし，後日国民の追及との関係が生じたり，責任問題を問われる証拠なるような規定は全く無いのである。

この点からだけ見ても，「現行捜査規範」規則がいかに，反国民主権的な規則であるかが明白である。

（6）捜査官の責任の明確化と責任の違反を明らかにする

捜査における捜査官の責任を明確化し，責任の違反を明らかにすることは，捜査の怠慢，暴走を阻止する必須の要件である。

「現行捜査規範」規則は，捜査の各段階を明確化することは元より，各段階の責任者を明記する制度は全く無い。前記の第一条総則第一節から第六節までの通りで，正に警察職員の勤務及び活動の基準として役立つ内容の規定に過ぎない。

日本の「現行捜査規範」規則によれば，犯人や犯罪行為を捜査機関がデッチ上げることが容易である。そしてまた初動捜査，本格捜査を無視した突飛もない捜査の進行もリーダー（捜査本部長）の指導によっては可能となる。

「和歌山カレー事件」の捜査はこの部類に属するものである。

第６　結論

１　青酸化合物に関する捜査の欠如

戦後８０年近く経ってもいまだに民主主義社会に必要不可欠な犯罪捜査規範の法制化さえされていない，日本の国家，社会である。この社会のゆがみの端的な犠牲となったのが，「和歌山カレー事件」である。

もし，日本の法定化された捜査規範が存在した場合，「和歌山カレー事件」はどうであったろうか。

日本においても現行捜査と異なり，捜査の三段階制度が採られて，各段階の要件が厳密に定められており，捜査の公開が確立されておれば「和歌山カレー事件」においても，異なる捜査がなされていたのではないかと推測される。

まず，先に「和歌山カレー事件の発祥」毎日新聞のドキュメント引用でも述べた通り，７月２５日１９時３２分，和歌山県警は事件性があるとして捜査を始めている。

この捜査の開始自体は，迅速な捜査として，肯定されるべきである。

死亡した４人は，診療中の医師の面前で死亡し，１人は即日，残り３人は翌日解剖され，解剖結果，医師の死亡診断書，死体検案書がある。解剖結果，死亡診断書，死体検案書の死因は，これ以上優良な証拠は望み得ない優良な証拠である。

これらの書類が示す死亡原因は，おそらく青酸化合物であったことは間違いない。

青酸はメッキ工場，化学工場，大学研究室などで使用される身近な猛毒であるといわれている。青酸の所持者は，非常に多数になると推測される。

４人に対する殺人罪の追及として，まず青酸化合物に関する捜査をすべきであるのに，この青酸化合物に関する捜査が全くされていない。

これほど明らかな捜査の原則，常道に則った捜査を放棄している例は，またと無い例である。

何よりも，解剖結果，死亡診断書，死体検案書の死因が，青酸化合物となっているのに，本格捜査担当者において，青酸化合物による殺人捜査の死因の追及を無視した。現実に「和歌山カレー事件」の捜査でされたような，ヒ素を使用したとする膨大な状況証拠によって犯人を追及するといった捜査方法は，追及されなかったと考えられる。

「和歌山カレー事件」は，日本の捜査制度の欠陥が如実に顕われた事件でもある。

２　膨大な状況証拠捜査

「和歌山カレー事件」は真の犯罪原因を隠したのではないかと，強い疑問が生じる膨大な状況証拠捜査であった。

何度も繰り返すが，日本の「捜査規範」は，捜査がを国民の規制を受け，国民に公開するため，法律によって定められたものではない。警察職員の勤務及び活動の基準としての性質を有する（「新版逐条解説捜査規範」警視庁刑事局編，東京法令出版株式会社４頁）ものにすぎず，初動捜査，本格捜査の要件，責任者を法定していない。従って捜査機関において，犯人や犯罪行為のデッチ上げはもとより，初動捜査，本格捜査を無視した捜査も可能なのである。このような初動捜査，本格捜査を無視した捜査がなされたのが，「和歌山カレー事件」の捜査・裁判である。

それに加えて，以下に述べる疑問が加わると，真の犯罪原因を隠すためにあえて，膨大な状況証拠収集の捜査がなされたのかという強い疑いが生じる。

まず，死亡した４人，特に会長と副会長の身辺を洗う捜査が全くされていない。殺人事件において，死亡した被害者の身辺を入念に洗うことは，捜査の基本中の基本である。

会長，副会長の職業，財産形成，政治関係，敵対者，同好者等更に携帯電話の一週間前からの内容，７月２５日の地域外の来訪者との面談関係，カレーを食べた順番，だれが配膳をしたか等，入念な調査をすべきであるのに，全く捜査されていない。

これらの点について，入念な捜査がされておれば，新たな事実が発見されていた可能性が極めて高い。しかし，全く調査されていない。

次に，７月２５日夏祭り当日の地域住民以外の部外者の来訪者の捜査が全くされていない。

夏祭りは，自治会関係者の相互親睦の機会であり，政治家，秘書，及び立候補志す人にとっての重要な票田開発の機会でもある。少なからずの部外者の来訪があるはずである。現に他の自治会関係者，地域出身の代議士や秘書が来訪していたウワサが多数ある。

そして，例の「被害者資料鑑定結果表」の存在である。甲１０４１，甲１０６３，甲１１０１と検察官証拠等関係カードに記載されて証拠とされたものである。

裁判では，罪となるべき事実の証拠の標目１５頁１６行目と２３，２４行目，１６頁７行目に歴記と判示されている。医師島田博，辻本登志英，小牧克守が自分が診察した被害者の特定のためとはいえ，あえて，県警捜査一課警部加門作成の「被害者資料鑑定結果表」に頼る必要性は全く無い。この「被害者資料鑑定結果表」によれば，カレーを食取した被害者６７名全員からシアンとヒ素の鑑定が出ている。それは被告人以外の第三者犯行であるとする歴然，明白なこれ以上の証拠は無いといってよい証拠である。

これをあえて，３人の医師の供述調書に，添付した意図は何かということである。

警察は「真犯人は判っていますヨ！」という証拠以外のためとは考えられない。そして，最後に死亡した４人の死因についての直接証拠が無いことである。

刑事事件であるのに，被害者の死因の直接証拠が無い。警察は，被告人宅に存在したヒ素と，カレーに投与されたヒ素の同一性の鑑定をしている。

それ以上に，死亡した４人の死因がヒ素であることの鑑定をして，死因の証拠の充分性を計るべきであるのに，あえて，死因の鑑定はしていない。

この点も考え方によれば，あえて鑑定をしなかったと思われる。そこまで完璧に被告人を「和歌山カレー事件」の犯人にはしたくはなかったのである。

真犯人存在の余地を残しておきたかったのである。県警は，犯人追及のためには，膨大な状況証拠収集の捜査までしたと，責任逃れの方法を一方で取る。他方，真犯人には，死因の直接証拠の不存在を残して，真犯人の存在は解っていますヨ！とエールを送り，真犯人に恩を売っておくのである。

このような，あってはならない欺瞞的な捜査が出来るのが，捜査規範が法制化されていないからである。

3　全く異なった方向に捜査を進めることが可能である

犯罪捜査規範の法制化されていない日本国において，捜査機関は，初動捜査の成果を無視して，全く異なった方向に捜査を進めることが可能である。

しかし，結果は世に言う「御天道様はみてござる」である。第三者の犯行である証拠が多数存在し，これらが日の目を見た暁には，冤罪は必然性的に明らかにならざるを得ない。

捜査機関は万能ではないのである。

第５章　「和歌山カレー事件」の裁判，弁護の実態

第１　はじめに

１　全くこれ以上矛盾のありようのない矛盾した判決

原判決は，被告人以外の第三者の犯行であることが明らかな証拠（被告人を無罪とする証拠）を判決の理由の証拠の標目にそれも３箇所に渡って掲げながら，被告人に死刑を宣告する。全くこれ以上矛盾のありようのない矛盾した判決である。

３箇所に掲げた，第三者の犯行とは次のようなものである。

一つ目は，原判決証拠の標目１５頁の１６行目島田博（２通，甲１０４１，甲１０４２）とある中の甲１０４１。

二つ目は，同１５頁の２３行目，辻本登志英（５通，甲１０６２，甲１０６３，甲１０８９，甲１１００，甲１１１２）とある中の甲１０６３。

三つ目は，同１６頁７行目，小牧克守（甲１１０１）とある中の甲１１０１。である。

この三つは，いずれも被害者を診察した医師の供述調書であるが，その供述調書中に，それぞれの医師である島田，辻本，小牧が自己が診察した看者を特定する手段として，和歌山県警捜査一課警部加門仁作成の「被害者資料鑑定結果表」の被害者６７名の一覧表を示して，自己が診察した看者を特定している。問題はこの「被害者資料鑑定結果表」である。これによると，被害者６７名が，和歌山科捜研か，東京科警研か，兵庫県科捜研か，大阪市大（医学部）かのどれかで，シアンとヒ素の双方の体内含有の鑑定結果が出ているということである。つまり，被害者６７名は全員，シアンとヒ素を食取しているということである。

被告人は起訴状，判決の罪となるべき事実のどちらにおいてもヒ素を混入したことを実行行為とする殺人罪等を問われている。そもそもシアンの混入は殺人罪等の実行行為とされていない。シアンを混入したとすれば，その犯行は被告人以外の第三者ということになる。

和歌山県警捜査一課警部加門仁作成の「被害者資料鑑定結果表」は，被告人以外の第三者の犯行であることの明白な証拠である。原判決は，この第三者の犯行である証拠を罪となるべき事実の証拠の標目中の１５頁１６行目と２３行目，１６頁の７行目の３箇所にも明示している矛盾極まりない死刑判決である。「司法殺人」という著作がある。森 炎著「司法殺人」講談社刊である。原判決は誤判

を通り越して，正に「司法殺人」に該当する判決であるといわなければならない。

２　死因の証拠として提出されていない３書面

それだけではない。死亡した４人は，医師の診察中に平成１０年７月２６日いずれも医師の面前で死亡した。自治会長は，死亡当日の２６日，その他の３人は，翌日の２７日に解剖され，解剖結果，死亡診断書，死体検案書もある。

ところが，この解剖結果，死亡診断書，死体検案書は，裁判において，死因の証拠として提出されていない。

従って，死亡した４人に対する直接証拠としての死因の証拠が無い，これが「和歌山カレー事件」の死刑の判決なのである。

死刑判決といわなくとも，殺人罪の判決としても解剖結果等がありながら，これを死因を立証する証拠としないのは全く特異な事件といわなければならない。

ましてや死刑の判決において，死因を立証する証拠の無い判決があって良いものであろうか。

３　他の原判決の死因に関する問題点

原判決の死因に関する問題点はこれだけではない。

（１）解剖結果，死亡診断書，死体検案書の代替証拠

死亡した４人は，平成１０年７月２６日診察中の医師の面前でいずれも死亡した。自治会長は当日の２６日に，その他の３人は翌日の２７日に解剖された（捜査概要１５～１７頁）。

解剖結果，死亡診断書，死体検案書を，死亡した４人の死因の証拠として裁判に提出しない。

検察官は，この解剖結果，死亡診断書，死体検案書の代替証拠１及び２を作成して裁判に提出している。

代替証拠１は，本来の死体検案書から２ヶ月半程遅れた平成１０年１０月７日作成の死体検案書４通である。検甲９６４，甲９６６，甲９６８，甲９７０，である。（谷中の検案日は7月２６日，その他３人の検案日は7月２７日になっている。つまり，解剖の日である）。これらは，原判決の証拠の標目１６頁１６行目に，死体検案書４通（甲９６４，甲９６６，甲９６８，甲９７０）と判示されている。

代替証拠２は，死亡した４人を診察した医師４人の検面調書である。原判決に罪となるべき事実の証拠の標目１５頁の１２行目に辻 力（甲９７２），上野雄二（甲９７３），１３行目に粉川庸三（甲９７４），坂本茂樹（甲９７

５）と判示されている。

（２）代替証拠の問題点

外表の検査だけでは，真の死因は解らない。解剖しないと真の死因は解らない，といわれている（押田茂實外著「死体からのメッセージ」万代宝書房刊，２２頁）。死亡した４人については，解剖結果も有り，これ以上死因について優れた証拠は無い，といわれる解剖結果である。これを証拠にせずに，代替証拠が，やすやすと作れるはずが無い。代替証拠は問題点だらけの証拠である。

まず代替証拠１の新たな死体検案書の問題点について。

ア　これら新たな平成１０年１０月７日作成の４通の死体検案書（甲９６４，甲９６６，甲９６８，甲９７０）はいずれも平成１０年８月１０日の捜査報告書に添付されているものである。

ええ！少し待って下さい。

平成１０年８月１０日付の捜査報告書にどうして，平成１０年１０月７日作成の死体検案書が添付できるのですか！ということになる。要するに，平成１０年８月１０日の捜査報告書も虚偽の公文書であり，それに添付された平成１０年１０月７日付作成の死体検案書も虚偽の公文書ということにならざるを得ない。

イ　次に平成１０年１０月７日には医師辻 力は死体を検案していない。７月２６日，２７日解剖済みである。そこで検案をせずに検案書を作成したということで医師法２０条違反の公文書である。

ウ　更に検案日７月２６日，２７日の検案について，１０月７日つまり２ヶ月半後に，新たな死体検案書を作成したということになる。これは検案後直ちに検案書等を作成しなければならないとする医師法２４条１項違反の公文書でもある。

エ　先に解剖時に作った死体検案書がある。検察は，これを証拠として提出したくないため，検察官は１０月７日に新たな死体検案書を作った。そうすると，先に作った７月２６日付，２７日付の死体検案書と１０月７日付の新たな死体検案書のどちらの内容が優先するのかという優劣問題が生じる。

解剖結果，死亡診断書，死体検案書は，医療行政，薬物行政，犯罪捜査，死亡統計，個人動態調査等広範囲の行政に関連している。そこに，このように，同一の死亡について新旧の複数の死体検案書等が作成され，そのどちらを優先すべきかの問題が生じると行政は混乱する。このような混乱を避けるためには，複数の検案書等が存在しないよう法制度を整える必要があるのである。

そこで死体検案書等の変更，修正，訂正をした場合，厚生労働省，市町村窓口に医師は届出義務がある（「ＮＥＷエッセンシャル法医学」医歯薬出版（株）５３４頁。「死体検案ハンドブック」３訂版的場，近藤編著（株）金芳堂刊３１５頁）。複数の死体検案書等を作成せず，元の死体検案等書の変更，修正，訂正の方法を取って，複数の検案書等の優劣問題の発生を避けているのである。

この事実を検察官が知らない訳はない。従って新たな死体検案書４通（甲９６４，甲９６６，甲９６８，甲９７０）はいずれも無効である。

（３）代替証拠２の問題の検討

医師４人の検面調書，甲９７２，甲９７３，甲９７４，甲９７５，の問題点である。

ア　「砒素含有量」と題する書面の問題点

上野雄二（甲９７３），粉川庸三（甲９７４），榎本茂樹（甲９７５）は，いずれも「砒素含有量」と題する書面を見せられて，この通りなら，被害者はヒ素で死亡したでしょう，という検面調書である。

砒素含有量

単位：μg／g（ppm）

検体	血液	胃内容物	肝臓	左腎臓
正常人の平均値 （）は、上下限	0.007 (0.001-0.016)		0.181 (0-0.40)	0.142 (0-0.30)
砒素中毒による死亡例の平均値 （）は、上下限	3.3 (0.6-9.3)		29 (2.0-120)	15 (0.2-70)
谷中孝壽	1.2	109	20.4	8.3
田中孝昭	1.6	36.6	14.6	6.0
林大貴	0.7	0.6	11.6	4.6
鳥居幸	1.1	0.6	12.7	5.6

問題は，「砒素含有量」と題する書面が，いつ，だれが，何の目的で，だれから，どのような方法で採取したのか，ということが一切明らかではない，得体の知れない書面であるということである。

「砒素含有量」と題する書面は，縦１７．５センチメートル，横１８．５センチメートルの用紙に縦７センチ，横１４．５センチの枠で，縦軸の上から順に正常人の平均値，砒素中毒による死亡時の平均値，谷中孝壽，田中孝昭，林大貴，鳥居幸とあり横軸に左から検体，血液，胃内容物，肝臓，左腎臓とある。そして，それぞれの枠内に数値が書かれているもので以下に示す通りである。

イ　そこで，上野，粉川，榎本，の各検面調書は，「砒素含有量」と題する書面を見せられて，専門家（医師）としての意見を求められたものである。そして，３人のそれぞれの検面調書は，専門家としての意見を述べたものに過ぎない。という結論になる。

元の解剖結果，死亡診断書，死体検案書とは，全くかかわりのない意見書である。従って，このようなものは，今回死亡した４人の死因とは，何らの関係もなく，原判決は証拠の標目に記載すべきではない。ということになる。

ウ　ところが，元の解剖結果，死亡診断書，死体検案書の死因とは異なる，ヒ素を死因とする証拠だとしたらどうなるのか。

まず，第一に元の解剖結果，死亡診断書，死体検案書との優劣問題がここでも発生する。そこで，元の解剖結果，死亡診断書，死体検案書の内容を変更，修正，訂正すべきであって，新たな検面調書を作成しても，その新たな検面調書は無効ということになる。

何よりも，いつ作成されたのか，死亡した４人の解剖結果，死亡診断書，死体検案書の作成に役立てられなかった理由は，どういう理由か。そして死亡した４人の解剖結果，死亡診断書，死体検案書の死因の変更，訂正に役立てられなかったのはなぜか。

さらには，この「砒素含有量」と題する書面が，正当に作成され，信用力があり，証拠能力，証明力も問題が無い書面であるから，これを有力な証拠の一つとして，死亡した４人の死因の鑑定に役立てることが出来るはずである。なぜ検面調書の作成ではなく，鑑定をしないのか。鑑定をしないことは，鑑定に耐えられない偽物といわざるを得ない。

エ　なお，辻 力の検面調書（甲９７２）は、「砒素含有量」と題する書面を示されずに死亡した４人の死因はヒ素であるとする検面調書である。

そうすると，辻 力が解剖時（７月２６日，２７日）に作成した解剖結果，死亡診断書，死体検案書との関係で，先に作成した３書面と，甲９７２の後の検面調書のどちらかが虚偽公文書であるということになる。

何らの利害関係の無い段階で作った元の解剖結果，死亡診断書，死体検案書が真正な文書で，新たに作った検面調書（甲９７２）が偽物というべきである。

従って，これを有罪の証拠の標目に判示することは不当である。

オ　更にこの甲９７２においても，元の解剖結果，死亡診断書，死体検案書との優劣問題が生じる。元の解剖結果，死亡診断書，死体検案書を変更，修正，訂正すべきで，新たに検面調書を作っても無効である。

従って，これを有罪の証拠の標目に判示することは不当である。

第２　死因についての代替証拠も全く証拠能力，証明力が無い

明らかに，第三者の犯行の証拠を判決理由中の証拠の標目に３箇所に渡って判示し，原因が全く無く，死因についての代替証拠１及び２も全く証拠能力，証明力が無い。

死刑判決でありながら，ここまで，証拠つまり死因を無視した判決がなぜ存在するのか。この第一審判決は高裁，最高裁でも容認されている。日本の裁判は，なぜここまで信頼出来ない堕落した裁判になったのか。

ここまで，結論（死刑）と理由（第三者の犯行，死因の立証無し，死因の代替証拠が全く出鱈目）が矛盾した判決は，通り一辺の裁判で簡単に出来る判決では無い。

どのような手抜き裁判，簡略化裁判，さらには裁判にあらざる裁判が横行した結果か，厳重に検証されるべきである。

なお，その裁判において，弁護人はどのような役割を果たしたのか。本件裁判における弁護人の役割が原裁判の異常性を少しでも阻止したのではなく，原裁判の補完的役割を果たしたかに見える。弁護人は真に弁護の役割を果たしたのか。これらが同時に検証されなければならない。

第３　「和歌山カレー事件」の裁判の実態を検証する

１　驚くべき検察官の冒頭陳述

まず，最初に注意すべきは，検察官の冒頭陳述（冒陳）である。

これは，検察官が，立証計画の全般を示す青写真に当たる。裁判官，弁護人は，これを漫然と聴き流したり読み流したりしてはいけない。又冒陳に対する弁護人

の釈明要求で，弁護人の力量が明らかになる点もあるので，弁護人の釈明要求も注意すべきである。「和歌山カレー事件」の冒陳で驚くべきことが生じていた。冒陳で，死亡した４人に対する死因について触れるところが全く無いという点である。「和歌山カレー事件」の焦点はいうまでも無く，（一）犯行態様（二）動機，（三）死因である。この重要な争点の一つである死因について，冒陳で触れるところが全く無いのはどうしてか？ 訴訟関係者は，まず強い疑問を持たなければならない。

２　証拠関係カード

次に検察官の具体的立証計画である証拠関係カード甲（被告人関係以外），乙（被告人の供述調書，身上調書等）が提出される。　この甲においても驚くべきことが生じていた。死亡した４人について，解剖結果，死亡診断書，死体検案書があるはずであるが，それらが死亡した４人の死因を立証する証拠として全く提出されていないということである。

死亡した４人に対するこれ以上優れた死についての直接証拠は無い（「死体からのメッセージ」押田外著 万代宝書房２２頁）といっても良い証拠があるのにこれを使用しない。死亡した４人の死因の立証はどのような方法でするつもりか。

場合によっては，検察は死亡した４人の死因についての立証を放棄するつもりかもしれない。

その場合に裁判官，弁護人はどのような態度に出るべきか，訴訟関係者は深刻に考えを巡らしておくべきである。

何よりも，検察にとって，死亡した４人についての死因が，（和歌山カレー事件）の犯行態様，動機，死因という三つの争点のうちで，死因が最弱点であり，触れて欲しくは無い争点である，と訴訟関係者は疑問を凝縮しておく必要がある。

訴訟関係者は，そのような視点で，検察官の立証計画書である証拠等関係カード，甲を見ると死因について，以下の証拠が掲げられている。

まず死体検案書として，甲９６４（谷中），甲９６６（田中），甲９６８（林大貴），甲９７０（鳥居）である。次に検面調書として，甲９７２（谷中），甲９７３（谷中），甲９７４（田中，林大貴），甲９７５（鳥居）である。

証拠等関係カード甲の１５２３の証拠中死因については以上８つの証拠だけである。

死亡した４人の死因に関する鑑定書もない。鑑定をすることが出来たならしたはずである。従って鑑定さえ出来なかったと考えるべきである。

第４　４人の死因についての検察の立証計画の総まとめ

死亡した４人は医師の診察中に，医師の面前で,平成１０年７月２６日いずれも死亡した。谷中自治会長は同日２６日，その他の３人は翌日の２７日解剖され,解剖結果，死亡診断書，死体検案書もある。

検察は死亡した４人についての解剖結果，死亡診断書，死体検案書のいずれも裁判において，死因の立証の証拠として提出しない。

このことは検察にとって，最大に重要な決断といってもよい。端的に言えば，死亡した４人の死因の立証の不十分で無罪にされても，それはやむを得ないと考えていると受け取められるということである。

ここまで検察は，死亡した４人の死因の立証について考えているということである。

死亡した４人の死因について，最優秀証拠である解剖結果，死亡診断書，死体検案書は証拠として提出はしないが，代替証拠（代替証拠という名称は唱えていない。）は二点提出する。新たな死体検案書４通と，検面調書４通である。

しかし，この代替証拠は前述の通り，いずれもかなりのいわく付きの書面である。この代替証拠の証拠調べで，証拠採用がクリアーされなかった場合は，死因について，検察は立証を放棄した状態にあると言っても過言ではない。

検察官は他の点において，立証を批難されることはともかく，死因について立証の無さを批難されても，それは止むを得ないと考えているとさえ理解できるものである。即ち，死因の立証不十分で無罪となることを検察は甘受するということである。

事のついでに，検察の論告における態度についても見ておこう。

検察官の論告は，立証された証拠の総まとめである。論告を聞き，読めば，検察官が立証した点の重点，立証の満足点と不満足点が暗に見え隠れする。

問題はここでも，死亡した４人の死因については全く触れるところが無いということである。死因については，検察官は立証を放棄した状態にあるといっても過言では無いであろう。

第５　証拠調べ

１　証拠書類等は，刑事訴訟法の原則は朗読である

公判廷において，証拠書類等に対する証拠調べの方式を定めた刑事訴訟法の規定は第３０５条である。取調べを請求した者に，裁判長は，これを朗読させる，という規定になっている。

しかし，刑事訴訟法規則２０３条の２の規定で朗読に代えて要旨を告げさせる

（要旨の告知ともいう）ことも出来る。

現実には，さらに簡略化し，請求した書類を朗読も要旨の告知も省略して，何もしないで裁判所に提出して終りということも少なく無い。

「和歌山カレー事件」は４人の殺害と６３人の殺人未遂事件である。有罪となれば，死刑は必然である。

その証拠調べは，原則に則った手続でやるべきことはいうまでもない。　「和歌山カレー事件」の争点である，犯行態様，動機，死因を立証する証拠書類等は，刑事訴訟法の原則である朗読であるべきであり，要旨の告知はすべきではない。まして簡略化した提出だけという手続は取るべきでないことはいうまでもない。

まず，甲１０４１，甲１０６３，甲１１０１の証拠書類について，朗読していれば必然に，少なくとも要旨の告知の手続で，添付された第三者の犯行であることが明らかな被害者資料鑑定結果表の存在が明らかとなる。

朗読又は要旨の告知をしている検察官がまずこれに気づき，証拠請求を中止して，最終的には取り止める手続を取ることになるはずである。

原判決における証拠調べは，法律の規定通りにされていないことが明白である。

次に，甲９６４，甲９６６，甲９６８，甲９７０その前提としての甲９６３の証拠書類についてであるが，これも朗読，少なくとも要旨の告知をしておけば，母体となる甲９６３の捜査報告書の日付が平成１０年８月１０日であるのに，その捜査報告書に２ヶ月強後に作成される平成１０年１０月７日付の新たな死体検案書が添付されているという矛盾，１０月７日付の死体検案書の検案日が７月２６日，２７日であることから，医師法２０条，２４条違反に気づくこと，さらには元の死体検案書等との優劣問題にも気づくはずである。

そしてこのような，いかがわしい証拠書類の採用に待ったが掛かることは必然の成り行きとなるはずである。甲９６４，甲９６６，甲９６８，甲９７０は証拠として採用はされていないはずである。

次に，甲９７２，甲９７３，甲９７４，甲９７５についてであるが，特に甲９７３，甲９７４，甲９７５の検面調書については，得体の知れない「砒素含有量」と題する書面を見せられて，供述していることから，朗読もしくは要旨の告知をしておけば，「砒素含有量」と題する書面の成立のいきさつに疑問が集中するはずである。

また甲９７２についても，元の死体検案書とどちらが虚偽かという問題に行きつく。いずれにしても結果は，本章の第１の３の（２）代替証拠の問題点で詳述した通りである。

要するに元の解剖結果，死亡診断書，死体検案書の変更，修正，訂正をすべきで，新たな検面調書を作っても，その検面調書は無効であり，証拠能力，証明力は無い。

２　刑訴規則の定める要旨の告知の手続を取っていない

いずれにせよ，証拠書類採用の結果からみて，原審は刑事訴訟法の規定する証拠書類の証拠調べ方式である朗読や，少なくとも刑訴規則の定める要旨の告知の手続を取っていないことが明らかとなった。

朗読や要旨の告知をしていれば，採用されなかった「被害者資料鑑定結果表」が添付された甲１０４１，甲１０６３，甲１１０１の供述調書が存在するため「和歌山カレー事件」は被告人の犯行では無く，第三者の犯行であることが明らかとなった。

被告人にとっては，原審のルーズな証拠調べが，この点だけに限局すると，幸いしたという結果になる。

朗読や要旨の告知をしていれば，当然に証拠として取消され，証拠としては採用されていないはずの解剖結果や死亡診断書，死体検案書の代替証拠である新たな死体検案書（甲９６４，甲９６６，甲９６８，甲９７０）及び検面調書４通（甲９７２，甲９７３，甲９７４，甲９７５）が証拠として存在し，原判決の罪となるべき事実の証拠の標目にも１５頁，１６頁に判示されているが，これらはいずれも証拠能力，証明力の無いもので，判示されるべきではない。

そうすると，原審の証拠調べの結果，まず第三者の犯行であることが明らかな証拠として，甲１０４１，甲１０６３，甲１１０１があり，それも原判決の罪となるべき事実の証拠の標目中に３箇所に渡って判示されており，被告人は完全に無罪ということになる。

その上，死亡した４人についての死因を立証する証拠が皆無であるという結果になり，この点からも４人の殺人については，被告人が無罪ということになる。

第６　原審の判決書を検討する

刑事訴訟法等３４２条では，判決は，公判廷において宣告によりこれを告知する。と規定されている。また，同第４４条には，裁判には理由を附しなければならない，と規定されている。同３３５条１項は有罪の言渡をするには，罪となるべき事実，証拠の標目及び法令の適用を示さなければならない，と規定している。

ところが，法律では，判決書のスタイル，つまりセオリーまで規定はしていない。しかし，何のために判決書を作るのかということから，長年の中に自然とそのスタイル，セオリーが固定化されて来ている。　要するに，判決書を作成する，ということは，国民に判決を理解してもらうためである。

従って，罪となるべき事実の書き方や証拠の標目にしても，死亡した４人の死因について，とか，要するに判決を読む国民に理解し易い方式を考えて判決書を作成する。

ところが原判決のスタイルは全く異状としか言いようのない特異なスタイルの判決で，読む人の理解など全く眼中に無い判決書である。証拠の標目７頁から１４頁中程まで，第何回公判調書中の証人何々との羅列の表示が続き１４頁中程から人名とカッコ内の甲番号の羅列が１８頁中程まで続く，小見出しや表示は一切無いという特異な判決書である。

原判決が少しでも判決書を読む人の理解の助けになるようにと，「死因について」とか小見出しを付した証拠の標目の記載に注意を用いておれば，甲１０４１，甲１０６３，甲１１０１の中に「被害者資料鑑定結果表」が添付されていることに気づき，死刑の有罪判決の証拠の標目中に３箇所まで，被告人以外の第三者の犯行を明示する証拠を判示することは無かったと思われる。

また，甲９６４，甲９６６，甲９６８，甲９７０において，死体検案書４通（証拠の標目１６頁中程）と表示するだけではなく，さらに判決書を読む人の理解を助ける小見出しを付けておれば，甲９６３，とそれ以外の甲９６６，甲９６８，甲９７０の日付の矛盾，医師法違反にも気がつき証拠排除に至っていると考えられる。

そして，甲９７２，甲９７３，甲９７４，甲９７５の検面調書においても同様である。得体の知れない「砒素含有量」と題する書面に気づき善処したはずである。

要するに，辻 力（甲９７２），上野雄二（甲９７３），粉川庸三（甲９７４），榎本茂樹（甲９７５）とあり，同１６頁の中程に羅列した文書中に，死体検案書４通（甲９６４，９６６，９６８，９７０）と合計してもわずか3行の記載があるだけ（判決書の記載通り表示した）である。

判決書を何のために書くのかということを理解して書くのではなく，証拠が無いとの批難を避けるためにだけ記載しているとしか言い様が無い。

このように重要な死因について，判決において何らの検討もしなくて良いものであろうか。この判決書は何のために，裁判の表示として判決書を記載するのかという意義を理解して書いておれば，各証拠の問題点も解かり，異なった判決の結論にもなった可能性が十分にあると考えられる。つまり，正当な判決書をしていれば，各証拠の問題点を発見しており，被告人は無罪になった，ということである。

要するに原判決は，判決書を読む人にあえて解り難い特異なスタイルの判決書をしたため，かえって墓穴を掘るに至ったともいえるのである。

第７　弁護人の弁護態度の検討

被告人は「和歌山カレー事件」については全面的に争い，捜査段階から第一審は完黙を通している。
弁護団は被告人とは特別の信頼関係がある訳ではない人的構成で，弁護士会長及びその知人，人権委員会委員等の弁護士で，被告人と知り合いの関係でも無く，自己推薦で弁護人に成った者達である。
弁護人の最大の任務は，「和歌山カレー事件」について，被告人の無罪を勝ち取ることである。
従って，「和歌山カレー事件」の争点である，犯行態様，動機，死因に関する書証について，朗読を強く求め，要旨の告知で良いという妥協はしてはならない。また，死因に関連する書証は不同意とし，元の原本の提出の請求等をして，根源的な証拠を法廷に証拠として提出させる弁護活動に徹するべきであることはいうまでもない。

ところが，平成１０年１０月７日作成の新たな死体検案書である，甲９６４，甲９６６，甲９６８，甲９７０を同意している。これは不同意にし，元の平成１０年7月２６日，２７日作成の解剖結果，死亡診断書，死体検案書の提出を求める証拠開示の要求を是非ともしなければならない。
全面的に争っている被告人の弁護人がこれらの新たな死体検案書の証拠請求に同意すること，被告人に対して最大の背任行為であり，背任罪として犯罪にも該当する行為である。
何よりも，元の解剖結果，死亡診断書，死体検案書の提出を勝ち取れば，それだけで「和歌山カレー事件」について，被告人の無罪は簡単に勝ち取れたのである。

「砒素含有量」と題する書面を見せられた検面調書である，甲９７２，甲９７３，甲９７４，甲９７５も弁護人は同意している。これまた，これ以上の背任行為は無いといっても良い犯罪的背任行為である。不同意にし，元の解剖結果，死亡診断書，死体検案書の提出を請求すべきである。それらの提出を得れば，被告人は「和歌山カレー事件」において簡単に無罪になっている。
それだけではない。まやかしの「砒素含有量」と題する書面の作成のいきさつを明らかにすることで，検察側が隠そうとしている解剖結果，死亡診断書，死体検案書等の所在が重要性を明らかにすることが出来たのである。弁護団の背任行為は重大である。
「和歌山カレー事件」が被告人の犯行ではなく，第三者の犯行であることが明らかな文書，即ち「被害者資料鑑定結果表」が添付された，甲１０４１，甲１０６３，甲１１０１も弁護側は同意している。見方によっては，添付書類が同意した結果得られたので，同意は間違いでは無かったという見解も生じるかもしれない。

しかし，弁護側は添付書類の存在を知らずに同意している。なぜなら，添付書類，即ち「被害者資料鑑定結果表」は決定的な第三者の犯行を示す文書で，これを使って無罪の主張をすべきであるのに，弁護団は最終的に弁論でそのような主張はしていない。明らかに，添付書類の存在に気づかず，つまり書証の精査をせずに書証の同意をしているということである。

そして，この甲１０４１，甲１０６３，甲１１０１も不同意として，加門仁の捜査報告書にある，大元の「和歌山県警察科学捜査研究所」「警察庁科学捜査研究所」「兵庫県警察科学捜査研究所」「大阪市立大学医学部環境衛生学教室」に加門仁の捜査依頼の鑑定結果を提出させるべきである。その結果は，第三者の犯行性が更に明らかな鑑定結果が出てくると推察される。被告人は無罪となっているはずである。

弁護団は，「和歌山カレー事件」の被害者調書である甲８８７～甲１１１７を同意している。しかし，不同意にして本人を調べ，嘔吐の時期，理由，カレーの臭い，味等から無味無臭（ヒ素）以外の投与有無の存在が察知出来た可能性がある。

要するに，弁護団は書証について，不同意すれば検察側が決定的に不利になる書証には不同意とせず，同意し，検察側にさして不利益とならない書証には，不同意とする。ある意味では，真の弁護団とはいえず，いわば第二の検察ともいうべきが「和歌山カレー事件」の弁護団である。

「和歌山カレー事件」において，検察側は，死亡した４人の死因の立証について，いわば立証放棄に近い代替証拠の立証で，事を清まそうとしていた。真に争わなければ，死因の立証不十分で，敗訴も止むを得ないと考えていたと推察される。

ところが，書証の証拠調べを刑事訴訟法に則って正式の証拠調べをするでもない，いわば脱法的裁判をし，判決書においても，読む人の理解を考慮せず，裁判所の責任逃れの意図で，判決書のセオリーに反する判決書とする真実追及の熱意の全く無い裁判所と，真の弁護人では無く，第二の検察ともいうべき弁護団の三者の暗黙の共謀により，本来無罪となる材料が眼の前にぶらさがっているにもかかわらず，有罪とさせられたものが「和歌山カレー事件」である。

このような，あるべき裁判から程遠い裁判が日本に存在してはならない。

本件裁判は再審によって正されるべきである。

第６章　被告人が無罪である決定的証拠が原判決に３箇所存在する

第１　決定的証拠の存在，発見

見つかった証拠は，「被害者資料鑑定結果表」と題する死者４人を含む，被害者６７名からいずれもシアン(青酸化合物)とヒ素の鑑定が出たとする一覧表である。

被害者を診察した３人の医者の各供述調書に添付されていた。県警警部の上司の捜査本部長宛の捜査報告書の一覧表である。それも３箇所からである。

裁判所は無罪証拠に基づいて，被告人に対して死刑の判決をした。　それも罪となるべき事実の証拠の，標目中のさらにそれも３箇所に渡って，堂々と記載されている。

なんという判決か！ 裁判官は証拠も見ずに死刑を言い渡すのか。そしてこの判決が高裁，最高裁で確定されている。

日本の裁判は一体どうなっているのか。

第２ 裁判官は証拠に目を通した上で証拠の標目に載せたのか

原判決の有罪理由の証拠の標目の１５頁１６～１７行目に島田博(２通甲１０４１，甲１０４２)と表示されている中の甲１０４１の中に，診療録，カルテ，診察申込書，その他多数の添付書類にまじって添付された被害者資料鑑定結果表と題された，死亡者４人を含む被害者６７名全員からシアン(青酸化合物)とヒ素の両方の鑑定結果が出たとする一覧表が添付されていた。

また証拠の標目１５頁２３～２４行目に辻本登志英(５通甲１０６２，甲１０６３，甲１０８９，甲１１００，甲１１１２)と表示されている中の甲１０６３にも１１日中の７名の砒素濃度の表の次に島田と同様の一覧表が添付されていた。

さらに証拠の標目１６頁７行目に小牧克守(甲１１０１)と表示されている中の甲１１０１に島田と同様の一覧表が添付されていた。

このように当然に，検当すべき被害者の担当医の供述調書中に，添付された証拠である。

裁判官は記録を詳細に検当すべきで，供述調書中に多数の添付書類が添付されているとしても，その添付が必要とされて，その供述調書が成り立っているのである。大部であるからといって，精査を怠ってはいけない。

供述調書でも同じことが言える。

担当医島田博の平成１０年１１月１７日付司法警察員に対する供述調書者(検甲１０４１)。島田は７月２５日被害者荒木俊夫(鑑定結果表２４番)を担当。

被害者特定のための資料として，平成１０年１０月２７日付，司法警察員加門仁の被害者資料鑑定結果一覧表の捜査報告書が添付されている。
加門が，解剖時に採取した心臓血，胃内容物，入院先の病院で採取した血液血清，嘔吐した吐物，排泄した尿について，和歌山県警察科学捜査研究所，検察庁科学警察研究所，兵庫県警察科学捜査研究所，大阪市立大学医学部環境衛生学教室にヒ素等の薬物鑑定とした結果の１０月２６日現在の捜査報告である。
その結果表を末尾に添付する。と表示され，本件一覧表が添付されている。

担当医辻本登志英の平成１０年１１月２６日付，司法警察員に対する供述調書(検甲１０６３)。辻本は７月２５日，林美歩(鑑定結果表４２番)，杉谷紀子(同４０番)，松山益也(同３８番)，松山イサ子(同３７番)，宇治美紀(同５番)，西川美江(同３９番)，中筋久彰(同４１番)担当。　　　加門仁の捜査報告書添付は前同。

担当医小牧克守の平成１０年１１月９日付，司法研究所員に対する供述調書(検甲１１０１)。小牧は西前美加(同３５番)担当。加門仁の捜査報告書添付は前同。

第３　被告人が決定的に無罪である証拠が裁判記録中存在した

「和歌山カレー事件」被告人林真須美が決定的に無罪である証拠が裁判記録中に３箇所も存在した。
「和歌山カレー事件」の公訴事実は，平成１０年１２月２９日鍋入りのカレーに砒素を混入して，殺人罪等を行ったとするものである。
有罪判決は，平成１０年７月２５日，被告人が亜砒酸を東カレー鍋に混入して，殺人罪等を行ったとするものである。要するに，実行行為を，いずれもカレーにヒ素を投与して殺人罪等を行ったとするものである。
起訴状，有罪判決からして，決して，被告人がヒ素の外にシアンを同時に混入した事を認めるものではない。被告人の主張を度外視しても，ヒ素の外にシアンも混入された犯行は，被告人が行なったものではない。
被告人は明らかに無罪である。

第４　シアン(青酸化合物)含有の有無が決定的に重要である

事件の経過から見てもシアン(青酸化合物)がカレーに含まれていたか，否かが，決定的に重要である。
平成１０年７月２５日夏祭り，午後６時前ごろ谷中孝壽(以下「会長」という)，田中孝昭(以下「副会長」という)，林大貴(以下「小学生」という)，鳥居幸(以下「女子高生」という)はカレーを食べ，身体に異常を起こし，救急車等で病院に搬送され，医師の診療中に医師の面前で２６日午後３時０３分から１０時１６分の間に４人とも死亡した。

会長は２６日，その他の３人は２７日に和歌山県立医科大学医学部法医学講座，解剖室で，法医学教授辻 力の執刀で解剖された(「和歌山市園部におけるカレー毒物混入捜査概要」(以下「捜査概要」という)和歌山県警察本部発行，和歌山印刷所１５～１７頁)。

辻 力作成の解剖結果，死亡診断書，死体検案書があるはずである。これも当然に，裁判に証拠として提出されているべきであるが，なぜか，本件裁判には提出されていない。

しかし，この最も信用性，証明力の高いと思われる(「解剖しないと真相は分からない」死体からのメッセージ押田茂實外著，万代宝書房２２頁)解剖結果外，２書面は，捜査，訴追側は裁判に４人の死因の証拠として提出しない。

それらは，死因を青酸化合物としているからと推測される。

捜査，訴追側は「和歌山カレー事件」の４人の死亡者及び６３名の被害者の死因及び被害原因を，ヒ素食取による殺人及び殺人未遂として起訴し，裁判をしており，死因が青酸化合物であっては，ヒ素による殺人，殺人未遂の証拠としては役に立たないからである。

今回，医師島田博の員面調書(検甲１０４１)，同辻本登志英の員面調書(検甲１０６３)，同小牧克守の員面調書(検甲１１０１)に，いずれも添付された。

平成１０年１０月２７日付，和歌山県警察本部刑事部捜査一課司法警察員警部加門仁作成にかかる，被害者資料鑑定結果一覧表の生成についてと題する，捜査報告書が添付されていることは，先に述べた通りである。

添付された，被害者資料鑑定結果表，平成１０年１０月２６日現在とされ，死亡した４名を含め６７名の被害者の一覧表である。

ただ，和歌山(科捜研)，東京(科警研)には，シアンとヒ素の二つの項目があるが，兵庫，大阪市大の二つには，いずれもヒ素の項目だけで，シアンの項目が無い。兵庫県警科捜研と大阪市大医学部には，ヒ素の鑑定だけを依頼し，シアンの鑑定を依頼しなかったのか，依頼はしたが，一覧表に乗せなかったのかは，加門仁の鑑定の依頼表を調べなければ解らない。

この一覧表の裁判における証拠調べの時に加門仁の依頼の時期，依頼の内容の詳細を詳しく提出させる証拠調べをしておく必要がどうしてもあった。

本件訴訟は，この点に限らず全てにおいて手落ちや，不十分さが余りにも多いのが特徴である。

その原因の一つは，適正な証拠調べの欠落及び記録の精査の不十分性にある。

第５　被害者６７名全員からシアンとヒ素の反応

和歌山県警科捜研，東京科警研，兵庫県警科捜研，大阪市大医学部の鑑定結果一覧表を総合すると，シアンの反応があるのは６７名の被害者全員，ヒ素も６７名全員から反応があったと表示されている。

これは重大な事実である。平成１０年１０月２７日の時点で，和歌山県警は，カレーを食べた被害者全員がシアンとヒ素の２つの毒素の被害を受けていること，少なくともヒ素だけでなく，シアンの被害も受けていることを知っていたということである。

被告人林真須美は，ヒ素をカレーに投与はしていないと強く否定している。和歌山県警，検察庁は被告人がカレーにヒ素を投与した殺人罪，殺人未遂罪で，平成１０年１２月２９日に被告人を起訴した。

カレーにヒ素だけでなく，シアンまで投与されていた事実があり，死因がシアン中毒であれば，カレーにヒ素を投与した犯人は起訴状からしても被告人林真須美ではないことになる。被告人林真須美は明らかに無罪である。

裁判に提出する医者の供述調書の被害者特定のための資料として添付されている被害者資料鑑定結果表を捜査本部である，和歌山県警や検察庁が知らないということはあり得ない。

ただ平成１３年３月に発行された編集発行和歌山県警察本部発行の「和歌山市園部におけるカレー毒物混入事件捜査概要」（以下「捜査概要」という）

Ａ４版全１４１頁には，和歌山県警科捜研，東京科警研，兵庫県警科捜研，大阪市大医学部に対するヒ素等の鑑定依頼は元より，被害者資料鑑定結果表も登載されてはいない(なお該当記事が登載されていると思われる８３～９１頁が抜き取られて出回っている)。

その部分の目次によれば

第１０　ヒ素鑑定

１，　科学捜査研究所

２，　科学警察研究所

３，　他府県警察への鑑定依頼

４，　九州大学医学部への鑑定依頼(被害者状況の裏付け)

５，　聖マリアンナ医科大学(山内博助教授)

６，　東京理科大学(中井泉教授)

７，　最新機械による鑑定
　（１）スプリング（８）
　（２）フォトンファクトリー（放射光研究施設）
とある。

兵庫県科捜研，大阪市大医学部に対する鑑定依頼書の外，上記３，４，５，６，７の鑑定依頼書及びそれぞれの鑑定結果の裁判における証拠調べを是非ともしなければならない。弁護団の証拠請求，それが無い場合は，裁判所による職権の証拠調べがなければならない。

このように真相究明のための必要不可欠な審理がなされていないのか「和歌山カレー事件」の裁判の特徴である。

第６　複数の毒を使用するのは毒物犯の常識

「和歌山カレー事件」より約１０年前の１９８６年（昭和６１年）にトリカブト殺人事件が発生した（「死体からのメッセージ」押田茂實，水沼直樹著万代宝書房６６～７１頁）。

トリカブトとフグ毒を併用して毒性の発現を遅らせ，捜査を混乱させた。以来複数の毒物を併用するのが，毒物犯の常識化した傾向にある。

本件においても，シアンとヒ素の鑑定依頼に加えて，シアンとヒ素を併用すると毒性発現が早発するか，遅発するか，さらにシアンとヒ素を併用すると，毒性の効果が強まるのか，弱まるのか等の鑑定も併せて，依頼する必要性があったと考えられる。

午後６時に祭りが開始し，カレーが食べられるので，午後６時に毒性が発揮するようにセットされている可能性が考えられるからである。

このような肝腎の捜査を怠っているのが本件捜査の特徴である。

本件再審申立書において，カレーを２サジか３サジ多くても１０サジぐらい食べても吐き出している被害者が６３名中に２２人も居る（九州大学医学部衛生学講座教授井上尚英の意見書（検甲１１２７））。

無味無臭のヒ素を食べて，２サジから３サジで吐き出すことは不思議である。それだけでなく新聞報道でもカレーを食べた人の意見として，「酸っぱかった」（毎日新聞７月２７日３１面）「なんやこの味」（読売新聞７月２７日３１面）「変な味」（産経新聞７月２７日２７面）等で報道されている。

（毎日新聞7月27日31面）

（読売新聞7月27日31面）

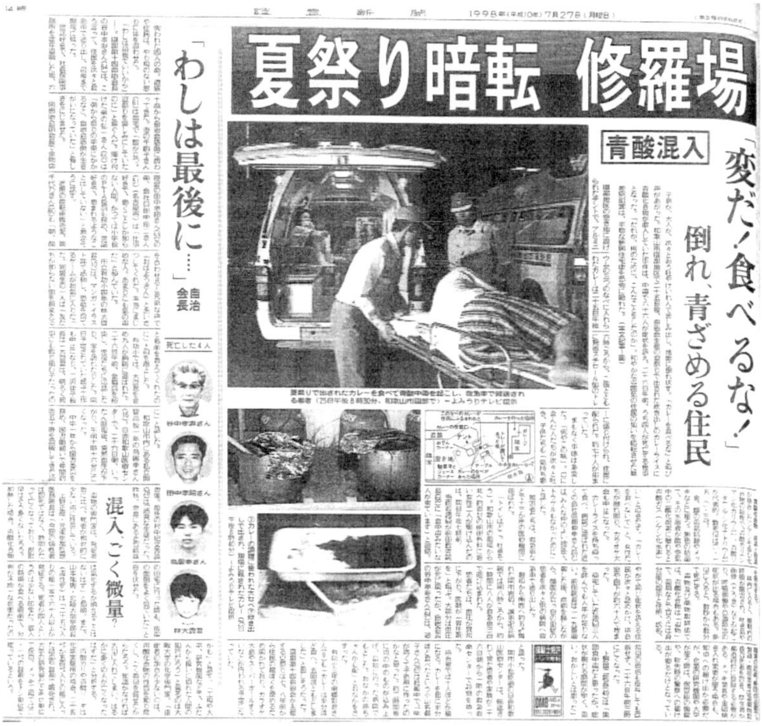

読売新聞　1998年(平成10年)7月27日(月曜日)

夏祭り暗転　修羅場

青酸混入

「変だ！食べるな！」

倒れ、青ざめる住民

「わしは最後に…」自治会長

死亡した4人

混入、ごく微量？

（産経新聞７月２７日２７面）

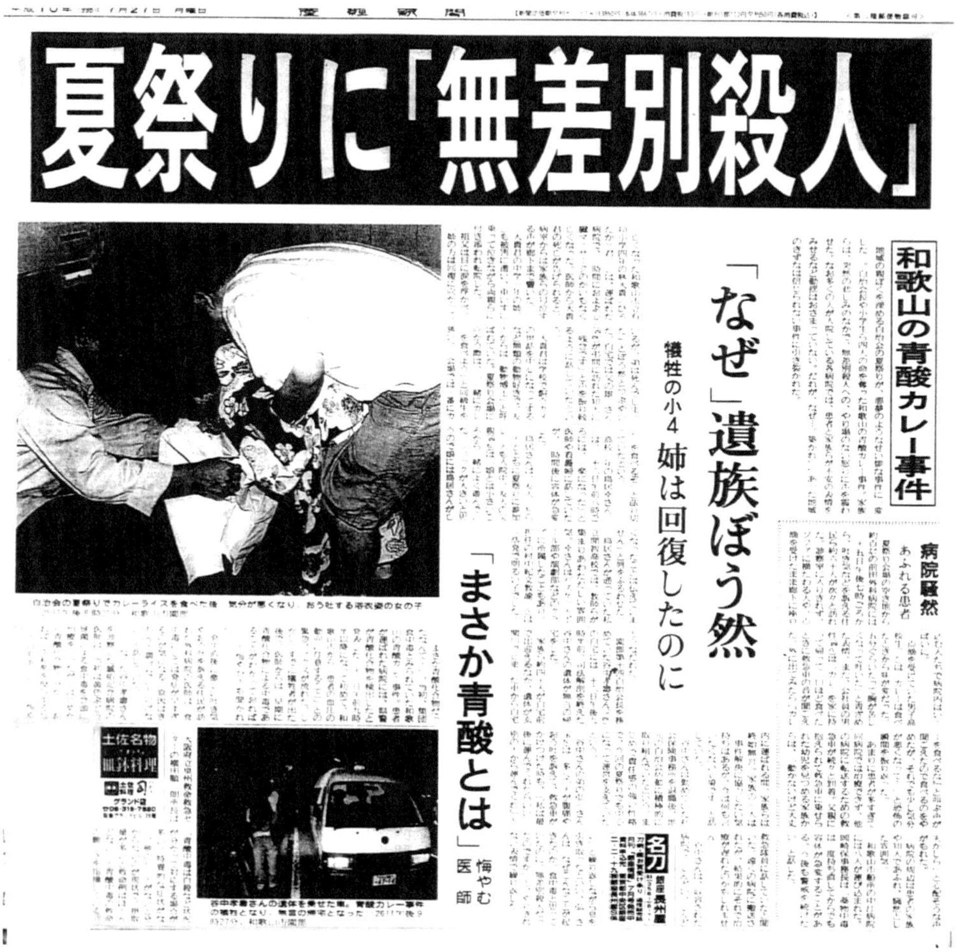

夏祭りに「無差別殺人」

和歌山の青酸カレー事件

「なぜ」遺族ぼう然

犠牲の小4 姉は回復したのに

「まさか青酸とは」悔やむ医師

病院騒然 あふれる患者

自治会の夏祭りでカレーライスを食べた後、気分が悪くなり、おう吐する浴衣姿の女の子

谷中孝寿さんの遺体を乗せた車。青酸カレー事件の犠牲となり、無言の帰宅となった

これからするとカレーに投与されたのはヒ素だけではなさそうである。そこで捜査を混乱させる陽動作戦のために複数の毒を投与した可能性があるのに，その捜査がされていないことを何度も指摘した。

第７　被告人の無罪証拠をあえて提出した捜査，訴追側の意図

「和歌山カレー事件」被告人林真須美の無罪証拠を公判記録中にあえて提出した捜査，訴追側の意図は何だろうか。

裁判記録をごく普通に丁寧に検討すれば見つかる証拠である。

医師島田博の員面調書(検甲１０４１)，同辻本登志英の員面調書(検甲１０６３)，同小牧克守の員面調書(検甲１１０１)に，いずれも添付された警部加門仁の被害者資料鑑定結果一覧表の作成についてと題する，捜査報告書は，記録を普通に丹念に検討すれば，必ず明らかになる，被害者資料鑑定結果一覧表である。それも３箇所にそれぞれ添付されており，合計３通もある。「どうぞ見て下さい！」と言っている証拠で

ある。

捜査，訴追機関は必ず発見されるものとの魂胆の元にあえて供述調書に添付したものと考えられる。ところが，弁護団の証拠精査の杜撰さ，裁判官の記録点検のいい加減さのため，せっかくの無罪証拠は発見されずに裁判は有罪となり確定した。

なぜ，捜査，訴追機関があえて供述調書に，被告人が無罪となる明らかな証拠の，被害者資料鑑定結果一覧表を添付したかといえば，捜査，訴追機関としては，弁護団が和歌山県警科捜研，東京科警研，その他科捜研等，前記７箇所に対する被害者のヒ素，青酸化合物の鑑定依頼の有無及び鑑定書の提出の訴訟手続をして来るものと覚悟して，いずれ提出するものであれば，先に提出しておけば公正，公明な捜査，訴追をしていると詳されると考えていたと思われる。

ところが弁護団は被告人が無罪を争っているのに，肝腎の無罪の最短コースである，死因のヒ素はおろか青酸化合物の含有証拠の開示を全く請求しない。

裁判所も職権で死因の追及さえしない。

元々「和歌山カレー事件」については捜査，訴追側は当然の裁判結果により，被告人が無罪になっても止むを得ないと考えていたと推測される。検察官の冒頭陳述，そして,論告にも死因についての立証が無い。検察官は４人の殺人について有罪判決の取得を放棄したと認められる。

そもそも本件訴訟において，検察は起訴２３件中，１４件が無罪になり，有罪になったのはたった９件である。

無罪起訴を最も嫌う検察としては異常な起訴なのである。

「和歌山カレー事件」は当然に無罪になるべきであった。しかし弁護団の当然すべき証拠開示請求すら一切しないという超検察加担の弁護，裁判所の真実発見に対する，極端に熱意を欠いた無関心のため，無罪の証拠が無視されて有罪になったのである。

これほど明らかな無罪証拠があるのに，これを無視している弁護団の背任責任と，裁判官の業務怠慢の責任は，当然問われなければならない。

このように見てくると捜査，検察の起訴，弁護，裁判の中，何一つとしてまともなものはない。なぜ，これほど随落した裁判がなされたのか。そこで，ここまで随落した裁判の原因が，捜査過程の影響と考えられるので，この際，第三章,第四章「和歌山カレー事件」の捜査過程の特徴及び前章の「和歌山カレー事件」裁判，弁護の実態を是非とも思い起こしていただきたい。

第７章　被告人は明々白々に無罪である

第１　第三者の犯行であることの証拠が判決中に存在する

原判決は有罪判決の理由中に，第三者の犯行即ち，被告人は無罪の証拠を掲げる明白な自己矛盾の判決である。原判決は「和歌山カレー事件」について，被告人が有罪であることの有罪判決の理由として罪となるべき事実を判示し，その証拠として，証拠の標目を明示している。

その証拠の標目中に「和歌山カレー事件」は，明らかに被告人以外の第三者の犯行であることを証明する証拠が，それも３箇所に渡って表示されている。これは被告人が有罪であることと根本的に矛盾する証拠である。

原判決は，判決文自体の中に矛盾を抱えた自己矛盾の判決である。被告人は無罪である。

詳細は前記第６章で，詳論した通りである。一部重複を恐れず，述べると矛盾は次のとおりである。

（1）原判決の証拠の標目１５頁の１６～１７行目に，島田博（2通，甲１０４１，甲１０４２）と表示されている。甲１０４１の中に，診療録，カルテ，診察申込書，その他多数の添付書類に交じって，添付された「被害者資料鑑定結果表」と題された，死亡者４人を含む被害者６７名全員からシアン（青酸化合物）とヒ素の両方の鑑定結果が出たとする一覧表が添付されていた。

（2）証拠の標目１５頁の２３～２４行目に辻本登志英（5通甲１０６２，甲１０６３，甲１０８９，甲１１００，甲１１１２）と表示されている。その中の甲１０６３は１１日間の７名の砒素濃度の表の外に島田と同様の一覧表が添付されていた。

（3）さらに証拠の標目１６頁7行目に小牧克守（甲１１０１）と表示されている。この甲１１０１の仲に，島田と同様の一覧表が添付されていた。

そこで次に上記（1）～（3）である，島田甲１０４１，辻本甲１０６３，小牧１１０１を詳述すると次の様なものである。

（1）担当医島田博の平成１０年１１月１７日付，司法警察員に対する供述調書（検甲１０４１）。島田は7月２５日，被害者荒木俊夫（鑑定結果表２４番）を担当。

被害者特定のための資料として，平成１０年１０月２７日付，司法警察員加門仁の被害者資料鑑定結果一覧表の捜査報告書が添付されている。

加門は，解剖時に摂取した心臓血，胃内容物，入院先の病院で摂取した血液血清，嘔吐した吐物，排泄した尿について，和歌山県警察科学捜査研究所，警察庁科学警察研究所，兵庫県警察科学捜査研究所，大阪市立大学医学部環境衛生学教室にヒ素等の薬物鑑定をした結果の１０月２６日現在の捜査を報告。

その結果表を末尾に添付する。と表示され，本件一覧表が添付されている。

（２）担当医辻本登志英の平成１０年１１月２６日付，司法警察員に対する供述調書（検甲１０６３）。辻本は７月２５日，林美歩（鑑定結果表４２番），杉谷紀子（同４０番）松山益也（同３８番），杉山イサ子（同３７番），宇治美紀（同５番），西川美江（同３９番），中筋久彰（同４１番）を担当。加門仁の捜査報告書添付は前同。

（３）担当医小牧克守の平成１０年１１月９日付，司法研究員に対する供述調書（検甲１１０１）。小牧は，面前美加（同３５番）担当。加門仁の捜査報告書添付は前同。

以上のように，原判決は，カレーを食取した被害者６７名全員からヒ素の外に，シアンの鑑定が得られたとする。これは犯人がカレーの中にシアン（青酸化合物）とヒ素を同時投入したことを意味する。

「和歌山カレー事件」の公訴事実は，平成１０年７月２５日，被告人が鍋入りのカレーに砒素を混入して，殺人罪等を行ったとするものである。有罪判決は，平成１５年１月２９日，亜砒酸を東カレー鍋に混入して殺人罪等を行ったとするものである。要するに，実行行為を，いずれもカレーにヒ素を混入して殺人等を行ったとするものである。

起訴状，有罪判決からして，決して，被告人がヒ素の外にシアンを同時に投入した事を認めるものではない。被告人の主張を度外視にしても，ヒ素の外にシアンも混入された犯行は被告人が行ったものではない。

原判決は，被告人がカレーの中にヒ素を混入したとして，有罪としながら，その有罪の中にカレーにシアンとヒ素を混入した，被告人以外の第三者が犯人とする証拠を掲げる。

原判決は，全く矛盾した理由を掲げる自己矛盾の裁判である。原判決の理由の表示自体から，被告人は明白に無罪である。

第２　４人の殺害について被告人は無罪である

「和歌山カレー事件」の死亡した４人について，原判決には死因について証拠が無い。４人の殺害について被告人は無罪である。

１　４人の死亡

平成１０年７月２５日，午後５時５０分ごろ，園部地域の夏祭りが開始し，カレーやおでんが振舞われた。カレーを食べた６７人の被害者中，自治会長の谷中孝壽は２６日午前３時０３分に，田中孝昭副会長は，午前７時３５分，小学生林大貴は午前７時５４分，女子高生鳥居幸は午前１０時１６分に，いずれも診察中の医師の面前で死亡した（捜査概要１６頁）。

２　４人の解剖

自治会長は２６日，その他３人は２７日。和歌山市９番町２７番地，和歌山県立医科大学医学部法医学講座解剖室で，和歌山県立医科大学法医学教室教授，辻力によって解剖された（同１５頁）。

従って，辻 力の解剖結果，死亡診断書，死体検案書が当然存在するはずである。

３　死因についての解剖結果は，最も優れた死因証明証拠である

死亡した人の死因については，プロの医師でも予測に反することが少なくなく，結局死因は「解剖」しなければ解らないといわれている（「死体からのメッセージ」押田，水沼著万代宝書房２２頁）。

医師の診療中に面前で死亡し，その日の内に解剖された結果である，上記解剖結果外２書は，これ以上優れた死因についての証拠は無いと言ってもよい，優れた証拠である。

４　青酸化合物殺人の報道が８月１０日頃まで続く

解剖結果及び県警の発表で，８月１０日頃まで，全マスコミが青酸化合物殺人の報道を，連日活発に続けた。８月３日ごろヒ素も使われていたとの報道が加わった。

５　解剖結果の死因は，青酸化合物であることが明らかである

死亡した４人の解剖結果の死因は，青酸化合物であることが明らかである。解剖後及び県警の発表に基づいて，マスコミが青酸化合物殺人として，大騒ぎをしていることは，死亡した４人の解剖結果が，青酸化合物を死因とするものであることは明らかである。

６　解剖結果等を裁判に４人の死因の証拠として提出しない

検察は，平成１０年１２月２９日，被告人を平成１０年７月２５日午後０時ごろから，同日午後１時ごろまでの間に，カーポート内で鍋入りのカレーの中

に砒素を混入し，自治会長ら４人を殺害し，６３名を殺害未遂にした。殺人罪，殺人未遂罪で起訴した。

解剖結果，死亡診断書，死体検案書はいずれも死因を青酸化合物としているので，ヒ素による殺人罪等の証拠には役立たない。そこで検察は，解剖結果，死亡診断書，死体検案書を裁判に，死因の証拠としては提出しない。

７　死因等の誤り，変更したいと考えるとき，取るべき方法

警察，県警が解剖結果，死亡診断書，死体検案書の死因が誤り，あるいは変更したいと考え，仮に新たな解剖結果，死亡診断書，死体検案書を作ったとする。そうすると必ず元のそれらとの優劣問題になり，時間的，直接性等から元の方が優先，つまり正しいとされ，新たに作った意味がない。そこで元の解剖結果，死亡診断書，死体検案書を変更，修正，訂正するときは，元のそれらの書面の変更届を厚生労働省に届出し，市町村窓口に変更の届をする必要がある（「ＮＥＷエッセンシャル法医学」医歯薬出版（株）５３４頁）。

更に他の方法として，カルテ等，他の証拠を加えて，第三者医師の死因の鑑定をするという方法もある。

ところが警察，県警はこの変更届や，死因の鑑定という方法を取っていない。

８　死亡者４人に対する死因の証拠が無い

「和歌山カレー事件」について，死亡者４人に対する死因の証拠が無い。検察は，最も優れた死因の証拠である，４人の死亡直後の解剖結果，死亡診断書，死体検案書を死因を立証する証拠として，裁判に提出しない。

当然に提出を請求すべき弁護団も請求しない上，死因の証拠不存在を理由とする，無罪を主張するでもない。何のための弁護団か。また裁判所も職権で提出を求めたり，死因について，職権で鑑定をするでもない。

判決は，死因の証拠が無いことを隠すためもあってか，証拠の標目に何のための証拠であるという，限定の記載をせず，ただ何頁にも渡って，人名だけを羅列するだけといった，判決書としては，例の無い特異な判決書である。判決書を見た人は，死因について証拠があるのか，無いのか解らない記載をしている。

いずれにしても「和歌山カレー事件」という重大事件の死刑判決書に死因の証拠がない。

従って，合理的な疑いを超えて，被告人が４人を殺害したと認定することは出来ない。

死亡した４人に対する殺人罪について，被告人は無罪である。

第３　検察の死因の代替証拠と供述調書４通

検察官は，解剖結果，死亡診断書，死体検案書を死亡した４人の死因の証拠として提出しない代わりに，代替証拠１として，新たな死体検案書及び代替証拠２として死亡した４人の医師検察官に対する，各供述調書４通を提出する。しかし，これら代替証拠はいずれも，証拠能力，証明力を欠き，その上，作成経緯等が非常に疑わしい等，信用力が全く無く，措信出来ない証拠であること。

１　証拠標目１６頁，死体検案書４通について

まず原判決の証拠標目１６頁，中程，死体検案書４通（甲９６４，甲９６６，甲９６８，甲９７０）とある点について。

（1）医師法２０条違反

死体検案書４通は，いずれも（検案）年月日，平成１０年７月２６日，（検案書）発行年月日，平成１０年１０月７日という，非常に変わった書式の死体検案書である。平成１０年７月２６日の死体検案書なら作成者の辻　力の元の死体検案書があるはずである。

そして，その元の死体検案書の死因は青酸化合物であるはずである。ところがこの度は，いずれもヒ素を死因とする死体検案書である。

そうすると，平成１０年１０月７日に新たに医師辻　力は，新たな死体検案書を作成したことになる。検察官の証拠申請書である，証拠等関係カード甲９６４，９６６，９６８，９７０のいずれも，作成年月日は，平成１０年１０月７日としている。

医師法２０条は，医師は自ら…検案しないで検案書を交付してはならない。と規定している。

いかに検案日と，検案書の発行年月日とを書き分けても，検案書発行年月日に検案していないことは事実であり，この４通の新たな死体検案書は医師法２０条違反である。

それだけではない。医師法２４条１項には,医師は診療した時は，遅滞なく，診療に関する事項を診療録に記載しなければならない,と規定されている。７月２５日,２６日に診療した事項を１０月７日に記載することは，医師法２４条１項違反でもある。

なぜ新たな死体検案書の死因のヒ素が正しいとするのなら，元の死体検案書の死因の訂正をしないのか。死体検案書の内容は国の人口動態の調査，公衆衛生の観点からも重要なのである。

（２）新たな死体検案書と元の死体検案書の効力の優先問題

新たな４通の死体検案書と元の４通の死体検案書の効力の優先問題が生じる。

医師辻 力は，和歌山県立医科大学医学部法医学講座教授として，７月２６日に自治会長を，２７日にその他の３人を解剖している。従って４人の解剖結果，死亡診断書，死体検案書が当然にあるはずである。

そこで新たに作成した死体検案書と元の死体検案書の優先問題が生じる。法はこのような難解な問題を避けるため，元の死体検案書の変更，修正，訂正の制度を設けて，２つの死体検案書が作成されないように配慮している（前記ＮＥWエッセンシャル法医学５３４頁）。従って，元の死体検案書の変更，修正，訂正という手続きを取らずに，新たな死体検案書を作成しても，その新たな検案書は無効である。

本件死体検案書４通（甲９６４，甲９６６，甲９６８，甲９７０）は無効である。原判決は，無効の死体検案書を証拠の標目に掲げていることになる。

（３）作成の経緯の不正

死体検案書４通（甲９６４～９７０）は平成１０年８月１０日付の捜査報告書（検甲９６３）の和歌山市消防局から救急車搬送リスト等の資料３点を入手したので報告する。とある捜査報告書の第４資料として死亡した４人の裸体写真報告書に交互に添付されていたものである。ここで注意を要するのは，母体となった捜査報告書の日付が，平成１０年８月１０ということである。

死体検案書４通（甲９６４～９７０）の検案書作成年月日が，平成１０年１０月７日ということである。つまり，8月１０付の捜査報告書に２ヶ月先に作成される死体検案書４通が入っているということである。

これは，現実社会では実行不可能なことである。

（４）虚偽公文書作成罪に該当する捜査報告書

この捜査報告書は，虚偽公文書作成罪（刑法１５６条）に該当する。この虚偽公文書に添付されている，死体検案書４通も，その作成年月日に作成されたことが疑わしく，虚偽公文書作成罪と一体となった虚偽公文書であるといわなければならない。

要するに，原判決の証拠の標目１６頁，中程で判示する，死体検案書４通（甲９６４，甲９６６，甲９６８，甲９７０）はいずれも虚偽公文書で，証拠能力，証明力は皆無であり，信用できない文書である。

原判決は，ほんの少し検討すれば解ることさえ検討せず，証拠の精査をせず，判決文に登載しているのである。虚偽公文書を判決文に登載することの犯罪性については，第九の膨大な情況証拠の収集捜査を追及する余り，死亡した４人に青酸化合物を死因とする確たる証拠が存在するのに，ヒ素による殺人（４人を含めて）とする，死因の証拠をめぐって，医師との十分の連携を怠ったこと，で詳論した通りである。

２　死亡した４人を診察した４人の医師の供述調書の検討

次に死亡した４人を診察した４人の医師の各検察官に対する供述調書を検討する。

原判決では，証拠の標題の１５頁の中程に，羅列した多くの人名の中にまじって，辻　力（甲９７２），上野雄二（甲９７３），粉川庸三（甲９７４），榎本茂樹（甲９７５）とあるものである。

何度も言うが，原判決は表示だけを見ても何のことか，あえて裁判文を見る人に解りにくく，記載されている。この羅列された人名だけを見ても，何のことか解り難いが，死亡した４人がヒ素で死亡したことの証拠である。

辻　力（検甲９７２）は，和歌山県立医科大学医学部法医学講座教授，医師で平成１０年１２月２９日，検察官に対する供述調書に署名押印している。

上野雄二（甲９７３）は医療法人誠佑記念病院院長，医師で平成１０年１２月２４日検察官に対する供述調書に署名押印している。

粉川庸三（甲９７４）は，和歌山県立医科大学附属病院紀北分院の外科の医師で，医療法人愛晋会中江病院において，第４土曜日から翌日曜日当直医を務めており，平成１０年１２月２９日，検察官に対する供述調書に署名押印している。

榎本茂樹（甲９７５）は，日本赤十字社和歌山医療センター第２内科の医師で，平成１０年１２月２８日検察官に対する供述調書に署名押印している。

辻は平成１０年７月２６日，死亡した４人の解剖結果，死亡診断書，死体検案書を作成していると思われる。

上野は，死亡した谷中孝壽を診察していたので谷中の解剖結果，死亡診断書，死体検案書に関与していると思われる。

粉川は中江病院において，死亡した田中孝昭，林大貴を診察していたので，田中，林の解剖結果，死亡診断書，死体検案書に関与していたと思われる。

榎本は，死亡した鳥居幸の診察をしていたので鳥居の解剖結果，死亡診断書，死体検案書に関与していたと思われる。

４人の医師は死亡した４人の死因について，ヒ素であるとの供述調書に署名押印している。

以上の辻，上野，粉川，榎本の４人の医師は，死亡した４人の死因について，青酸化合物である旨の関係書類の作成をしていると思われる。

ところが辻は平成１０年１２月２９日（検甲９７２），上野は同年１２月２４日（検甲９７３），粉川は同年１２月２９日（検甲９７４），榎本は同年１２月２９日（検甲９７５）いずれも検察官に対する供述調書で辻は死亡した４人の死因がヒ素であると考えられると，上野は谷中の死因が，粉川は田中，林の死因が，榎本は鳥居の死因がいずれもヒ素であると考えられると供述した。

辻以外の上野，粉川，榎本は「砒素含有量」と題する書面を見せられて，供述を変えた。何よりも辻以外の上野，粉川，榎本は以下の砒素含有量と題する書面（大きさも内容すべて同じ）を示されて，それならそれぞれの診察した死亡者の死因はヒ素でしょうと供述している。ところが，この砒素含有量と題する書面は，だれが，いつ，何の目的で，だれから，何を採取して作った一覧表なのかが解らない。

ここで，この「砒素含有量」と題する書面を示す。

砒素含有量

単位：μｇ／ｇ（ｐｐｍ）

検体	血液	胃内容物	肝臓	左腎臓
正常人の平均値 （）は、上下限	0.007 (0.001-0.016)		0.181 (0-0.40)	0.142 (0-0.30)
砒素中毒による死亡例の平均値 ()は、上下限	3.3 (0.6-9.3)		29 (2.0-120)	15 (0.2-70)
谷中孝壽	1.2	109	20.4	8.3
田中孝昭	1.6	36.6	14.6	6.0
林大貴	0.7	0.6	11.6	4.6
鳥居幸	1.1	0.6	12.7	5.6

その上，いつ作成されたのか，死亡した４人の解剖結果，死亡診断書，死体検案書の作成に役立てられなかった理由はどういう理由か，そして死亡した４人の解剖結果，死亡診断書，死体検案書の死因の変更，修正，訂正に役立てられなかったのはなぜか。

さらには，この砒素含有量と題する書面が，正当に作成され，信用力があり，証拠能力，証明力も問題が無い書面であるなら，これを有力な証拠の１つとして死亡した４人の死因の鑑定に役立てることが出来るはずである。なぜ死因の鑑定をしないのか。

以上のような疑問が多々ある。砒素含有量と題する書面をみただけで，死亡した自己の診察者の死亡原因はヒ素であるとしたそれぞれ３人の医師の供述調書（検甲９７３，９７４，９７５）は，どう評価すれば良いのか。

砒素含有量と題する書面記載のようなヒ素が死亡した４人の死亡時に存在したのであれば，死亡した４人の死因はヒ素である。　しかし，死亡した４人の死亡時に砒素含有量と題する書面の砒素が死亡した４人にそれぞれ含有されていたという証拠，証明はない。

従って，「砒素含有量」と題する書面を見せられて作成した供述調書（検甲９７３，９７４，９７５）は死亡した４人が現実にヒ素で死亡したと実質的に供述するものではない。

あくまでもヒ素含有量と題する書面を見せられて，このとおりであれば，４人はヒ素で死んだのでしょうという，いわば医師の専門家としての，一種の意見書であるというものというべきであると考えられる。

第８章　新規明白な証拠

第１　第三者の犯行であることが明らかな証拠の存在

１　「被害者資料鑑定結果表」

（1）検甲１０４１，島田博供述調書中に添付された，平成１０年１０月２７日付和歌山県警察本部刑事部捜査一課司法警察員警部加門仁作成にかかる「被害者資料鑑定結果表一覧表」と題する捜査報告書添付の一覧表。

（2）被害者６７名全員について，シアンとヒ素の鑑定結果が出たとするもので，第三者の犯行である明らかな証拠である。

（3）原判決，罪となるべき事実の証拠の標目１５頁１６行目，島田博（２通，甲１０４１，甲１０４２）とある中の甲１０４１に在中する。

（4）検甲１０６３，辻本登志英供述調書中に同様の「被害者資料鑑定結果表」が添付されて在中する。

（5）原判決，罪となるべき事実の証拠の標目１５頁２３行目，辻本登志英（５通，甲１０６２，甲１０６３，甲１０８９，甲１１００，甲１１１２）とある中の甲１０６３に在中する。

（6）検甲１１０１，小牧克守供述調書中に同様の「被害者資料鑑定結果表」が添付されて在中する。

（7）原判決，罪となるべき事実の証拠の標目１６頁7行目小牧克守（甲１１０１）とある中に在中する。

２　死因を青酸化合物とする３文書の存在

第三者の犯行が明らかな，死亡した４人に対する死因を青酸化合物とする解剖結果，死亡診断書，死体検案書が存在するはずである。

（1）死因の直接証拠は４人を解剖した，和歌山県立医科大学医学部法医学講座教授，辻 力の手元に，平成１０年7月２６日付27 日付の，４人の解剖結果，死亡診断書，死体検案書が存在する。

（2）谷中孝寿についての解剖結果，死亡診断書，死体検案書は，医療法人誠佑記念病院の医師上野雄二の手元に存在する。

（3）田中孝昭，林大貴についての解剖結果，死亡診断書，死体検案書は中江病院の医師粉川庸三の手元に存在する。

（4）鳥居幸についての解剖結果，死亡診断書，死体検案書は，日本赤十字社和歌山医療センター第二内科の医師，榎本茂樹の手元に存在する。

3　第三者の犯行が明らかな証拠は，捜査本部に多数存在する

第三者の犯行が明らかな証拠は，和歌山県警の捜査本部に，他に多数存在する。

（1）和歌山県警本部平成１３年３月編集発行「和歌山市園部におけるカレー毒物混入事件捜査概要」（以下「捜査概要」と称す）の８３頁～８８頁（但しこの間は抜き取られた本が出回っている。そこで目録によることとする。）によると，県警本部は，以下の警察，大学等に鑑定を依頼し，その鑑定結果を所持している。

1　科学捜査研究所に対する鑑定依頼とその結果
2　学警察研究所に対する鑑定依頼とその結果
3　他府県警察への鑑定依頼とその結果
4　九州大学医学部への鑑定依頼とその結果
5　聖マリアンナ医科大学への鑑定依頼とその結果
6　東京理科大学への鑑定依頼とその結果

（2）和歌山県警察本部刑事捜査一課警部加門仁は，平成１０年１０月２６日以下の研究所等に，砒素等の薬物鑑定を依頼し，その結果を所持している（検甲１０４１島田博供述調書，検甲１０６３辻本登志英供述調書，検甲１１０１小牧克守供述調書)。

（3）加門仁鑑定依頼による鑑定書

1　和歌山県警察科学捜査研究所
2　警察庁科学警察研究所
3　兵庫県警察科学捜査研究所
4　大阪市立大学医学部環境衛生学教室

4　和歌山県科捜研，東京科警研に第三者の犯行証拠が存在する

（1）平成１０年８月９日の毎日新聞の記事に注目したい。「毒物カレー事件の鑑定，検査結果」と題して一覧を掲示している（２７面)。それによると，和歌山県警科捜研と科警研の鑑定，検査ということで，谷中，田中，林大貴，鳥居の体内等から青酸とヒ素が鑑定された結果が表示されている。

和歌山県警科捜研も，第三者の犯行である青酸がカレーに投与されたことを認めているのである。そして，注意したいのは，死亡した４人の死因に青酸化合物が関連していることを，和歌山県警科捜研，科警研（警視庁）が公認していることである。

（2）読売新聞平成１０年８月５日朝刊３１面，毒物カレーヒ素新た６検体の見出しの記事の内に「田中副会長，鳥居の吐しゃ物から青酸反応。谷中の胃の内容物，林大貴の食べ残しのカレーからも青酸反応の記事がある。

第２　被告人を無罪とする新規明白な証拠が多数存在する

以上のように,「和歌山カレー事件」については, 被告人を無罪とする新規明白な証拠（刑事訴訟法４３５条６号）が多数存在する。その多くは県警捜査本部及び解剖等被害者の診察, 検案に立会した医師の元にある。

本来の適正, 適法な訴訟がされておれば, 当然に法廷に顕出され, 被告人は当然に無罪となっていたものである。

ところが極端に真実究明の熱意を欠いた裁判所と, 全面的に争う被告人の弁護を全く果たさず, 第二検察と評すべき弁護団のたまたまの併存が重なり, いわば両者の暗黙の共謀により, 無罪証拠が法廷に全く顕出されずに終った。

しかし真実は必ず証明する。本件は無罪以外にあり得ない。

第9章　結　論

第1　死因に焦点を合わせた再審申立

本申立は,「和歌山カレー事件」にあっても，その中で死亡した４人の死因に焦点を合わせて論じたものである。

なぜ，死因に焦点を合わせたかという理由は，次のとおりである。

捜査官の冒頭陳述，論告において，死因に触れた個所が全く無い。「和歌山カレー事件」の争点は（一）犯行態様，（二）動機，（三）死因である。重要な死因について，冒陳，論告で全く触れないのはどうしてか。

さらに，検察官の立証計画である証拠等関係カード甲においても，死因の立証趣旨は，１５２３の案件中，わずかに８点だけである。これに１００人近くの証人尋問関係が加わるが，死因とは関係が無い。

また，第一審の判決書でも死因の説明は全くなく，触れた所は，証拠の標目中の１５頁１２行目と１３行目の辻 力（甲９７２），上野雄二（甲９７３），粉川庸三（甲９７４），榎本茂樹（甲９７５）と，同頁１６行目島田博（２通，甲１０４１，甲１０４２），同頁２３行目辻本登志英（5通，甲１０６２，甲１０６３，甲１０８９，甲１１００，甲１１１２）と，１６頁7行目小牧克守（甲１１０１）とあるだけである。

まして，弁護人の最終弁論で触れるところは全く無い。

第2　原判決の驚くべきこと

１　第三者の犯行である証拠が原判決中に3箇所判示されている

原判決の驚くべきことの一つは，第三者の犯行である証拠が，原判決の証拠の標目中に，3箇所も判示されているということである。上記島田博の甲１０４１，辻本登志英の甲１０６３，小牧克守の甲１１０１である。

これらの書証に添付された「被害者資料鑑定結果表」によれば，被害者６７名全員の身体からシアンとヒ素の鑑定が得られたとするものである。被告人はヒ素の使用で起訴，有罪の判決となっているものである。シアンを使用したとすると被告人以外の第三者ということになる。

原審において，刑訴法の定める書証の証拠調べの方式である朗読，要旨の告知をしておれば，このような書証が有罪の証拠にまぎれ込むことはあり得ない。

原審は適正な証拠調べをしていない証左である。それだけではない。原判決裁判官は，だれ一人として，書証を読むことさえしていないということである。一人でも書証を読んでおれば，当然に気づくはずである。

驚くべき怠慢の訴訟がなされたことが明らかな「和歌山カレー事件」の訴訟である。

２　死亡した４人について，死因の証拠が全く無い

原判決の驚くべきことの第二は，死亡した４人について，死因の証拠が全く無いということである。

死刑の判決としては，判決書の全てを精密に点検しても無いものは無い。全く驚くべき死刑判決である。

３　死因の代替証拠

原判決の驚くべきことの第三は，死因の代替証拠である。

死亡した４人は，７月２６日医師の面前で死亡し，会長は２６日，その他の３人は翌日の２７日に解剖され，解剖結果，死亡診断書，死体検案書もあるはずである。

検察官は，この解剖結果，死亡診断書，死体検案書のいずれも死因の証拠として，法廷に提出しない。

その代わりとして，代替証拠を提出する。１つは新たに作った死体検案書４通である。原判決証拠の標目１６頁の１６行目に，死体検案書４通（甲９６４，甲９６６，甲９６８，甲９７０）と判示されている。２つ目は，医師４人の検面調書である。原判決証拠の標目１５頁の１２行，１３行目に辻 力（甲９７２），上野雄二（甲９７３），粉川庸三（甲９７４），榎本茂樹（甲９７５）と判示されている。以上である。

これらの問題点は，第５章の第１で詳論したのでその繰り返しは避ける。該当部分の再読をお願いする。

要するに，全くの虚偽公文書で，証拠能力，証明力が全く無いものである。

しかし，驚くべきことというのは，原審が死因について，直接証拠が全く無いことにつき，特にそれを問題とはせず，さらに直接証拠の代替証拠が提出されれば，普通は問題視すべきで，その検討すべきことが，通常の判決のあり様でもあるのに，全く検討さえせず，証拠の標目に何らの理由付することもなく，他の書証と同様に羅列されているだけという原審のあり方についてである。

ここまで裁判を軽視する態度を取っても良いものであろうか。

いずれにしろ，原判決には，第三者の犯行であることが明らかな証拠が３箇所も判示されていること。死亡した４人について，死因の証拠が全く無いことが明らかとなった。驚くべき判決である。

第３　被告人の不幸なめぐり合せ

本件捜査，訴追は，第３章，第４章で詳論したように，日本の社会に捜査規範という法律が未だ制定されていない不幸な状況を悪用して，真犯人を追及せず，代わりに社会受けをする，保険金詐欺がらみの女性の被告人を仕立て上げたと疑う余地が大きな捜査，訴追であること。

第５章で詳論したように，裁判所が，真実の追及に熱意を持った裁判所ではなかったこと，弁護人が被告人と信頼関係が全く無く，第二検察官的な弁護団であったこと。

以上の不幸が偶然にも重なり合い，裁判に真の証拠が提出されずに終ったのが，「和歌山カレー事件」ということである。

本件では真実を見抜くことに，障害となる種々の事情が存在する。

過熱するマスコミ人に，ホースで水を掛けるという軽率な行為を被告人はしている。マスコミ人にホースで水を掛ける行為は，被告人を極めて不利な立場に陥入れた一つの出来事といっても良いであろう。

しかし，軽率な行為と犯罪とを同視することは出来ない。軽率は軽率として評価すべきである。また，被告人が真犯人か否かは別にして，多数の保険金詐欺事件も，被告人に不利に作用していることは間違い無い。

要するに，「和歌山カレー事件」は，冷静，冷徹な目で社会事象を見ることが要求される事件である。

犯罪捜査はどうあるべきか。裁判はどうあるべきか，弁護はどうあるべきか。そして，民主主義社会のあり様としての犯罪の捜査，裁判はどうあるべきか，どうでなければならないか，このような裁判で良いか。

そのような冷徹な目で一連の事象を再度振り返って検討し，あるべき解決に冷静さが要求されるまたとない事件が「和歌山カレー事件」である。多くの方が，真実を見抜かれる事を深く祈念して，本件再審申立を閉じる。

第４　結論

１　「和歌山カレー事件」について，被告人は無罪である

被告人以外の第三者の犯行である証拠が原判決の罪となるべき事実の証拠の標目の３箇所に判示されている。

２　被告人は死亡した４人の殺人罪については無罪である

ヒ素によって死亡した死因の証拠としての解剖結果，医師の死亡届，死体検案書，ヒ素死因の鑑定書等ヒ素による死亡を合理的な疑いを超えて証明する証拠が

全く無い。

　本件は重大な誤判による死刑判決である。よくぞこのような大欠陥の判決で，２０年間以上も一人の人間を刑務所に拘束したものである。日本国の国家的誤りはどうのように謝罪しても謝罪しきれるものではない。日本国はおろか人類はこのような誤った捜査・裁判を二度としてはならない。

　そのような深甚の捜査・判決が「和歌山カレー事件」である。

以上

参考資料(被害者鑑定資料結果)

被害　資料鑑定結果表

平成１０年１０月２６日現在
NO　1

番号	被害者	資料名	採取状況等 日付	場所	採取者	鑑定依頼日	鑑定結果 和歌山(科捜研) シアン	和歌山(科捜研) ヒ素	東京(科警研) シアン	東京(科警研) ヒ素	兵庫 ヒ素	大市大 ヒ素	備考
1	谷中　孝壽	心臓血液	7/26	和医大	秦野	7/26			5.5ppb	2.04ppm			
		胸腔内血液(右)	7/26	和医大	中村	7/26			1.7ppb				
		胸腔内血液(左)							17.6ppb				
		胃内容物(吸引液)	7/26	誠佑	永井	7/26				315.7ppm			
		胃内容物(解剖)	7/26	和医大	中村	7/26			7.9ppb	400ppm			
2	田中　孝昭	心臓血液	7/27	和医大	秦野	7/27			6.4ppb	1.11ppm			
		吐物	7/26	中江	岩本	7/26				1132ppm			
		胃内容物	7/27	和医大	中村	7/27			7.7ppb	137.3ppm			
3	林　大貫	心臓血液	7/27	和医大	秦野	7/27			1.6ppb	1.44ppm			
		胃内容物	7/27	和医大	中村	7/27			参考値 198ppb	0.35ppm			
4	鳥居　幸	心臓血液	7/27	和医大	秦野	7/27			0.8ppb	0.63ppm			
		吐物	7/26	日赤	瀬藤	7/26			6.5ppb	0.36ppm			
		胃内容物	7/27	和医大	中村	7/27			2.4ppb	0.29ppm			

NO 2

番号	被害者	資料名	採取状況等				鑑定結果						備考
			日時	場所	採取者	鑑定依頼日	和歌山（科捜研） シアン	和歌山（科捜研） ヒ素	東京（科警研） シアン	東京（科警研） ヒ素	兵庫 ヒ素	大市大 ヒ素	
5	宇治 美紀	吐物	7/28	日赤	倉橋	7/28			3.5ppb			128.8ppb	
		尿										検査中	
6	宇治 徹	吐物	7/29	和医大	伊藤	7/29			2.0ppb		10000ppb		
		尿										検査中	
7	小山 篤紘	吐物	7/26	日赤	瀬藤	7/26			2.3ppb		70000ppb		
		尿	7/27			7/27						検査中	
8	南郷 美佳	吐物	7/26	日赤	瀬藤	7/26			1ppb以下		30000ppb		
		血清										58.4ppb	
9	南郷 彩香	吐物	7/26	日赤	瀬藤	7/26			3.4ppb			113.4ppb	
		血清	7/27	日赤	市谷	7/27	2ppb以下						
		尿										検査中	
10	住川 聖也	吐物	7/26	日赤	瀬藤	7/26			2.4ppb		2000ppb		
		尿										検査中	
11	森口 真衣	吐物	7/26	日赤	瀬藤	7/26			1ppb以下			47.32ppb	
		尿				7/27						検査中	
12	森口 秀行	吐物	7/29	日赤	市谷	7/29			1.9ppb		40000ppb		
		血清	7/31	医大	永井	7/31			1ppb以下				
		毛髪										予定	
13	畑 伸幸	尿	7/31	自宅	小船	8/1	2ppb以下					1630ppb	
14	中津亜希子	吐物	7/27	瀬	市谷	7/27			8.0ppb			68ppb	
		血液										403.1ppb	

NO 3

番号	被害者	資料名	採取状況等				鑑定結果						備考
			日時	場所	採取者	鑑定依頼日	和歌山（科捜研）シアン	和歌山（科捜研）ヒ素	東京（科警研）シアン	東京（科警研）ヒ素	兵庫 ヒ素	大市大 ヒ素	
15	城 康裕	吐物	7/29	誠佑	出口	7/29	6.5ppb		2.4ppb			140.2ppb	
		尿										検査中	
16	城 昭一	吐物	7/29	誠佑	出口	7/29	2ppb以下		2.7ppb			1499ppb	
		尿										検査中	
17	久保 未来	吐物	7/29	誠佑	出口	7/29	2ppb以下		1ppb以下			351ppb	
		尿										検査中	
18	石田 絵里	吐物	7/29	誠佑	出口	7/29	11.2ppb		2.5ppb			386.8ppb	
		尿										検査中	
19	賀川 恵	吐物	7/29	誠佑	出口	7/29			2..4ppb			210.4ppb	
		尿										検査中	
20	大島 義正	吐物	7/29	誠祐	出口	7/29			8.6ppb			59..78ppb	
		尿										検査中	
21	南 美由紀	吐物	7/26	向陽	浜	7/26			1.5ppb			458.8ppb	
		血清	7/26	医大	永井	7/31	2ppb以下					99.6ppb	
22	南 さゆり	吐物	7/26	自宅	小南	7/26			2.0ppb		360000ppb		
		血清	7/31	医大	永井	7/31	2ppb以下					111.7ppb	
23	濱井 満夫	吐物	7/26	今村	野保	7/26			4.7ppb		40000ppb		
		血清	7/31	医大	永井	7/31			1ppb以下			144.9ppb	
24	荒木 俊夫	吐物	7/27	中谷	平尾	7/27			1ppb以下		180000ppb		
		尿										検査中	
25	楠山 育子	吐物	7/26	自宅	浜	7/26			7.8ppb		720000ppb		
		血清	7/31	医大	永井	7/31	2ppb以下					155.4ppb	

NO 4

番号	被害者	資料名	採取状況等				鑑定結果						備考
							和歌山（科捜研）		東京（科警研）		兵庫	大市大	
			日時	場所	採取者	鑑定依頼日	シアン	ヒ素	シアン	ヒ素	ヒ素	ヒ素	
26	楠山 陸能	吐物	7/26	自宅	平岡	7/26	2ppb下以		2.6ppb		30000ppb		
		毛髪										予定	
27	堀井 良子	吐物	7/27	駐在所	柏	7/27	8.1ppb		14.3ppb		60000ppb		
		毛髪										予定	
28	前田 信義	吐物	7/26	保健所	大塚	7/26			2.5ppb		20000ppb		
		毛髪										予定	
29	大西 久治	吐物	7/26	自宅	浜	7/26			2.8ppb		5000ppb		
		毛髪										予定	
30	松山 智子	尿	8/1	自宅	川崎	8/1	2ppb以下					4430ppb	
31	松山 陽香	尿	8/1	自宅	川崎	8/1	2ppb以下					1820ppb	
32	中筋沙有美	尿	7/31	自宅	瀬藤	8/1	2ppb以下					455ppb	
33	中筋 加奈	尿	8/4	瀬藤	畑村	8/4	2ppb以下					101ppb	
34	久保 里美	尿	7/29	誠佑	出口	7/29	2ppb以下					3845ppb	
35	西前 美加	尿	7/31	宇都宮	倉橋	8/1	2ppb以下					851ppb	
36	堀井 裕也	尿	7/31	生協	倉橋	8/1	2ppb以下					662ppb	
37	松山イサ子	血液	7/26	日赤	畑村	7/26	3.2ppb					344.8ppb	
38	松山 益也	血液	7/26	日赤	畑村	7/26	6.5ppb					238.9ppb	

9932

NO　5

番号	被害者	資料名	採取状況等				鑑定結果						備考
							和歌山（科捜研）		東京（科警研）		兵庫	大市大	
			日時	場所	採取者	鑑定依頼日	シアン	ヒ素	シアン	ヒ素	ヒ素	ヒ素	
３９	西川　美江	血液	7/26	日赤	畑村	7/26	2.1ppb					381.0ppb	
４０	杉谷　紀子	血液	7/26	日赤	畑村	7/26	2ppb 以下					224.0ppb	
４１	中筋　久彰	血液	7/27	日赤	市谷	7/27	5.0ppb					183.0ppb	
４２	林　美歩	血液	7/26	日赤	畑村	7/26	2ppb 以下					295.0ppb	
４３	住川　拓海	血液	7/27	日赤	市谷	7/27	2ppb 以下					118.1ppb	
４４	有本　真規	血液 うがい液	7/29	和医大	伊藤	7/29			 1ppb 以下			373.5ppb 	
４５	宇治　巧馬	血液	7/31	和医大	倉橋	7/31			1ppb 以下			286.2ppb	
４６	宇治　玉姫	血清	7/31	和医大	倉橋	7/31	2ppb 以下					88.4ppb	
４７	小山名都子	血清	7/30	日赤	瀬藤	7/30	2ppb 以下					149.7ppm	
４８	南郷　典男	血清	7/30	日赤	瀬藤	7/30	3.1ppb					123.1ppb	
４９	住川みさえ	血清	7/31	日赤	瀬藤	7/31	2ppb 以下					73.9ppb	
５０	市野　剛志	血清	7/31	前だ	畑村	7/31	2ppb 以下					52.1ppb	
５１	有本　知益	血液	7/31	和医大	倉橋	7/31			1.2ppb			272.4ppb	
５２	有本　恭将	血清	7/31	和医大	倉橋	7/31	2ppb 以下					149.1ppb	

NO 6

番号	被害者	資料名	採取状況等				鑑定結果						備考
			日時	場所	採取者	鑑定依頼日	和歌山（科捜研）		東京（科警研）		兵庫	大市大	
							シアン	ヒ素	シアン	ヒ素	ヒ素	ヒ素	
53	滝口 タケヨ	血漬	7/31	前田	柏	7/31	2ppb以下					47.9ppb	
54	久下真理恵	血漬	7/31	和医大	永井	7/31	2ppb以下					212.5ppb	
55	濱井裕見子	血漬	7/31	和医大	永井	7/31	2ppb以下					330.6ppb	
56	荒木 正代	血漬	7/31	和医大	永井	7/31	2ppb以下					318.7ppb	
57	福谷 弥生	血漬	7/31	和医大	倉橋	7/31			2.6ppb			115.6 ppb	
58	藪木 幹二	血漬	7/31	和医大	倉橋	7/31			9.7ppb			93.8ppb	
59	塩崎 麻衣	血漬	7/31	和医大	倉橋	7/31	2ppb以下					100.4ppb	
60	福岡 沙織	血漬	7/31	和医大	永井	7/31	2ppb以下					205.9ppb	
61	福岡 勇紀	血漬	7/31	和医大	永井	7/31	2ppb以下					376.8ppb	
62	大島みゆき	血漬	7/30	生協	永井	7/30	2ppb以下					95.2ppb	
63	大島 正人	血漬	7/30	生協	永井	7/30	2.5ppb					83.7ppb	
64	西川 隆也	血漬	7/30	生協	永井	7/30	2ppb以下					156.3ppb	
65	中山 新吉	血漬	7/30	生協	永井	7/30	2.8ppb					255.3ppb	
66	島木 幸一	血漬	7/31	前田	畑村	7/31	4.6ppb					100ppb	
67	松裏 博敏	血漬	7/3.	前田	畑村	7/31			8.5ppb			67.3ppb	

再審申立書
パートⅡ
（保険金詐欺関係）

和歌山地方裁判所 平成１０年（わ）第５００号，第５３２号，第５８０号 被告人 林眞須美に対する殺人・殺人未遂・詐欺被告事件。

令和3年１１月２２日

和歌山地方裁判所刑事部　御中

再審申立（パートⅡ）

住　所　大阪府都島区友渕町１－２－５
　　大阪拘置所内
申立人　被告人　林 眞須美

事務所 〒７６１—０１０４
　　香川県高松市高松町９４４－４
　　日本タイムズ内
住　所（送達場所）
　〒3[redacted]－００3[redacted]
　埼玉県[redacted]

TEL・FAX　0[redacted]
携　帯　0[redacted]

申立代理人 弁護士
生田　暉雄

再審申立書パートⅡ目次

目次

再審申立　パートⅡ
―保険金詐欺目的事案の再審申立－

第１章　再審申立　パートⅡ

第１　保険金詐欺目的事案の再審申立

１　再審申立

和歌山地方裁判所刑事部 平成１４年１２月１１日言渡しの平成１０年（わ）第５００号，第５３２号，第５８０号の殺人・殺人未遂・詐欺被告事件について，再審申立をする。

２　原判決判示の有罪の事実は被告人の争わない事実を除いて，いずれも無罪である。

３　原判決の罪となるべき事実の第１については受理されている

原判決中，平成１０年（わ）第４６５号（これを以下「和歌山カレー事件」と称する）の原判決の罪となるべき事実の第１について，令和３年５月３１日再審申立をし，受理され，和歌山地裁令和３年（た）第１号となっている（以下，これを「再審申立パートⅠ」と称することもある）。

（１）被告人の争わない事実

被告人が争わないと，原判決が認定（原判決６３６頁）する事件は，本件再審申立パートⅡの申立外である。

被告人が争わない事件

①　原判示第２（「やびつ荘事件」と称する）

②　原判示第３（「被告人火傷事件」と称する）

③　原判示第５（「健治高度障害事件」と称する）

以上である。

（２）再審申立パートⅡ対象事件

①原判示罪となるべき事実 第４（「くず湯事件」と称する）

②原判示罪となるべき事実 第６の１（「牛丼事件」と称する）

③原判示罪となるべき事実 第６の２（「入院給付金詐欺事件」と称する）

④原判示罪となるべき事実 第6の3（「うどん事件」と称する）
以上①〜④の４事件が本件再審申立パートⅡの対象事件である。
以上①〜④の４事件について，被告人はいずれも無罪である。
無罪であるべき事実を原判決では有罪とした。
そこで，無罪を理由に再審申立をする。
ここで，再審パートⅡにおける，とりわけ際立って異常な被告人を有罪とするため，判決書におけるあり得ない論理の使用を冒頭に提示しておきたい。
このような裁判とはいえない裁判の名を借りた国家行為により，死刑が宣告され，２０年間，その死刑判決が日本で看過されてきたのである。

（1）まず原審は，再審申立パートⅡの４つの犯罪

ア健治の「くず湯事件」，イ泉克典の「牛丼事件」，ウ同じく「うどん事件」，エ同じく「入院給付金詐欺事件」（「睡眠薬事件」）のいずれについても，泉克典の供述だけで認定判示する。

しかし，この程度の異常さは序の口である。序の口ではあるが泉克典にとっては，一生の問題となっている。

警察，検察は泉克典に供述を覆されるとすべてが終わる。そこで，泉克典が供述を変更しないよう，世間から隔離して監視を続けるのである。

平成１０年１２月２９日に泉克典の保護が終了した後も，さらに，警察は泉克典を第一審終了まで高野山に僧侶として送り込み，泉克典を世間から隔離し，泉克典を第一審終了時から警察官の衣類のクリーニング屋に就職させて監視を続け，泉克典は２０余年間に亘って，世間から隔離され監視されているのである。一人の人間に対して，このような処置をすることが許されても良いものであろうか。

日本は人権保障も何もない社会なのである。

（2）以下は，「牛丼事件」「うどん事件」に限定の原審異常論理による有罪認定・判示である。

原判決は，「牛丼事件」，「うどん事件」において，被告人がヒ素を投与して，泉克典に食べさせようとした被告人の犯人性を泉克典の供述等による客観的事実からは，どうしても認定できない。

そこで，原審が採った方法が類似の有罪となる事件２つをデッチ上げることである。

この２つの事件とは，「麻婆豆腐事件」と「中華丼事件」である。

原審は，起訴もされておらず，泉克典の公判証言や捜査段階の供述にも無く，存在自体が疑わしい「麻婆豆腐事件」「中華丼事件」について，被告人がヒ素を投与して泉克典に食べさせてようとした殺人未遂の事件で，「牛丼事件」「うどん事

件」と類似しているとする。２つの類似事件をデッチ上げ起訴勧告も裁判所は行っていない。

そして，この「麻婆豆腐事件」，「中華丼事件」，「牛丼事件」・「うどん事件」と時間的に極めて隣接し，相前後して起こっているとする。この類似の２つの事件の類推によって，本件「牛丼事件」・「うどん事件」も被告人がヒ素を投与して，泉克典に食べさせようとしたことによる被告人の犯人性を認定するのである。

裁判所が認定に行き詰まると，裁判所は勝手にありもしない架空の事件をデッチ上げ，その架空の事件を類似しているから，立証で行き詰まった事件も，その架空の事件と同じであるという立証方法が許されるなら，この世の裁判において，立証困難，立証不能という事件は起こりようが無い。そもそもこれでは裁判でさえない。「牛丼事件」「うどん事件」においても，被告人は無罪である。

正に原裁判所はこのような出鱈目な判示をしている。

それだけではない。非常識極まりない認定がされている。原判決の罪となるべき事実第６の２「入院給付金詐欺事件」において，死亡給付金の受取人でもない被告人が，泉克典の生命保険関係の管理１４件をしているというだけで，原判決では，泉克典の死亡保険金を受領できると錯覚し，泉克典に睡眠薬を飲ませて，バイクで死亡事故を起こさせようとしたという，非常識極まりない認定を堂々としている。

出来るだけ多くの皆さんに，この出鱈目な原判決書を直接見て欲しいと思う。このような出鱈目な判決で死刑が言い渡されている。正に「司法殺人」（森 炎著 講談社刊）そのものなのである。

このような裁判であって裁判ではない事態を再審申立パートⅡは，その対象に救済の申立をしている。

第２　保険金詐欺目的事件と「和歌山カレー事件」との関係

原判決は両者の関連を以下のとおり判示する。

１　原判決８６６頁

カレー毒物混入事件以外の被告人が犯人であると検察官が主張する事実関係は，いずれも保険金目的で砒素や睡眠薬を被害者に摂取させ，それに基づいて死亡，あるいは疾病にり患させたというものであって，特徴的な犯行態様の類似性から，相互に補完し合う関係にあるといえる。

２　原判決８９２頁

被告人は現に保険金取得目的でカレー毒物混入事件発生前の約１年半の間，４回も人に対して砒素を使用しており，この事実は，通常の社会生活において存在自体極めて稀少である猛毒の砒素を，人を殺害する道具として使っていたという点で，被告人以外の事件関係者には認められない特徴であって，カレー毒物混入事件における被告人の犯人性を肯定する重要な間接事実といえる。

３　原判決８９３頁

この金銭目的での４回の砒素使用や，その他の２件の睡眠薬使用という事実は，人の命を奪ってはならないという規範意識や人に対して砒素を使うことへの抵抗感がかなり薄らいでいたことの表れととらえることができる。

このような多くの間接事実を総合すると，被告人は東カレー鍋の中に，亜砒酸を混入したものであるということが極めて高い蓋然性をもって推認することができる。

４　再審申立パートⅡは，パートⅠにとっても重要である

以上１～３のように原判決は，再審申立パートⅠとパートⅡの関係を判示する。

即ちパートⅠでは，保険金詐欺及び詐欺目的のヒ素使用の殺人未遂罪が「和歌山カレー事件」の有罪を補強することを判示する。

この関係と同様に，再審パートⅡの保険金詐欺，詐欺目的のヒ素使用の殺人未遂罪がパートⅠの「和歌山カレー事件」の再審の成立を補強する関係にある。

そのような意義を含めて，パートⅡを申立てるのである。

再審申立パートⅠで喝破したが，パートⅠの捜査，起訴，判決はいずれも異常なものであった。

まず捜査の異常。死亡した被害者谷中孝壽，田中孝昭の身辺を全く洗わない異常な捜査。

次に，起訴の異常。死亡した４人の被害者の解剖結果，死亡診断書，死体検案書を裁判において死亡立証の証拠として提出しない異常。

最後に，判決書の異常。死亡した４人の死因の証拠が無い判決書の　異常。

そこで，これで捜査，起訴，判決書といえるのか？と問うた。

以上のような捜査，起訴，判決書を喝破したのが再審申立パートⅠであった。

原判決は，これらの異常性，欠陥を知りながら，パートⅡで泉克典の供述に唯一依拠して，保険金詐欺，詐欺目的によるとヒ素使用の殺人未遂事件を肯定し，パートⅡでパートⅠの挽回を計った。この立証方法は，有名な冤罪事件である「徳島ラジオ商事件」と非常に似通っている。

「徳島ラジオ商事件」の有罪判決では，捜査機関が操ることのできる二人の従業員の供述だけで有罪を認定した。

本件では，泉克典ただ一人の供述を捜査，起訴，判決で操ることが出来るよう，それぞれ演出をしたのである。

林眞須美を最終的に有罪者に仕立て上げられるか，否かはそれら捜査，起訴，判決書の諸種の演出の成功いかんによる。

結論から先に述べれば，それらの演出はいずれも本再審申立パートIIで暴露され大失敗に終了した。被告人 林眞須美は無罪である。

泉克典ただ一人の供述に頼らざるを得なかった捜査，起訴，判決。

そのため全く姑息で汚い手段を演出する。

以下，その演出状況を具体的に論述する。

第２章　被害者と称する泉克典ただ一人の供述だけで有罪認定している

本来，被告人林眞須美が全く関与していない事実で被告人を有罪とするため，被害者と称する泉克典ただ一人の供述だけで，全保険金詐欺，詐欺目的のヒ素使用殺人未遂事件を認定する原判決。

保険金詐欺，詐欺目的のヒ素使用殺人未遂事件が泉克典ただ一人の供述だけで認定判示されている事実は，原判決を一瞥すれば明らかである。

原判決９８０頁中，序章～５章，７章，８章～１０章はパートⅡと関係が無い。６章の被告人周辺での急性砒素中毒の発生の第４の泉克典の急性砒素中毒り患の有無，４６５頁から５０６頁までは必要である。１１章中，泉克典に関係する７１０頁から７８６頁までは必要である。

本件の保険金詐欺，保険金目的のヒ素使用殺人未遂事件，つまり原判示罪となるべき事実，第4の「くず湯事件」，第6の1の「牛丼事件」，第6の2の「入院給付金事件」，第6の3の「うどん事件」に関係するのは，第１２章７９４頁～と，第１３章８２３頁～，第１４章８６５頁～９０７頁までで6章，１１章分を合わせて約２００頁である。

原判決は第6章，第１１章，第１２章，第１３章，第１４章の約２００頁余り，原判決の5分の1で，本件保険金詐欺，保険金目的ヒ素使用殺人未遂事件を判示するが，そこでは，泉克典ただ一人の供述からその全てを認定，判示している。

第1　泉克典一人の供述で全保険金詐欺，殺人未遂事件を認定している

本件捜査，起訴，判決書は，いずれも泉克典ただ一人の供述で全保険金詐欺，詐欺目的のヒ素使用殺人未遂事件を認定するために高度のテクニックを使った演出をした。

以下，各機関のそのテクニックを検討する。

1　捜査における演出

泉克典は，捜査官に迎合し易く，誘導尋問に極めて応じ易い。そして虚偽供述をし易い7つの人格特性を有する。捜査官は，泉克典のこの7つの人格特性をフル活用する。

人格特性の一つは，家庭的特性である。

泉克典の一家は父が警察官，妹夫婦も夫婦とも警察官という警察一家である。従って，泉は犯行に関与したり，借金の取立てに会ったりすることは，極度に避けたい心境にある。ところが，裏腹に泉克典が犯行に関与し，多額の借金の取立てに追い回されているのである。

人格特性の顕著なもう一つは，泉克典の要庇護性という社会的特性である。

泉克典は，借金の取立てを逃れて，原判決４１５頁によれば，平成８年２月から平成１０年３月までの2年１ヵ月の間，林眞須美，健治の家に入りびたりであり，原判決７５０頁によれば，平成１０年８月３１日から同年１２月２９日まで警察の保護を受けて警察宿舎に寝泊まりしていた。

このように泉克典の捜査官に迎合し易い，捜査官の誘導尋問に応じ易い，そして虚偽供述をし易い人格特性を最大限に活用することであった。

さらにもう一つ，泉克典の虚偽供述を促進させる演出を捜査機関は取った。それは捜査機関において，被告人林眞須美を捜査段階から完全黙秘（完黙）させることである。黙秘権が被疑者，被告人の権利であることに凝り固まっている法律家は捜査官が被告人に完黙を勧めるということを理解できないようである。

これは家電量販店の赤字販売にも似たようなもので，完黙による捜査側に補填の利益があれば捜査側は被疑者に完黙を勧める。

眞須美の自由な供述を許しておけば，捜査側はそれに翻弄されるだけである。眞須美側にも完黙による利得はほとんど無いに等しい。また，眞須美が完黙していて泉克典を追及することもない状況にあることを捜査側は泉克典に告げて，泉克典から供述を自由に引き出すことができる。

以上の点が捜査側が眞須美に完黙を勧める最大の理由である。

そのようなことから，眞須美に捜査側から完黙を勧めるのである。

眞須美を完黙させて，泉克典に捜査側に有利な供述をさせる。これが，本件捜査における最大のエポック・メーキングな演出である。

これによって，泉克典ただ一人の供述，つまり捜査側に迎合し，捜査側の誘導に応じた供述により，保険金詐欺，保険金目的のヒ素による殺人未遂事件，さらには「和歌山カレー事件」を有罪認定する証拠を作り出したのである。

泉克典ただ一人の供述で，保険金詐欺，詐欺目的のヒ素使用による殺人未遂を認定している事実は，原判決書を見れば一読して明らかである。

２　起訴における演出

日本の検察は起訴事件の１００パーセント有罪をモットーとする。

ところが本件において，検察が起訴したヒ素使用による殺人等の案件１１件中有罪は４件。睡眠薬使用の案件１２件中有罪は２件（原判決８７２頁）の合計２３件起訴中有罪は6件の有罪率２６パーセントという全く無茶苦茶な乱起訴である。

ヒ素使用の有罪４件，睡眠薬使用の有罪２件しか有罪にならない。詳しい判示は原判決８７２頁～８７３頁にされている。

これらの乱起訴は検察における意図的な演出である。

以上のヒ素使用の４件，睡眠薬使用の２件は，いずれも泉克典の供述の認定の結果である。

多くの無罪事件の中で，泉供述の事案だけが有罪になっていることをつまり，泉克典供述が措信できることを浮かび上がらせる目的による検察の演出として有罪率２６パーセントの乱起訴なのである。

このような乱起訴と泉克典の供述の信ぴょう性の対比によって，泉克典供述だけでパートⅡの保険金詐欺，ヒ素による保険金目的の殺人未遂事件，さらに引いては「和歌山カレー事件」の有罪を演出するのが検察である。検察の目的のためには，ここまで姑息な演出をするのである。

３　判決による演出について

（１）泉克典の７つの人格特性

多くの証拠を取捨選択して事実認定するのが裁判の常道である。

ところが，泉克典ただ一人の供述だけで，保険金詐欺，保険金目的ヒ素使用の殺人未遂事件を認定するため，判決書は特別の演出を必要とした。

その際の選択肢として，あらゆる選択肢が許される訳では無い。泉克典が極度に捜査機関に迎合し，あるいは誘導尋問に応じ易く，虚偽供述を仕易い傾向を選択することは，泉克典の供述の信ぴょう性を無くするので許されない。

この観点から泉克典の７つの人格特性，つまり，（ア）体質的特性（睡眠時無呼吸症候群），（イ）行動的特性（イネムリによる交通事故の多発），（ウ）生活的特性（食事の不規律，朝食抜き，晩食の多食），（エ）金銭的特性（ギャンブル好き，不労働，借金），（オ）家庭的特性（警察官一家，父，妹夫婦），（カ）秘匿特性（ヒ素の自己使用，入院歴多数），（キ）社会的特性（要庇護性）のうち，原判決はこれら全てを一括して認定すると，泉克典は，捜査機関に迎合し易い性格で，捜査機関の誘導尋問に応じ易く，虚偽供述を仕易い傾向にある人物ということが，一見して明白になる。そこで一括して認定せず場当たり的に散発的に認定する。

泉克典の一人の供述だけで，保険金詐欺，保険金目的のヒ素使用による殺人未遂事件を認定することは決して容易なことではない。

そこで原判決が採った態度は必要やむを得ない場合に限って，泉克典の捜査機関寄りの人格特性を散発的に認定するという態度を採るのである。

（２）具体的に７つの人格特性を解説する

（ア）体質的特性（睡眠時無呼吸症候群）

体質的特性（睡眠時無呼吸症候群）については，原判示７１９頁，７６９頁においてハロークリニック西本で認定されたこと。

しかし，その原因等についての認定は無い。

（イ）行動的特性（イネムリ）

行動的特性（イネムリ）については，原判示７６９頁ないし７８８頁で１０回にわたり意識消失になったことを認定している。第３９回泉克典の公判供述調書３９～４０頁によると初めて意識を　失ったのは平成８年７月２日ころからである。

イネムリによる交通事故を多数起こしている。警察は，泉克典を交通事故による検挙をいつでも出来るぞ，と脅している。

（ウ）生活特性（食生活の不規律性）

生活特性について，原判決は８３３頁，８３４頁において，泉克典の朝食抜き，晩食の多量取得の乱れた生活等を認定している。しかし，生活全般の態度についての認定は無い。

（エ）金銭的特性（借金について）

原判決は７１４頁において，泉が林宅に住込むようになった平成８年２月中旬ごろの借金は約１２０万円で，８０万円ないし９０万円が消費者金融からの借金であったと認定する。

しかし肝心のヤクザからの取立の事実については認定していない。

従ってなぜ被告人宅に住込むようになったか，その住込みの理由　も認定していない。従って取立に晒されることに脅える心境，それから逃れたい供述や捜査に迎合し，捜査官の誘導尋問に応じ易いこと，虚偽供述をし易い状況等を配慮して，真実の供述を得るための方法等の検討は全く皆無である。

（オ）家庭的特性（警察一家）

泉克典の家庭は父親が警察官，妹は夫婦共に警察官の警察一家である。前記（エ）のとおり泉克典は借金のため，ヤクザの追い込みを受け，後記（キ）の通り，被告人林宅に追い込みから逃れるため入り浸りとなり，さらには警察保護を受け，そして保護の終了後も警察の指導で高野山に僧侶になって，実質上警察の隔離を受けている。何よりも泉克典は警察一家のため，借金の取立や，泉克典自身の犯罪行為を家庭に知られる事については極度に警戒する傾向が大であった。

（カ）秘匿特性（ヒ素使用の入院歴多数）

泉克典は昭和５８年ごろから林健治と知り合い平成２年ごろからは頻繁に林健治のマージャン部屋に出入していた（原判決７１１頁）。林健治は平成２年ごろから白アリ駆除の仕事を止め，終日マージャンにふけっていた。

その時健治は，泉克典から遊んでいて大金を持つ方法を尋ねられ，マージャン室の棚の上の小物入れに入れてあるヒ素をニセ傷害薬だと騙して，耳かき半分程をナメでみろと勧めた。

以後泉克典は一人で度々ヒ素をナメ，嘔吐，下痢を起こし，病院に入院した。そして保険金を請求した。

泉克典は，前記家庭的特性から，このヒ素使用による保険金請求を実家に知られることを非常に恐れている。ヒ素使用による入院歴の多さは病院のカルテを照合すれば簡単に判る事実関係である。ところが，原判決は，林健治と泉克典の双方の供述を検討すれば容易に判明することの事実を判示しない。

（キ）社会的特性（要庇護性）

社会的特性（要庇護性）については，原判決は４１５頁において，平成８年２月から平成１０年３月まで被告人宅に住込んでいることを認定する。しかしその理由である借金の取立てから逃れるためであることは認定しない。

また原判決７５０頁～７５３頁において，泉が平成１０年８月３１日から同年１２月２９日まで警察官宿舎に保護のため寝泊りしている。このことの不当性を原審弁護人から指摘され，原判決は７５３頁において，マスコミからの取材攻勢を避けるため，緊急避難的措置としてやむを得なかったと認定する。しかし警察保護の必要性については，緊急避難的措置としてやむを得なかったと言えるとしても，警察官宿舎に保護することの保護態様の相当性については，保護の相当性を欠く。このことは泉克典の捜査供述の捜査官に対する迎合性，捜査官の誘導的質問に対する順応性を来たし，虚偽供述の可能性が高い供述調書が作成されている可能性が極めて高い。

捜査機関は，平成１０年８月３１日から同年１２月２９日まで，泉克典を警察官宿舎に保護し，同人を外部との接触を遮断し，匿った。

（３）証言後２０余年を経た現在も泉克典を隔離する捜査機関

捜査機関は警察官宿舎に泉克典を保護した後も，その保護終了後も泉克典を隔離し続ける。その期間は２０年以上である。泉克典の供述調書，検察官請求番号５３３～５６１によれば，泉克典の職業は無職である。ところが，同人の公判廷での証人調書（第３９回公判調書 平成１２年８月３１日，第４１回公判調書　平成１２年９月２２日，第４７回公判調書 平成１２年１１月９日，第４８回公判調書 平成１２年１１月２０日，第４９回公判調書 平成１２月１２月６日），によれば，職業は僧侶となっている。

ウワサによると，泉克典は警察官宿舎で保護を終った後も，第一審の終了まで同人を外部との接触を遮断するため，捜査機関は同人を高野山に僧侶として送り込み，外部の人との断絶を計っているとのことである。

公判調書の職業が僧侶で，住所が実家の紀三井寺のままであることは，ウワサの真実性を示している。その後も警察官の衣類のクリーニング店に就職させ監視を継続している。

そもそも泉克典が通常の社会生活を営み，供述調書にあるようなコミュニケーションを行使できるかということが極めて疑わしい人物である。

下働きをする者として，便利な泉克典を林健治は，平成１０年２月１２～１３日頃，林宅の住込みを断っている（泉克典 平成１０年９月１日付員面調書５頁）。

僧侶の階級も通常の社会生活ができ，一念発起して，自らの意志でなったものであれば，第一審当時から第一審終了までの５年間経てもいる。それなりの階級に栄進しているはずである。

泉克典を証人として調べれば，泉克典の状況は一見して明らかとなる。まともな供述能力自体を疑われる泉克典ただ一人の供述で，保険金詐欺，保険金目的のヒ素使用殺人未遂事件を認定して良いものだろうか。

何よりも泉克典の供述能力が正常であるなら，同人を捜査機関は隔離・監視することを直ちに止めるべきである。

２０２１年度のノーベル平和賞において「人々が事実を知る自由がなければそこに民主主義は無い」として，人々が事実を知ることに努力，貢献したジャーナリスト２人にノーベル平和賞が贈呈された。

人々が事実を知ることが民主主義にとって不可欠であるにもかかわらず，捜査機関は事件後２０余年を経た今日においても，泉克典に対して隔離・監視措置を取っているのである。

これでも日本は民主主義国といえるのだろうか？

（4）泉克典の７つの人格特性は何のために認定する必要性があるのか。

泉克典の７つの人格特性のうち，捜査官に迎合し，捜査官の誘導尋問に応じ易く，虚偽供述をし易い，肝心の（オ）家庭的特性（警察官一家）（カ）秘匿特性（ヒ素の自己使用）については，原判決は認定しない。そして（オ）金銭的特性についても，肝心のヤクザによる取立を逃れていることを認定しない。

そして最も重要といえる（キ）の社会的特性（要庇護性）については，警察官宿舎に保護されている保護態様が相当か否かについて，全く検討がなされていない。

それだけではなく，平成１０年８月３１日から同年１２月２９日までの警察保護の終了後も，泉克典は警察によって高野山に僧侶として送り込まれ，その後も警察関係業者へ就職させられて，世間から隔離・監視されているが，その事実の認定も無い。

第３９回から第５０回の６回にわたる泉克典の公判廷での証人尋問に当って，泉克典の職業がそれまでの無職から僧侶に代っていることを訴訟関係者は唯一人として確認していない。

なぜ僧侶になったのか，泉克典の自分の意思による一念発起によるものか，それとも警察の指導かの一事を確認すれば，泉克典が未だ警察の支配下にあること，証言の信ぴょう性に問題があることが解るはずである。
泉克典が公判証言時，同人の職業が僧侶であることは，僧侶になる契機が何であったかによって，同人の証言の信ぴょう性が全く異なる重大事項であることに証拠関係者は重大な注意を払わなければならないのである。

逆に言えば，証言後２０余年を経た現在においてさえ，泉克典を外部と隔離・監視されているということは，泉克典の証言が虚偽であり，捜査機関に超有利な証言であったことの無言の真実を物語るものと言えるのである。

以上のような，泉克典の捜査官に対する超迎合性，捜査官の誘導尋問に容易に応じること，虚偽供述をする傾向の７つの人格特性を裁判所はこれを適切に認定しない。これでは裁判所は泉克典の証人供述等において，証言の信ぴょう性検討を放棄していることに等しい。これが裁判所の演出である。

それだけではない。後に詳述するが，「牛丼事件」「うどん事件」において，裁判所は被告人の犯人性をどうしても認定できず，「牛丼事件」「うどん事件」に類似する「麻婆豆腐事件」「中華丼事件」をデッチ上げ，このデッチ上げが２件の類推により「牛丼事件」「うどん事件」の被告人の犯人性を認定する。ここまで裁判とはいえない事実認定を演出して，被告人を有罪にして，死刑判決にしたのが「和歌山カレー事件」の本質なのである。
「牛丼事件」「うどん事件」において被告人は無罪である。

第３章　泉克典証言の信ぴょう性

以下，泉克典の証言の信ぴょう性を検討する。
第一に泉克典証言の信ぴょう性の注意点。
第二に裁判の採った信ぴょう性検討方法。
第三にあるべき信ぴょう性の検討方法を論ずる。

第１　泉克典証言の信ぴょう性の注意点について。

前記の泉克典の７つの人格特性の検討で論じたように，泉克典は，極度に捜査官に迎合し，捜査官の誘導尋問に応じ易く，虚偽供述をする傾向，人格特性を有する，これが７つの人格特性である。

７つの人格特性のうちでも特に，（オ）家庭特性（警察官一家），（カ）秘匿特性（ヒ素自己使用），（キ）社会特性（要庇護人物）の３点が捜査官に迎合し，誘導尋問に応じ易く，虚偽供述の傾向と関連する。

それに加えて，（エ）金銭的特性（借金）のヤクザによる取立も関係する。

ところが，原裁判所は極めて重要な（エ）（オ）（カ）のいずれも全く判示せず，（キ）の要庇護人物中，警察官宿舎の保護の点及び判決後２０余年を経た未だに泉克典に対して世間から隔離して，高野山に僧侶として置いていることについて全く判示しない。

７つの人格特性中，最も捜査官に迎合し，捜査官の誘導に応じ易く，虚偽供述をし易い，（エ）（オ）（カ）（キ）の点を判示しない原裁判所において，泉克典の供述の信ぴょう性を十分に判断できる前提条件を大きく欠如していることは明白である。しかしこれらの点はしばらく置き，原判決が泉克典供述に対して，その捜査官に迎合し，捜査官の誘導に応じ易く，虚偽供述をし易い傾向に対して，どのようにそれら泉克典供述の欠点を回避しようとしているか，その方法を検討することにする。

第２　原裁判所の採る泉克典供述の欠点の回避方法

原判決は，「牛丼事件」「うどん事件」に限ると泉克典供述の欠点回避方法として，２方法を採るように見受けられる（意図的に２方法を採っているのか，結果として２方法になったのか，原判決が明示していないので解らない。結果として２方法と受け取ることが出来るので，原判決は２方法を採用していると善解することとする）。

１ 原判決の泉克典供述の欠点回避の方法

原判決は，特に重要な「牛丼事件」と「うどん事件」において，泉克典供述の欠点回避の方法の１つとして，ヒ素摂取による人体の客観状況の変化（原判示６章）と，ヒ素を投与した人物，つまり被告人の行為（原判示１３章）とを分離して認定することである。

（1）「牛丼事件」「うどん事件」による人体の客観状況の変化の認定

「牛丼事件」（原判示罪となるべき事実第６の２平成９年 ９ 月２２日），「うどん事件」（原判示同第６の３平成１０年３月２８日）合わせて原判決６章の４６５頁から５０６頁で，牛丼やうどん摂取後，泉克典のおう吐，下痢，手足のシビレ等の身体の客観状況，血液検査，爪，毛髪のヒ素含有鑑定，多発性ニューロパチー症状のヒ素反応，カルテの記載等の医学的検査の結果，辻一二三，林健治，田中政希等の泉克典がマージャン中におう吐等をしていた状況の供述，医師井上教授の総合分析等ヒ素摂取の身体の客観状況を認定する。

（2）牛丼，うどんにヒ素が客観的に存在したことはいえないこと

「牛丼事件」「うどん事件」を客観点事実から認定しているからといって，牛丼，うどんにヒ素が客観的に存在したことはいえないこと。

なぜなら，泉克典の人格特性（カ）の秘匿特性で論じたように泉克典は，林健治にヒ素の取得を平成２・３年ごろに教えられ，その後も勝手に随時自己使用している。医者の診断結果，カルテとの付合，第三者による泉克典のおう吐の目撃事実があったとしても，それは泉克典のヒ素を自己使用した結果によるものか，牛丼やうどんと同時に摂取した結果によるものかの判別にならない。

いずれにしても，牛丼やうどんを食べた結果，ヒ素を摂取した結果が生じたのか，泉克典のヒ素自己使用によるヒ素摂取反応の結果なのか，原判決では区別はついていないといわなければならない。

２　牛丼，うどんにヒ素投与の被告人の犯人性

（1）泉克典供述の欠点回避のもう一方

原判決の泉克典供述の欠点回避のもう一方は，ヒ素取得の客観的反応とは別に，牛丼，うどんに犯人としてヒ素を投与したのは被告人であることを独立して認定することである。

原判決が認定する牛丼・うどんを泉克典が食べたことによるヒ素の客観的反応については，原判決第６章の第４，４６５頁から５０６頁で認定する。

これに対して，被告人が牛丼やうどんにヒ素を投与して，泉克典に対して，被告人が食べさせたことを認定するのは，これとは別に判決の記載場所も大きく異なる原判決第

１３章８２３頁から８３８頁，８５４頁から８６５頁まででである。

このように泉克典のヒ素取得の客観的状況とヒ素を牛丼とうどんに入れて泉克典が食取させたのが被告人であること。この二つを原判決書は記載場所だけは大きく違えている。しかしその中味や判断手法は全く同一方法である。いかにも異なる特別の判断方法を取ったかのように見せかけるポーズだけである。

（2）牛丼・うどんにヒ素を投入した人物の認定方法

原判決が採用する泉克典の牛丼・うどんにヒ素を投入したのは，被告人であることの認定方法が異常である。

原判決は，８２４頁以下８３７頁までで泉克典の供述に基づいて牛丼に被告人がヒ素投与した事実について次の事実を認定する。

①　牛丼を食べるに到ったいきさつ
②　牛丼の箱の字，模様，食べた後の状況
③　食べた後にマージャンの時に何度も泉克典がおう吐にいっている状況の土井武弘，林健治の供述
④　カルテの記載との照合
⑤　牛丼を食べたことの信ぴょう性
⑥　泉克典の朝食抜きの信ぴょう性
⑦　当日の夕食抜きの信ぴょう性
⑧　泉克典を被保険者として，被告人が管理する生命保険に９口入っていること
⑨　林健治の高度傷害保険詐欺に失敗した時期と重なっていること
⑩　泉克典が牛丼以外にヒ素を摂取する機会は無いこと

以上から被告人に牛丼に入れたヒ素を摂取させられ殺人未遂にあったと認定する。

以上の①〜⑩の各事実を詳細に見て欲しい。これら①〜⑩の事実で「牛丼に被告人がヒ素を投与した」という事実を認定できるであろうか。

おそらく１００人が１００人とも否と回答するであろう。

原判決は，泉克典の供述だけからは，牛丼に被告人がヒ素を投与した事実を認定できないのである。

（3）「うどん事件」被告人のヒ素投与の有無について

次に「うどん事件」について被告人のヒ素投与の有無について，原判決の認定を検討する。

原判決８５４頁ないし８６０頁において，「うどん事件」の被告人のヒ素投与を判示する。

①　3月２８日は朝からマージャンで夜の９時ごろうどんを食べたこと

② 田中政希，辻一二三の証言とうどんの食取の事実，泉克典のおう吐の事実が一致していること
③ ３月２９日午後３時ごろから泉克典はおう吐したこと
④ 泉克典は保険総額６３０９万９４５５円がかけられていること
⑤ ３月２８日の午前９時以降に泉克典が摂取したのは９時ごろのうどんのみであること
⑥ 泉克典がうどん以外にヒ素を摂取することは無いこと
⑦ 平成９年９月２２日麻婆豆腐，同年１０月１２日，中華丼に被告人がヒ素を入れて泉克典に摂取させていること
⑧ 平成９年１１月２４日，平成１０年３月１２日に保険金詐欺目的で泉克典に被告人は睡眠薬を摂取させていること
⑨ 平成１０年３月２９日被告人及び林健治は泉克典に保険金目的で交通事故を起こさせていること
⑩ 泉克典は平成１０年３月当時自分が急性ヒ素中毒であることは認識していないこと

以上により，被告人が死亡保険金取得目的で泉克典にヒ素混入のうどんを食べさせたと認定する。

注意を要するのは，この「うどん事件」においても，うどんに被告人がヒ素を入れた事実は，⑦の類似犯罪事実である「麻婆豆腐」，「中華丼事件」の類推だけである。

（４）原裁判所が採る方法は，２つの類似事件のデッチ上げである

そこで，原裁判所が採る方法が，以下の２つの類似事件のデッチ上げである。

① ２つの類似事件とは「麻婆豆腐事件」と「中華丼事件」である。

原裁判所は，起訴もされず，もちろん原判決の「罪となるべき事実」に認定もされていない。泉克典の公判証言，捜査段階の員面供述調書にも供述していない。存在するか否か自体明らかでない。裁判所は検察に起訴勧告もしていない。「麻婆豆腐事件」「中華丼事件」を，「牛丼事件」「うどん事件」の類似事件としてデッチ上げる。

この２つの類似事件とは，いずれも被告人がヒ素を投与して，泉克典に食べさせようとした殺人未遂事件であるとのことである。

「麻婆豆腐事件」は原判決書１３章の８３８頁から８４７頁に判示する。

「中華丼事件」は同１３章８４７頁から８５４頁に判示する。

判決書を通読していてこの「麻婆豆腐事件」の判示と「中華丼事件」の判示に当ると，アレ！　このような事件も起訴されていたのかと，起訴状を急いで確認する作業を取る。しかし，起訴状の起訴事実には無く，泉克典の公判証言，捜査段階の員面供述にも全く無い。

それはそのはずである。原裁判所がデッチ上げた事実だからである。つまり原判決書の８３８頁から８５４頁までの「麻婆豆腐事件」，「中華丼事件」は，「牛丼事件」，

「うどん事件」を補強するため，裁判所がデッチ上げた事件だからである。

これは何のためなのか。推察するに，原判決は，被告人は牛丼・うどん事件以外にも殺人未遂罪となる「麻婆豆腐事件」「中華丼事件」も犯していると判示したいのであろう。現に原判決８６１頁において，被告人は泉克典に対して，平成９年９月２２日牛丼を，同年１０月１２日麻婆豆腐を同年同月１９日に中華丼を，そして平成１０年３月２８日にうどんにいずれもヒ素を混入して食取させたと認定している。要するに同種事件を挙げて，「牛丼事件」「うどん事件」の犯行の補強にしようとするのである。

②　換言すれば，牛丼，うどん事件の被告人の犯人性の立証は，それほど薄弱で，デッチ上げた同種の麻婆豆腐，中華丼事件等多数の類似事件を犯していると同種事件の類推の力を借りなければならないほど薄弱であるということである。

被告人が牛丼やうどんにヒ素を投入した犯罪事実を事実関係だけから立証し，判示することが出来ない。

そこで原判決は，被告人がヒ素を投与したとする麻婆豆腐事件と，中華丼事件をデッチ上げて判示にする。この補強を得て，「牛丼事件」「うどん事件」も被告人がヒ素を投与したと認定するのである。

しかし，このような全く起訴もされていない存在するか否かも明らかでない別件をデッチ上げて，被告人がヒ素を投与する犯行をしたとすることが許されるならば，麻婆豆腐，中華丼事件以外にもいくらでもデッチ上げられる。例えば，親子丼事件，テンプラ丼事件等である。

裁判所は有罪の認定する自信があるのなら，検察に起訴勧告をすべきであるが，その起訴勧告もしていない。

裁判所が事実認定に行き詰ると，裁判所において，勝手にありもしない架空の事実をデッチ上げることが出来，その架空の事件と類似し，時間的にも接近隣接しているからと，立証で行き詰まった事件も，その架空の事件と類似を理由に，立証されたと認定できるのであれば，この世の裁判において，立証困難，立証不能ということは起こり得ないことになる。

これでは裁判を行う意義は全く無い。裁判ではあり得ない。このような裁判とはいえない裁判が現実に行われている。

それが再審申立パートⅡの事件なのである。

可能であれば，出来るだけ多くの皆さんにこの出鱈目な原判決書を直接見て欲しいと真剣に思っている。

このような裁判とはいえない裁判で死刑が言い渡されている。　正に「司法殺人」（森炎著　講談社刊）そのものである。

③　あまりの原判決の異常に驚き，再々泉克典の公判証言（第３９回，４１回，４７回，

４８回，４９回，５０回）を精査した。

第４１回公判証言調書の１８６頁で中華丼を食べたこと，正に食べたことだけの証言がある。

第５０回公判証言調書の４１頁と１００頁に麻婆豆腐を食べたことの証言がある。

同７６頁に中華丼を午後７時過ぎに食べて午後９時過ぎごろトイレでおう吐したとの証言がある。

しかしいずれも以上の限度のとおりで，泉克典の公判証言調書でも牛丼やうどんに被告人がヒ素を投与したことはおろか，麻婆豆腐や中華丼についても被告人がヒ素を投与して，泉克典に食べさせようとした証言は全くない。

④　そこで次に証拠として不採用で本件裁判の証拠とはなっていない泉克典の員面調書を精査した。泉克典の員面調書は，平成１０年８月１５日から平成１１年２月２日まで４０通ある。

麻婆豆腐や中華丼の供述は，平成１０年８月２６日付員面調書中に，同９月１７日中に，同９月２１日中に，平成１１年２月３日中に，いずれも供述記載がある。

しかし，いずれの麻婆豆腐，中華丼の供述記載にも被告人が麻婆豆腐，中華丼にヒ素を投与して泉克典に食べさせようとしたとの具体的な供述は全くない。

原判決は，泉克典の公判証言，捜査段階の員面供述書を麻婆豆腐，中華丼に被告人がヒ素を投与して，泉克典に食べさせようとしたとのデッチ上げ判示の着想のヒントにしたと推測される。

仮に百歩譲って，麻婆豆腐や中華丼に被告人のヒ素投与の犯人性があるとしても，それが即，本件罪となるべき事実の牛丼やうどんの被告人の犯人性に直結する訳でもない。

原判決はあまりにも特異なデッチ上げの論理を使って，牛丼やうどんの被告人の犯人性を認定しようとするものである。

⑤　このような認定方法が可能であれば，世の裁判に立証不明，立証不可能などということは起こり得ないことになる。

裁判所において類似事件をデッチ上げ，それが密接に隣接している事実をデッチ上げると，どのような立証であっても，裁判所において不可能となるようなことはないことになる。

裁判所がこのような方法をデッチ上げられるとするのは，もはや，それは裁判とは言えない。

４　小括

以上で原裁判の採った「牛丼事件」「うどん事件」における泉克典供述の信ぴょう性検討方法を検討してきた。

（１）「牛丼事件」「うどん事件」の客観的状況の認定

まず「牛丼事件」「うどん事件」について，合わせて原判決第６章４６５頁〜５０６頁において，牛丼・うどんを食べたときの泉克典の客観状況を認定する。

この客観状況について注意すべきは，牛丼・うどんの食取後ヒ素の反応が出るが，これが牛丼・うどんの食取だけによるものか。泉克典が平成２年ごろから林健治に教えられてヒ素の自己使用をしている結果によるものなのかの区別である。

原判決は，泉克典のヒ素の自己使用の人格特定の（カ）の秘匿特性に気がつかず，認定さえしていない。

従って，原判決は泉克典がヒ素を自己使用することを認定できない。

そこで原判決は，牛丼・うどんの食取後，泉克典にヒ素反応がでたことを牛丼・うどんの食取の結果だけだと判示する。しかしこれは不十分な判示である。人格特性の（カ）によれば，泉克典には平成２年ごろ以降，ヒ素の自己使用があり，牛丼・うどんの食取の結果としてのヒ素の反応なのか，泉克典のヒ素の自己使用の結果としてのヒ素の反応なのか，区別が認定されていないのである。原判決のこの泉克典の牛丼・うどん食取後のヒ素の反応を牛丼・うどんの食取によるものとだけ認定している点は全くの不十分といわなければならない。

（２）牛丼・うどんのヒ素投与が被告人の犯行である点の認定

次に原判決の牛丼・うどんのヒ素投与が被告人の犯行であるとの点を認定判示する。

原判決は，今度は前記客観的状況を第６章で認定したのとは大きく判示の場所を背えて，第１３章で判示する。

① 原判決が牛丼について，被告人がヒ素を投与したことを認定するのは，第１３章の８２４頁〜８３７頁である。

②原判決がうどんについて，被告人がヒ素を投与したことを認定するのは第１３章の８５４頁〜８６０頁である。

③先に論じたように，原判決は泉克典証言からだけでは，牛丼やうどんに被告人がヒ素を投与した事実を認定できない。

④そこで原判決は，第１３章８３８頁から８４７頁で，「麻婆豆腐事件」を，第１３章８４７頁から８５４頁で「中華丼事件」についてデッチ上げてこれを判示する。

この「麻婆豆腐事件」「中華丼事件」は起訴もされておらず客観的に存在したか否かも不明で泉克典の証人調書でも証言されていない事件で，原判決がデッチ上げた事件である。

裁判所は，「麻婆豆腐事件」「中華丼事件」に十分な犯罪性があるとするのであれば，検察に起訴勧告をすべきである。しかし起訴勧告もしていない。

この「麻婆豆腐事件」「中華丼事件」は，被告人がその中にヒ素を投与して，泉克典に食取させた事件であるとのことである。

「牛丼事件」「うどん事件」と密接に隣接し，その密着した時期に麻婆豆腐事件と中華丼事件が発生しているので，「牛丼事件」「うどん事件」のヒ素投与も被告人の犯行によるものであるとするのが原判決の認定である。

⑤　だが冷静に判断されたい。「牛丼事件」や「うどん事件」におけるヒ素投与の犯人を客観的証拠から認定できないとき，起訴もされておらず，客観的存在さえ不明のそして泉克典の公判証言にも無い類似の麻婆豆腐や中華丼事件をデッチ上げ，麻婆豆腐や中華丼事件のヒ素投与の犯人が被告人であり，麻婆豆腐や中華丼事件と牛丼事件やうどん事件が密接に隣接しているとして，牛丼事件やうどん事件のヒ素投与の犯人を被告人であると認定することが許されるものなのであろうか。

このような事が許されるなら，世の中の裁判で立証困難という事態は生じない。

これでは裁判自体をする必要性さえ生じないのであろう。

原裁判所の採った「麻婆豆腐」「中華丼」デッチ上げの事件は，裁判とはいえないものである。

仕立て上げ，被告人を有罪としなければならないのか？

なぜここまでして，真犯人を逃がさなければならないのか?

ということである。

これらのことが「和歌山カレー事件」の本当の争点なのである。

⑥　結論

「牛丼事件」「うどん事件」につき被告人は無罪である。

第３　原判示罪となる事実　原判示第４「くず湯事件」について

１　泉克典の供述による，くず湯を食べた状況

原判決罪となるべき事実第４によれば，被告人は保険金をだまし取る目的で，林健治を殺害しようと企て，平成９年２月６日，ヒ素を混入したくず湯を健治に食べさせたが，殺害の点は未遂に終わった，というものである。

原判示第６章第９の原判決５７０頁から５７１頁で，健治と泉克典が中江病院から自宅に戻り，くず湯を食べた状況が泉克典の供述で具体的に判示されている。

これによると，健治はくず湯を食べて２０分ほどして吐きそうだと言い病院に戻った

というのである。健治のおう吐はその後も続き，カルテによると１４回おう吐した。その後は下痢の症状が出て来たというのである。

同様の泉克典の健治の平成９年２月 ６ 日の病院について，原判決１２章８０５頁から８０９頁で，健治が何かないかと言って，被告人がくず湯を作って健治が食べた状況，泉克典の問いに，これは「くず湯」だと健治が答えた状況，吐きそうになり病院に戻った状況が泉克典の供述で具体的に認定されている。

２ 林健治の供述による，くず湯を食べた状況

これに対して，同じく原判決１２章８０９頁から８１２頁までで，健治は次の様に言ったことを判示している。

２月６日は……医師が退院というのだから，自宅に戻った方が，その方が客観的だろうと思い，家に帰った。その日帰ることは，事前には被告人に連絡していない。

自宅に帰り，こたつの西側に入り，食堂西側に取り付けていたクローゼットに背中をもたれかけるような感じで座った。私は，被告人に「明日退院やて。」と言ったように思う。それに対して，被告人が，「そんなに顔色悪いのに大丈夫なんか。」と言ったので，私は「だるいけども，病院が退院や言うてんのにしやなかろうが。」と言った。しかし，被告人と話した後，体はだるくて仕方なかったし，胸も悪いし，ムカムカするし，気分が悪いので，泉に，「中江病院に帰ろうや」と言って，自宅には２０分ほどいただけで中江病院に戻った。自宅に帰ったときには，何も食べておらず，お茶１杯飲んでいない。

私は，自宅に帰ったときに，被告人に「何か食べるものないか。」と問いかけたことはないし，被告人から「帰ってくるの知らんかったから何も用意していないよ。」と言われた記憶はない。泉がテーブルの上にあったくず湯を持ってきて「これは何ですか。」と聞いてきたこともないし，私が，泉に「くず湯や。片栗粉を練ったようなもんや。」教えたこともない。私は逮捕後，警察で教えてもらうまでくず湯自体を知らなかったし，見たこともなかった。

と，被告人との食べ物についてのやり取りや，くず湯を食べたこと，くず湯自体を知らないし，見たこともなかった。と，泉克典の供述を肝心の部分で全面的に否定している。

３ 泉克典供述の信ぴょう性が高いとする原判決の認定の疑問

（１）原判決の両証言の信ぴょう性の比較検討

原判決は，原判決書８１４頁ないし８１７頁において，泉克典証言，健治証言の信用性と題して，両証言の信ぴょう性と比較検討している。

特に原判決８１６頁〜８１７頁において，以下の理由で泉克典供述の方が信ぴょう性が高いと判示する。

（ａ）泉供述の方が具体的であること
（ｂ）泉供述は被告人に不利益や，自らの供述を必要以上に正当化しようとしてないこと
（ｃ）被告人から，くず湯を買ってくる店を教えてもらい，自らも後日そこで買って確かめていること
（ｄ）泉供述は病院関係者の供述と符合する点が多く，作為的な傾向も認められないこと
（ｅ）健治の供述には，内容自体不自然な点が多いばかりか，病院側の証拠関係と矛盾する点も多いこと，明らかに被告人をかばうために虚偽の供述をしていると評価できるものであること
（ｆ）弁護人の反論は採用できず，健治のくず湯摂取は関係証拠から認定できること

以上により，泉克典供述の信ぴょう性が高く，２月６日被告人がくず湯にヒ素を投与して健治に食取させた事実が認定できると判示する。

（２）原判決の認定に疑問

しかし原判決の泉克典の供述の方が健治の供述より信ぴょう性が高いとする認定には疑問がある。

以下前記（１）の（ａ）ないし（ｆ）を具体的に検討する。

（ａ）について

どちらの供述が詳細かは，それぞれの尋問者の尋問の態度，尋問の長さ，詳しさ，尋問の時間に左右されることである。この点はどちらの供述が具体的か否かの判別はできない。

（ｂ）泉克典供述の正確性について

泉克典の極度に捜査官に迎合し，捜査官の誘導尋問に応じ易く，虚偽供述の傾向のある泉克典の人格特性について，原判決は検討が全くされていないこと，等に照らして，原判決の認定は検討不十分だといわなければならない。

（ｃ）について

くず湯の販売店については，くず湯自体が捜査官の誘導尋問に基づくものであり，捜査官にくず湯の店を教えられていたとするのなら，泉克典が後日その店を確認して来たとしても，泉克典供述の信ぴょう性には何の意味もない。

林健治や被告人をその店に連行し，店員の証言で健治や被告人が良くくず湯を買いに来ていたという証言を得られたなら意味はある。

（d）について

捜査官の誘導尋問で病院関係者の供述と符合する尋問をしている可能性があり，（d）で泉供述の信ぴょう性判定の基準にはならない。

（e）について

捜査官は被告人を殺そうとしていた等，被告人と健治の仲を殊更，削こうとする取調べをし，健治の幾分それに動かされているきらいが有る。そのような健治が被告人にことさら有利な供述をするとは考えられない。

（f）について

関係証拠から健治のくず湯摂取が認定できると認定するが，関係証拠とは泉克典の証言だけである。泉克典証言の信ぴょう性にかかっているのである。

泉克典の供述と，健治の供述の信ぴょう性の対比は以上のとおりである。客観的に判定する以上，どちらの供述がより信ぴょう性が高いかと判定することは非常に困難と思われる。

何よりも，捜査側は泉克典に誘導尋問に応じやすくするために，被告人からの追及を避けるために，捜査側が被告人に勧めて被告人に完黙させている。一番肝心な被告人の供述なしで真相を検討している状況を前提としなければならない。

しかし，ここまででは，泉克典が極度に捜査官に迎合的で，捜査官の誘導尋問に応じ易く，虚偽供述をする可能性である，泉克典の７つの人格特性に基づいた，泉克典の供述の検討をしていない。この検討をすれば，泉克典の供述の信ぴょう性は相当程度低くなると推測される。

７つの人格特性を有する泉克典の供述が信ぴょう性を有するためには，その供述は一問一答方式でなければならない。

それがなされていない現在において，その含みがあることを置くことを条件に，刑事裁判の証拠原則に立ちかえって判定する以外にはないと推認される。

そうすると，疑わしきは被告人の有利との証拠法則に則り，健治の証言がより信ぴょう性があると判断するほかない。

以上により，原判決の泉克典の供述がより信ぴょう性が高いとの認定は誤った認定だといわざるを得ない。

「くず湯事件」について被告人は無罪である。

第４　原判示第６の２入院給付金等詐欺（「睡眠薬事件」とも称する）について

１　泉克典の意識消失状態の出現

泉克典は１０回の意識消失を証言する（原判決７６９頁）

１．第1回　平成８年7月２日（原判決７７０頁）
　7月２日午後7時ごろから翌3日朝まで

２．第2回　平成８年9月８日（原判決　７７２頁）
　9月８日午後8時ごろから９月９日午前5時ごろまで

３．第3回　平成８年１１月ごろ（原判決７７３頁）
　その午前中から翌朝まで

４．第4回　平成８年１２月３１日（原判決７７３頁）
　その日の午後から翌朝まで

５．第5回　平成９年1月下旬（原判決７７４頁）
　その日の１日中

６．第6回　平成９年9月ごろ（原判決７７４頁）
　その日の午前中から翌朝まで

７．第7回　平成９年１１月２４日（原判決７７５頁）
　同日午後8時ごろから翌朝まで，バイク運転中に意識失う

８．第8回　平成１０年1月２３日ごろ（原判決７７６頁）
　その日の午後から翌朝まで

９．第9回　平成１０年2月3日（原判決７７７頁）
　3日の午後から５日の午前まで

１０．第１０回　平成１０年3月１２日（原判決７７９頁）
　その日の午後から翌朝まで，バイク運転中転倒事故

２　泉克典の意識消失と被告人の犯人性

検察官はこの１０回の意識消失は被告人が，ハルシオン（睡眠薬）を摂取されたものだと主張する（原判決７８０頁）。

（1）泉克典の意識消失と睡眠薬との関係

原判決７８１頁　イ．泉の意識消失と睡眠薬との関係，によれば，泉は１０回の意識消失症状のうち3回（1回目，７回目，９回目）は病院でＣＴスキャン検査を含めた検査を受け，脳疾患の可能性を否定されている。糖尿病性昏睡やアルコール性昏睡の可能性も否定することができる。と，判示する。

実際に泉を診察した前田医師は，泉の症状は，睡眠薬の薬理作用による可能性があるとする。上山医師は，その可能性が高いとする。従って，３回の意識消失状態について

は，その症状が睡眠薬の薬理作用による症状と合致しており，脳疾患等によることが否定され，種々の検査にもかかわらず，特定の原因を確定出来なかったのであるから，睡眠薬の薬理作用による可能性が高いということができる。と，原判決は判示する。

（２）泉克典の保険契約と意識消失の関係

原判決７８３頁によると，泉に意識消失状態が出現した平成８年７月から平成１０年３月までの間の，被告人管理にかかる泉を被保険者とする生命保険契約の状況は，前記第１の２（３）（まとめて第１の４（２）ア）のとおり，（別表８参照）であって，被告人に泉の疾病等を奇貨として不正に入院給付金等の保険金を詐取する目的があったことは明らかであり，その保険金の不正取得目的は前記のとおり，被告人のみならず健治にも認められる。と，判示する。

３．　泉克典の入院給付金詐欺における，被告人の犯人性

（１）被告人が泉克典に睡眠薬を摂取させたのか

裁判所は平成８年７月２日（1回目），平成９年１１月２４日（7回目），平成１０年２月３日（9回目）の3回について，被告人が泉克典に睡眠薬を摂取させたものかどうか検討するに，泉克典の睡眠薬の摂取状況は，泉の証言が一部あるものの，その摂取態様は特定しにくく，また，健治にも泉克典に睡眠薬を摂取させる機会と動機は認められるから，個々の意識消失状態の出現について，それが被告人の犯行であるとまで認めることは基本的に困難である。と，判示する（原判決７８５頁）。

そして，原判決は続いて，しかしながら，保険関係を管理し，相当数の睡眠薬の処方を受け，バイクを現に買い与えている被告人が，泉克典の意識消失に全く関与していなかったとは考えにくい。と判示する（同７８６頁）。

そして，7回目については健治には，泉克典に銀行口座に入金を依頼している事実があることから，健治の犯人性は考えにくい。と判示し（同７８６頁），したがって，少なくとも平成9年１１月２４日（7回目）については，被告人が自ら実行したか，若しくは首謀しての犯行ということができる。と，判示する（同７８６頁）。

しかし，保険関係の管理，睡眠薬の処方を知っていること，バイクを買い与えて事故が起こることを期待していること，この程度で，刑事裁判として，殺人，傷害のため睡眠薬投与したとする有罪認定が，刑事裁判の証拠法則上，許されるのであろうか。

原判決は，合理的疑いを超える証明が，必要な刑事裁判において，民事裁判における証拠法則，即ち，証拠の優越性と誤解している疑いが濃厚であるといわざるを得ない。

（２）被告人による泉克典の保険関係の管理

そこで，原判決の判示する被告人による泉克典の保険関係の管理（別表８）について

検討する。
原判決掲記の別表８を検討する。
別表８　被告人管理に係る保険加入状況のうち，被保険者泉克典関係に限定して検討する。
（A）平成７年度３件中，保険金受取人はいずれも泉禎二。
（B）平成８年度６件中，①②は保険金受取人は土井武産業，③の保険金受取人は林健治，④の保険金受取人は相続人，⑤⑥の保険金受取人は泉禎二。
（C）平成９年度３件中，①は保険金受取人土井武産業，②の保険金受取人は泉禎二，③の保険金受取人は法廷相続人。
（D）平成１０年度２件中，①は保険金受取人の記載ナシ，②の保険金受取人は土井武産業。
以上で１４件中泉克典の死亡により保険金受取人に被告人が関与できるのは，（B）③の受取人，林健治の１件だけである。

（３）被告人による泉克典保険契約の失敗
原判決，第１１章第１の２の（３）生命保険と入院に関する状況（ア）平成８年５月の保険会社の申込み拒絶。によると，被告人は，平成８年５月下旬に立て続けに次の４口の泉克典を被保険者とする生命保険契約を申し込んだが，いずれも保険会社から拒絶された。と，判示し，①ないし③は契約者，泉克典，死亡保険金受取人泉禎二，④は契約者泉克典死亡保険金受取人記載ナシ。①は明治生命，②は大同生命，③は朝日生命，④は安田生命と，判示する。
以上のように，平成８年５月の４件の生命保険の申込は，不契約に終ったのである。

第５　入院給付金等詐欺事件（原判示第６の２），被告人は無罪である

原判決は，泉克典は，平成８年ないし平成１０年において，１０回意識消失をしたと認定する。
原判決は１０回の意識消失のうち，１回目（平成８年７月２日），７回目（平成９年１１月２４日），９回目（平成１０年２月３日）は，睡眠薬の薬理作用によるものであると認定する。
そして，被告人が泉克典の保険関係を管理し，睡眠薬の処方を知り，バイクを泉克典に買い与え，泉克典がバイクで交通事故を起こすことを期待して，後をつけていることから，被告人が，泉克典の７回目の意識消失については，睡眠薬を泉克典に自ら投与したか，首謀して投与する犯行をしたと認定する。

しかし，原判決の論理には著しい飛躍がある。

被告人が保険関係を管理していること，睡眠薬の処分を知っていること，バイクを買い与えたこと，バイクによる事故を希望していること，バイクで出かけた泉克典の後をつけていること，以上の事実を認定した上，被告人が泉克典のバイクによる事故死を希望して，睡眠薬を投与したとするのである。

何よりも，泉克典の保険関係を管理しているだけでは，泉克典の保険金受取人になっていない以上，泉克典が死亡しても死亡保険金を被告人が受取ることは出来ない。受取って死亡保険金受取人に渡さなければ，背任罪か，横領罪等の犯罪になる。

原判決は，保険関係を管理しておれば，死亡した場合，保険金を受領できるとでも思っているのであろうか。そうだとすれば，社会常識に欠けること大であるといわなければならない。

なお，原判決は，被告人が泉克典の生命保険の管理を多数しているとして，判決書に別表８を設けるまでして判示する。

そこで，別表８の保険金受取人が被告人であるかどうかを調べた結果，別表８の平成７，８，９年度１４件中，林健治が受取人になっているものが１件あるだけで，外は，泉禎二や，土井武産業で被告人自身の受取人のものは全くない。

被告人は平成２年から日本生命の保険外交員をしており（原判決７９８頁），その関係から管理をしているとしても，泉克典が死亡した時に死亡保険金を受領することが出来るのは，保険金受取人である。

また前記のように泉克典は生命保険金契約４件の契約をいずれも保険会社から断られているが，この保険金受取人も被告人では無い。

原判決の保険関係の管理をしておれば，死亡保険金を受取ることが出来るかの如き判示には，その非常識さに驚く外ない。

第６　結論

原判示第６の２入院給付金等の泉克典に対して，睡眠薬投与による詐欺の事実について，被告人は無罪である。

第４章　再審申立事件パートⅡ４件「くず湯事件」「牛丼事件」「うどん事件」「睡眠薬投与保険金詐欺事件」の総括

第１　再審申立事件パートⅡ４件はいずれも無罪

１　「くず湯事件」

「くず湯事件」において，被告人が健治にくず湯を食べさせた事実について，肯定する泉克典と否定する健司の証言が真っ向から対立する。証拠上優劣を決し難い。証拠法則に則り，疑わしきは被告人の利益との原則で，健治の証言を採り，被告人は無罪である。

２　「牛丼事件」「うどん事件」

「牛丼事件」「うどん事件」において，原審は被告人の犯人性を証拠上どうしても認めることができない。

そこで，原審が採った方法があまりにも異常で，裁判にあらざる方法を採り裁判の全面否定に繋がるものとなる。

即ち，原審は，「麻婆豆腐事件」「中華丼事件」をデッチ上げる。

この２件は，起訴もされておらず，泉克典の証言や捜査段階の供述調書にも事件としては述べられておらず，存在自体不明で，もちろん裁判所も検察に起訴勧告もしていない。

「牛丼事件」「うどん事件」は，被告人がヒ素を投与して泉克典に食べさせようとした，この「麻婆豆腐事件」や「中華丼事件」と時間的に極めて接近し，相前後して起こったとする。「麻婆豆腐事件」「中華丼事件」の類推で，「牛丼事件」「うどん事件」も被告人の犯行であると認定する。

しかし，立証及び認定に行き詰まると，裁判所は勝手に類似事件をデッチ上げることができ，そのデッチ上げた類似事件の類推で立証，認定に行き詰まった本来の事件も類推で有罪とできるのであれば，これはもはや裁判では無い。このような裁判にあらざる方法で有罪とする「牛丼事件」「うどん事件」は，当然無罪である。

第２　情けない判決

１　原判決は，結論が成り立たない事を立証したに過ぎない

原判決書約１０００頁。このうち，今回再審申立パートⅡの４件，「くず湯事件」「牛丼事件」「うどん事件」「睡眠薬投与保険金詐欺事件」をつぶさに検討してきた。

本再審申立パートⅡにおける原判決の４つの有罪事件，つまり「くず湯事件」「牛丼事件」「うどん事件」「睡眠薬事件」は，いずれも無罪であることを指摘した。

この指摘に特別の新証拠を必要とした訳ではない。

いずれも原判決自体の考察の不十分，論理矛盾，異常な論理の適用，非常識を指摘して，原判決の結論が成り立たない事を立証したに過ぎない。

つぶさに精査すればするほど，原判決の内容の無さ，異常な論理に驚かされる。直言を許されるなら，これで判決と言えるのかということである。

原判決は量だけは非常に大部で約１０００頁である。もって回った記述や，順序に今一つ工夫の無さから読了に大変な努力を要する。

２　原判決文を精査されることを何より希望する

多くの人が直接原判決を精査すれば，筆者と同じ感想に達するものと思われる。このような判決で死刑にすることが出来るのか。

再審申立パートⅡが極端な指摘だと思わず，まず原判決文を精査されることを何より希望したい。その結果，論理は再審申立パートⅡの指摘の通りであることがお解りいただけると確信している。

何よりも国民が簡単に判決に接する事が出来る制度の確立が必要であることが痛感される。そして，このような異常な判決が横行することを早く終りにしてほしいものである。

社会は，ＡＩ，ＩＴの時代である。ＢＩＭデータ，ＣＩＭデータと呼ばれる装置で，建物や建物以外を建設したときは，特殊カメラで構造に欠陥が無いかどうかが外部の離れたところから簡単に確認できる時代である。

ところが，捜査や判決の欠陥について，事後国民の目から簡単にこれを正，不正を確かめる方法が全くといってよい程無い。

捜査の結果や判決に内容に接することさえ不可能ないし極めて困難である。

そのことが，今回の異常な捜査，判決の横行を許しているのである。

捜査や判決にも早くＡＩ，ＩＴの時代の早々の到来を期待したい。

第３ なぜこのようなインチキ判決が２０余年間も非難を受けずに持ちこたえてきたのか

１ 「インチキ裁判」という表現について

判決を批判する言葉として「インチキ裁判」という表現は必ずしも妥当とはいえない。しかし，当該裁判に対しては，これ以外に妥当な表現は無い。以下その理由を以下に明示する。

「和歌山カレー事件」の判決，つまり，再審申立パートⅠは判決の体をなさないものである。

死刑判決でありながら，死因に対する証拠が欠如している。この点はパートⅠで詳論した。

更に，死因に対する検察官の代替証拠に対する検討も全く欠如している。この点についてもパートⅠで詳論した。

２　保険金詐欺に関する再審申立つまり再審申立パートⅡについて

その点をインチキ裁判と称するのである。このインチキ性が複雑な構造と，約 1000 ページに渡る判決書のあちこちに飛び飛びに書かれているため，容易に理解し難いため，２０年余年間，非難を受けずに持ちこたえて来たのである。

しかし，複雑，煩雑な構造と，あえて解りづらく，飛び飛びの場所に書かれている構造を一旦理解すると，そのインチキさは単純である。

保険金詐欺に関する部分は３部構成から成る。この３部構造理解が重要である。

Ａ　まず１つ目は，「くず湯事件」についてである。この点は，泉克典供述（証言）と林健治供述（証言）の信ぴょう性の比較検証の問題であると原判決はしている。

Ｂ　次に２つ目は「牛丼事件」「うどん事件」についてである。この点は，原判決は，「麻婆豆腐事件」「中華丼事件」をデッチ挙げ，その類推で有罪とした。このデッチ挙げである点の理解に至るのに，相当程度の努力を要する。

Ｃ　３つ目は，「睡眠薬事件」についてである。

この点は，原判決は，保険関係の管理をしていることが，死亡保険金を受領できるとの全く非常識な錯覚の下に，泉克典の生命保険関係の管理をしている被告人が，泉克典のバイクによる交通事故死を期待して，泉克典に睡眠薬を投与したと認定する。非常識極まりない判決である。

以上のような三部構成から保険金詐欺の部分は成る。つまり，再審申立パートⅡはこの三部構成の検討である。

この三部構成が以上のように，本来のあるべき判決から大きく逸脱したものなのである。

３　「くず湯事件」について

原判決は，泉克典供述（証言）と林健治供述（証言）の表面的な信ぴょう性比較だけで，泉克典供述（証言）が信ぴょう性が高いと評価し，有罪と認定する。

しかし，林健治が病院から自宅に戻って，最初に言葉をかわし，「くず湯」をたのんだのかどうかの応待をしたのは，被告人である。

この被告人は，捜査の当初から，第一審の公判中に完全黙秘（完黙）をしている。

この完黙をした原因は，２人の警察官から，異なる時期に完黙を勧められた，つまり騙されて完黙した。違法捜査の効果である。

検察官が被告人に完黙を勧めた原因は，泉克典に捜査側が誘導尋問をし，それに泉克典が乗ったとしても，被告人から泉克典に対する追及は無いことを，泉克典に理解させ，泉克典に捜査側の誘導尋問に乗らせるためである。

このように泉克典の供述（証言）に重要な影響を及ぼす被告人の完黙問題について，原審は一歳触れることがない。

この被告人の完黙の検討を欠いた，泉克典の供述の信ぴょう性は，ほとんどその価値は無いといわなければならない。

この点から原審の泉克典の供述（証言）に信ぴょう性が大であるとする認定には問題が大きい。

泉克典には，捜査側に極度に迎合し，捜査官の誘導尋問に応じ易く，虚偽供述をする７つの人格特性がある。

原審はこの７つの泉克典の人格特性について一切触れることが無い。この７つの人格特性を抜きに，泉克典の供述（証言）の信ぴょう性を検討することは出来ない。７つの人格特性の検討の無い原審の泉克典供述（証言）の信ぴょう性評価は，その妥当性が無いといわなければならない。

いずれにしても原審の泉克典の供述（証言）の信ぴょう性に問題点があり過ぎて，不十分，不適当である。

４ 「牛丼事件」「うどん事件」について

原審は，「牛丼事件」「うどん事件」それ自体から，その有罪，無罪を検討することが出来ない。

そこで突如「麻婆豆腐事件」「中華丼事件」を持ち出す。実質はデッチ上げである。この「麻婆豆腐事件」「中華丼事件」は起訴されておらず，原審も検挙に起訴勧告もしておらず，泉克典供述にも事件としては述べておらず，存在する明らかではない。原審はこの「麻婆豆腐事件」「中華丼事件」は被告人がヒ素を投与して，泉克典に食べさせようとした事件で「牛丼事件」「うどん事件」の類似の事件であるとする。そして時間的に接近し，隣接して発生した事件であるとする。この「麻婆豆腐事件」「中華丼事件」の類推から，「牛丼事件」「うどん事件」は有罪であるとする。

本件判決書を通読していて，この「麻婆豆腐事件」「中華丼事件」がデッチ上げ事件であることにすぐに気が付く人はほとんど無いと言っても良いであろう。

それほどスムーズに，「牛丼事件」「うどん事件」の被告人の犯人性の判決書の個所に極めてスムーズに判示されている。

判決書を通読していて，起訴状の検討に目を移し，再び判決書を通読するという方法を採る人は少ないであろう。そうすると「麻婆豆腐事件」「中華丼事件」も存在したとして，その類推で，「牛丼事件」「うどん事件」も有罪であるとする原判決の判示は，極めて，何の支障も無く，スムーズに理解される。

非常に巧妙極まりない，デッチ上げ事件の判決である。これはインチキ判決という以外に表現のしようがない。しかし，この巧妙さで，デッチ上げ事件と見抜かれず，２０余年間非難を受けずに通して来られたのである。

このインチキ性は，極めて計画的，意図的なもので，通常に通読していては見破ることは困難である。

ここまで悪辣な判決が存在することに，以後注意をもって判決書に臨むことを教えられた判決書である。

５「睡眠薬投与保険金詐欺事件」（「睡眠薬事件」）について

原判決７６９頁によると，泉克典は１０回の意識消失を証言すると判示する。

第1回は，平成８年7月２日（同７７０頁）～第１０回は平成１０年３月１２日（同７７９ページ）である。

原判決７８１頁によると，第1回，第7回，第９回は睡眠薬の薬理作用による可能性は高いと判断する。

原判決７８３頁によると，被告人管理する泉克典の生命保険関係は，判決書別表８のとおりであって１４件である。被告人は泉克典の疾病等を奇貨として，不正に入院給付金を詐取する目的があり，７８６頁によると7回目（平成9年１１月２４日）については，睡眠薬を泉克典に投与したとする。

原裁判所は，この睡眠薬投与保険金詐欺事件について，以下のような論理で被告人の睡眠薬投与を認め有罪とする。

①まず，泉克典の保険金関係の管理をしていること

②被告人が睡眠薬の処方を知っていること

③泉克典にバイクを買い与えていること

④泉克典がバイクで交通事故を起こし死亡することを期待していること

⑤バイクで出かけた泉克典の後をつけていること

以上の事実を認定し，被告人が泉克典に少なくとも睡眠薬を３回投与し，または，首謀者となって投与していると認定する。

しかし，①ないし⑤の事実が存在するとして，なぜ被告人は泉克典に睡眠薬を投与したといえるのか。

原判決の論理には飛躍があり過ぎるのである。

そして，被告人は平成２年から，下肢ヤケドを負った平成８年２月１３日まで，日本

生命の外交員として働いている。そこで生命保険の管理をしても何ら異常ではない。

生命保険等の管理をしても，死亡保険金は保険金受取人が受取る。管理をしている人が受領できるわけではない。原判決はこの点の大きな誤解があると認められる。原判決はあまりにも非常識といわなければならない。

そして原判決が，管理しているとする保険についての原判決書添付の別表８の１４件についても，被告人自身が保険金受取人になっている事案は１件もない。

泉克典が死亡しても保険金は被告人には入らないのである。

保険金関係を管理していることを被告人が泉克典に睡眠薬を投与する大きな原因の１つに挙げているが，全く的ハズレと言わざるを得ない。

原判決は，生命保険関係を管理しておれば，死亡保険金を受領できると錯覚しているのである。原判決の認定は非常識であると言わざるを得ない。

この「睡眠薬事件」の点についても，泉克典の供述（証言）には，極度に捜査官に迎合し，捜査官の誘導尋問に応じ，虚像供述をする７つの人格特性がある点に注意しなければならない。この 7 つの人格特性の視点から泉克典の供述の検討を欠く原判決の認定は不十分である。

何よりも１０回の意識消失自体についても検討の要がある。

原判決７１１頁において，泉克典は，平成５年５月ごろ，当事勤めていた香庄商会において，勤務中の事故が多すぎることを理由に解雇されていることを認定している。

そうすると，１０回の初めの平成８年７月２日より以前の平成５年ごろから，意識消失に近い問題が生じていたといわざるを得ない。

従って，泉克典の供述（証言）に全面的信頼は置けないのである。

６　小括

以上のように，「くず湯事件」「牛丼事件」「うどん事件」「睡眠薬事件」において，原判決の問題点を指摘してきた。

原判決は，判決とはいえない特異な認定による事件処理方法を採った判決である。非情に卑劣，姑息な方法で２０余年間生き伸びて来た。

しかし，詳細に検討すれば判決の各に値しないものであることが明らかとなったのである。

第５章　新規明白な証拠（刑事訴訟法４３５条６号７号）

以下の事実は，確定判決における事実認定につき，合理的疑いをいだかせ，その認定を覆すに足りる蓋然性の十分ある証拠である。新規・明白な証拠である。

第１　被疑者段階の被告人に完全黙秘を勧めた坂本と谷本の証人尋問

１　２度に渡って，異なる時期に完黙を勧めた捜査官

パートＩの「和歌山カレー事件」再審申立書（万代宝書房刊２０２１年６月１６日），１６８頁において，坂本捜査官と谷本捜査官（いずれも警察官と推測される）が，被告人に捜査段階の極めて初期に，お前ではくつがえすことは出来ないから黙秘した方が良いと，２度に渡って，異なる時期に完黙を勧めた。

捜査官が被告人に完黙を勧める理由は，泉克典に何をしゃべっても，被告人からの追及は無い。と，いうことを信じさせ，泉克典に捜査官に迎合し，捜査官の誘導に応じることを了承させるためである。

被告人は言が立ち，被告人に自由に発言させておくと，捜査側は裏付け捜査等で翻弄される。被告人は完黙することに利益は少ない。被告人としては，自由に発言する方が得である。逆に捜査側としては，被告人を黙らせた方が得である。このようなことから捜査官２名が，異なる時期に被告人に完黙を勧めたのである。

２　坂本捜査官，谷本捜査官の証人を求める

黙秘権が被疑者・被告人の権利であることに頑なな法律家は，捜査官が被告人に黙秘に勧めることが理解できないようである。

これは例えば，家電量販店の赤字販売のようなものである。家電販売店は売り出しで，高価なテレビやパソコンを１円販売の大売り出しをすることがある。１円で販売してもそれが広告になること，メーカーからの補償があること，各種補助金，協参金があること等から採算は取れるのである（「１円家電のカラクリ」「牛丼一杯の儲けは９円」いずれも坂口孝則著，幻冬舎新書，「激安なのに丸儲けできるカラクリ」坂口孝則著，徳間書店））。

これと同じで，捜査官による被疑者，被告人に対する黙秘の勧めも，捜査にとって黙秘することによる補填が合えば，それを勧めるのである。

被告人の捜査段階からの第一審における黙秘を捜査官から告げられたことで泉克典は，捜査官の誘導尋問に応じたことが十分に考えられる。

これを防止するためには，少なくとも，誘導尋問が十分に考えられる証人，供述協力者の調書は，完全な一問一答方式で作成されていなければ信ぴょう性が無いとしなければならない。

公正な裁判のためには，再審公判において坂本警察官，谷本警察官の証人を求める。

第2　泉克典の証人採用を求める

極度に捜査官に迎合し，捜査官の誘導尋問に応じ易く，虚偽供述をする傾向が大である，７つの人格特性を泉克典は有している。

再審パートⅡにおける４つの無罪事件，つまり「健治くず湯事件」，泉克典の「牛丼事件」「うどん事件」，そして「睡眠薬事件」において，いずれも泉克典の供述だけから原判決は認定した。

泉克典は平成１０年８月３１日から１２月２９日まで，**警察官宿舎に寝泊まりする警察の保護期間中に４０通の供述証書を作成された。**

泉克典の捜査官迎合性，誘導尋問の応じ易さ，虚偽供述性からすれば，泉克典の供述調書は一問一答方式で作成されていなければならない。しかし，既存の供述調書は一問一答方式ではない。

泉克典は，警察の保護期間が終了しても，現在に到るまで２０余年間，警察の監視が続いており，警察の指導で高野山に僧侶として送り込まれ，一般の人と隔離されている。第一審判決後も警察関係のクリーニング店に就職させられ監視を続けられており，２０余年間の隔離生活を泉克典は送らされているのである。

公正な裁判を実現するためには，泉克典の真実の供述が不可欠である。同時に，泉克典の人権擁護のためにも，泉克典の証人尋問が必要である。

再審公判廷では，泉克典の証人採用が不可欠である。

第3　「有罪率２６％」本件関係事件の乱起訴の理由説明を検察に求める

先に論述したように，本件関係事件のうち，ヒ素使用による殺人未遂等の起訴１１件中有罪は４件，睡眠薬使用案件起訴１２件中有罪は２件，合計２３件起訴中有罪は６件の有罪率２６％の乱起訴であった。

このうち，有罪になったのは，いずれも泉克典の供述で認定した案件である。泉克典の供述の信ぴょう性を浮かび上がらせるため，検察は乱起訴したと推測される。

公正な裁判のためには，再審公判において，検察の乱起訴の理由を明らかにする必要性がある。

検察の乱起訴の理由説明を検察に求める。

第４　泉克典の７つの人格特性の証拠調べを求める

泉克典には，極めて捜査官に迎合し易く，捜査官の誘導尋問に応じ易く，虚偽供述をし易い７つの人格特性を有する。

７つの人格特性とは，（ア）体質的特性（睡眠時無呼吸症候群），このため寝不足となり，睡眠薬等の薬物を求める。それだけではない。極度の睡眠不足から情緒不安定となり，捜査官の誘導に応じ易くなる。（イ）行動的特性（イネムリによる交通事故の多発），このため，警察からは，いつでも事故で検挙できると脅され，捜査に迎合的となる。（ウ）生活的特性（食事の不規律，朝食，昼食抜き晩食の多食等），（エ）金銭的特性（ギャンブル好き，働くことの嫌，借金多数，ヤクザの追い込みを受ける），（オ）家庭的特性（警察官一家，父，妹夫婦），犯罪や非行を家庭に知られることを恐れる。（カ）秘匿特性（ヒ素の自己使用を健治から教えられ，平成２年ごろから自己使用），（キ）社会的特性（要庇護性），泉克典は平成８年２月から平成１０年３月まで，被告人方に住込み（原判決４１５頁），平成１０年８月３１日から同年１２月２９日まで警察官宿舎に保護として寝泊り（同７５０頁～７５３頁），その後，現在に至っても，警察によって高野山に僧侶として，世間一般から隔離され，監視され続けている。

原判決は，泉克典の７つの人格特性のうち，（ア）（イ）（ウ）（エ）（キ）の一部を場当り的に異なる判決書の箇所で認める。（オ）（カ）は全く認定していない。

原審弁護団は，人格特性に触れることもしていない。このような状況で，どうして泉克典の証言の信ぴょう性を追及できるのであろうか。この人格特性は，記録を精査すると，泉克典の供述の信ぴょう性を確保検討するため，どうしても類型化して，まとめて指摘する必要が感じられた。このことは，第一審の当時から当然に考えられたはずである。原審弁護人はこのような基礎作業をせずに，どのようにして泉克典供述の信ぴょう性を追及することができたのであろうか。

そのため再審弁護人によって，類型化し，命題化して指摘しているものである。

泉克典は，捜査，起訴に有益な証言をし，同人の証言だけで，再審申立パートⅡの４

つの有罪事件は全部認定されている。

そのような捜査側に有益な虚偽の証言をして，被告人を死刑に導いたのである。死刑判決が死刑の執行で終了するか，再審で覆るまで，泉克典は警察によって隔離・監視され続けるのである。

公正な裁判の実現と，泉克典の人権保障のため，再審公判において，泉克典の証人尋問を求める。それと同時に泉克典の７つの人格特性の証拠調べを求める。

第５　「麻婆豆腐事件」「中華丼事件」は原裁判所が創設した事件であることの確認を求める

原判決は，「麻婆豆腐事件」については，原判決書１３章の８３８頁から８４７頁において判示する。「中華丼事件」については，同章８４７頁から８５４頁において判示する。

「麻婆豆腐事件」「中華丼事件」は，事件として起訴されたものではない。原判決が起訴勧告を行った事件でもない。泉克典の捜査段階の供述調書や原審公判廷の証言調書に記載されたものでもない。存在が証明されている事件でもない。

原判決は，８６１頁において，平成９年９月２２日牛丼を，同年１０月１２日麻婆豆腐を，同年１０月１９日に中華丼を平成１０年3月２８日にうどんをそれぞれ被告人は泉克典に食べさせたが，その中にはすべてヒ素を投与していたと判示する。

４つの事件は，時間的に接近し，相前後して発生しているので，「麻婆豆腐事件」，「中華丼事件」にヒ素が被告人によって投与されたものなら，相前後した「牛丼事件」，「うどん事件」にも，被告人によってヒ素が投与されていると，原判決は認定するのである。

原判決が何のために，起訴もされていない泉克典の供述調書や公判証言にもなく，存在の有無さえ明らかでない「麻婆豆腐事件」や「中華丼事件」を判示するのかというと，「牛丼事件」や「うどん事件」における被告人の犯人性を，原判決はどうしても認定できないからである。

そこで被告人がヒ素を入れた事件であると，原判決が認定している「麻婆豆腐事件」と「中華丼事件」の類推で，「牛丼事件」「うどん事件」の犯人を被告人であると認定するのである。

しかし，これはもはや裁判ではない。

「牛丼事件」「うどん事件」の犯人性が認定できない時，「麻婆豆腐事件」「中華丼事件」をデッチ上げて，その類推で，「牛丼事件」「うどん事件」の犯人が被告人であると認定できるのなら，立証不可能という事態は裁判には生じないことになる。裁判自体不要になる。

原判決は，ここまで異常な認定，判示をするのである。裁判にあらざる裁判をするのが原審である。

公正な裁判のためには是非とも，原審が認定する「麻婆豆腐事件」や「中華丼事件」が起訴もされておらず，泉克典の捜査段階の供述にも公判証言にも無く，原審が検察に起訴勧告も行っていない，原審が創設したデッチ上げ事件に過ぎないことの確認が不可欠である。

第6　死亡した人の保険関係の管理をしている人が，死亡者の死亡保険金を受領する権利は無いことの確認を求める

原判決は，被告人が，①泉克典の生命保険関係の管理をしていること，②睡眠薬の処方を知っていること，③泉克典にバイクを買い与えていること，④泉克典がバイクで交通死亡事故を起こして死亡することを期待していること，⑤泉克典がバイクで出かけた後を追っていること。

この①ないし⑤から，被告人は泉克典に睡眠薬を投与したと認定する。

しかし，生命保険関係を管理していても，生命保険の死亡保険金受取人になっていなければ死亡保険金は受領できない。

受領できない死亡保険金を受領できるとして，死亡させるため睡眠薬を飲ませることとしたのが，原判決の認定である。しかし，これは誤解に基づくものである。

原判決は非常識極まりない誤判である。

第7 再審申立人林眞須美の本人証拠の申立

林眞須美は，捜査段階で，捜査官２人に騙されて捜査段階から第一審において完黙し，それが本件冤罪の一つの原因にもなっている。この際，本人の真実の供述を証言する。

第６章　捜査規範の法定が急務である

第１　デッチ上げ事件の類推や非常識判断で有罪とする判決

１　「くず湯事件」について

「くず湯事件」については，原判決はこれを肯定する泉克典証言と否定する林健治証言を比較検討して，肯定する泉克典証言を採用して有罪とした。これは法理論上は全く問題性は無い。

「牛丼事件」「うどん事件」について，原判決は被告人の犯人性を認定できない。そこで原判決は，起訴もされておらず，泉克典の供述や証言にもなく，存在するか否かも明らかではなく，原裁判所も起訴勧告もしない，「麻婆豆腐事件」「中華丼事件」をデッチ上げる。この「麻婆豆腐事件」「中華丼事件」は，被告人がヒ素を投与して，泉克典に食べさせようとした殺人未遂事件であるとのことである。

「牛丼事件」「うどん事件」はこの「麻婆豆腐事件」「中華丼事件」と相前後して隣接して起こった事件であるとして，「麻婆豆腐事件」「中華丼事件」を類推して有罪とする。

このような存在すら明白でない類似事件を勝手にデッチ上げることが出来るのであれば，証拠困難，証明不能事件は，起こることがない。これでは裁判でさえない。

裁判所はここまで，異常な認定方法を採るのである。

２　「睡眠薬事件」について

「睡眠薬事件」について，裁判所は以下のような非常識な認定をする。

被告人は，（ア）泉克典の生命保険の保険関係の管理をしていること，（イ）被告人は睡眠薬の処方を知っていること，（ウ）被告人は泉克典にバイクを買い与えていること，（エ）被告人は泉克典がバイクで交通事故を起こして死亡することを期待していること，（オ）被告人は泉克典がバイクで出かけた後を追っていること。

以上のことから，裁判所は，泉克典が死亡すれば被告人が保険金を受領できると思って，被告人が睡眠薬を投与して泉克典に飲ませた，と認定する。

しかし，生命保険金の死亡受取人ではない被告人が，泉克典が死亡しても保険金を受領することは出来ない。

裁判所はこのような常識的な事も理解せず，非常識な認定をするのである。

第２　上級審も弁護団もデッチ上げ裁判，非常識認定を見破れないこと

高裁，最高裁，控訴趣意書，上告趣意書においても，高裁，最高裁の裁判官，最高裁の調査官，控訴趣意書作成の弁護団，上告趣意書作成の弁護団においても，上記の類似事件のデッチ上げや非常識の保険金受領の可能性を見破っていない。

原判決が１０００頁余という大部であること，持って回った記載や構成が複雑・煩雑であることに躊躇し，内容の検討を精査しなかったと思われる。

しかし，いかに大部の判決であっても，内容を逐一精査しなければならない。精査すればこのようなデッチ上げや，非常識認定が簡単に明白になるのである。

問題は，第一審でなぜこのようなデッチ上げや非常識認定，そして，意図的に判決を読み難くする判決書が行われるのかということである。

第３　国民が容易に死刑事件等重要判決を入手出来る制度が必要

現在，国民は捜査については全面的に不開示制度が取られている。裁判についても裁判そのものは公開が原則であるが，判決書を入手することは容易ではない。重要な事件（死刑判決もその一つ）であればある程，国民は判決書を容易に入手出来なければならない。このことは民主主義の前提である。

捜査の秘密で事後的にも国民に公開されず，判決書の入手も簡単ではないことが，本件再審パートⅡの４つの事件の捜査，判決が上記の通り，極めて情けない恥ずべき結果となった最大の原因である。

何よりも民主主義国家として当然に捜査は事後的には公開されなければならない。判決書は，極めて容易に，希望する人には入手出来る制度でなければならない。判決を言い渡した裁判所は，国民の要求があれば，実費で裁決書を交付する制度が必要である。

そのような制度であればデッチ上げ類似事件の類推認定や非常識認定は生じないのである。

第４　刑事事件の捜査，裁判について，捜査規範の法定が急務である

先に再審申立パートⅠの第４章日本における捜査制度の欠陥と秘密主義で，日本は民主主義国家を標榜しながら，未だに捜査規範の決定化もされていない国であることを指

摘した。

パートⅠでは，捜査規範の決定化の必要性を主として捜査に重点を置いて指摘した。パートⅡでは，捜査規範の法定化の必要性を裁判にも重点を置いて指摘したい。裁判における事実認定の論理性の重視と，国民が判決書を容易・簡単に入手出来る制度のためである。

民主主義国家の判決書，特に死刑の判決書の，本件判決書の如き極めて出鱈目な恥ずかしいものであることは，本件をもって終わりとしたいものである。

そこで最後に，出鱈目捜査，出鱈目判決書の出現を阻止するために不可欠な捜査規範の法定化の一章を論じて終わりとしたい。

第７章　日本における捜査制度の欠陥と秘密主義

第１　法律による捜査規範は民主主義国家の基本である

１　「和歌山カレー事件」の勃発

事件は，平成１０年７月２５日午後６時頃，夏祭りの会場でカレーを食べた合計６７名の体調異常が発生した。２６日に自治会長外３名が死亡した。自治会長は２６日に，その他の３名は２７日に解剖された（「捜査概要」１６～１７頁），解剖結果，死亡診断書，死体検案書がある。

解剖結果，警察発表ということで，青酸化合物殺人事件発生と日本中の全マスコミの発表といってもよい程，騒然とした状況が少なくとも１週間の８月３日ごろまで続く。

８月３日ごろからは，青酸の外，ヒ素も使用されたとするマスコミ報道が８月１０日頃まで続く。

８月１０日ごろからは青酸の使用のトーンが次第に消え，ヒ素だけの報道に代わる。

８月２５日ごろからは，ヒ素による保険金詐欺の報道が加わる。

以上のような経過は，第２章の事件の経過で詳述した通りである。

そして，第３章として，捜査の常道に反して，青酸化合物事犯追及をしないのはなぜかという点を論及した。

２　なぜ捜査機関は青酸化合物使用犯行を追及しないのか

「和歌山カレー事件」において，犯行にはヒ素だけではなく，青酸化合物も使用されていることの証拠として，以下のものがある。

まず死亡した４人に対する解剖結果，死亡診断書，死体検案書である。

次に，「被害者資料鑑定結果表」である。これはカレーを食取した６７名全員の体から，ヒ素と青酸化合物（シアン）が鑑定されたとするものである。検察官請求証拠等関係カード，検甲１０４１，甲１０６３，甲１１０１に添付された加門仁作成の捜査報告書に各添付されている。

さらに，読売新聞平成１０年８月５日朝刊３１面の毒物カレー「ヒ素新たに６検体」の見出しの記事の中に，「田中副会長，鳥居の吐しゃ物から青酸反応。谷中の胃の内容物，林大貴の食べ残しのカレーからも青酸反応」の記事がある。

そして，毎日新聞平成１０年８月９日朝刊２７面に，「毒物カレー事件の鑑定，捜査状況」と題して，和歌山県科捜研と科警研の青酸とヒ素の死亡者４人の鑑定結果の一覧表が掲示されている。

詳細は第１章第２の刑訴法４３５条６号７号の新規明白な証拠を一読して頂きたい。

これほど「和歌山カレー事件」については，青酸化合物が犯罪と関連していると見られる証拠がありながら，捜査機関は捜査の常道に反して，青酸化合物捜査をしようとしていない。

３　捜査の常道に反する捜査の数々

「和歌山カレー事件」について捜査の常道に反する捜査はこれだけではない。捜査の常道では，被害者の身辺を徹底的に洗うことが捜査の常道といわれている。

第３章でも述べた通り，自治会長，副会長の

（ア）２人の財産形成の内容，手段，方法，その過程での敵対者

（イ）経済活動，地域活動の方法，敵対者

（ウ）社会活動，地域活動の方法，敵対者

（エ）政治活動，政党活動の方法，手段，地位敵対者

これらの捜査がされていない。それはなぜか？ということである。

さらに，事件当日の地域の住民以外の外部の来訪者の捜査も一切なされていない。これはどうしてでしょうか。このように見てくると，どうしても日本の捜査制度，捜査規範はどうなっているのか，捜査とは，全く捜査機関の専権事項で，国民の納得，看視は全く及ばないことなのか，ということが問題になる。

そこで，諸外国の捜査制度と日本の捜査制度を見てみようということになる。

第２　世界の捜査制度

世界の多くの国では，捜査システムが法律で基準が定められ公開され，各自がそれを知ることができるシステムになっている。それが冤罪を阻止し，民主主義化の最大の制度であると，世界各国では信じられているのである。

世界の多くの国は「捜査は三段階制度」を採っている。捜査を（１）初動捜査，例えば指紋，足跡等現場保存，（２）本格捜査，例えば捜査線（犯罪の手口，物件移動経路）等，（３）取調べの三段階に分ける。各段階に異なる捜査官を配置する。それだけではなく各段階ですべき要件を厳重に法律で定める。

このことは初動捜査を手抜きし，あるいはほどほどの初動捜査をして，ある一定の見込み捜査により直ちに本格捜査に入るといって，いわゆる見込み捜査を防止することに，絶対的な防止の効果がある。

初動捜査で犯人が関与した事実が多々あるのに本格捜査でそれを追及しないといった，

本格捜査の怠慢も防止される。さらに，初動捜査が不十分で，これでは本格捜査が出来ないといった，初動捜査の怠慢防止にも役立つのである。

そして，現実の捜査で成し得たこと，成し得なかったこと，以上を記録化し，捜査後公表に応じる。そうすると何が問題で，どこが不十分であったか等々が明らかになり，犯罪の原因が明らかになる。

これらすべてのことが，事後的に国民の請求に応じて，国民に公開されるシステムになっている。

第３　日本の捜査制度

日本では三段階制度は採らず，鑑識と捜査を大きく二分されており，一貫して同じ捜査官（捜査班）が三段階を担当し，初動捜査，本格捜査は何よりもＡが犯人らしいという，Ａの発見に重点が置かれ，早々にＡを逮捕して取調べ，自白を得て，その後裏付け証拠を得る。日本の捜査構造では，自白を得ることに重点があり，初動，本格各捜査に独自の意義は乏しい，ということになる。

何よりも「捜査の秘密」の名の元に，捜査の基準が事前に明示されることは無く，捜査内容は事前は元より，事後においても国民に公開されない。

このような捜査構造のため，捜査のやり方は柔軟で，初動捜査をほどほどにして，本格捜査や取調べに進むことが出来るし，記録化もされていないので，逆に言えば，捜査を公開することも出来ない。何よりも問題は，捜査に関する規制が無いことから，捜査機関により，犯人や犯罪行為，或いは，双方のデッチ上げが，容易であることである。

このような日本の捜査の特異性について，まず外国人から異議が出された。１９８９年シンガポールの警察幹部ジェフ・トウ・イーテンは，日本の警察大学校国際捜査研究所等において，約６ヶ月間，外国上級警察幹部研修に参加し，日本の捜査の国民に対する秘密主義に驚いたのでしょう。警察の雑誌，警察学論集４３巻４４頁以下に「日本の刑事警察制度，シンガポール警察幹部の見た日本の警察」を投載した。これによって，捜査の三段階が世界で公認されていることと，日本の秘密主義との大きな違いが知れ渡ることとなった。

第４　日本の法治国家性を嘆く声

このような捜査がよって立つべき準則の法律である捜査規範を持たず，その上，事後的にも捜査の公開が為されない日本の社会は，これでも法治国家であるのかと，法治国家性を嘆く声は，後を絶たない（佐藤友之著「法治国家幻想」学友社刊，郷原信郎，森炎著「虚構の法治国家」講談社刊）。

そして，捜査機関によって犯人，犯罪行為がデッチ上げられたと主張する書籍は，身近な所にいくらでもある。例えば，「千葉成田ミイラ事件」釣部人裕，高橋弘二，ＳＰＧＦ２０１０年出版，「我が人生，ハザンへの道」室岡克典著，（株）室岡克典政治経済研究所２０１７年出版，「香川県警の捜査放棄と冤罪捜査２１５回」川上道大著，日本タイムズ社出版等である。

捜査は絶大な国家権力機関である。捜査機関が絶対的な権力を行使して行う犯罪の検挙，防止である。

ただでさえ，絶大な権力の行使として，捜査機関の思い通りに捜査を進展出来るのであるから，社会的な関心を得たくて，あるいは困難な捜査に替えて，安直な捜査をしたくて，あるいは捜査官が高名を得たくて等のため，時には捜査機関に犯人や犯罪行為，あるいは双方デッチ上げの誘惑が生じないとは絶対にいえないであろう。

国民の看視が無ければ，捜査機関自らによって，犯人や犯罪あるいは双方のデッチ上げが行われる可能性があるのが捜査である。これを防止するためには，まず第一に，法律により，捜査の準則を定めること，そして第二として，捜査を事後的にでも国民に公開し，捜査の看視を国民に委ねる以外に，捜査機関自らによる犯人や犯罪行為，或いは，双方のデッチ上げを防ぐ方法は無いのである。

まず，事前に捜査を準則に定め，その上で事後的にしろ，捜査を国民に公開して，捜査が適法，適性合理的に行われたか否か，について国民看視を仰ぐことが必要不可欠である。

第５　あるべき日本の捜査規範

そこで最後に今後日本で制定されるべき，あるべき日本の捜査規範の検討することにする。

１　はじめに　―国民意識の形成－

法律としての捜査規範が存在することは，単に犯罪捜査に限られたことに留まらず，広範囲の国民意識の形成に重要な役割を及ぼす。

まず，捜査の要件が事前にその準則が明定されているので，国民は必要以上に，捜査機関を怖がる必要がなく，安心した社会生活を送ることが出来る。

逆に，必要以上に捜査機関に頼ることも出来ず，自主，自立の精神が養われる。それだけではない。犯罪防止という公共問題が国民共通の意識になることによって，国民の関心が社会全体のあり方にまで広く及ぶことになる。

このところ，日本は，経済における生産性はもとより，各種国民意識の点においても，世界各国から遅れを取ることが目立つようになってきた。

たかが犯罪捜査規範が法定されていないだけではないかと軽くあしらうことは相当ではない。犯罪捜査規範の未制定が，各種国民の意識の世界基準から遅れを取る重大な要因になっていることに早く気づくべきである。法律による捜査規範の制定とは，これほど社会の根幹に影響する重大事項なのである。

民主主義の欠如を嘆く声も聞かれる。しかし，これほど社会の根幹に影響する犯罪捜査規範さえ，法定化されてない国である。民主主義のいたらなさが存在しても当然のことである。

民主主義国家，社会として当然に備えるべき法制度が無いのであれば，嘆く前に，一つ一つ備えて行うことが必要ではありませんか。

また，あるべき捜査規範の法制化について，後に検討するが，捜査の三段階制度を取り，各段階のすべき要件を明白化し，各段階の責任者を明確にし，責任者の責任を明確にし，捜査を事後的に公表する制度を明らかにする。

そうすると，これまで各捜査員は本部長の命ずる歯車の一つとして盲目的に命令に従っていた立場から，自主的な捜査員と生まれ代わり，主体的に自律的に捜査に関与することになる。

この点からも自律的な国民を養成することになり，国の隅々まで，民主主義を貫徹する一貫となることに役立つことになる。

上司の命令の下に，歯車として動かなければならないと考えられていた犯罪捜査においてさえ，捜査員が自主的，主体的に行動できるとなると，社会のあらゆるところで，歯車的な行動が，自主的，主体的な行動に正されていく。社会はいよいよ自主的，主体的な行動が主流になるのである。

犯罪捜査規範の法制化は，これほどまでに社会の根幹から民主主義化をもたらす重要な要素なのである。

2　あるべき犯罪捜査規範の法定化の要件の検討

（1）犯罪捜査規範に関する事項は，法律で規定されるべきである

犯罪捜査規範は，国民主権の顕われであり，国法で民主主義的に制定されるべきである。

現行の「犯罪捜査規範」と命題されたものは，法律ではなく，国家公安委員会規則である。その上犯罪捜査の準則では無く，警察職員の勤務及び活動の基準としての性質を有する（「新版逐条解説犯罪捜査規範」警視庁刑事局編　東京法令出版株式会社４頁）規範に過ぎない。犯罪捜査の準則，公開，捜査担当者の責任問題等犯罪捜査規範に関する事項は，全て法律で規定されるべきである。

民主主義国家として，法律による犯罪捜査規範が無いということは，真に恥ずべきことである。

（２）捜査の段階を明記して，各段階の責任者を明記する

初動捜査，本格捜査，取調べの三段階の必要性は，ほぼ公知の事実である。その三段階を確定して明記し，各段階ごとに各責任者を振り分け担当する。

捜査員は担当する自己の段階に責任をもって担当する。初動捜査，本格捜査，取調べの各段階が明確化され，その段階ですべきことが明定されていると，捜査機関による怠慢や不正，捜査機関による犯人や犯罪のデッチ上げは極めて起こりにくくなる。

現行の規則は，捜査の段階を明記したりはしておらず，各段階の責任者を明記することなどは全くない。

上記第二節の捜査の組織の第１５条は，現行捜査規範の性格が如実に表れているのでそれを紹介する。

（捜査の組織的運営）

第１５条　捜査を行うに当たっては，捜査に従事する者の団結と統制を図り，他の警察諸部門および関係警察と緊密に連絡し，警察の組織的機能を最高度に発揮するように努めなければならない。

つまり，「現行捜査規範」規則は警察官の心構えを規定したものである。捜査の各段階の要件の明記が無いので，どのような捜査も捜査機関にとっては自由であるということになる。

（３）各捜査段階のすべき要件を明確化して確定すること

この点は重要である。誤道捜査の原因は，初動捜査の怠慢，本格捜査の怠慢，間違った方向への本部長等リーダーの暴走である。その原因を明らかにするためにも，責任者を明確にしておく必要がある。各捜査段階の要件が明確化されているので，捜査機関は好き勝手に，どのような方向，相手に向かう捜査も自由，ということにはならない。

（4）捜査の公開を求めることができる

捜査が適法，適性合理的に行われたか否か，国民は看視する権利がある。捜査本部が設けられたときは捜査本部長，その他の場合は，警察署長は捜査に関して，国民の質問に応じる義務がある。

ところが，現行規則は，捜査の公開を定めた規定はない。国民の捜査公開を求める権利に触れた規定も無い。

「現行捜査規範」の性格を端的に表しているのは「第一章　総則」である。その項目を記する。

第一節　捜査の心構え（第１条～第１４条）
第二節　捜査の組織（第１４条～第２６条）
第三節　手配および共助（第２７条～第４４条）
第四節　検察官との関係（第４５条～第４９条）
第五節　特別司法警察職員等との関係（第５０条～第５４条）
第六節　捜査書類（第５５条～第５８条）

つまり「現行捜査規範」は警察官の勤務及び活動の基準としての捜査の心構え等を記したもので，国民に対する関係で，捜査の基準を定め公開等を規定したものではない。捜査の公開を定めた規定が無いことは，民主主義国家としては，致命的である。

捜査機関による犯人や犯罪のデッチ上げ等，捜査機関のやりたい放題のことが出来る事でもある。捜査機関が国民から必要以上に怖がられる理由も，この公開規定の無いことと関連している。捜査機関から睨まれると，何をされるか分からないと思うからである。これでは，国民が委縮し，伸びやかな国民が育たなくなるのは当然である。

（5）記録化すること

各捜査段階のすべきことをしたのか否か。なぜできなかったのか。それ以外にも捜査でしたこと，しようとして出来なかったこと，及びその理由を具体的に詳細に記録化する。捜査情報公開のための必須の前提要件である。

「現行捜査規範」規則には，捜査内容を記録化する規定は全く無い。「現行捜査規範」規則が警察職員の勤務及び活動の基準としてとしての性質の有するものであっても，捜査内容を記録化することとは矛盾しないはずである。しかし，後日国民の追及との関係が生じたり，責任問題を問われる証拠となるような規定は全く無いのである。

この点からだけ見ても，「現行捜査規範」規則がいかに，反国民主権的な規則であるかが明白である。

（６）捜査官の責任の明確化と責任の違反を明らかにする

捜査における捜査官の責任を明確化し，責任の違反を明らかにすることは，捜査の怠慢，暴走を阻止する必須の要件である。

「現行捜査規範」規則は，捜査の各段階を明確化することは元より，各段階の責任者を明記する制度は全く無い。前記の第一条総則第一節から第六節までの通りで，正に警察職員の勤務及び活動の基準として役立つ内容の規定に過ぎない。

日本の「捜査規範」規則によれば，犯人や犯罪行為を捜査機関がデッチ上げることが容易である。そしてまた初動捜査，本格捜査を無視した突飛もない捜査の進行もリーダー（捜査本部長）の指導によっては可能となる。

「和歌山カレー事件」の捜査はこの部類に属するものである。

（７）判決書を国民が容易に入手できる制度にする

判決書には，言い渡し裁判所において，実費を払えば，誰でも簡単に入手できる制度にする。重大事件（死刑判決）において，特に必要性が高い。「和歌山カレー事件」の保険金関係の詐欺事案において，非常識な判決理由，これを通り越して，存在するか否か明らかではない類似事件を裁判所においてデッチ上げ，デッチ上げた類似事件の類推で，被告人を有罪とするといった，論理的に出鱈目な裁判が横行するに至った。これは判決書が，国民が簡単に入手し，簡単に判決を検証できない制度であることに起因する。このような出鱈目な裁判の横行を阻止するために，判決書の簡単な入手制度が必要である。

第６　結論

１　青酸化合物に関する捜査の欠如

戦後８０年近くたっても，いまだに民主主義社会に必要不可欠の犯罪捜査規範の法制化さえされていない，日本の国家，社会である。この社会のゆがみの端的な犠牲となったのが，「和歌山カレー事件」である。

もし，日本の法定化された捜査規範が存在した場合，「和歌山カレー事件」はどうであったろうか。

日本においても現行捜査と異なり，捜査の三段階制度が採られて，各段階の要件が厳密に定められており，捜査の公開が確立しておれば「和歌山カレー事件」においても，異なる捜査がなされていたのではないかと推測される。

まず，先に「和歌山カレー事件の発祥」毎日新聞のドキュメント引用でも述べた通り，７月２５日１９時３２分，和歌山県警は事件性があるとして捜査を始めている。

この捜査の開始自体は，迅速な捜査として，肯定されるべきである。

死亡した４人は，診療中の医師の面前で死亡し，１人は即日，残り３人は翌日解剖され，解剖結果，医師の死亡診断書，死体検案書がある。解剖結果，死亡診断書，死体検案書の死因は，これ以上優良な証拠は望み得ない優良な証拠である。

これらの書類が示す死因は，おそらく青酸化合物であったことは間違いない。

青酸はメッキ工場，化学工場，大学研究室などで使用される身近な猛毒であるといわれている。青酸の所持者は，非常な多数になると推測される。

４人に対する殺人罪の追及として，まず青酸化合物に関する捜査をすべきであるのに，この青酸化合物に関する捜査が全くされていない。

これほど明らかな捜査の原則，常道に則った捜査を放棄している例は，またと無い例である。

何よりも，解剖結果，死亡診断書，死体検案書の死因が，青酸化合物となっているのに，本格捜査担当者において，青酸化合物による殺人捜査の死因の追及を無視して，現実に「和歌山カレー事件」の捜査でされたような，ヒ素を使用した，膨大な状況証拠による犯人を追及するといった捜査方法は，行われなかったと考えられる。

「和歌山カレー事件」は，日本の捜査制度の欠陥が如実に顕われた事件でもある。

２　膨大な状況証拠捜査

「和歌山カレー事件」は真の犯罪原因を隠したのではないかと，強い疑問が生じる膨大な状況証拠捜査であった。

何度も繰り返すが，日本の「捜査規範」は，捜査が国民の規制を受け，国民に公開するため，法律によって定められたものではない。警察職員の勤務及び活動の基準としての性質を有する（「新版逐条解説捜査規範」警視庁刑事局編，東京法令出版株式会社４頁）ものにすぎず，初動捜査，本格捜査の要件，責任者を法定していない。従って捜査機関において，犯人や犯罪行為のデッチ上げはもとより，初動捜査，本格捜査を無視した捜査も可能なのである。このような初動捜査，本格捜査を無視した捜査がなされたのが，「和歌山カレー事件」の捜査裁判である。

それに加えて，以下に述べる疑問が加わると，真の犯罪原因を隠すためにあえて，膨大な状況証拠収集の捜査がなされたのかという強い疑いが生じる。

まず，死亡した４人，特に会長と副会長の身辺を洗う捜査が全くされていない。殺人事件において，死亡した被害者の身辺を入念に洗うことは，捜査の基本中の基本である。

会長，副会長の職業，財産形成，政治関係，敵対者，同好者等，更に携帯電話の一週間前からの内容，７月２５日の地域外の来訪者との面談関係，カレーを食べた順番，だれが配膳をしたか等，入念な調査をすべきであるのに，全く調査されていない。

これらの点について，入念な捜査がされておれば，新たな事実が発見されていた可能性が極めて高い。しかし，全く調査されていない。

次に，７月２５日夏祭り当日の地域住民以外の部外者の来訪者の調査が全くされていない。

夏祭りは，自治会関係者の相互親睦の機会であり，政治家，秘書，及び立候補志す人にとっての重要な票田開発の機会でもある。少なからずの部外者の来訪があるはずである。

現に他の自治会関係者，地域出身の代議士や秘書が来訪していたウワサが多数ある。

そして，例の「被害者資料鑑定結果表」の存在である。甲１０４１，甲１０６３，甲１１０１と検察官証拠等関係カードに記載されて証拠とされたものである。

裁判では，罪となるべき事実の証拠の標目１５頁１６行目と２３，２４行目，１６頁７行目に歴記と判示されている。医師島田博，辻本登志英，小牧克守が，自分が診察した被害者の特定のためとはいえ，あえて，県警捜査一課警部加門作成の「被害者資料鑑定結果表」に頼る必要性は全く無い。この「被害者資料鑑定結果表」によれば，カレーを食取した被害者６７名全員にシアンとヒ素の検出鑑定が出ている。それは被告人以外の第三者犯行であるとする，歴然として明白な，これ以上の証拠は無いといってよい証拠である。

これをあえて，３人の医師の供述調書に，添付した意図は何かということである。

警察は真犯人は判っていますヨ！という証拠以外のためとは考えられない。そして，最後に死亡した４人の死因についての直接証拠が無いことである。

刑事事件ともあろうことに，被害者の真の直接証拠が無い。警察は，被告人宅に存在したヒ素と，カレーに投与されたヒ素の同一性の鑑定をしている。

それ以上に，死亡した４人の死因がヒ素であることの鑑定をして，死因の証拠の充分性を計るべきであるのに，あえて，死因の鑑定はしていない。

この点も考え方によれば，あえて鑑定をしなかったと思われる。そこまで完璧に被告人を「和歌山カレー事件」の犯人にはしたくはなかったのである。

真犯人存在の余地を残しておきたかったのである。県警は，犯人追及のためには，膨大な状況証拠収集の捜査までしたと，責任逃れの方法を一方で取る。他方，真犯人には，死因の直接証拠の不存在を残して，真犯人の存在は解っていますヨ！とエールを送り，真犯人に恩を売っておくのである。

このような，あってはならない欺瞞的な捜査が出来るのは，捜査規範が法制化されていないからである。

3　全く異なった方向に捜査を進めることが可能である

犯罪捜査規範の法制化されていない日本国において，捜査機関は，初動捜査の成果を無視して，全く異なった方向に捜査を進めることが可能である。

しかし，結果は世に言う「御天道様はみてござる」である。第三者の犯行である証拠が多数存在し，これらが日の目を見た暁には，冤罪は必然性的に明らかにならざるを得ない。

捜査機関は万能ではないのである。

4　捜査規範の法定化が不可欠である

捜査があらぬ方向に向いて行った。ところが裁判はこれを追認する。裁判において，これを追認しきれなくなると，あえて非常識な理由でも平気で使って判決をする。非常式な理由で間に合わなくなると，存在もしない類似事件を判決でデッチ上げ，デッチ上げた類似事件の類推で被告人を有罪にする。

これでは，全く裁判ではない。裁判をする必要性も無い。これが「和歌山カレー事件」の保険金関係の事案である。

現在は，裁判にあらざる裁判の横行の時代である。しかし，いずれ，その横行がさらに発展して，恐ろしい悪用の時代が来る。この横行の時代で，横行を阻止しなければならない。

そのために必要不可欠なのが，捜査規範の法定化である。

捜査規範の法定化が急がれる！

5　日本社会の腐敗構造の最先端は裁判にある

以上，捜査を中心として，捜査規範の法定化の必要性を検討してきた。

今回，「和歌山カレー事件」の原判決を検討して，あまりにも情けない判決であることが判明した。

判決というには，ほど遠い判決書に出会い，これで判決書といえるのか，といった怒りよりも，この程度で死刑判決として２０余年も存在している日本社会に言い知れぬ情けなさを感じた。

日本社会の皆さん！　死刑判決と言いながら，判決の体をなさない判決書が横行しているのが，原罪の日本の社会なのですョ。

日本社会の腐敗構造ということが言われて久しい。

しかし，日本社会の腐敗構造の最先端は裁判にあることを証明したのが「和歌山カレー事件」の裁判である。

以上

参考資料（チャートでわかる和歌山カレー事件再審申立書パートⅡ）

和歌山カレー事件再審パートII
対象としている４つの事件

１ 原判示罪となるべき事実第４ （「くず湯事件」）
２ 原判示罪となるべき事実第６の１ （「牛丼事件」）
３ 原判示罪となるべき事実第６の２ （「入院給付金詐欺事件」）
４ 原判示罪となるべき事実第６の３ （「うどん事件」）

これら４事件が本件再審申立パー HIの対象事件である。
⇩
いずれも被告人は無罪である。

泉克典の供述のみで有罪認定

		有罪認定の根拠
1 「くず湯事件」	⇒被害者 林健治	⇐泉克典の供述
2 「牛丼事件」	⇒泉克典	⇐泉克典の供述
3 「入院給付金詐欺事件」	⇒泉克典	⇐泉克典の供述
4 「うどん事件」	⇒泉克典	⇐泉克典の供述

⇩
泉克典を高野山で
僧侶として世間から隔離？

７つの人格特性を有する泉克典の供述に信ぴょう性があるのか？

捜査機関は，平成１０年８月３１日から同年１２月２９日まで，泉克典を警察官宿舎に保護し，外部との接触を遮断し匿った。この期間の調書である。保護終了後も泉克典を隔離し続ける。その期間は２０年以上である。

７つの人格特性とは

（ア）体質的特性（睡眠時無呼吸症候群），（イ）行動的特性（イネムリによる交通事故の多発），（ウ）生活的特性（食事の不規律，朝食抜き，晩食の多食），（エ）金銭的特性（ギャンブル好き，不労働，借金），（オ）家庭的特性（警察官一家，父，妹夫婦），（カ）秘匿特性（ヒ素の自己使用，入院歴多数），（キ）社会的特性（要庇護性）

⇩

これら全てを一括して認定すると，泉克典は，捜査機関に迎合し易い性格で，捜査機関の誘導尋問に応じ易く，虚偽供述を仕易い傾向にある人物ということが，一見して明白になる。

「くず湯事件」認定の怪

・健治と泉の供述の食い違う

・店員の証言で健治や被告人がよくくず湯を買いに来ていたという証言をはない。

・７つの人格特性を有する泉克典の供述に信ぴょう性があるのか？

・泉克典の供述だけで、認定するため、被告人を完黙させる。

林健治を殺害しようと企てた。

⇩⇒保険金をだまし取る目的

⇩

平成９年２月６日，ヒ素を混入したくず湯を健治に食べさせた。

⇩

殺害の点は未遂に終わった。

・捜査機関は，平成１０年８月３１日から同年１２月２９日まで，泉克典を警察官宿舎に保護し，外部との接触を遮断し匿った。この期間の調書である。保護終了後も泉克典を隔離し続ける。その期間は２０年以上である。

「牛丼事件」「うどん事件」認定の怪

「麻婆豆腐事件」と「中華丼事件」の存在。

存在自体が疑わしい。

⇩　⇒起訴もされていない。

⇩　⇒泉克典の公判証言や捜査段階の供述にも無い。

⇩

被告人がヒ素を投与して泉克典に食べさせてようとした類似の殺人未遂事件である。

⇩　⇒起訴勧告も裁判所は行っていない。

２つの類似事件をデッチ上げ？

⇩

「牛丼事件」「うどん事件」も被告人がヒ素を投与して，泉克典に食べさせようとした。

「入院給付金詐欺事件」認定の怪

保険金受取人でない被告人が、泉克典の死亡保険金を受領できると錯覚？

被告人が泉克典の生命保険関係管理を１４件をしている。

⇩

⇩

泉克典に睡眠薬を飲ませて，バイクで死亡事故を起こさせようとした。

⇩

⇩

被告人は、死亡保険金の受取人ではない。

「保険金詐欺目的事件」と
「和歌山カレー事件」との関係

前　提

1 カレー毒物混入事件以外の被告人が犯人である

2 保険金取得目的でカレー毒物混入事件発生前の約1年半の間，４回も人に対して砒素を使用している。

3 ４回の砒素使用，２件の睡眠薬使用という事実は，砒素を使うことへの抵抗感がかなり薄らいでいたことの表れととらえることができる。

⇩

前提がないと、推認できない

⇒多くの間接事実である。亜砒酸を混入したものであるということが極めて高い蓋然性をもって推認することができる。

再審申立書
パートⅢ
（火傷保険金詐欺関係）

和歌山地方裁判所 平成１０年（わ）第５００号，第５３２号，第５８０号 被告人 林眞須美に対する殺人・殺人未遂・詐欺被告事件。
（原審が被告人が成立を争わない保険金詐取事件と認定する事案に対する再審申立）

令和４年１月１３日

和歌山地方裁判所刑事部　御中

再審申立（パートⅢ）

住　所　大阪府都島区友渕町１－２－５
大阪拘置所内
申立人　被告人　林 眞須美

事務所 〒７６１―０１０４
香川県高松市高松町９４４－４
日本タイムズ社内
住　所（送達場所）
〒３[redacted]－００３[redacted]
埼玉県[redacted]

TEL・FAX　0[redacted]
携　帯　0[redacted]

申立代理人 弁護士　生田　暉雄

再審申立　パートⅢ目次

目次

再審申立　パートⅢ

―保険金詐欺目的事案（原審が被告人が成立を争わない保険金詐取事件と認定する事案）の再審申立―

第１章　再審申立　パートⅢ

第１ 保険金詐欺目的事案（「やびつ荘事件」「被告人火傷事件」「健治高度障害事件」）の再審申立

１ 再審申立

和歌山地方裁判所刑事部 平成１４年１２月１１日言渡しの平成１０年（わ）第５００号，第５３２号，第５８０号の殺人・殺人未遂・詐欺被告事件について，原審が「被告人が成立を争わない保険金詐取事件」と認定する事案について，再審申立をする（再審申立パートⅢと称す）。

２ 被告人が無罪である事件

原判決の罪となるべき事実 第2の「やびつ荘事件」，第３の１，２の「被告人火傷事件」，第5の「健治高度障害事件」について，いずれも被告人は無罪である。

３ 被告人の争わない事実

被告人が成立を争わないと，原判決が認定（原判決６３６頁）する事件は，以下の通りである（以下いずれも罪となるべき事実の番号である）。

① 原判示　第2（「やびつ荘事件」と称する）

② 原判示　第3（「被告人火傷事件」と称する）

③ 原判示　第5（「健治高度障害事件」と称する）

以上のうち，特に②の「被告人火傷事件」を中心として，「やびつ荘事件」「健治高度障害事件」について，今回再審申立パートⅢとして，再審の申立をする。

４ 再審申立　経緯

（1）「再審申立パートⅠ」

原判決中，平成１０年（わ）第４６５号（これを以下「和歌山カレー事件」と称す）の原判決の罪となるべき事実の第１について，令和３年５月３１日再審申立をし，受理され，和歌山地裁令和３年（た）第１号となっている（以下，これを「再審申立パートⅠ」と称する）。

（２）再審申立パートⅡ

原判決中，平成１０年（わ）第５００号，第５３２号，第５８０号（これを以下「和歌山カレー事件保険金詐欺事件」と称する）の原判決の罪となるべき事実の第４，第６の１，２，３について，令和３年１１月２２日再審申立をした（再審申立パートⅡ）。受理され，和歌山地裁 令和３年（た）第２号となっている。

（３）本件再審申立（再審申立パートⅢ）

原判決中，平成１０年（わ）第５００号，第５３２号，第５８０号（「和歌山カレー事件保険金詐欺事件」）について，原判決６３６頁において，被告人が成立を争わない保険金詐取事件中，（「やびつ荘事件」「被告人火傷事件」「健治高度障害事件」）について，令和４年1月１３日，更に再審申立パートⅢとして再審申立をする。

５ 再審申立パートⅢの申立趣旨

（１）被告人は「和歌山カレー事件」関係７事件についても無罪である。

本件再審申立パートⅢにおいて，被告人は主体となって一切の保険金詐欺事件にも関与していないことを明らかにする。

原判決は，８７３頁から８９４頁に渡って，カレー事件に被告人がヒ素を投与した動機について，詳細に検討する。しかし，動機は解明出来ないと明言する判示をする（８８１頁，８８５頁，８９３頁（２ヶ所），９００頁，９０１頁）。

一方で，被告人がヒ素を使っての殺人未遂罪，保険金詐欺罪を多数回犯していることから，人の命を奪ってはならないという規範意識や，人に対してヒ素を使うことの抵抗感が薄らいで，カレーにヒ素を投与したと判示する。類似事件を重視するのである。

（２）「和歌山カレー事件」成立についても，関係７事件は重要である。

この判示からも明らかなように，被告人が保険金詐欺を犯したか否かは重要である。本件再審申立の３件について，「和歌山カレー事件」について全面的に争っている被告人が，その成立を争わず認めるということは考えられない。それも明らかに無罪事件（「被告人火傷事件」）を含む無罪ばかりである。

被告人が「成立を争わない」となった理由が明確でないにもかかわらず，原審では

「成立を争わない」扱いになっている。
それは弁護人の怠慢で，被告人との十分な打合せをせず，現地を見ず，関係証拠を検討せずに，あり得ない犯行現場で明らかに無罪である「被告人火傷事件」，詳細に検討すれば無罪である「やびつ荘事件」「健治高度傷害事件」について，簡単に「成立を争わない」と弁護人が対応したためである。
本件再審申立パートⅢで，被告人は３件について，改めて成立を争い，且つ無罪であることを主張する。

（３）原審が，類似事件を重視する理由

なお，原審が類似事件を重視するその具体的な判示は以下のとおりである。

① 原判決　８６６頁
カレー毒物混入事件以外の，被告人が犯人であると検察官が主張する事実関係は，いずれも保険金目的で，砒素や睡眠薬を被害者に摂取させ，それに基づいて死亡，あるいは疾病にり患させたというものであって，
特徴的な犯行態様の類似性から，相互に補充し合う関係にあるといえる。

② 原判決　８９２頁
被告人は，現に保険金取得目的で，カレー毒物混入事件発生前の約１年半の間，４回も人に対して砒素を使用しており，この事実は，通常の社会生活において，存在自体極めて稀少である猛毒の砒素を，人を殺害する道具として使っていたという点で，被告人以外の事件関係者には，認められない特徴であって，カレー毒物混入事件における被告人の犯人性を肯定する重要な間接事実といえる。

③ 原判決　８９３頁
この金銭目的での４回の砒素使用や，その他の２件の睡眠薬使用という事実は，人の命を奪ってはならないという規範意識や人に対して砒素を使うことへの抵抗感がかなり薄らいでいたとの表れととらえることができる。
このような多くの間接事実を総合すると，被告人は，東カレー鍋の中に，亜砒酸を混入したものであるということが，極めて高い蓋然性をもって推認することができる。

６ パートⅡで４事件の無罪立証

そこでまず再審申立パートⅡにおいて，被告人がヒ素や睡眠薬を使って，保険金詐欺をしたと判示する４事件（「くず湯事件」「牛丼事件」「うどん事件」「睡眠薬事

件」）について，いずれも被告人が犯行をしていない（被告人は無罪である）ことを立証した。

7 原審が「成立を争わない」と判示する事件も無罪である。

原判決は，再審申立パートⅡで無罪を立証した「くず湯事件」「牛丼事件」「うどん事件」「睡眠薬事件」の他にも，被告人が成立を争わない事件として，「やびつ荘事件」「被告人火傷事件」「健治高度障害事件」が存在すると判示する。

そこで被告人が成立を争わないと原判決が認定する上記３つの事件，つまり「やびつ荘事件」「被告人火傷事件」「健治高度障害事件」についても，真実は被告人が犯行を犯していないことを立証するため再審の申立をする。

それが本再審の申立であり，再審申立パートⅢである。

第２章　被告人の「火傷事件」についての争い方は「和歌山カレー事件」の全事件の有罪・無罪の成立を左右する重大点である

第１　原判決の認定

１「被告人火傷事件」から検討する。

まず，「被告人火傷事件」から検討する。

原判決「罪となるべき事実」第３の１，２で次のとおり認定する。

まず１は，平成８年２月１３日，自宅の正面玄関前，夕方より家族が炭火でバーベキューをして，スパゲティの湯を大きな鍋で沸かしているところへ，自転車で帰宅した被告人が誤って転倒し，大鍋の湯をかぶり，両下肢等に大ヤケドを負った。同日から同年３月７日まで入院治療を受けた。第一火災交通傷害保険の請求をし，金４５９万円強の詐欺をしたというものである。

次の２は，前記火傷により，膝関節等に軽度の機能傷害を負ったに過ぎないのに，両足関節の機能全廃の後遺障害等を負ったとし，第一生命に７，０００万円強の保険金請求をしたのが，保険会社に認められなかったという詐欺未遂の事件である。

２ 原判決の認定の誤り

（１）被告人が平成８年２月１３日，大火傷を負った事実が異なること。

被告人ヤケドの真実は以下のとおりである。

被告人は平成８年２月１３日，自宅から東方２００メートル離れた，近所の親しい友人である羽山通子（夫は羽山武雄で広島のヤクザ，故人）が，今着付教室に居るが，自宅に宝石を忘れたので取ってきてほしいと頼まれ，羽山宅に行ったが玄関はカギが掛っていたので，横の応接間の入り口から家に入り，宝石を持って玄関から出ようとした時に，爆風で玄関サッシ等が内側に吹き飛び，被告人は両下肢に大ヤケドを負った。羽山宅は，この日全焼した。

被告人は事実を有りのまま公表すると，被告人が羽山宅の放火犯と疑われると思い，同日の自宅前の家族のバーベキューの大鍋の湯に誤って自転車で突込んで火傷したことにした。

（２）問題はなぜ，被告人が真実に反する交通事故による保険金請求をしたのかということである。この点を以下で詳述する。

３ 羽山通子の追及について

被告人がヤケドの原因の真実を述べ，警察が羽山通子を追及すると，羽山通子は警察官の多数に金品を贈与したことで対抗し，それが公になると一大警察スキャンダルに発展する可能性が大である。警察としては，スキャンダルの発生を何が何でも阻止する必要があった。

（1）警察は羽山宅の火災に，以下の事実を調査したと推測される。羽山通子宅は，平成８年２月１３日の火災で全焼した。羽山通子が元夫の部下のヤクザのチンピラを使っての放火である。羽山通子は自己のアリバイのため，放火の時刻に被告人に宝石を取りに行かせ，被告人を放火の犯人にし，且つ，「死人に口無しとして」被告人を殺害しようとしたものである。

以上の事実は調査したと推測させる。

（2）被告人は今もって，自己が羽山通子のアリバイのため，羽山通子の宝石の持ち出しを頼まれたことや，危なく羽山通子に殺害されるおそれがあったとは思っておらず，純粋に宝石の持ち出しの依頼を受けて，その際，偶然に火災に巻き込まれたと信じきっている。

そして，羽山通子から，羽山通子宅で火災に会って火傷したとは公言すべきではない，公言すれば被告人が放火犯と間違われる恐れがあるといわれて，これを信じている。そのため自宅前のバーベキューの火に自転車で突込んだ等の嘘の事実で保険金請求をしたものである。

なお，羽山宅の火災と無関係を装うため，保険金請求はせざるを得なかった。そのためにも虚偽の火傷の現場を作出したのである。

（3）警察は，羽山通子宅の火災について，事実調査をし，羽山通子による放火の事実を把握していると推測される。

しかし，事実をそのまま適用すると，羽山通子は現に人がいる建造物に放火したとして，刑法１０８条により，死刑又は無期，もしくは５年以上の懲役の重罪であり，これに保険金詐欺が併科され，さらに殺人未遂が併科される重罪である。その上，後述のように，警察官の収賄罪が加わる。これはマスコミによって警察上げての大問題に発展する可能性が大である。

（4）ことに多数の警察官は，羽山通子から相当額の金銭を与えられている。収賄罪の可能性が大である。

そこで警察の採った方法が，大もととなる被告人の火傷について，被告人に真実を何になんでも公言させない、という方法である。被告人に公言されると警察自体が困惑する事態におち入るからである。
そして，羽山通子宅の放火については，犯人及び原因を不明にして事実上終了し，羽山通子の火災保険の請求も黙認する。それと引き替えに，羽山通子には，警察官の収賄罪も主張させない。
そして被告人の保険金請求を詐欺罪とする。そのような処置で保険会社を納得させるのである。

第２　ここでも被告人に完全黙秘（完黙）させる必要が生じる

１　羽山通子宅の羽山通子による放火事件を追及する意味

先に，再審申立パートⅡにおいて「くず湯事件」「牛丼事件」「うどん事件」「睡眠薬事件」において，泉克典の供述だけでその４件全てを認定するため，泉克典が警察の誘導通りに供述しても，被告人からの追及を受けないことを泉克典に納得させることを主なる理由として，被告人の捜査段階の始めから第一審公判審理の全てにおいて，被告人を完黙させた。この被告人の完黙には，警察官２名が担当し，異なる時期に被告人を説得して完黙させた。このことについて再審申立パートⅡにおいて詳論した。

再審申立パートⅡでは，主として泉克典の警察通りの供述確保のため，警察にとっては被告人の完黙の必要性があることを詳論した。
再審申立パートⅢに到って，羽山通子宅の羽山通子による放火事件を追及すると発生する，警察官に対する贈収賄罪の一大スキャンダルの発生を未然に防止するため，さらに被告人に完黙させる必要性が，この点においてもあることを詳論しなければならない。

２　警察のシナリオ

警察は，羽山通子宅の放火の現場に居合わせた被告人に，放火犯の追及はしない代りに，保険金詐欺の犯行は認めさせる。この点は保険会社の納得を得るためでもある。
警察は，羽山通子を一担は逮捕し，放火犯の追及はしないことにして，羽山通子に恩を売り，警察官に対する金品の贈与を主張させないこととする。羽山通子の火災保険の請求も黙認する。保険会社には，羽山通子の火災保険より高額の被告人の保険金の返戻及び被告人による保険金の追加請求を阻止させるため，保険金詐欺罪で被告人を犯人として仕立てあげて，保険金の請求をさせないようにする。
これが，警察にとって，警察の一大スキャンダルの発生を防止し，羽山通子による放火や火災保険詐欺及び被告人の殺害未遂，警察官の収賄罪といった複雑な立証をしなくて済み，省エネの捜査に終わることが出来る，警察にとってバンバンザイの方法である。

第３ 羽山通子は被告人より，人間が一枚上手であること

１ 羽山通子の意図は，初めからの計画通りである

（１）羽山通子，被告人，園村夫婦は，羽山通子が自宅に放火し，そのアリバイのため，４人で平成８年２月１４日からオーストラリアに旅行する計画を練っていた。羽山通子は自宅放火の手の内も他の３人に明らかにしていた。放火の実行犯は，羽山通子の死亡した夫武雄の部下であるチンピラヤクザである。

その羽山通子がアリバイのため，着付教室へ行き，そこで宝石の持ち出しを忘れたことに気づいて，被告人に宝石を持ち出すことを依頼し，被告人が持ち出し中に，火災に逢ったというものである。

（２）しかし，羽山通子の意図は，初めからの計画通りであると推測される。事前にアリバイ旅行の打合せまでして，宝石の持出しを忘れるということは，極めて不自然である。

羽山宅が放火されたとなれば，夫が死亡して，自宅の必要性がなくなった羽山通子が，夫の元部下のヤクザを使って放火することは，警察としては当然に気がついている。そして、警察官の複数人に金品が，羽山通子から渡されていることも解っている，と推測される。

羽山通子としても，自己によるヤクザを使っての自宅の放火は，いくら自己のアリバイ工作としても，警察に見抜かれることぐらいは解っている。

そこで放火の手の内を全部相談する風を装って，真実は被告人には放火の罪を着せ，さらに，被告人を殺害して，被告人の口封じまで計画し，宝石の持ち出しを忘れた風を装って，被告人に放火の時刻に自宅に行かせたと推測される。

（３）しかし，運良くというべきか，被告人は両下肢の大ヤケドの負傷で済んだ。その上，被告人は，羽山通子が放火の手の内をすべて被告人に知らせた上，自分が放火犯の疑いで逮捕されたこと，さらには自宅放火の時刻に被告人が羽山宅に居たことになると放火犯の疑いがかかるので，放火の時刻に羽山宅には居なかったことにするよう忠告まで受けたことに感激し，自分の出来る範囲のことはやろうと決意し，火傷による保険金詐欺については，これを争うべきでないとする，警察方針に従って，何の疑いも持たずに，火傷による保険金詐欺について，成立を争わないのである。

2　被告人の完黙による警察が受ける利益

そして，被告人は，捜査段階初期から第一審の公判を通して，完黙している。羽山宅放火の事情が他に漏れることなどは無い。被告人の完黙による警察が受ける利益は，甚大なものがあるのである。

被告人の羽山宅放火の真実を述べないことと，被告人の捜査，第一審を通しての完黙により，さらには，最終的に被告人の死刑判決により，和歌山県警としては，少なくとも未済事件である羽山宅放火事件，羽山宅火災保険詐欺事件，羽山通子による警察官贈収賄事件を実質上処理出来たことになる。

警察にとって，重大事件の未済処理として，これほど大きなことは無い。

第４　被告人が両下肢火傷の真実を捜査段階で自白していた場合はどうなるのか？

1　警察捜査の利益のため完黙を勧めた

被告人は，捜査段階の初期から第一審公判を通じて完全黙秘（完黙）している。これは２人の警察官が異なる時期に，被告人に完黙を勧めた結果である。

２人の警察官は被告人のためを考えて，被告人の利益のため完黙を勧めたのではなく，警察捜査の利益のため完黙を勧めたのである。泉克典に警察の誘導通りの供述をさせることと，被告人，羽山通子に羽山宅の放火の真実を供述させないためである。

先に検討したように，被告人が完黙し，羽山宅放火事件について，真実を述べないことによって，警察は甚大な利益を受けた。

2　被告人を自宅放火の犯人に仕立上げようとした

（1）そもそも，羽山通子自体，一見自宅放火の手の内をすべて被告人や園村夫婦に明らかにしている風を装って，本心では，被告人を自宅放火の犯人に仕立上げ，そのうえ被告人を殺害して「死人にロナシ」ということで，被告人に羽山宅の放火犯人となり死亡してもらう計画のもとに，放火直前に羽山宅へ宝石を取りに行かせた，と推測される。

しかし，羽山通子の予想を裏切って，被告人は重大な火傷で済み，死亡するには至らなかったのである。

（2）被告人は現在に至るも，羽山通子の善意を信じていて，被告人を放火犯人にデッチ上げ，その上殺害しようとしたのが本心であるとは思ってもいない。

その上，羽山通子の放火の現場に居たことを公表すると，被告人が放火犯とされるとの言を信じて，自転車による自宅前での火傷を自己の下肢火傷の原因としている。

３　被告人は，放火により殺害を受けるおそれもあった

（１）しかし，被告人が完黙せず，羽山宅で火傷した事実を全て明らかにすると，以下のようになると推測される。

被告人は，家の持主羽山通子の依頼で，羽山通子が持って出る予定の宝石を持ち出すために羽山宅に入り，宝石を持って玄関から出ようとしたとき，爆風で玄関のサッシ・ガラス戸等が内側に吹き飛び，その爆風で，被告人は下肢に大ヤケドを負い，その後，乗って来た自動車を運転して帰宅し，帰宅後，午後９時頃，羽山通子と電話中に被告人は失神し，翌日から３月７日ごろまで中江外科病院へ，さらに転医して前田外科病院へ転院した。

以上によれば，被告人は放火が発生する時刻とは知らずに，羽山宅に依頼を受けて，羽山通子の遺留物を取りに入っていたのであり，さらには放火により殺害を受けるおそれもあったのである。

（２）以上の事故による損害について，被告人はしかるべき保険請求の手続きを本来適正・適法にすることが出来る。本件判示の如く，自宅前の細い通路で家族がするバーベキューの火の中に突込んだとする極めて虚偽見え見えの火傷原因で，違法な請求をする必要は全くない。

なお，原判示，罪となるべき事実第３の２については，仮に被告人が過剰な請求をしたとしても，過剰請求で保険会社から支払を拒否されるだけで，詐欺未遂罪になるわけでは無い。

問題は，被告人としては，以上のような正当な手続きを取るべきであったのに，なぜ取らなかったのか，である。

第５ 何が何でも被告人を黙秘させたかった警察

１　被告人が真実を供述すると，どうなるのか

（１）被告人の平成８年２月１３日の火傷（原判示罪となるべき事実第３の１）ついて，判示は自宅前のバーベキューの火の中に，被告人が誤って，自転車で倒れ込んだとするが，真実は，羽山通子宅で火災に巻き込まれた火傷であった。

（２）羽山通子宅で火災に巻き込まれたと，被告人が真実を供述すると，どうなるのか。

警察は，羽山通子を取り調べる必要に迫られる。

警察は，羽山通子の自宅放火，被告人に対する放火犯のなすりつけ，被告人の殺害未遂について，羽山通子を追及する。

そうすると，羽山通子は，警察官の多数への相当額の金品の贈与の事実を暴露する。

これは，羽山通子の自宅放火・火災保険金詐欺以上のマスコミの関心事である警察官の贈収賄事件と発展することは必至である。

２　警察スキャンダルの発生を警察において止める方法

（１）この警察スキャンダルの発生を警察において止める方法としては，どのような手段があるのか。

その方法は，被告人に平成８年２月１３日の被告人の火傷の原因を争わないことにさせることである。そして，羽山通子に対する本格的な取調べをしない代わりに，羽山通子に警察官多数に対する贈収賄の主張をさせないことにして，一大警察スキャンダルの発生を未然に防止することである。

（２）以上のため，被告人に完黙させたのである。警察の自己の利益を守るためには，事件の真実が大きく曲げられることなど全く厭わない。

この情況を知らずに刑事弁護は出来ないのである。

第６ 弁護人による被告人との公訴事実の綿密な打合せの欠如

１ 羽山通子による被告人を羽山宅放火犯に仕立て上げる工作

（１）羽山通子は，平成８年の初め頃から，通子，被告人，園村夫婦の４人で，羽山宅の放火及び火災保険金詐欺の密談を交わしていた。

羽山宅は，故人である通子の夫が暴力団員として，園部地域開発の会社から，住民の立退き等の協力金の替りにもらった家で，夫の死亡後不要であること。

放火行為の実行犯は，夫の元部下のヤクザのチンピラにさせること。

実行行為は，平成８年２月１４日とし，この日に羽山通子，被告人，園村夫婦はアリバイのためオーストラリアに旅行すること。

以上のような打合せを重ねていた。

（２）羽山通子，被告人，園村夫婦の打合せによる，羽山通子宅の放火の実行行為の予定は，平成８年２月１４日であった。その１日前，着付教室に居た羽山通子から，宝石類を持出すことを忘れたので取りに行って欲しい，と被告人は羽山通子から連絡を受けた。取りに行った被告人は放火に巻き込まれて，下肢に大ヤケドを負った。羽山通子の放火の実行は，平成８年２月１４日ではなく，１３日である。

（3）以上の事実を冷静に第三者的に理解すると，羽山通子は，元々，放火を２月１４日ではなく，２月１３日に実行しようと考えていた。宝石類の持ち出しを忘れるということはあり得ない。あくまでも被告人を放火の時刻に羽山宅に居させる手段である。羽山宅について，不要になった住宅を羽山通子が放火するおそれがあることは，通常考えられるので，羽山通子としては，第三者が放火した工作をする必要があった。被告人を放火の現場に居させ，被告人を火災で死亡させ，「死人に口無し」として，被告人を羽山宅の放火犯に仕立て上げる必要があったのである。

２ 弁護人と被告人との事件の打合せの欠如

（1）弁護人が被告人と被告人のヤケドの経緯について，綿密な打合せをすれば，被告人のヤケドの原因の真実を知ることが出来る。そうすると，羽山通子による被告人を羽山宅放火の犯人に仕立て上げようとする工作も知ることが出来たはずである。

何よりも，被告人方，前庭でバーベキューをする十分な空間があるのに，門を出て，家の前の狭い通路で家族がバーベキューをするということは，それ自体不自然極まりない。

（2）被告人宅を下見し，被告人との打合せをしておれば，被告人のヤケドの原因が，家の前における家族のバーベキューの火に被告人が自転車で過って突込んだ為，ということが虚偽であることはすぐに明らかになる。

この点について，家族に聞き合わすと，現実に存在しない虚偽の事実であるので，家族の供述が一致しないことは明らかである。

（3）被告人のヤケドについて，被告人が自転車で過って家族がしていた家の前のバーベキューの火に突込んだ，といった見えすいた虚偽の事実について，弁護人はなぜ被告人に確かめることもなく，争いのない事実として同意したのか。

（4）被告人は，原判示罪となるべき事実の第１「和歌山カレー事件」について否認している。

原判決は「和歌山カレー事件」の事実を，被告人の犯行と認定はするが，どうにも動機を認定することが出来ない（原判示８８１頁，８８５頁，８９３（２ヶ所）頁，９００頁，９０１頁）。

３ 原判決が類似事件を重視している点について

（1）そこで，原判決が取った態度は，類似事件を被告人が多数犯していることを挙げることである。原判決にとって，類似事件はこのように大切な事実なのである。このことを弁護人は知らないはずはない。
それにもかかわらず，なぜ弁護人は被告人との十分な打合せもせず，十分に確かめずに，成立に争いがないとして，犯罪成立に同意したのか，全く不可解というより外ない。

（2）原判決が類似事件を重視している点について，この点は先に詳述した通りである。再度論ずると以下のとおりである。

① 原判決　８６６頁
カレー毒物混入事件以外の被告人が犯人であると，検察官が主張する事実関係は，いずれも保険金目的で，砒素や睡眠薬を被害者に摂取させ，それに基づいて死亡，あるいは疾病にり患させたというものであって，特徴的な犯行態様の類似性から，相互に補充し合う関係にあたるといえる。

② 原判決　８９２頁
被告人は，現に保険金取得目的で，カレー毒物混入事件発生前の約１年半の間，４回も人に対して，砒素を使用しており，この事実は，通常の社会生活において，存在自体極めて稀少である猛毒の砒素を人を殺害する道具として使っていたという点で，被告人以外の事件関係者には認められない特徴であって，カレー毒物混入事件における，被告人の犯人性を肯定する重要な間接事実といえる。

③ 原判決　８９３頁
この金銭目的での４回の砒素使用や，その他の２件の睡眠薬使用という事実は，人の命を奪ってはならないという，規範意識や人に対して砒素を使うことへの抵抗感がかなり薄らいでいたことの表れととらえることができる。
このような多くの間接事実を総合すると，被告人は東カレー鍋の中に，亜砒酸を混入したものであるということが，極めて高い蓋然性をもって推認することができる。

４ 類似事件が持つ重大な影響

このように，類似事件は，その争い方，裁判所の認定のいかんによって，本件「和歌山カレー事件」の裁判の全体の帰趨に重大な影響をもたらす。
本件再審申立パートⅢで主張する「やびつ荘事件」「被告人火傷事件」「健治高度障害事件」は，その意味において「和歌山カレー事件」の全体を左右する最も重大事件といっても良い。

5　被告人の保険金請求申立は，ほとんどあり得ない態様である

この「被告人火傷事件」は，被告人の保険金請求申立は，あまりにも不自然な場所における火傷の事実と，自転車の運転を過まるというほとんどあり得ない態様である。関係者の供述を集めると，虚偽であることが直ちに明らかになる事実である。

このような虚偽が明らかな事実について，弁護人はなぜ成立を争わないとして，犯罪の成立に同意したのか。

弁護人において，被告人と綿密に事件の打合せをし，被告人の下肢のヤケドの原因が，羽山宅に宝石を持ち出しに行って，火災に遭ったことであると聞き出せば，羽山通子による被告人を羽山宅の放火犯の犯人に仕立て上げる工作を察知することができる。

そして、被告人に注意して，被告人にヤケドの真実を供述させて，それによる正当な保険金請求の仕方を教え，起訴されている自宅前のバーベキューの火の中に自転車で倒れ込んだという虚偽の保険金請求を止めさせることが出来たのである。このようなことをすることが真の弁護活動である。

弁護人の問題点については，後にまとめて詳論することにしたい。

第３章　「やびつ荘事件」について

１ 原判決の認定

原判決罪となるべき事実　第２において，「やびつ荘事件」について，以下のように判示する。

被告人は夫である林健治と共謀のうえ，自動車総合保険契約に基づいて，入院保険金及び後遺障害保険金等を詐取しようと企て，健治は，真実は有田市の観光旅館「やびつ荘」２階便所で転倒して，右膝蓋骨骨折をしたのに，善明寺の路上で原動機付自転車（単車）で転倒して負傷したとして，平成５年５月１８日から同年９月１３日まで入院したことにし，入院保険金及び後遺障害保険金等２，０５２万円を詐取した，というものである。

２ 健治の右膝蓋骨骨折の経緯は真実ではない

（1）平成５年５月１８日ごろ，有田市の観光旅館「やびつ荘」に健治は宿泊していた。被告人の父の死亡の件で，有田市の「やびつ荘」に宿泊していたのである。

やびつ荘の経営者は，有田市の市会議員で自民党の有力者である。被告人の母のイトコでもある。このやびつ荘の経営者と健治は共謀して，やびつ荘のトイレで転倒したことにして，有田市の市立病院に入院した。有田市の有力市会議員であるやびつ荘の経営者の紹介であるので，簡単に入院できる。そこから和歌山市の前田外科へ健治は転医した。前田外科の入院中に，健治は右膝を自分でたたいて，右膝蓋骨骨折をした。そして入院を同年９月１３日まで続け，保険金を請求した。泉克典を付添人にしていた。付添人付きで，前田外科からの要請であるので，診断書は簡単に出してもらえる。それで保険金を受領したのである。

（2）被告人は，健治の保険金請求について何の関与もしていない。いきさつからも，被告人が右膝蓋骨骨折に関与できることでもない。また，健治のする保険金詐欺に積極的に関与する意思は毛頭無いのが，被告人の生き方そのものである。

（3）この「やびつ荘事件」は「和歌山カレー事件」から５年以上以前に生起している事件である。事案として，関係者に対する聞き合せ，２つの病院のカルテ等で，簡単に起訴するか，不起訴を決定できた事件である。それがなぜ５年間も未処理で存続してきたのか。

弁護人はまず，この５年間の経過に注目して，簡単に成立を争わないという同意事件として処理すべきでは無い。

何よりも事案として不自然過ぎる。体のどこ（例えば顔，頭，手）もケガをせずに，右膝蓋骨骨折だけをするということがあり得るか，ということである。このような不自然な事件について，健治以外の関係者に聞き合わせをすれば，真実は立ち所に明らかになるはずである。

この事件においても，被告人，健治との十分な打合せが必要・不可欠である。

（4）何度もくり返すように，裁判所は「和歌山カレー事件」の認定のために，同種事件が喉から手が出るほど欲しいのである。まして，同種事件で成立を争わない事件ほどありがたい事件は無い。弁護人としても，その程度のことを察知すべきことは，弁護の第一歩というべきことである。

その点からも，被告人との打合せを密にして，疎漏ない対応をしなければならない。被告人は５年も前に，いわば健治が勝手にやったような事件に，共謀したとして同意するような，自主性の欠如した人物ではない。弁護人としては，何よりも被告人との打合せが要請される事件である。

第４章　「健治高度障害事件」について

第１　原判決の認定

１　原判決の罪となるべき事実第５において「健治高度障害事件」について，以下のように判示する。

被告人は健治と共謀の上，平成９年１１月６日ころから同年１２月５日ころまでの間，明治生命和歌山支社等に，真実は，林健治が保険契約約款に規定する高度障害状態ではないのに，両上下肢ともその用を全く永久に失った等の，高度障害状態であるかのように装い，「慢性炎症性脱髄性多発神経炎にり患したことにより，上下肢筋力がほとんど存せず，食事も自力で摂取することが不可能である等の四肢運動障害及び知覚障害が高度に残存し，介護者が必要である」旨の，医師田中尚作成の内容虚偽の障害診断書等を提出するなどして，高度障害保険金の支払いを請求して，合計金１億３，７００万円強を詐取したというものである。

２　なお原判決６４５頁以下によると，健治は平成９年２月ごろ，中江病院に入院していたが，４月に近大病院へ転院した。医者等に送り届等をくり返し，７月１７日に整形外科の担当医に，身体障害者診断書を書かせることに成功した。退院後の９月９日には，「退院後動けなくなった。」と言って動けないふりをして，主治医であった医師に，高度障害保険金取得に必須な障害診断書の作成を要求し，９月１６日付けで，「上下肢筋力ほとんど存せず，食事も自力でできない等の，四肢の運動障害及び知覚障害が高度に残存し，介護者が必要である」旨の内容虚偽の障害診断書を作成させた。

被告人らは，この内容虚偽の障害診断書を添付して，前記保険会社に高度障害保険金を請求し，合計１億３７６８万００９６円を詐取した。と判示する。

３　原判決は，「健治高度障害事件」の保険金詐欺の動機を殆んど判示していない。

真実の動機は以下のとおりである。

平成８年１０月１１日ごろ，被告人の実母エイ子さんが死亡し，生命保険金１億４，０００万円近くが降りた。保険金全額は被告人が取得した。その内の１億２，０００万円近くを健治が，泉克典，土井武弘と一緒に競輪等で使ってしまった。
怒った被告人が，離婚すると宣言したため，健治は，自分で取り返すといって，高度障害保険金を詐取したものである。

このようないきさつや動機から，被告人が健治と共謀して，高度障害保険金を搾取することはあり得ない。

４　「健治高度障害事件」は，平成８年１０月１１日死亡した被告人の実母エイ子さんの生命保険金１億４，０００万円のうち，健治が１億２，０００万円近くを競輪等で使ってしまい，離婚問題が生じ，健治が１億２，０００万円近くを取り戻すために犯した保険金詐欺事件である。

いきさつや動機から，被告人が健治と共謀することはあり得ない。

ところが，判示では，被告人が成立を争わない同意事件として扱われている。

弁護人は，被告人と事件について打合せをしたのか，どのような打合せをしたのか。

弁護人の問題点については，後に章を改めて詳論することにしたい。

第５章　被告人が成立を争わない保険金搾取事件と原審が認定する事実の小括

第１　原判決の判示

１　原判決は，６３６頁から６４６頁において，被告人が詐欺の成立を争わない３件の保険金詐取（判示　罪となるべき事実　第２＜以下「やびつ荘事件」という＞，判示同第３＜以下「被告人火傷事件」という＞，及び判示同第５＜以下「健治高度障害事件」という＞の各事実）の状況について概観する。として，３事件について判示する。

２　まず「やびつ荘事件」について（原判示６３６頁），原判決は，（１）健治の保険契約の加入状況として，８件の保険加入状況を判示する。（２）次に事故状況及び保険金詐取状況として，先に本件再審申立パートⅢの罪となるべき事実で判示したと同じ事実を判示する。

３　次に「被告人火傷事件」について（原判示６３９頁），（１）被告人の保険契約の加入状況について，４件の加入状況を判示する。（２）事故状況及び保険金詐取状況として，罪となるべき事実で判示したと同じ事実を判示する。

４　最後に「健治高度障害事件」について，（１）健治の保険契約の加入状況として，４件の保険の加入状況を判示する。（２）症状及び保険金詐取状況として，罪となるべき事実で判示したと同じ事実を判示する。

第２「やびつ荘事件」「被告人火傷事件」「健治高度障害事件」の真実と，被告人は無罪であること

１「やびつ荘事件」について

真実は，健治はやびつ荘の経営者と共謀して，やびつ荘で転んで右膝蓋骨骨折をしたことにし，有田市市民病院に入院し，さらに和歌山市内の前田外科に転院して，ここで自分で右膝蓋骨をたたき割り，しかも，単車の転倒事故で受傷したとして保険金２，０００万円強を詐取したものである。

被告人は，健治の自己受傷や単車の転倒事故，保険金請求に一切関与していない。被告人は無罪である。

２ 「被告人火傷事件」について

被告人は，自宅前で家族がバーベキューをしている火の中に，自転車で帰って来て，運転を誤り転倒し，大鍋の湯をかぶり，両下肢に大ヤケドを負ったとして，保険金請求をしたと，罪となるべき事実ではされているが，真実は，平成８年２月１３日羽山通子に，自宅に忘れた宝石類を取って来て欲しいと依頼され，羽山宅で宝石を持ち出し中に火災に巻き込まれ，両下肢に大ヤケドを負ったもので，真実を述べれば，交通事故を偽装する必要もなく，しかるべき正当な保険金を取得できる事案である。被告人は無罪である。

３ 「健治高度障害事件」について

原判決は，詳しいいきさつ，経緯，動機を判示していないが，真実の「健治高度障害事件」の経緯，動機は次の通りである。平成８年１０月１１日，被告人の実母エイ子が死亡し，生命保険金１億４，０００万円近くを，被告人は受け取った。その内１億２，０００万円近くを健治が競輪等ギャンブルで使ってしまった。被告人が離婚を健治に申し渡したことから，健治は１億２，０００万円を取り戻すといって，原判示の罪となるべき事実同様の犯行に及んだのである。

本件の経緯，いきさつ，動機から，被告人は，健治の犯行に全く関与しておらず，被告人は無罪である。

第３ 「やびつ荘事件」「被告人火傷事件」「健治高度障害事件」について，なぜ弁護人は，成立を争わないとして犯行を認める弁護活動をしたのか

１ 本件起訴事件全体の構成

（１）本件起訴事件全体の構成は，以下のとおりである。罪となるべき事実の第１，「和歌山カレー事件」，同第２「やびつ荘事件」，同第３の「被告人火傷事件１，２」，同第４「くず湯事件」，同第５「健治高度障害事件」，同第６の１「牛丼事件」，２「睡眠薬事件」，３「うどん事件」である。

（２）再審申立パートⅠは，罪となるべき事実の第１，同パートⅡは，同第４，第６の１，２，３，同パートⅢは，同第２，第３，第５である。

（３）再審申立パートⅢは，争う事件，同パートⅢは，原判決において被告人が成立を争わない事件と認定されている事件についての再審申立である。

弁護人において，再審申立パートⅡと同パートⅢは，どのような区別から争う事件と，争わない事件とに区分けして分けたのか。
考えられるパートⅡとパートⅢでは，以下の違いがある。
パートⅡの４事件は，いずれも泉克典の供述だけで認定できる。比較的単純な事件である。被告人が争っても，捜査，立証に大きな負担となることは無い。従って，被告人がパートⅠの「和歌山カレー事件」を争う以上，当然にパートⅡの４事件も争われた方が良い。
パートⅢの３事件は，パートⅡの４事件よりも，もっと複雑である。これを被告人に争われると，捜査，立証に相当の力を注ぐ必要がある。万が一，パートⅢの３事件のうち一つでも無罪になれば，「和歌山カレー事件」の突破口になりかねない。

２ 弁護団の「和歌山カレー事件」弁護の基本方針

（１）弁護団が通常囚われる意識は，以下のようなものである。
「日本中が『和歌山カレー事件』でわきかえっているとき，これを無罪にするような裁判官が居るとは考えられない」。そこで，「必要以上に争うことは止め，争わなくても済む事件は争わず認めていく，捜査側の意向も十分に配慮する」という方針になる。
そこで，比較的簡単なパートⅡの４事件については争い，複雑なパートⅢの３事件は認める，つまり争わないという弁護方針となる。

（２）問題は，弁護団の以上のような決定に当たって，パートⅢの事件について，被告人と十分な打合せを重ねた上での決定か否かということである。
何よりも，被告人は，捜査の始めから裁判の第一審の全部を通じて完全黙秘（完黙）している。
この被告人の完黙の動機，即ち，自主的な完黙か，誰か第三者の勧めによる完黙か，この点の確かめを，弁護人としては何よりも先に被告人から問いただしておく必要がある。
しかるに，本件被告人の完黙について，それが捜査側（警察官２名）の勧めによるものであることさえ，弁護人は確認していない。そのような状況で真の弁護活動が出来るはずが無い。

（３）完黙を捜査側が被告人に勧めた結果であることを，被告人から弁護人が聞き出せておればどうなったか。
まず弁護団（弁護人）として，被告人に完黙させることによって，捜査側にどのような利得があるか検討することになると考えられる。
　捜査側が被告人に勧めて，被告人に完黙させることにしたことを弁護人は知ることによって，いままで以上に，捜査側の行為に警戒をすることを強めることになる。

そうすると，「くず湯事件」「牛丼事件」「睡眠薬事件」「うどん事件」について，捜査・検察側は，泉克典の供述だけで立証しようとしていることについて，弁護人としては，根本的な疑問を持つべきことにならなければならない。確かに被害者は泉克典である。しかし，被害者の供述だけで，すべてを認定して良いのかという疑問が弁護人に沸かなければならない。

泉克典は，捜査側の誘導尋問に乗って，捜査側の意図する道理に従って供述しているのではないかという疑問が真っ先に生じる。

次に，なぜ泉克典は，捜査側の誘導尋問に応じ易いのかという疑問が生じ，泉克典の７つの人格特性の検討の必要性が生じる。それと同時に，泉克典自身がヒ素を自己使用しているのではないかという疑問が生じ，泉克典の自己のヒ素使用を他人に転化しているのが「牛丼事件」「うどん事件」で，さらに「睡眠薬事件」となっているのではないか，という疑問が生じる。それぞれを追及していけば，「くず湯事件」「牛丼事件」「うどん事件」「睡眠薬事件」について，被告人は無罪とならざるを得なくなるのである。

そうすると，泉克典の供述の一つ一つについて，被告人と綿密に打合せて，それを確かめていくという作業に行きつくはずである。そうなると，「くず湯事件」「牛丼事件」「睡眠薬事件」「うどん事件」の公判は，現に行われた公判とは全く異なる公判になり，すんなり，この４件の犯行が認定されるということは，あり得ないはずである。

またパートⅢの「やびつ荘事件」「被告人火傷事件」「健治高度障害事件」についても，これを成立に争いのない事件，認める事件として扱うことはあり得ないことになる。

第４　「和歌山カレー事件」及び関連７事件について，最重要論点は，捜査側において，被告人に対し，完黙をさせたことにある

１　成立を認めてはいけない事件の成立を認める弁護活動

「被告人火傷事件」は被告人宅の前庭で十分バーベキュー等は出来るのに，家の前の細い通路でバーベキューを家族でするという，あり得ない事故態様で，そのことにさえ弁護活動は疑問を持っておらず，まして火傷の真実など追及にも及んでいない。この火傷事件の真実を知れば，「被告人火傷事件」「やびつ荘事件」「健治高度障害事件」の成立を争わず認める事件とするなどの弁護活動はあり得ない。

２　先にも論じたように，裁判所は類似事件の成立が喉から手が出るほど欲しがっているのである

「和歌山カレー事件」の認定のためには，被告人による類似事件の成立が判決上必要不可欠である。

被告人による類似事件の犯行が「和歌山カレー事件」の認定にとって欲しくてたまらない状況にある捜査，訴追，裁判に対して，ほんの少し注意を払って調べれば無罪であることが明らかなこの「被告人火傷事件」の成立が怪しいと解れば，次に「やびつ荘事件」「健治高度障害事件」も注意して調べることとなり，いずれも成立が怪しいことが判明する。

このような明らかに成立が怪しく，無罪である「被告人火傷事件」「やびつ荘事件」「健治高度障害事件」を調べもせずに，被告人の犯行であるとして成立を争わず，同意する弁護団の弁護活動は，背信，背任の極みであるといっても過言では無い。

「和歌山カレー事件」及びその余の一連の被告人の犯行とされている保険金詐欺事件，ヒ素使用の殺人未遂事件は，このように弁護団の背信，背任の弁護活動で，被告人の犯行と裁判上認定された事件ばかりである。

第５ 被告人の黙秘の原因は，捜査側が被告人に黙秘を勧めたこと

１ 捜査側が被告人に黙秘を勧めるということは考えられないことなのか

本件の被告人の黙秘は，捜査側（取調べに当った２名の警察官）の勧めで，被告人が完全黙秘（完黙）したことによる。

一昔前までは，被告人の権利である，黙秘権を捜査側が逆用して，捜査側が被告人に黙秘を勧めるということは考えられないことであった。

しかし，本件において，捜査，訴追側は，一つは泉克典の供述だけで「くず湯事件」「牛丼事件」「うどん事件」「睡眠薬事件」を認定するため，泉克典が捜査官の誘導通りの供述をしても，被告人の追及を受けないことを泉克典に納得させるため，二つ目は，羽山通子宅の火災で火傷を負った被告人に，その火災の真の原因を供述されると，羽山通子を取調べ，羽山通子から多くの警察官に金品が贈与されている贈収賄事件が発覚することになるので，被告人に自己の火傷の真の原因を供述させないため，三つ目は，保険金詐欺に関連して，医者の診断書の乱発の裏事情，保険金勧誘に関する生命保険外交員の不正の裏事情，その他和歌山県の自由民主党の裏事情に，被告人が詳しく，被告人の自由な供述を許せば，それらの裏事情が明らかになり，最終的には，取り締まるべき警察の職務怠慢にまで発展しかねないこと，これら三事情のため，捜査側としては，被告人を完黙させた方が，捜査側の利得が大であると考慮したであろうことが優に推測される。

２ 冤罪の発生の仕方，捜査のやり方の変化

警察等の捜査官が，法律違反の正当な捜査だけの時代から，本件捜査のような，非常に柔軟性に富んだ多様な捜査が展開される時代になってくると，これに対応する刑事弁護も多様性，柔軟性が要求される。例えば，黙秘権は被告人の権利であるので，それを行使するのは，被告人の自主的な意識によるものか，弁護人の勧めによる行使である，といった杓子定規な発想だけでは，対応できない時代である。

本件のように，捜査側が被告人に，黙秘を勧める場合もあるのである。

３ 弁護のあり方が変ったこと

これまでの日本の刑事弁護のあり方は，捜査側の出方に対応して，それに対処する，いわば「受容的勤勉性」が求められ，そのような対応で事足りていた。

心理学一般に日本人の性格特性といわれる「受容的勤勉性」を刑事弁護に転化した弁護活動で事足りていたのである。心理学でいわれる，アメリカ人の性格特性である「自主選好性」による刑事弁護までは望まれていなかった。

ところが，本件刑事弁護では「受容的勤勉性」では全く役に立たず，　「自主選好性」的弁護活動でなければならないことが明らかとなった。

４ 「自主選好性」的弁護活動では次のようになる。

再審申立パートⅠでは，なぜ解剖結果，死亡診断書，死体検案書が証拠として提出されないのか，釈明要求をする。なぜ担当医師の検面調書を解剖結果，死亡診断書，死体検案書の代わりに提出するのか，釈明要求をする。なぜ死亡した谷中自治会長や田中副会長の身辺の十分の捜査をしないのか，釈明要求をする。

再審申立パートⅡでは，泉克典の極めて捜査官に迎合し易く，捜査官の誘導を容易に受け入れ，極めて虚偽供述をし易い，７つの人格特性について，なぜ検察官は証拠調べを請求せず，裁判所も職権で持って証拠調べをしないのか，検察，裁判所に釈明要求をする。

とくに泉克典の人格特性のうち，（カ）の秘匿特性（泉克典のヒ素自己使用），（キ）の社会的特性（要庇護性）（泉克典を高野山に僧侶として送り込み，その後現在まで２０余年間警察官の衣類を専門に洗濯するクリーニング店員に仕立てて，監視を続けていること）について，証拠調べをしないのか，釈明要求をする。

再審申立パートⅢでは，特に「被告人火傷事件」について，家族でバーベキューをするとしてはあり得ない場所において，バーベキューをしている火の中に自転車を突込んで大ヤケドをしたという，あり得ない態様の火傷の事実について，真実の火傷の原因を確かめない弁護人の弁護活動に，まず重大な弁護の背信性，背任性があるが，これを置いても裁判所として，あり得ない火傷の原因を放置した裁判をすることは，裁判所としての任務違反（刑事訴訟法第一条）も甚だしい。これらを釈明追及する義務が弁護人には有る。

再審申立パートⅡ，Ⅲを通じて，捜査側は，被告人を捜査の当初から黙秘させているが，なぜ捜査側が被告人（被疑者）を黙秘させたかを追及する。
このように，冤罪の発生の仕方，捜査のやり方が変化していることから，今や弁護活動の主流は，従来の「受容的勤勉性」から，新たに「自主選好性」に変わっているのである。

5　本件弁護活動の背信性，背任性

このような弁護活動の変移に対応仕切れていないのが，「和歌山カレー事件」の弁護のあり方である。その結果，弁護活動の背信性，背任性が生じているのである。
このような弁護団の本件弁護活動の背信性，背任性は重大である。真に誠実な弁護活動をしておれば，背信性，背任性に陥ることは無い。
弁護団は元々被告人とは信任関係が無い受任関係であった。しかし，受任した以上，背信，背任することは許されない。しかし，この弁護団の背信性，背任性が捜査・訴追機関の意図的な冤罪の成立を助長したことは否定できない。

第6　結論

1　小括

原判決が６３６頁から６４６頁において，「被告人が詐欺の成立を争わない３件の保険金詐取事件」と判示する３事件は，成立を争わない事件ではなく，いずれも無罪である。改めて成立を争い，無罪を主張する。

2　成立を争わない扱いになった，弁護活動の背信，背任性

（1）原判決が成立を争わない３件と称する「やびつ荘事件」「被告人火傷事件」「健治高度障害事件」のうち，特に「被告人火傷事件」については，火傷するにはあまりに

も不自然な場所，あり得ない態様の火傷であり，弁護人において，少し注意し，被告人に聞き正しておれば，真の火傷原因は簡単に明らかになったことである。

真の火傷原因が羽山宅における火災に巻き込まれたことであると判れば，真の火傷原因に基づく，適正適法な保険金請求を被告人に教示することが出来る。そうすると，罪となるべき事実の「被告人火傷事件」は無罪になる。

（２）そして，「やびつ荘事件」「健治高度障害事件」についても，被告人から真の原因を聞き正し，真の原因による「やびつ荘事件」「健治高度障害事件」を主張していれば，罪となるべき事実記載のこの２事件も無罪となることが明らかとなる。

結局，「やびつ荘事件」「被告人火傷事件」「健治高度障害事件」はいずれも無罪である。

（３）本来，明らかに無罪である「やびつ荘事件」「被告人火傷事件」「健治高度障害事件」が，判決書において「成立を争わない事件」として扱われたのは，弁護人の対応の誤りが原因である。弁護人の過失は，重大な弁護の背信性，背任性に該当する。

（４）しかし，裁判所にも，簡単に「成立を争わない事件」として扱ったことに責任が全く無い訳ではない。「被告人火傷事件」は，火傷の原因があまりにも不自然で，あり得ない態様に基づくものである。裁判所は，真実求明義務（刑事訴訟法第一条）から，被告人，弁護人に釈明義務がある。即ち，「被告人火傷事件」について，明らかに裁判所に釈明義務違反がある。裁判所が適正に釈明義務を果たしておれば，「被告人火傷事件」は，火傷の真の原因が明らかとなり，被告人は無罪となっていたはずである。

「被告人火傷事件」が無罪となれば，更に「やびつ荘事件」「健治高度障害事件」もその真の原因が追及され，いずれも無罪になっているはずである。

裁判所の「被告人火傷事件」に対する釈明義務違反は甚大である。

（５）以上のように，原判決が「被告人が詐欺の成立を争わない３件の保険金詐取事件」と判示する３事件は，弁護人の対応の背信性，背任性と裁判所の釈明義務の怠慢で，本来無罪となるべき事件が，「成立を争わない事件」つまり有罪として扱われたものである。

即ち，「やびつ荘事件」「被告人火傷事件」「健治高度障害事件」はいずれも無罪である。

被告人の死刑判決を取り消されたい。

第６章　被告人と弁護人の打合せ

第１　刑事弁護　総論

１ 刑事弁護のニュースソース

刑事弁護のニュースソースは被告人である。

「読書百遍義自ら通ず」という諺がある。

刑事弁護では，「接見百遍義自ら通ず」ということです。無駄と思われる被告人の接見も，何度も何度もくり返し，例え同じ質問でもくり返し尋ねると，意外な方向からの回答が返ってくることがある。本件で，筆者は令和２年９月２３日から令和３年１１月２９日までで３１回被告人の接見に行った。もっと行きたいのだが，埼玉県から大阪市まで簡単に行けない。月２回強の接見が限度で，まだ接見は序の口であるが，まだまだ続く。

何よりも冤罪の被告人は，自分は何も犯していないので何も知らないという返事に終り勝ちである。しかし，いろんな前提を提示して尋ねると答えは必ず返ってくる。

２ 黙秘している被告人との接見

黙秘している被告人との接見は，特に大事である。黙秘しているから何も打合せる必要が無いとして弁護人と被告人の打合せを省略することが往往にしてある。しかしこれは正反対である。

黙秘している被告人との打合せこそ密にし，渡すべき書類も必ず渡さなければならない。

本件の場合，弁護人は，被告人が完全黙秘（完黙）していることを良いことに，打合せや被告人に対する書類の交付にかなりの手抜きがある。

決定的な手抜きは「裁判所が，被告人が成立を争わない事件」と認定した「やびつ荘事件」「被告人火傷事件」「健治高度障害事件」について，被告人と十分な打合せをせずに，これを争わないと扱ったことである。

被告人と十分な打合せをしておれば，あり得ない態様の「被告人火傷事件」の成立を認めるということはない。「被告人火傷事件」が虚偽であることになれば「やびつ荘事件」「健治高度障害事件」にも疑いの目が向き，これらの３事件について，被告人が関与していないことが明らかとなります。弁護人は本来これら３事件の無罪を主張すべきであり，「成立を争わない」という扱いにはしないはずである。

このような弁護人の手抜きは「和歌山カレー事件」にとっては，決定的な背信，背任行為である。

「和歌山カレー事件」において，捜査，訴追側だけなく裁判所においても，被告人が「和歌山カレー事件」の犯行をしたと認定するためには，類似事件の集積しか有効な方法が無い。

よって「やびつ荘事件」「被告人火傷事件」「健治高度障害事件」は，保険金詐欺の類似事件として，「和歌山カレー事件」における被告人の犯行の成否にとって極めて重要な役割を果たすのである。

この３事件が，真実を解明して無罪になるか，犯行の成立を争わず，認める事件になるかは，「和歌山カレー事件」が被告人の犯行によるものか否かにとって決定的であることがお解り頂けたかと思う。

真実は被告人が関与していない３事件を，弁護人が被告人との打合せもせずに，犯行の成立を争わないとして認めたことは，弁護人の背信性，背任性にとっても決定的なことである。

第２ 弁護人が通常なす公判の事前準備

１ 弁護人が通常なす公判の事前準備は何か？

日本評論社刊の公判法大系１の２２４頁，「弁護人の活動」として西垣道夫は以下のとおり論じている。

弁護人が通常なす公判の事前準備としては，一般的・抽象的にいえば，次の八つがある。①事実関係の調査・把握，②検察官手持証拠の閲覧・謄写・検討，③弁護方針の検討・決定，相被告人の弁護人の弁護人との打合せ，④検察官の取調請求予定の証拠に対する同意不同意の別または異議の有無の見込の通知，⑤起訴状の検討，求釈明の準備，⑥意見陳述の準備，⑦立証等の準備－証拠の収集・整理，冒頭陳述の準備，証拠調請求の準備（証拠書類等は検察官に閲覧の機会を与えること，尋問所要事件の見込の連絡等を含む），証人尋問（反対尋問を含む），被告人質問の準備，⑧最終弁論の準備である。

そして，さらに，以上の公判準備活動のうち，刑事訴訟規則は，その１７８条の６第２項３項・１７８条の８において，弁護人が第１回公判期日前になすべき準備として，次のことを規定している。

（イ）被告人その他の関係者に面接する等の方法で事実関係を確認すること。

（ロ）検察官が閲覧の機会を与えた証拠については，同意不同意の別等の見込みを検察官になるべくすみやかに通知すること。

（ハ）弁護人が取調を請求する予定の証拠につき，検察官に閲覧の機会を与えること。

（二）検察官との間で，起訴状の釈明，争点整理をできる限り行なっておくこと。

（ホ）裁判所に証拠調・弁論等の所要見込み時間を連絡すること。

（ヘ）特に争いのない事件の場合の情状証人のように，証人予定者で第１回公判期日に取り調べられる見込みのあるものは，当日在廷させるように努力すること

上記のうち，（ロ）をなすには，当然その証拠を閲覧ないしは謄写し，検討しなければならないし，（ハ）をなすには，その前提としてそもそも証拠の収集が必要である。また（二）を行うには起訴状の検討が当然先行しなければならない。

こうしてみると，規則は，弁護人の公判準備の基本的なことはほとんど規定していることになる。もっとも，刑訴規則の前記条項は，文言から見る限り，集中審理ないしは審理の促進の見地から前記各準備を第１回公判期日に行うべきことを規定したところにその主たる意味があり，弁護人がかかる準備を行うこと自体は当然のことと考えているとも解せられる。

以上のように説示されている。

２ 本件弁護人が行わなかった公判の事前準備

問題は「和歌山カレー事件」の弁護人が，このような一般論として，論じられているような準備活動をしたかどうかである。準備活動を十分に果たしていたならば「被告人火傷事件」のあり得ないバーベキュー現場に自転車で誤って突っ込むということが虚偽の事故原因であったことは，当然に解ったはずである。

羽山通子の平成１０年１０月２０日付員面調書（検甲１０５０）によると，被告人宅は平成７年４月ごろ羽山通子から７，０００万円で買ったものであり，敷地約１１０坪，その上に２階建ての家が建っている。１階の建坪は約４０坪である。したがって約７０坪の前庭部分がある。ここでバーベキューをするのなら自然である。しかし，家の前の細い通路で家族がバーベキューをした。というのである。これはどう見ても不自然で，あり得ない態様である。そのような事さえ，弁護団は事前準備で調べることなく，「被告人火傷事件」について争わず同意した。それも「和歌山カレー事件」を争っている事実にとって，同種の類似事件が喉から手が出るほど欲しい訴追裁判において，成立を争わず同意するということは弁護活動として，被告人に対する背信・背任以外の何ものでもない行為である。

第３　冤罪の仕方，捜査のあり方が変わって来ている

１　黙秘は本来被告人の権利である

黙秘は被告人の権利である。従って，黙秘をするのは本来被告人の自主性によるものか，弁護人の勧めによるものである。

このような杓子定規な黙秘権の理解は，一昔前の理解である。
このような遅れた理解で有効な弁護活動は出来ない。
本件において，驚くべきことに，捜査側が被告人に黙秘（完黙）を勧めている。その状況は以下の通りである。

２ 捜査側が被告人に黙秘させる，その１

本件の「くず湯事件」「牛丼事件」「うどん事件」「睡眠薬事件」については，泉克典の唯一人の供述で４事件を認定するため，泉克典が捜査側の誘導どおりの供述をしても被告人から追及されないことを泉克典に理解させるため，被告人を捜査側の勧めで完黙させた。

３ 捜査側が被告人に黙秘させる，その２

「被告人火傷事件」において，被告人が自己の火傷の真実を述べれば，羽山通子宅の放火について，羽山通子を取り調べなければならなくなり，羽山通子を放火で取り調べると，羽山通子は警察官に対する贈収賄の事実を公表し，一大警察スキャンダルに発展する。これを避けるためには，大元の被告人の火傷について，現在のままに推移させて，被告人に黙秘させる必要がある。そこで警察は，この点からも被告人に完黙を続けさせる。

４ 捜査側が被告人に黙秘させる，その３

生命保険関係における，医者の診断書の乱発の実態は相当ひどい状況にある。依頼者からの付け届けで，どのような診断書でも医者は発行する。そのような診断結書乱発の実態について，被告人は，経歴上，経験上から相当詳しい知識を有している。被告人の自由な供述を許すと，診断書乱発の実態が明らかになり，警察の取り締責任の問題にもなりかねない。
それだけではない。生命保険外交員の，自己の生命保険会社における成績を上げるためのあくどい保険勧誘の仕方も，度を外れた状況にある。被告人は経験上，その実態に詳しい。被告人の自由な供述を許すと，生命保険勧誘のあくどい実態が明らかとなる。この点においても，警察の取締責任の問題になりかねない事実が存する。
以上のような乱れた社会の実態が公になることを防ぐ意味からも，被告人を黙らせる、つまり黙秘させる必要が大である。そこで，警察官が被告人の黙秘を勧めたのである。

5 捜査側が被告人に黙秘させても，捜査側に何らの損失はない。その４

（1）以上，その１〜その３までで明らかなように，捜査側の都合だけを考えて，捜査側は被告人に黙秘させている。被告人が黙秘することによって，捜査側に損失は一切生じない。それどころか，捜査側には，莫大な利得が生じている。

それだけではない。被告人が黙秘（それも完黙）することによって，世論では，被告人にある種の批難が発生することは避けられない。

この点を原判決は，判決書の黙秘の項，判決書９０２頁〜９０６頁で次のように指摘する。　すなわち，原判示９０４頁における次の判示である。

『本件において，被告人が黙秘の態度を貫いたことに対し，一部強い反発が見受けられる。その反発する心情も理解できるところではあるが，前述した黙秘の趣旨，すなわち，法はえん罪という歴史上明らかな悲劇を防ぐために，人類の理性に期待し，あえて社会的には相当と思える感覚を排斥することを要求したという趣旨から考えると，やはり被告人（被疑者）の黙秘に対しては冷静な理性で臨まなければならない。そして被告人（被疑者）の黙秘に対する反発の声は，被告人（被疑者）の供述に依存しない事実認定の手法や証拠法の創設，訴訟手続内外の被害者保護制度の拡充等の方向に向けられていくことを期待したい。』

（2）このように「和歌山カレー事件」では，警察の利益で，被告人に黙秘させているのである。この点を，黙秘権の杓子定規の理解で十分に理解のできない弁護士や法律家のため，本書面では，家具量販店の赤字販売を例に説明する。家具量販店は家具の商売で利益を上げなければならない。赤字で販売したのでは，利益が上がらない。しかし，大きな目でみると，宣伝効果，メーカーからの援助，その他の各種援助金で赤字販売しても利益は上がる。これと同じで，捜査側が被告人に黙秘を勧めるのは，被告人の黙秘により捜査側に補填があるからである。

6「和歌山カレー事件」の弁護のあり方の問題点

（1）以上詳論してきたように，社会の実態は，相当乱れたものになっている。そこでまた捜査の仕方も，従来通りの捜査の仕方をしていては勤まらない。このような捜査の仕方の変移に対応して，刑事弁護のあり方も大きく変わらざるを得ない。

しかし，「和歌山カレー事件」の弁護のあり方については，その捜査の変移に対応できていないところが，弁護の背信性，背信性として露呈しているのである。

（2）社会の乱れに対応した捜査の変移は，これは是認すべきものといえる。

ところが，本件捜査は，社会の乱れに対応した捜査の変移では無く，捜査側自らが，真犯人の追及を止めて，明らかに関係の無い被告人を犯人に仕立て上げたというものである。即ち，捜査の乱れ，捜査の不正が冤罪の原因となった事件なのである。

社会の乱れと，同様に，捜査まで乱れてしまったのである。

社会の乱れを取り締まるべき捜査が，社会の乱れと同様の乱れに陥ってしまったのである。

（3）以下では，社会の乱れに対して，捜査が変移して来たこと，従って，捜査の変移に対応して，弁護活動のあり方にも変化が求められていること，そのような弁護活動の変化をしておれば，本件のような乱れた捜査にも対応できることを論及していく。

第４　刑事弁護のあり方における「受容的勤勉性」から「自主選好性」への変化

１　受容的勤勉性

「受容的勤勉性」とは心理学で，日本人の性格特性といわれるもので，これを刑事弁護に転化した形で，従前の刑事弁護の本質の表示するものである。心理学で，アメリカ人の性格特性を表わす表現として「自主選好性」といわれるが，捜査の変移に対応する刑事弁護の本質を表す表示として使用する。

刑事弁護は受容的なものから，自主選好的な積極的，自主的に戦い方を選好するものに変わってきている。

２　自主選好性

（1）先に弁護人が通常する事前準備で詳論したように，従前の刑事弁護は，捜査及び訴追機関の対応に応じて，いわば受動的・受容的に異議を申立てたり，取消を申立てる準抗告をするなど，怠ることなく勤勉に対応しておれば，事が済む弁護活動であった。

そのような意味において，従前の刑事弁護活動は「受容的勤勉性」が求められていた活動であったといえる。

（2）しかし，警察等の捜査官が法律違反の正当な捜査だけの時代から，本件捜査のような，良くいえば，非常に柔軟性に富んだ，多様な捜査が，悪くいえば，本来しなければならない捜査を全くしない捜査が展開される時代になってくると，これに対する刑事弁護にも，多様性，柔軟性，自主的積極性が要求される。すなわち「自主選好性」が求められるようになる。

捜査，訴追機関の出方を待って，それに対応していれば良かった刑事弁護から捜査・訴追機関に，本来やるべき捜査・訴追の怠慢を指摘し，正当に行わしめるべき活動が要求されている。積極的な，自主選好的な弁護活動が求められるようになってきているのである。

第５　弁護活動の「受容的勤勉性」から「自主選好性」への変化と「和歌山カレー事件」でしなければならない弁護活動

１ 捜査機関による被告人の黙秘に対する弁護活動

（１）「和歌山カレー事件」の捜査の一大特徴の一つは，被告人の権利である黙秘権を，捜査機関が被告人に勧めて，被告人を完全黙秘（完黙）させるということであった。

捜査機関にとって，被告人が完黙することに多大の利益を有することを検討する。

（２）その前に，弁護団としては，被告人が捜査の当初から第一審を通じて完黙しているが，その原因は，被告人の自主性によるものか，捜査側の勧めによるものかをまず，調査，被告人との打合せによって，十分に把握しておかなければならない。

全く情けないことに，「和歌山カレー事件」の弁護団は，被告人の完黙の原因が，捜査側の勧めによることさえ全く知らずに弁護活動をしている。このような弁護活動の初歩の初歩さえ全く履行していない。これでは弁護団ではなく，先に論じたように第二検察である。

このような弁護は，被告人の権利である黙秘権も，捜査側にとって，被告人が黙秘した方が捜査側に利得をもたらすと判断されると，被告人に捜査側が進んで黙秘を勧めることを知らなければならない。

以上は，ともかく，「和歌山カレー事件」において，捜査側が被告人に黙秘を勧めているその情況の検討を以下においてしたい。

２ 捜査側が被告人に黙秘を勧めているその情況の検討

（１）捜査側が被告人に黙秘させる，その１

本件の「くず湯事件」「牛丼事件」「うどん事件」「睡眠薬事件」について，泉克典の唯一人の供述で４事件を認定するため，泉克典が捜査側の誘導通りの供述をしても被告人から追及されないことを泉克典に理解させるため，被告人を捜査側の勧めで完黙させた。

（２）捜査側が被告人に黙秘させる，その２

「被告人火傷事件」において，被告人が自己の火傷の真実を述べれば，羽山通子宅の放火について，羽山通子を取調べなければならなくなり，羽山通子を放火で取り調べると，羽山通子は警察官に対する贈収賄の事実を公表し，一大警察スキャンダルに発展する。これを避けるためには，大元の被告人の火傷について，現在のままに推移させて，被告人に黙秘させる必要がある。そこで警察は，この点からも被告人に完黙を続けさせる。

（３）捜査側が被告人に黙秘させる，その３

生命保険関係における，医者の診断書の乱発の実態は相当ひどい状況にある。依頼者からの付け届で，どのような診断書でも医者は発行する。そのような診断書乱発の実態について，被告人は，経歴上，経験上から相当詳しい知識を有している。被告人の自由な供述を許すと，診断書乱発の実態が明らかになり，警察の取締責任の問題にもなりかねない。

それだけではない。生命保険勧誘の生命保険外交員の自己の生命保険会社における，成績を上げるための悪どい勧誘の仕方にも，度を外れた状況にある。被告人は経験上，その実態に詳しい。被告人の自由な供述を許すと，生命保険勧誘の悪どい実態が明らかとなる。この点においても，警察の取締責任の問題になりかねない事実が存する。

以上のような，乱れた社会の実態が公になることを防ぐ意味からも，被告人を黙らせる。つまり黙秘させる必要が大である。そこで，警察官が被告人の黙秘を勧めたのである。

（４）捜査側が被告人に黙秘させても，黙秘している被告人にある種の批難があるが，捜査側に何らかの損失は無い，その４。

以上，その１～その３までであきらかなように，捜査側の都合だけを考えて，捜査側は被告人に黙秘させている。被告人が黙秘することによって，捜査側には損失は一切生じない。それどころか，捜査側には，甚大な利得が生じている。

（５）それだけではない。被告人が黙秘（それも完黙）することによって，世論では，被告人にある種の批難が発生することは避けられない。

この点を原判決は，判決書の黙秘の項，判決書９０２頁～９０６頁で次のように指摘する。

すなわち，原判決９０４頁における次の判示である。

『本件において，被告人が黙秘の態度を貫いたことに対し，一部強い反発が見受けられる。その反発する心情も理解できるところではあるが，前述した黙秘権の趣旨，すなわち，法は，えん罪という歴史上明らかな悲劇を防ぐために，人類の理性に期待し，あえて社会的には相当と思える感覚を排斥することを要求したという趣旨から考えると，やはり被告人（被疑者）の黙秘に対しては冷静な理性で臨まねばならない。そして，被告人（被疑者）の黙秘に対する反発の声は，被告人（被疑者）の供述に依存しない事実認定の手法や証拠法の創設，訴訟手続内外の被害者保護制度の拡充等の方向に向けられていくことを期待したい。』

（6）このように「和歌山カレー事件」では，警察の利益で,被告人に黙秘させているのである。この点を黙秘権の杓子定規の理解で，十分に理解の出来ない弁護士や法律家のため，本件では，家具量販店の赤字販売を例に説明した。家具量販店は，家具の商売で利益を上げなければならない。赤字で販売したのでは，利益が上がらない。しかし，大きな目でみると，宣伝効果，メーカーからの援助，各種援助金で赤字販売しても利益は上がる。これと同じで，捜査側が被告人に黙秘を勧めるのは，被告人の黙秘により捜査側に補填があるからである。

（7） 以上詳論してきたように，社会の実態は，相当乱れたものになっている。そこでまた捜査の仕方も，従来通りの捜査の仕方をしていては勤まらない。このような捜査の仕方の変移に対応して，刑事弁護のあり方も大きく変わらざるを得ない。

しかし「和歌山カレー事件」の弁護のあり方は，その捜査の変移に対応できていないところに，弁護の背信性，背任性として露呈しているのである。

3 被告人の黙秘の原因は，捜査側の被告人に黙秘を勧めたことにある。これを知った弁護団のあるべき弁護活動

（1）そもそも本件弁護団は，被告人の黙秘の原因が，捜査側の勧めによること自体を知らない。調査もせず，何よりも被告人との十分な打合せの欠如が甚だしい。しかし捜査側において，被告人を黙秘させることによる利益，その１～その４のうち，特にその１，２について，弁護団としては，どのような弁護活動をすべきであったか，を検討する。

（2）前提として，捜査側の利得のために，捜査側が被告人（被疑者）に黙秘することを勧める行為は，違法捜査である。純粋に被告人の利益のみを考えて，黙秘を勧める行為は，違法捜査ではない。しかしそのような黙秘を捜査側が勧めることはあり得ない。

弁護人としては，違法捜査に適切に対応する義務がある。

それだけでは無い。先に指摘したように，捜査側が被告人に黙秘させたのにもかかわらず，原判決９０４頁で判示しているように，黙秘している被告人に，世間あるいは訴訟関係者からある種の批難があるのである。

被告人としては，自らの考えや，弁護団の勧めに応じて黙秘しているのなら，受けても仕方がない批難であるが，捜査側の勧めで黙秘したのに批難を受けるということには，全く割が合わないというべきである。

捜査側としては，黙秘している被告人の批難を加えれば，被告人を黙秘させることには二重の利得があることになる。

この点から弁護団としては，被告人の黙秘の原因を確かめ，原因が捜査側の勧めによる被告人の黙秘であると解かれば，厳しく捜査側を追及しなければならない。

（３）具体的な捜査側の追及の仕方

①第一に，捜査側において，なぜ被告人に黙秘を勧めたのか，その原因を徹底的に追及すべきである。

②次に，泉克典の証言，供述に関連して，警察に対し，以下の追及をすべきである。

（ア）泉克典を一旦保護する必要があったとしても，なぜ警察関係とは別の公的な施設等で保護せずに，警察官宿舎に平成１０年８月３１日から同年１２月２９日まで保護したのか。

（イ）その保護から終了してから後，被告人の刑事裁判の第一審終了まで，４年強の間，なぜ泉克典を高野山へ僧侶として送り込んで，警察において監視を続けたのか。

（ウ）高野山の僧侶としての監視の終了後も，なぜ泉克典を警察官の衣類専門のクリーニング店に就職させ，監視を続けているのか。

（エ）以上の（ア）～（ウ）の監視を続けなければならないほど，泉克典の証言，供述は捜査側に有利な虚偽であるのか。

（オ）泉克典はヒ素を自己使用しており，そのすり替えに被告人から，牛丼，うどんにヒ素を入れられて食べさせられたと証言，供述しているのではないか。泉克典のヒ素の自己使用は，どの程度追及し，把握しているのか。

③羽山通子に関して，警察・検察に以下の追及をすべきである。

１）羽山通子に対する自宅放火罪について，どのような取調べをしたか。

２）平成８年２月１４日オーストラリアに，羽山通子，被告人，園村夫婦は何の目的で何のために旅行するつもりであったのか。

３）平成８年２月１４日，羽山通子は自宅に放火する計画を被告人及び園村夫婦に打ち明けていたか。

４）平成８年２月１３日に，羽山通子はなぜ被告人に自宅に宝石を取りに行かせたのか。その真の目的は何か。

５）平成８年当時，羽山通子は警察官多数に金品を贈与しているが，何人の警察官に合計いくらの金員を贈与したのか。

（4）以上の②の泉克典の関係が明らかとなれば，原判決の罪となるべき事実の第４の「くず湯事件」，同第６の１～３の「牛丼事件」「睡眠薬事件」「うどん事件」が無罪となる可能性が大である。
（5）以上の③の羽山通子の関係が明らかとなれば，原判決の罪となるべき事実の第２の「やびつ荘事件」，同第３の１，２の「被告人火傷事件」，同第５の「健治高度傷害事件」が無罪となる可能性が極めて高い。

4　「自主選好性」の「和歌山カレー事件」における弁護活動

（1）弁護活動が，捜査官・検察の捜査活動・起訴活動に対する「受容的勤勉性」による受動的な弁護活動から「自主選好性」による，自主的・積極的な弁護活動への変移により，「和歌山カレー事件」における弁護活動は，以下のような積極的な弁護活動が望まれる。

（2）再審申立パートⅠでは，検察官になぜ解剖結果，死亡診断書，死体検案書が証拠として提出されないのか，釈明要求をする。なぜ解剖担当医師の検面調書を新たな死体検案書を解剖結果，死亡診断書，死体検案書の代わりに提出するのか，釈明要求をする。捜査機関に，なぜ死亡した谷中自治会長や田中副会長の身辺の十分な捜査をしないのか，釈明要求をする。

再審申立パートⅡでは，なぜ泉克典の極めて捜査官に迎合しやすく，捜査権の誘導を容易に受け入れ，極めて虚偽供述をし易い，７つの人格特性について，検察官は証拠調べを請求せず，裁判所も職権でもって証拠調べをしないのか，検察，裁判所に釈明要求をする。
とくに，泉克典の人格特性のうち，（カ）の秘匿特性（泉克典のヒ素自己使用），（キ）の社会的特性（要庇護性）（泉克典を１ヶ月間警察官宿舎に保護し、その後、高野山に僧侶として送り込み，その後，現在まで２０余年間警察官の衣類を専門に洗濯するクリーニング店員に仕立てて，監視をつけること）の，泉克典の人格特性の証拠調べをしないのか，釈明要求をする。

（3）再審申立パートⅢでは，特に「被告人火傷事件」について，家族でバーベキューをするという場所ではあり得ない場所において，バーベキューをしている火の中に自転車を突込んで大ヤケドをしたという，あり得ない火傷の事実について，真実の火傷の原因を確かめない弁護人の弁護活動に，まず重大な弁護の背信性，背任性があるが，これを置いても裁判所として，あり得ない火傷の原因を放置した裁判をすることは，裁判所としての任務違反（刑事訴訟法第一条）も甚だしい。これらを釈明追及する義務が弁護人には有る。

このように，冤罪の発生の仕方，捜査のやり方が変化し，弁護活動が，従来の「受容的勤勉性」から，新たに「自主選好性」に変わっているのである。

第６ 本件弁護人の背信・背任行為

１ はじめに

本件弁護人の背信・背任行為については，ほんの少し記録を検討しただけでも，あまりの異常さに驚かされる。何のために弁護人になったのかと疑われる行為の連続である。本件冤罪は，捜査・起訴の異常さは元より，弁護人の怠慢，背信・背任行為も大いに加担した結果になっていると言っても過言ではない。

２ 著しい背信・背任行為の弁護活動

（1）原判決の罪となるべき行為第3の１，２（「被告人火傷事件」）

① 判決書では，平成８年２月１３日，自宅前の道路で家族がバーベキューをしている火の中に，帰宅した被告人が自転車の運転を過って突っ込み，大鍋の湯をかぶって，両下肢に大ヤケドを負い，保険金請求をした詐欺事件である。

しかし，これはあり得ない事故態様である。被告人宅の前の所有者，羽山通子の供述によると（平成１０年１０月２０日付員面，検甲１０５０），羽山は平成７年４月２５日頃に被告人夫婦に，該宅地，建物を７，０００万円で売った。敷地は約１１０坪，そこに1階４０坪，２階１７．８坪の家が建っている。従って，約７０坪の前庭があり，ここでバーベキューをするのであれば，自然である。しかし，自宅前の細い通路でわざわざ家族がバーベキューをするなどということは，全く考えられない不自然極まりない行為である。弁護人が被告人と少しでも打合せをし，現地を見ておれば，この事故態様が虚偽であることは，すぐに明らかとなる。弁護人の怠慢は明らかである。

火傷事故の真実は，平成８年２月１３日，，被告人は着付教室にいた友人の羽山通子から，自宅に宝石類を忘れたので取りに行って欲しいと頼まれ，羽山宅へ行き，宝石を持って家を出ようとしたとき，爆風で玄関サッシ・ガラス等が飛び散り，下肢に大ヤケドを負った。羽山宅はその日に全焼した。

被告人は，火傷の真実を述べると，火災現場に居合わせたということで，放火犯の疑いを受けるので，それを避けるため，自宅前のバーベキューの火に突込んだとの虚偽の事故原因を作出し，虚偽を隠すため，保険金請求もした。というものである。

弁護人において，被告人との打合せを少しでもしており，現場を見ておれば，あり得ない火傷事故の事故現場であることがすぐに判明し，真の事故態様により，起訴事実は無罪となる。

②無罪となるべき事実が弁護人の怠慢で有罪となったのである。

問題はそれだけでは無い。「和歌山カレー事件」の原判決の罪となるべき事実　第１の犯罪を裁判所は，被告人の犯行として有罪とした。しかし，どうしても犯行の動機を認定できない（原判決（８８１頁，８８５頁，８９３（２ヶ所）頁，９００頁，９０１頁）。被告人が犯行を犯す動機を解明することができない，と明言する。

そこで，原裁判所が採った方法が，類似犯行事実の累積という方法である。

被告人が類似の犯行を多数犯しているということを理由として，カレー事件の犯行も被告人の犯行であるとするのである。

このように，捜査・訴追機関，裁判所は，「和歌山カレー事件」が被告人の犯行であると認定するために，類似の犯行が喉から手が出るほど欲しい時に，弁護人は本来無罪である「被告人火傷事件」「やびつ荘事件」「健治高度障害事件」を，成立を争わない，即ち有罪であることを争わない同意事件とするのである。

これは，弁護人にあってはならない行為であり，弁護人の背信・背任行為の極みで，言葉では言いつくせない，弁護人の犯罪行為ともいえるものである。

なお，明らかに無罪である「被告人火傷事件」が無罪となれば，被告人との打合せを続けることで，「やびつ荘事件」「健治高度障害事件」の真実も明らかになり，これらも無罪となることは確実である。

弁護人の怠慢たるや甚だしいものがあるのである。

３ その他の弁護人の背信・背任の弁護活動

多少の弁護活動の至らなさを，ここでは問題としない。記録上明らかな点だけを問題とする。

そもそも本件捜査，裁判は，あまりにもあるべき正規の捜査，裁判からは異なる態様の捜査，裁判である。

（１）まず捜査について，

①捜査の常道といわれる，当然行うべき捜査が全くなされていない。

・被害者となった，自治会長，副会長の身辺を洗う捜査が全くなされていない。自治会長，副会長の，社会的活動，政治的活動，経済的活動，文教的活動等について，一切の捜査がなされていない。

・当日は夏祭りで，政治的関係者，自治会的関係者が多数来ているが，それらの者に対する捜査が全くなされていない。

②「和歌山カレー事件」の殺人事件と関連が疑われる事象についての捜査が全くなされていない。
・園部地域の地域開発に，自治会長は深く関与し，大きな経済的利得も得ているといわれている。
・園部地域から衆議院議員として立候補する新人をめぐって，自治会長は反対を触れ回っていた。

③被告人以外の保険金詐欺及び医者の診断書乱発について。

④捜査の当初から，捜査側は被告人（被疑者）を，捜査側の勧めで，黙秘させている。これは，どのような目的があって違法捜査をするのか，弁護人において，厳しく追及すべきである。

（２）次に裁判について
①「和歌山カレー事件」で死亡した４人に対する解剖結果が裁判に死因の証拠として提出されていない。

②死亡した４人の解剖に関与した医師から，検面調書を作成し，それを裁判に提出しているが，なぜ，解剖結果ではなく，検面調書を提出するのか，理由が明らかでない。

③和歌山県警察本部の「和歌山市園部におけるカレー毒物混入事件捜査概要」８２頁以下によると，「和歌山カレー事件」の鑑定を以下の各所に依頼している。それらの証拠が裁判上提出されていない。
・科学捜査研究所　　・聖マリアンナ医科大学
・科学警察研究所　　・東京理科大学
・九州大学医学部

（３）弁護人は以上について，釈明及び提出命令を申立てるべきである。

第７章　被告人の黙秘権の行使について

第１　原判決の判示

１ 原判決の判示

原判決は，黙秘権の行使と題して，判決書の９０２頁から９０６頁に渡って判示する。
（1）まず，黙秘権制度の趣旨，目的と題して判示する。

『本件の事実認定にあたり，被告人が黙秘権を行使して，本件に関し供述をしなかったことは，一切事実認定の資料とはなっていない。

しかしながら，被告人が黙秘権を行使して供述することを拒んだことについて批難する論調も一部にあり，また，弁護人は裁判において事実上不利益に扱われないか懸念していることから，被告人の黙秘権の行使について一言する』と判示する。

そして，古典的な黙秘権の説示をする。即ち，『刑事手続は，国家権力が個人に強制力を使ってまで事案を解明することを求めており，訴追機関と被訴追者である個人が真っ向から対立することを予定している。しかしながら，訴追機関と被訴追者の力のアンバランスは明白であり，それが種々の冤罪を生んできたことは歴史上明らかである。そこで，法は，力のアンバランスが悲劇を生まないよう双方の力のバランスを保つため，被訴追者たる個人は国家権力の行使者である訴追機関に対して自ら弁解を主張する必要はなく，訴追機関側が考えられるあらゆる弁解をその責任において排斥すべきこととしたのである。そして，そのために設けられた制度が黙秘権である。』と判示する。そして，

『事実上黙秘することは，特に権利とされるまでもなく，誰にでもできることである。したがって，黙秘することを「黙秘権」という権利まで高めた眼目は，まさに，黙秘したことを一切被訴追者（被告人，被疑者）に不利益に扱ってはならないという点にあるといわなければならない。

刑事裁判においては，被告人が黙秘したことを不利に扱えば，被告人は弁解せざるを得ない立場になり，結果的には弁解するだけでなく，弁解を根拠づけることまで求められ，ひいては，国家権力対個人という力のアンバランスが生む悲劇を防ぐべく，実質的な当事者主義を採用し,攻撃力と防御力の実質的対等を図ろうとしている刑事訴訟の基本的理念自体を揺るがすことに結び付きかねないのである。

したがって，黙秘権という制度は，むしろ黙秘に関する社会的な感覚を排斥し，それ以外の証拠関係から冷静な理性に従って判断することを要求していると解すべきであり，もし黙秘するのはそれが真実であるからであるという一般的な経験則があるとするなら，

むしろ，そのような経験則に基づく心証形成に一種の制約を設けたもの（自由心証主義の例外）ととらえるべきものである。』と判示する。

（２）次に以下のように，黙秘している被告人に対する被告人質問実施の理由を判示する。

『本件審理において，被告人質問を実施した理由

本件においては，第９１回公判において被告人質問が実施された．その冒頭部分において，被告人が「一切お話ししたくありません。」と述べたが，当裁判所は，検察官からの個別の質問を認め，被告人質問を実施した。当裁判所が個別の質問を認めた理由は，次の通りである。

本件においては，第６８回公判において，「検察官冒頭陳述に対する弁護人意見書」と題する書面に基づいて，弁護人からカレー毒物混入事件当日の被告人の行動に関する主張がなされ，この中には，重要な点に関し，被告人の供述以外には証拠がないと思料された部分があった。したがって，この主張は，将来的に被告人質問によって証拠が提出されることを前提にした主張であると当裁判所は理解し，検察官も同様な理解を基に「証拠に基づかない主張である」旨の異議は出さなかったものと考えられる。

また，本件では数多くの証人尋問を実施したが，証人尋問の際の弁護人からの質問の中には，被告人から聴取した内容であることを明示した尋問，あるいは，内容上被告人の供述以外には根拠がないと思料される尋問が少なからずあり，そのような尋問に関して，将来的に被告人質問によって証拠が提出されることを前提にした尋問であると当裁判所は理解し，検察官も同様な理解を基に「証拠に基づかない尋問であり，誤導のおそれがある」旨の異議は出さなかったものと考えられる。

したがって，本件においては，上記の主張や尋問内容が明らかに後日の被告人質問を予定した行為であって，裁判所を含めた訴訟関係人は，そのような理解で，弁護人の上記訴訟行為を認めてきたのであるから，弁護人は，訴訟法上の信義則として，上記主張や尋問内容の根拠となる証拠を提出する義務があったといわねばならない（主張自体は撤回することが可能であるが，尋問については，尋問し証言がなされている以上撤回はできない。）。

しかしながら弁護人は，被告人質問は行なわないとしつつも，上記の従前の主張や尋問内容との関係については何ら触れるところがなかった。そこで，裁判所は少なくとも，上記主張や尋問内容に関する部分については，被告人に尋ねる必要があると判断し，また，個別の質問を実施する以上，検察官に相当な時間内で一問一答の限度で尋問を認めることは，黙秘権の侵害には当たらないと考え，前記のとおり，被告人質問を実施した

（なお，裁判所は検察官の尋問について何度かその限度を超えることのないよう勧告した。）ものである。
　したがって，本件において，当裁判所が個別に被告人質問を実施したことには必要性があり，また，被告人の黙秘権を侵害するものではない。』

2　弁護活動のある種の懈怠が実質的に批難されている

　以上のように，原判決は，弁護人が当然すると予想される被告人質問の情況を作出しながら，現実には，被告人質問を実施しないので，裁判所が黙秘している被告人に対して，被告人質問を実施した理由を詳細に判示する。
　ここでも弁護活動のある種の懈怠が実質的に批難されている。
　弁護人の被告人との打合せの不十分，欠如が，種々の場面で現われているのである。弁護人は，どのような理由・目的で「和歌山カレー事件」の弁護人になったのか，この際，大いに反省すべきものと思われる。

第2　裁判所の黙秘権論の問題点

　裁判所の黙秘権についての判示の問題点は，あまりにも古典的見解に対するものそれのみであること，そして現実に実際に生じていることに全く言及，判示を注いでいないということである。

1　現実の黙秘権

　被告人の黙秘権について，「和歌山カレー事件」では，捜査側（谷本，坂本警察官）が，捜査の当初から，被告人に完全黙秘を勧め，被告人が黙秘したことにある。
　捜査側が被告人に黙秘を勧めた捜査側の利益は，以下の４点である（再論になるがあえて論じる）。

（1）捜査側が被告人に黙秘させる，その１
　本件の「くず湯事件」「牛丼事件」「睡眠薬事件」「うどん事件」について，泉克典の唯一人の供述で４事件を認定するため，泉克典が捜査側の誘導通りの供述をしても被告人から追及されないことを泉克典に理解させるため，被告人を捜査側の勧めで完黙させた。

（2）捜査側が被告人に黙秘させる，その２

「被告人火傷事件」において，被告人が自己の火傷の真実を述べれば，羽山通子宅の放火について，羽山通子を取調べなければならなくなり，羽山通子を放火で取調べると，羽山通子は，警察官に対する贈収賄の事実を公表し，一大警察スキャンダルに発展する。これを避けるためには，大元の被告人の火傷について，現在のままに推移させて，被告人に黙秘させる必要がある。そこで警察は，この点からも被告人に完黙を続けさせる。

（３）捜査側が被告人に黙秘させる，その３

生命保険関係における，医者の診断書の乱発の実態は，相当ひどい状況にある。依頼者からの付け届けで，どのような診断書でも医者は発行する。そのような診断書乱発の実態について，被告人は経歴上，経験上から相当詳しい知識を有している。被告人の自由な供述を許すと，診断書乱発の実態が明らかになり，警察の取締責任の問題にもなりかねない。

それだけではない。生命保険外交員の自己の生命保険会社における，成績を上げるためのあくどい保険勧誘の仕方にも，度を外れた状況にある。被告人は経験上，その実態に詳しい。被告人の自由な供述を許すと，生命保険勧誘のあくどい実態が明らかとなる。この点においても，警察の取締責任の問題になりかねない事実が存する。

以上のような，乱れた社会の実態が公になることを防ぐ意味からも，被告人を黙らせる，つまり黙秘させる必要が大である。そこで，警察官が被告人の黙秘を勧めたのである。

（４）捜査側が被告人に黙秘させても，黙秘している被告人にある種の批難があるが，捜査側に何ら損失は無い。その４

以上，その１～その３までで明らかなように，捜査側の都合だけを考えて，捜査側は被告人に黙秘させている。被告人が黙秘することによって，捜査側には損失は一切生じない。それどころか，捜査側には，甚大な利得が生じている。

それだけではない。被告人が黙秘（それも完黙）することによって，世論では，被告人にある種の批難が発生することは避けられない。

この点を原判決は，判決書の黙秘の項，判決書９０２頁～９０６頁で次のように指摘する。

すなわち，原判示９０４頁における次の判示である。

『本件において，被告人が黙秘の態度を貫いたことに対し，一部強い反発が見受けられる。その反発する心情も理解できるところではあるが，前述した黙秘権の趣旨，すなわち，法は，えん罪という歴史上明らかな悲劇を防ぐために，人類の理性に期待し，あえて社会的には相当と思える感覚を排斥することを要求したという趣旨から考えると，やはり被告人（被疑者）の黙秘に対しては冷静な理性で臨まねばならない。そして，被告人（被疑者）の黙秘に対する反発の声は，被告人（被疑者）の供述に依存しない事実認定の手法や証拠法の創設，訴訟手続内外の被害者保護制度の拡充等の方向に向けられていくことを期待したい。』

2 本来すべきだった弁護人の対応

弁護人が，被告人の黙秘が捜査側の勧めによるものであることを知って，それに対して適切な対応をしておれば，「和歌山カレー事件」は，下記のような根本的に異なる裁判の展開となっていた。

（1）被告人の黙秘の原因が捜査側の勧めによることを知ったこと。

被告人の黙秘の原因を弁護人が捜査側に追及した結果，一つは泉克典供述にだけによる「くず湯事件」「牛丼事件」「うどん事件」「睡眠薬事件」の認定を確保することにあったこと，二つ目は，羽山通子宅放火の原因隠しにあったことが解かる。

（2）「くず湯事件」「牛丼事件」「うどん事件」「睡眠薬事件」は，泉克典の供述の信用性を根本的に疑った結果，無罪となる可能性が大である。

（3）「被告人火傷事件」も火傷の原因が全く異なることから無罪となる。そうすると「やびつ荘事件」「健治高度傷害事件」も無罪となる。

被告人の火傷のあり得ない原因を知り，被告人との打合せを重ねれば，「被告人火傷事件」は無罪であることが判明する。そうすると「やびつ荘事件」「健治高度障害事件」もそれぞれ，いきさつ，犯行の動機が異なることが明らかとなり無罪であることが明らかとなる。

（4）以上のように「和歌山カレー事件」に関する７事件全てが無罪になると，「和歌山カレー事件」もすんなり被告人の犯行と認められるか否かは，大いに疑問とならざるを得ない。

3 被告人の証言は、裁判の全般を左右する重大問題

被告人に黙秘を勧めるか否かは，以上のように「和歌山カレー事件」全般の裁判の推移を根本的に左右する重大問題なのである。

捜査側として，被告人に黙秘を進めることは，一種の賭けである。その前提として，被告人に黙秘を勧めた場合，弁護人が黙秘の原因を確かめ，捜査側を追及してくる可能性も当然に検討した，と推測される。

その上で，当該弁護団にそのような能力はないことを見抜いて，被告人に黙秘を勧めていたと推測される。

本件弁護団の怠慢は，捜査側にも見抜かれていたと推測される。

先に，裁判所も，弁護団が被告人質問の実施を暗示しながら実際にはしないことで，被告人質問に踏み切り，その際，弁護人らの怠慢を暗示する判示をしていた。

本件弁護人らの怠慢は，このように捜査機関，裁判所に明らかとなっており，公知の事実となっているのである。

第３　捜査側の被告人に対する黙秘の勧めは，違法捜査である

１ 捜査側の利益を考えて，被告人に黙秘権を勧めることは違法

（１）捜査側が純粋に被告人の利益を考え，被告人のためだけを考慮して，被告人に黙秘を勧めることは，違法では無い。しかし，捜査側からのこのような黙秘の勧めはあり得ない。

捜査側が本件の泉克典問題，羽山通子問題のように，捜査側の利益のみを考えて，被告人に黙秘権を勧めることは違法捜査である。

（２）黙秘権の行使が，被告人（被疑者）の自主性によるものか，弁護人の勧めによるものだけ（一昔前）というところから，捜査官において捜査の利益を達成するにも行われるようになった，即ち，捜査側が被告人（被疑者）に黙秘させる方法（違法捜査）をとるようになってきた。

２　本件弁護団は，根本的に怠慢があった

（１）弁護人は，被告人（被疑者）が黙秘している場合，それが自主的な黙秘か，捜査側の勧めによる黙秘か，被告人（被疑者）との打合せを密にして，黙秘の原因を明らかにする必要が弁護活動上不可欠である。

捜査側の勧めによる黙秘であることが判明した場合，違法捜査であるので，被告人（被疑者）を黙秘させる必要性について，弁護人は捜査側を追及する義務がある。

（２）本件弁護団の根本的な怠慢

一つは，被告人の黙秘の原因について，被告人との打合せを密にしておらず，捜査側の勧めで被告人が黙秘したことを把握しなかったこと。

二つ目は，一つ目を前提にすることではあるが，捜査側がなぜ被告人を黙秘させる必要があったのかを調べなかったこと。

何度も繰り返すが，捜査側は以下の理由で被告人を黙秘させた。

① 泉克典の供述だけで，「くず湯事件」「牛丼事件」「うどん事件」「睡眠薬事件」を認定できるようにするため，泉克典が捜査機関の誘導尋問に応じて供述・証言しても，被告人から追及されないことを泉克典に理解させるため。

② 羽山通子宅の火災原因を明らかにせず，羽山通子から警察に対する，贈収賄の事実を暴露させないため，被告人に火傷の真の原因を述べさせないためである。
③ 以上のような捜査側に，被告人を黙秘させる必要があることを，弁護人らは全く気づいていないのである。

被告人との打合せの欠如，事案の検討のないこと，事件の推移を見通す能力の欠如，これでは，実質的に弁護をしたことにならない。弁護人として怠慢，背信，背任といわれてもやむを得ないところである。

第4 静的な黙秘権の行使から，動的な黙秘権の行使へ変化

1 従来の被告人の黙秘権の行使

（1）従来の被告人の黙秘権の行使は，被告人の自主的な行使か，弁護人の勧めによる行使であった。

ところが，「和歌山カレー事件」において，捜査側が被告人（被疑者）に黙秘権の行使を勧めている。捜査側に被告人（被疑者）に黙秘させる必要性があったからである。

ところが，弁護人は，被告人（被疑者）の黙秘の原因が捜査側の勧めによるものであることを知らない。弁護人による被告人との打合せの不十分にある。

（2）このように黙秘権は，被告人（被疑者）の権利である黙秘するのは，被告人（被疑者）が自発的にするか，弁護人の勧めによる場合である。というような杓子定規な理解では対応出来ない捜査・裁判の現実変化があるのである。

（3）弁護人は，黙秘している（被疑者・被告人）に出会ったとき，黙秘の原因が被疑者・被告人の自発性によるものか，捜査官の勧めによるものか，被疑者・被告人との打合せ等を密にし，信頼関係を得て，黙秘の原因を知らなければならない。

被疑者・被告人が，捜査官の勧めに応じて黙秘しているということは，その時点では，被疑者・被告人にとっては，弁護人との信頼関係よりも，捜査官との信頼関係の方が勝っていることを意味する。

弁護人としては，反省に基づいて，被疑者・被告人から真の信頼関係を得るよう勤めなければならない。

本件弁護人は，それらの事にさえ気づいていない。そして，被告人との打合せの怠慢を続けているのである。

第５ 「和歌山カレー事件」の被告人の犯行の犯罪の成否は，黙秘権が左右した

１ 被告人が犯行をした動機の未解明

（１）「和歌山カレー事件」について，裁判所は被告人の犯行であると認定した。しかし，被告人が犯行をした動機をどうしても解明することができない。

原判決は以下の通り６ヶ所に渡り，即ち，８８１頁，８８５頁，８９３頁（２ヶ所），９００頁，９０１頁で動機を解明できないと明言を繰り返す。

動機の解明に当って，原判決は，（ア）被告人の激昂，（イ）保険金詐欺を検討するが，妥当でないと否定する。そこで，（ウ）被告人の性格論に及び，悪性格の鑑定・立証をすべきか否かを検討し，悪性格の立証も妥当でないと判示する。

そこで先に論じたように，原判決８８１頁，８８５頁，８９３頁（２ヶ所），９００頁，９０１頁において，どうしても動機を解明できないと明言する。

（２）しかし裁判所は，「和歌山カレー事件」の犯行が被告人の犯行であることは否定せず，動機が解明できない点に代えて，類似犯行事件の累積でこれを補う。

しかし，このような安直な対応で解決できる問題ではない。この点は次章の「動機」の章で詳細に検討する。

２ 黙秘権の利用は，被告人（被疑者）だけではない。捜査側も利用することの裁判所，弁護人の無理解

（１）先に論じたように，捜査機関は，泉克典唯一人の供述で，「くず湯事件」「牛丼事件」「うどん事件」「睡眠薬事件」を認定できるように，泉克典を捜査側で誘導尋問して，供述調書を作成し，証言させた。そして，泉克典に捜査側の誘導尋問に応じても，被告人から追及されないことを理解させるため，被告人を完全黙秘（完黙）させた。

（２）また「被告人火傷事件」で，被告人の火傷の真実を，被告人に供述させないため，被告人を黙秘させた。

（３）弁護人が，捜査側が被告人を黙秘させた原因を被告人との打合せで知っておれば，その後の適切な弁護活動により「和歌山カレー事件」は明らかに無罪となっていた。

３ 「和歌山カレー事件」の冤罪の直接の主原因

（1）何度も論じるように「和歌山カレー事件」及び関連７事件の捜査・裁判は，あるべき捜査・裁判，通常なされている捜査・裁判と比して，極めて異様な捜査・裁判である。

その異様さをくり返すことは，ここでは省略したい。

しかし，そのような異様さの中にあっても，特に捜査，裁判を支配し，影響を与える要因，換言すれば，「和歌山カレー事件」の冤罪の直接の主原因としては，やはり捜査の当初から第一審を通じて，被告人を捜査側において完全黙秘（完黙）させた違法捜査にあるといえるのであろう。

（2）捜査側が被告人（被疑者）に，黙秘を勧めて，被告人が捜査官を信用して黙秘していたとしても弁護人において密接に接見をくり返し，被告人との信頼関係を被告人が捜査官に抱く以上に信頼関係を勝ち取り，被告人を通じて黙秘の原因を明らかにすることが出来ておれば，黙秘の原因が捜査側の勧めによるものであることが明らかとなり，泉克典の供述（証言）だけで認定している「くず湯事件」「牛丼事件」「うどん事件」「睡眠薬事件」はひっくり返り，羽山通子宅の火災が被告人の火傷の原因であることが明らかになる「被告人火傷事件」及びこれを通じて「やびつ荘事件」「健治高度障害事件」も真実が明らかとなる。

そのような，被告人との密接な打合せしなかった，密接どころか，ほんのわずかの打合せしかしなかったのが，本件の弁護人である。

その意味で，捜査側の勧めで，被告人を黙秘させるという違法捜査に弁護人も大いに加担していることを否定出来ない。

（3）捜査が多様化して来たということは，刑事弁護人は弁護に当たって，少しの手抜きも出来ない時代になって来たといっても過言では無い。ところが本件弁護人は，時代の要請する刑事弁護とは相当程遠い刑事弁護スタイルを取っていたといわざるを得ない。

（4）また裁判所も，被告人がカレーにヒ素を投入した動機をどうしても解明出来ない。解明できないと多数回（６回）明言すれば，それで許されるという問題では無い。

問題は，被告人がカレーにヒ素を投入した事実が本当か否かを，最初から検討し直すべきであるという矜持である。その矜持に従って，裁判所は検討をし直すべきであるのに，犯意を未必的なものとするという点で，お茶を濁して中途半端に終了しているのである。裁判所の不徹底も全く責任が無いわけではない。

以上が被告人の黙秘をめぐる問題点である。

第８章「和歌山カレー事件」犯行の動機

第１ はじめに

原判決は，判決書８７３頁から８８５頁に渡って，犯行動機と題して判示する。 結論を先取りすると，同８８１頁，８８５頁，８９３頁（２ヶ所）９００頁，９０１頁において，被告人が犯行を犯す動機は解明されなかったと，６ヶ所において明言をくり返す。

第２ 激昂論

１ まず初めに，判決は，激昂論として検討する（８７３頁）『検察官は，「被告人が，夏祭り用のカレーに亜砒酸を混入した直接的な内心の原因は，夏祭り当日正午前ころ，被告人がカレー鍋等の見張りをするためにガレージに赴いた際，その場にいた主婦らの，自分をあからさまに疎外していると受け取れる対応ぶりに激昂したことにあったことは明らかであり，カレー毒物混入事件は，その激昂に基づく主婦らへの意趣返しとして敢行された犯行とみることができる」旨主張するので，以下，検察官が主張する被告人の激昂の有無について検討する。』と判示する。

２ そして，８８０頁において小括して激昂論を否定する。
『小括
以上の検討から，本件夏祭り当日の正午ころ，被告人がガレージに赴いた際，ガレージ内には被告人を疎外するような雰囲気があったことは認められるものの，その程度は不明であり，また，被告人がそのような雰囲気に激昂したことを具体的にうかがわせる証拠はないから，被告人が，ガレージ内の雰囲気に激昂したと認めることはできない。』

次に判決は保険金目的を検討する。

第３ 保険金目的（８８０頁）

１ 『検察官は，ガレージにいた主婦らに対する激昂が，意趣返しによるカレー毒混入事件にまで飛躍した原因の一つとして，健治の麻雀仲間の生命保険等の取得も考えていた可能性がある旨主張する。これは，検察官において，カレー毒物混入事件が積極的に保険金取得を目的とした犯行ではないことを前提にしつつ，主婦らの言動に対する激昂が，無差別殺人ともいうべき犯行に飛躍した背景事情の一つとして，保険金取得の可能性を指摘するものである。』

２　そして結論として，保険金目的を８８１頁で否定する判示をする。
『しかしながら，当日の正午ころの時点で，具体的に麻雀をする予定があったとは認められないし，麻雀をしないことになった時期，被告人がそれを知った時期等についても，結局，明確な事実関係は判明しなかった。
　したがって，その抽象的な保険金取得目的とカレー毒物混入事件とを結び付ける証拠はないから，検察官が主張するカレー毒物混入事件の背景事情としての保険金取得目的も単なる抽象的な憶測にすぎず，それを，被告人がカレー毒物混入事件を敢行したことの背景事情の一つとすることはできない。』と判示する。

第４　動機の不明確と被告人の性格論に言及する判決

１　８８１頁において，原判決は，
『カレー毒物混入事件は，犯人にとって利害関係のない多数の死傷者が生じることを容易に想定できる異常な事件であって，その犯行の異常性を考えると，被告人の性格的傾向が問題にならないわけではない。』
　として，以下悪性格の立証を審理すべきか否かについて，検討し，悪性格の立証はすべきでないとする。

２　そして，８８５頁において結論的に次のように判示して，被告人の性格分析に立ち入るべきでないとして，先に示した結論通り，被告人が犯行を犯す動機は解明できないとする。
　原判決が判示するところは次のとおりである（８８５頁）。
『確かに，本件のような重大事案における動機の解明は，なぜ，このような犯罪が起きたのかを明らかにするという意味で，社会的に真実究明の要請が高いことはいうまでもない。そして，動機を具体的に解明するために，性格分析という手法が効果的な場合があることも首肯し得る。

３　しかしながら，本件において，これまでの証拠調べで判明し得ない原因を精神鑑定等の性格分析で解明しようとするなら，極めて詳細な鑑定等を実施する必要があるところ，本件は犯人性そのものが争われている事案であり，また被告人が黙秘している事案であるから，そのような鑑定等に被告人の協力が得られるとは考えられず，仮に精神鑑定を含めた総合的性格分析をしたとして，信用性の高い結果が得られるかは大いに疑問である。また，審理のあり方としても，犯人性そのものが争われている事案において，その犯人性を前提にしているかのような被告人の性格分析的証拠調べを詳細に実施することは，訴訟の不要な混乱を招くばかりか，犯人性の判断そのものに疑念を生じさせるものであって，疑問があるといわざるを得ない。

したがって，本件では，その動機は未解明であるものの，それを解明するために被告人の性格分析に立ち入ることは控えるべきであると考える。』

第５　総合判断として

そして総合判断（８８５頁）として，主として，被告人が類似事件を多数犯していることを理由として，結論（８９５頁）として次のように判示する。

『結論

以上の検討から，被告人はガレージで１人で鍋の見張り当番をしていた午後零時２０分ころから午後１時ころまでの間に，（A）緑色ドラム缶，（B）森田ミルク缶，（C）重記載缶，（D）森田タッパー，（E）田中ミルク缶の５点の亜砒酸粉末若しくは（F）本件プラスチック製小物入れに入っていた亜砒酸のいずれかの亜砒酸を，本件青色紙コップに入れてガレージに持ち込んだ上，東カレー鍋に混入したという事実が，合理的な疑いを入れる余地がないほど高度の蓋然性を持って認められるのである。』

第６ 未必の殺意の認定

その後，原判決は８９５頁以下において，殺意について検討し，被告人がカレー東鍋に投入したヒ素の量は１３５ｇで，紙コップ半分の量で，４５０名から１３５０名分の致死量に当たる（８９７頁）。

そして，原判決９００頁において，殺意の程度と題して次のように判示する。

『カレー毒物混入事件は，子供を含めた被告人と何ら利害関係のない住民多数が対象となる無差別殺人ともいうべき異常な事件であるが，被告人がそのような異常な事件を起こす動機は，結局は解明されなかった。そして，対象の無差別性と死亡という結果の重大性を考えると，被告人が東カレー鍋の中に亜砒酸を混入する際，このカレーを食べた者がほぼ確実に死亡するという認識であったと認めるには，やはり何らかの具体的な動機又は異常性格等の事情が必要であると考えられる。

したがって，そのような動機や事情が判明していない本件では，被告人がカレーを食べた者がほぼ確実に死亡するという認識で本件犯行を敢行したと考えるのは，論理に飛躍があるといわざるを得ない。

してみると，被告人には殺意が認められるが，証拠上認められる殺意は未必的な殺意にとどまるものと解すべきである。』

以上のように判示する。

第７　原判決の動機論の終息の仕方の問題点

１ 未必の故意で終息したことで良いのか

原判決は，被告人がカレーにヒ素を投入した犯人であることを肯定するが，被告人がヒ素を投入した動機を解明出来ないと，判示する。先に結論として示したように，原判決の８８１頁，８８５頁，８９３頁（２ヶ所），９００頁，９０１頁の６ヶ所で，被告人が犯行を犯す動機は解明されなかったと，明言をくり返している。

そして，最終的に殺意の検討に至り，被告人の殺意は，未必的殺意の限度で認定すべきであると結論する。

本来の問題点は，殺意・未必の殺意の検討の前に，本来検討すべき問題点を残しているのではないか。

２ 原判決の動機論終息には問題のすり替えがある

（１）原判決は，被告人がカレーに投入したヒ素の量は１３５ｇで，紙コップ半分の量で，４５０名から１３５０名の致死量に当たる量であるとしていること（８９７頁）。重大事実であるので，動機の解明の真実究明の社会的要請があること，そのために，被告人の性格分析という手法もあるが，それには種々の難点が伴うこと，それらを十分に考慮に入れても，被告人の性格分析には立ち入ることを控えるべきこと，以上で，動機の究明を打ち切り，殺意の検討に入り，未必的殺意の限度で容認すべきとして終了するのである。しかし，性格分析を持ち出す前に，まだ本来検討すべき問題を残しているのではないか。

（２）本来追及すべき審理の未了

本件は，人を４５０名から１３５０名も致死させる量を，本当に被告人が投入したのであれば，（ア）被告人が当日までにどのような準備をしていたか．（イ）被告人と夏祭りとの関係，（ウ）被告人が地域住民に対して抱いていた感情，（エ）被告人と地域住民とのこれまでのいきさつ，（オ）被告人の行動傾向，（カ）被告人の生きざま，（キ）被告人が夏祭りの後，その地域から移転する計画の有無等々から，被告人がカレーにヒ素を投入した動機を究明できないはずがない。これは，被告人の「性格分析」といった被告人の人格の深層を解明する問題以前の問題である。

被告人が黙秘していても，住民の調査で解る問題でもある。それらの簡単な調査もせずに，最も究極の「性格分析」をすぐに持ち出し，動機の解明の問題点を他にそらす，ある意味では，不当な逃げ方をしている以外の何ものでもない。

原判決の態度は卑怯極まりない，この上ない不当な態度というべきである。上記（ア）～（キ）の調査，証拠調べをしても，それにもかかわらず，究明できないとなれば，元に戻って，根本的に検討を仕直すべきことが，要請されているのではないか。

即ち，ヒ素投入の時間帯と見られている時間帯に，ヒ素投入できるのは被告人だけで，被告人のそれらしい素振りも目撃されていることといった，極めて限局した局面に限ることの妥当性の検討が求められているのではないか。

第８ 動機論は「和歌山カレー事件」の犯人の犯行認定の最大の論点である

１ 原裁判所は，被告人を犯人と認定しながら動機を認定できない

（１）原裁判所は，被告人がカレーにヒ素を投入した犯人であると認定する。しかしどうしてもその動機を認定できない。

しかし，一端，目を他に転じると，未解決の問題が山積している。

最も目につく著しい問題は，自治会長，副会長の地域自治のトップ，ナンバーワン，ツーが揃って殺害されているということである。

このことは，「和歌山カレー事件」が地域自治の問題と大きく関連しているのではないかという問題提起ではないのであろうか。

（２）先に挙げた，被告人の犯行動機を究明するための（ア）～（キ）の問題点の調査，証拠調べの追及を，地域自治の問題とも関連して追及する必要がある。

何よりも，カレーに投入されたヒ素は，１３５ｇという大量で，４５０名～１３５０名の致死量相当である（８９７頁）。これだけのヒ素を投入すれば，カレーを食べた人全員，本件では６７名全員が死亡する可能性があった。それほどの犯行を決行するには，地域に対する，相当のよくない感情を従前からもっている必要があると考察される。

それと同時に，犯行後も地域の多半の人が被害者になっているので，地域に住み続けることは困難である。従って犯行後，地域を出て行く予定があったと推測される。

そのような観点も踏まえて，性格分析の以前に審理を充実させておく必要がある。

しかしながら，原裁判所はそのような審理をしていない原裁判所の怠慢は重大である。

２ 今一度原点に立ち返って，検討する必要があるのではないか

（１）本件捜査，裁判は，あるべき捜査，裁判，通常の捜査，裁判から非常にかけ離れた異様なものであった。これはなぜなのか。その原因の究明はしばらくおくとしても，その異様さを確認しておく必要はあると思われる。

（2）本件捜査の異様性

（ア）捜査の常道といわれる死亡した自治会長，副会長の身辺を洗う捜査が一切なされていないこと。

（イ）夏祭りで，政治関係者，自治会関係者が多数来ているのに，それらの者に対する捜査が一切なされていないこと。

（ウ）事件との関係が疑われ，自治会長が深く関係しているといわれていること。

・園部地域開発と関連捜査が一切されていないこと。

・園部地域から衆議院議員立候補予定の自民党の新人との関係捜査が一切されていないこと。

・保険金請求に関係して，医者の診断書の乱発が問題になるが，診断書の乱発についての捜査が一切されてないこと。

・捜査機関が違法捜査で，捜査の当初から被告人（被疑者）に黙秘を勧め，黙秘を捜査から一審終了を通じてさせていること。

被告人の黙秘により，泉克典唯一人の供述で，「くず湯事件」「牛丼事件」「うどん事件」「睡眠薬事件」を認定し，同被告人黙秘により「被告人火傷事件」の真の火傷原因が明らかになることを防ぎ，それを通して「やびつ荘事件」「健治高度障害事件」の真実が明らかになることを防いだこと。

（3）裁判の異様

・死刑相当事件の裁判であるにもかかわらず，死亡した 4 人の解剖結果が死亡した当日，及び翌日に作成されているのに，それが，死亡した４人の死因の証拠として，裁判に提出されていない異様性。

・判決に死因の証拠のない異様性

第９　求められているのは，拙速の裁判ではない

真実の究明を求めて止まない，真摯な判決である。

１　原判決は，一旦は被告人がカレーにヒ素を投入したとの事実に辿り着いた。しかし，最も重要な動機の解明がどうしても出来ない。

この事実関係は，最初に返って，一旦辿り着いた結論について再検討すべきことを意味していることに他ならない。しかし，原判決はそれに気づかない。

２　前述したように，あまりにも異様な本件捜査，裁判である。

そして結論は，現在の裁判の基準からすれば，有罪となれば被告人は死刑である。何よりもこの捜査，裁判の異様さによる結論の重大さに特別の注意を払うべきである。

３　肝腎の動機が解明できないということは，たやすく言って済まされる問題ではない。何度も（実際は６度）くり返せば許される問題ではない。

動機が解明できないことは，その前提である，被告人の犯行であるということ自体が誤りであるということ以外の何ものでもない。

ここで立ち止まることを，裁判においては憲法上期待されているのに，原裁判所は立ち止まることが出来なかったのである。

第１０ 真実の犯行で，犯行の動機が不明ということは絶対に無い

犯罪心理学において，犯行の動機は重要な論点である。重要な論点であるということは，それが解りづらいということではない。真実の犯行であれば，犯行の動機は自から明らかになるという意味である。真実の犯行がなされたとしながら，犯行の動機が明らかでないということはあり得ないのである。

原判決のように，犯行の動機が解明出来なかったと６回も明言すれば，それで許されるといった問題ではない。

犯行の動機を究明する手段（原判決はこれをとことん尽しているとはいえない）を尽くしても，動機が解明出来なければ，それは真の犯行ではないからである。

第１１ 結論

「和歌山カレー事件」において，犯行の動機は解明できていない。そうすると，「和歌山カレー事件」において，被告人は無罪である。そして，関連７事件もすでに論証したように無罪である。

本件において，被告人は完全に無罪である。死刑判決を取消されたい。

第９章　「和歌山カレー事件」及び関連７事件に対する再審申立パートⅠ・Ⅱ・Ⅲの総合総括

第１　はじめに

１ 申立

「和歌山カレー事件」及び関連７事件に対する再審申立パートⅠ（申立日令和３年５月３１日）（和歌山地裁令和３年（た）第１号），パートⅡ（申立日令和３年１１月２２日）（和歌山地裁令和３年（た）第２号），パートⅢ（申立日令和４年１月１３日）をした。

２ 申立内容

再審申立パートⅠは，原判決の罪となるべき事実の第１（これを「和歌山カレー事件」と称する）に対するものである。

再審申立パートⅡは，同第４，第６の１，２，３に対する４事件に関するものである（これを「くず湯事件」《同第４》，「牛丼事件」《同第６の１》，「睡眠薬事件」《同第６の２》，「うどん事件」《同第６の３》と称する）。

再審申立パートⅢは，原判決が「被告人が成立を争わない保険金詐欺事件」と判示するものに対する再審申立である。即ち，原判決で罪となるべき事実（第２「やびつ荘事件」，同第３の１，２「被告人火傷事件」，同第５「健治高度障害事件」）に対する再審申立である。

３ 極端な冤罪事件

「和歌山カレー事件」及び関連７事件は，いずれも捜査・訴追機関によって，意図的に為された冤罪事件である。

極めて大がかりな冤罪事件で，これを一挙に理解していただくことはかなり困難である。

それだけではなく、以上に、裁判の異様さ、極度の弁護の懈怠が加わるのである。

４ 再審申立てを３つに分けた理由

そこで，メインディッシュを１テーブルに大盛にする日本料理型ではなく，３テーブルに盛り分けるフランス料理型を採用することにした。

（1）再審申立パートⅠ

すなわち，再審申立パートⅠは，本来当然に証拠となるべき死因の解剖結果が，証拠として証拠調べがされていないこと。

判決書に死因の証拠が無い等の空疎な裁判の実態，及び捜査の常道とされてきた，被害者の身辺を十分に洗う等の捜査の常道を踏まえた着実な捜査が全くなされていない空虚な捜査の実態を暴露したものが，再審申立パートⅠである。

（2）再審申立パートⅡ

再審申立パートⅡは，泉克典が自分でヒ素を使用しているのに，被告人に食させられたとすり替えている事実を全く欠落している点や，泉克典が捜査官の誘導尋問に極度に応じやすい特性を有する７つの人格特性を有していて，捜査側がこれを利用して泉克典に供述，証言をさせた点について，扱っている。

警察は，平成１０年８月３１日から同年１２月末まで，警察官宿舎に同人を宿泊保護し，それが明けた後も第一審の審理中（４年間強），同人を高野山に僧侶として送り込み，その後は警察官の衣類を専門に扱うクリーニング店の店員として就職させられており，現在に至るまで２０余年間，同人が警察から監視され自由な世間との付き合いが制限されている点の証拠調べが全く無い。

それどころか，捜査側において，捜査の当初から被告人（被疑者）に，捜査側の勧めで完全黙秘（完黙）を勧めるという違法捜査をした。泉克典が捜査側の誘導尋問に応じた供述，証言をしても，被告人から追及されないことを泉克典に理解させるために，被告人を黙秘させたのである。そのような泉克典の供述が一番信用できるとして，泉克典の供述のみで，「くず湯事件」「牛丼事件」「睡眠薬事件」「うどん事件」は有罪とされた。

このような虚構の虚偽判決を正すべく，再審申立パートⅡを申立てた。

（3）再審申立パートⅢ

再審申立パートⅢは，原判決が「被告人が成立を争わない保険金詐欺事件」と判示する「やびつ荘事件」「被告人火傷事件」「健治高度障害事件」についての再審申立である。

いずれも「成立を争わない」という扱いは，大きな間違いで，簡単に無罪の立証が出来る事件である。

弁護人は，被告人との打合せのための接見を十分にせず，現場の確認もせず，関連証拠の検討もせずに，簡単にこの３事件の成立を争わない同意するとの措置を取った。弁護人の背信，背任はその極みに達している。実質上重大犯罪でさえある。

ここでも捜査側は，被告人の黙秘を利用した。「被告人火傷事件」の火傷の現場とされている自宅前は，細い通路である。ここで家族がバーベキューをしている火の中に，帰宅した被告人が，自転車の運転を過って突っ込み転倒して，にえ湯をかぶり大ヤケドをしたというのである。自宅には７０坪弱の前庭が空いているのに，家の前の細い通路でバーベキューをするはずがない。

弁護人において，被告人と接見を密にし，現場を見て，関係証拠を見ておれば，無罪であることが簡単に解る事件で，本来の弁護をすれば，このような事件について，成立を争わないとして同意するはずがない。

被告人の火傷の真実の原因は，羽山通子の依頼によって，被告人が羽山宅に宝石を持ち出しに行って，火災に逢って大ヤケドをした為である，真の火傷原因を被告人から供述させないため，捜査側は被告人を黙秘させた。「やびつ荘事件」「健治高度障害事件」も，被告人との打合せを密にしておれば，真実が簡単に解る，いずれも無罪事件である。

そこで改めて犯罪の成立を争い，無罪を主張する。

５ 再審申立の世間への公表

本件再審申立を世間に公表する意図で，再審申立パートⅠ，Ⅱ，Ⅲをそれぞれ一冊ずつの本にした。

再審申立パートⅠの表紙は緑色。緑は見通しを意味する。

同パートⅡは黄色。黄色は注意を意味する。

同パートⅢは茶色。茶色はパール・バックの「大地」を意味する。再審申立が確たるものであることを意図したものである。

第２　「和歌山カレー事件」及び関連７事件の本質

「和歌山カレー事件」及び関連７事件は，いずれも捜査，訴追機関によって，意図的に為された冤罪事件である。捜査，訴追，裁判，弁護の全てが，本来のあるべき捜査，訴追，裁判，弁護から離れ，通常なされている捜査，訴追，裁判，弁護からも離れた，異様な仕方（手順），方法が取られた。以下その異様さをまとめておく。

１ 捜査，訴追の異様

（1）　捜査・訴追の怠慢

①自治会長，副会長の身辺を洗わない捜査

・捜査の常道は，被害者の身辺を徹底的に洗うことから始まる，と言われる。
・「和歌山カレー事件」は，園部地域の夏祭りの行事として出されたカレーに青酸，ヒ素が入っていたという殺人事件である。
・自治会長，副会長が殺害されているので，何よりも自治会ないし政治活動を疑うべきである。
・ところが，死亡した自治会長，副会長の身辺を洗う捜査が一切されていない。

②夏祭りで来訪した政党，選挙関係者，自治会関係者に対する捜査が一切されていない。

③地域に関する「和歌山カレー事件」と関連する事実についての，捜査が一切されていない。
・園部地域の地域開発として，大阪からのトンネル道路工事，ゴルフ場開発，宅地開発等大規模開発がされており，自治会長は深く関与し，大きな経済的利得も得ていたとウワサされているが，この関係の調査もされていない。
・園部地域から，自由民主党新人が衆議院議員として立候補予定をしており，自治会長は反対を触れ歩いていたといわれる。
・保険金詐欺について，付け届けで医者が診断書を乱発する問題が多発している。

（２）捜査，訴追の積極的違法捜査

本件では捜査の当初から，２名の警察官が被告人（被疑者）に完全黙秘（完黙）を勧めている。
被告人の利益を考えて，被告人（被疑者）に黙秘を勧めたのではない。捜査側の利益のみを考えて，被告人（被疑者）に完黙を勧めた違法捜査である。
捜査側が，被告人（被疑者）が完黙することによって得られる利益は，４点ある（先に第７章被告人の黙秘の項で詳論した）。ここでは２点に絞って論述する。

① 捜査側が被告人に黙秘させる，その１。
本件の「くず湯事件」「牛丼事件」「睡眠薬事件」「うどん事件」について，泉克典の唯一人の供述で４事件を認定するため，泉克典が捜査側の誘導通りの供述をしても被告人から追及されないことを泉克典に理解させるために，被告人を捜査側の勧めで完黙させた。

② 捜査側が被告人に黙秘させる，その２。
「被告人火傷事件」において，被告人が自己の火傷の真実を述べれば，羽山通子宅の放火について，羽山通子を取調べなければならなくなり，羽山通子を放火で取調べると，

羽山通子は，警察官に対する贈収賄の事実を公表し，一大警察スキャンダルに発展する。これを避けるためには，大元の被告人の火傷について，現在のままに推移させて，被告人に黙秘させる必要がある。そこで警察は，この点からも被告人に完黙を続けさせる。

（3）　捜査，訴追の積極的人権侵害

警察は，「くず湯事件」「牛丼事件」「うどん事件」「睡眠薬事件」を泉克典のただ一人の供述，証言で，この４事件を有罪とした。泉克典に捜査側の誘導通りの供述・証言をさせ，それを覆されることをさける必要がある。そこで警察は，以下のような手段を取った。

泉克典を平成１０年８月３１日から１２月２９日まで，警察官宿舎に保護する。その後，第一審公判（約４年）を通して，高野山に僧侶として送り込む。第一審公判が終わった後も，現在に至るまで約２０余年間，警察官の衣類専門のクリーニング店に定員として送り込む。このように泉克典を外部との接触を遮断する措置を２０余年間に渡って継続するのである（この点は再審申立パートⅡ２４頁で詳論した）。

泉克典の人生は一体どうなっているのであろうか。

2 裁判の異様さ

（1）解剖結果の裁判不提出

「和歌山カレー事件」は有罪となれば，複数人の殺人事件であるので，死刑相当となる事件である。

それにもかかわらず，死亡した４人の死因の直接証拠というべき，死体解剖結果が，死因を立証する証拠として裁判に提出されていない。死亡した自治会長は，死亡した当日である平成１０年７月２６日，その他の３人は死亡の翌日である同月２７日に解剖され，解剖結果もある（和歌山県警察本部刊，「和歌山市園部におけるカレー毒物混入事件捜査概要」１５頁〜１７頁）。そして，２６日から８月２日ごろまでの間，マスコミで青酸殺人事件として大騒ぎされる。

何よりも，死刑相当事件の裁判で，死亡した４人の死体解剖結果があるのに，これが裁判に死因立証の証拠として提出されていない。これに対して，弁護人は提出命令を裁判所に求めることもしない。裁判所も検察官に釈明も求めず，提出命令も出さない。

これで真実究明の裁判ができるのか。

（2）動機の追及の不徹底

「和歌山カレー事件」について，裁判所は被告人の犯行であると認定した。

しかし，被告人が犯行をした動機をどうしても解明することが出来ない。原判決は，以下の通り６ヶ所に渡り，即ち，８８１頁，８８５頁，８９３頁（２ヶ所），９００頁，９０１頁で動機を解明出来ないと明言をくり返す。

動機の解明に当たって，原判決は，（ア）被告人の激昂，（イ）保険金詐欺を検討するが，いずれも妥当でないと否定する。そこで，（ウ）被告人の性格論に及び悪性格の鑑定・立証すべきか否かを検討し，悪性格の立証も妥当でないと判示する。

そこで，先に論じたように，原判決８８１頁，８８５頁，８９３頁（２ヶ所），９００頁，９０１頁において，どうしても動機を解明できないと明言する。

以上で解る通り，裁判所は，動機の解明を，カレーにヒ素を投入したのが被告人であることを裏付ける観点からのみ，検討しようとしている。

しかし，裁判というものは，常にどのような問題の立証・検討に当っても，公正・中立な立場から，臨まなければならない。動機の検討に当っても，ヒ素投入が被告人の犯行であることを肯定する観点からではなく，否定する観点からも検討しなければならない。

原判決の認定によると，投入されたヒ素の量は，１３５ｇで紙コップ半分の量であり，４５０名から１３５０名の致死量に当たる大量のヒ素である（８９７頁）。

カレーに投入されれば，カレーを食べた人全員，本件で６７名全員が死亡してもおかしくはない。

これは園部地域全員を被害者にする行為であり，犯行後，地域に住み続けることは，ほとんど心理的にも困難なことである。そのような要件も踏まえて，動機の検討をすべきである。

本件は，人を４５０名から１３５０名も致死させる量を，本当に被告人が投入したのであれば，（ア）被告人が当日までに，どのような準備をしていたか。（イ）被告人と夏祭りとの関係，（ウ）被告人が地域住民に対して抱いていた感情，（エ）被告人と地域住民とのこれまでのいきさつ，（オ）被告人の行動傾向，（カ）被告人の生きざま，（キ）被告人が夏祭りの後，その地域から移転する計画の有無等々から，被告人がカレーにヒ素を投入した動機を究明できないはずがない。これは，被告人の「性格分析」と言った，被告人の人格の深層を解明する問題以前の問題である。これは，被告が黙秘を続けていても，他の証拠から認定できる事実である。

原判決は，本来追及，検討すべき問題を検討せず，究極の「性格分析」という問題を持ち出して，真実の究明を怠っているのである。

３ 弁護の異様さ

本件弁護人の怠慢は，捜査機関から見抜かれ，裁判所からも批難され，怠慢であることが公知の事実と化している。何よりも，

1）あるべき捜査がされていないことを釈明，追及していないこと。

2）解剖結果等，当然に証拠とし提出されるべき証拠が，提出されていないのに，釈明，提出命令の申立さえしていないこと。

3）被告人（被疑者）の黙秘の原因が捜査側による勧めである事実さえ，調査察知してないこと。

4）認めるべきでは無い３事件（「やびつ荘事件」「被告人火傷事件」「健治高度障害事件」）について，調査，被告人との打合せ，関係証拠，現場の確認をせず，成立に争いが無いとして成立を認めたこと。

特に「被告人火傷事件」は簡単に無罪であることが解る事件である。

4 被告人との打合せの欠如

要するに，被告人との打合せの欠如と全体の見通しの全く無いことである。

「読書百遍義自から通ず」

「接見百遍義自から通ず」の実践が無いことにつきる。

第３　「和歌山カレー事件」裁判に残された道

1 類似事件を多数の累積を証拠として，積み上げているに過ぎない

（1）本件捜査の結果は，捜査の常道，あるべき捜査に従った多角的な方面から捜査された結果を集積したものではない。

「和歌山カレー事件」及び関連する７事件に焦点を絞ると，同種の類似事件を累積し証拠として，積み上げているに過ぎないことは明らかである。

（2）従って，色々な角度から犯行を検討するという，事実認定上の高度の複雑な技術を要する作業の必要性があるわけではない。

捜査側は，同種類似の事件を累積して，被告人はこれだけ同種類似の事件を犯しているのであるから，「和歌山カレー事件」も被告人が犯したことに間違い無い，といった事実認定の極めて単純な作業を遂行すれば良いだけのことである。

2 被告人による類似事件を強調する原判決

原判決もそのような事実認定上の作業に従って，以下のように類似事件の累積の必要性を判示している。

① 原判決 ８６６頁

カレー毒物混入事件以外の，被告人が犯人であると検察官が主張する事実関係は，いずれも保険金目的で，砒素や睡眠薬を被害者に摂取させ，それに基づいて死亡，あるいは疾病にり患させたというものであって，特徴的な犯行態様の類似性から，相互に補充し合う関係にあるといえる。

② 原判決 ８９２頁

被告人は，現に保険金取得目的で，カレー毒物混入事件発生前の約１年半の間，４回も人に対して砒素を使用しており，この事実は，通常の社会生活において，存在自体極めて稀少である猛毒の砒素を，人を殺害する道具として使っていたという点で，被告人以外の事件関係者には，認められない特徴であって，カレー毒物混入事件における，被告人の犯人性を肯定する重要な間接事実といえる。

③ 原判決 ８９３頁

この金銭目的での４回の砒素使用や，その他の２件の睡眠薬使用という事実は，人の命を奪ってはならないという規範意識や人に対して砒素を使うことへの抵抗感が，かなり薄らいでいたとの表れととらえることができる。

このような多くの間接事実を総合すると，被告人は東カレー鍋の中に，亜砒酸を混入したものであるということが，極めて高い蓋然性をもって推認することができる。

以上判示するように，類似事実の累積を強調しているのである。

３ 被告人は，「くず湯事件」「牛丼事件」「うどん事件」「睡眠薬事件」についても無罪である

そこで，本件再審申立に際して，３テーブル分けをして，再審申立パートⅡでは，原審で争っている「くず湯事件」「牛丼事件」「うどん事件」「睡眠薬事件」について，いずれも無罪であることを主張，立証した。

（１）何よりも，上記事件はいずれも，泉克典の供述だけで認定した，いわば砂上の楼閣の事実認定によるものである。

原判決の決定的弱点は，泉克典が自己のヒ素使用の結果によるヒ素の反応を，被告人が食べ物に入れたことに転化するといった，泉克典人格特性（カ）秘匿特性（ヒ素の自己使用）を全く検討していないことにある。

さらに泉克典の供述・証言は，捜査官の誘導尋問に従った結果で，全く措信出来ないのに，捜査官の誘導尋問の点を全く検討していないことにもある。

捜査側としては，泉克典に供述・証言をくつ返されないようにするため，以下の手続を取っていることからも，極度の誘導尋問がなされたことは明らかである。

まず，平成１０年８月３１日から１２月２９日まで，泉克典を警察官宿舎に保護している。

そして保護の後も，第一審の審理中，約４年間強に渡って，泉克典を僧侶として，高野山に送り込み，それが明けてからも現在に至るまで，約２０余年に渡り，泉克典を警察官の衣類専門のクリーニング店に就職させ，泉克典を世間との接触から隔離している。

泉克典の供述・証言が捜査機関の誘導に基づいたものでないなら，泉克典をここまで世間から隔離する厳重な手段を取る必要性はないはずである。

原審はこのような，泉克典を世間から隔離する事実を一切検討していないという，重大な欠陥を有するのである。

これらの事実から，泉克典の供述証言を唯一の証拠として有罪とした「くず湯事件」「牛丼事件」「うどん事件」「睡眠薬事件」は無罪である。

以上について，再審申立パートⅡで無罪を立証した。

4　被告人は，「やびつ荘事件」「被告人火傷事件」「健治高度障害事件」も無罪である

「和歌山カレー事件」の被告人がヒ素を使うなどして保険金詐欺等を行ったとされる，類似事件の残３事件は，原判決が「被告人が成立を争わない保険金詐取事件」と判示する「やびつ荘事件」「被告人火傷事件」「健治高度障害事件」である。

いずれにしても「成立を争わない」としたのは，弁護人の極度の怠慢・背信・背任によるものである。弁護人が被告人と少しでも打合せをしていれば，真実が明らかとなった事件である。

弁護人が被告人と打合せをしておれば，あり得ない火傷の場所，つまり自宅前の細い通路で，家族がバーベキューをすることなどあり得ない。自宅には約７０坪の前庭が空いているので，そこですればよいことである。このことはすぐに解ることである。

火傷の真の原因が解れば，「やびつ荘事件」「健治高度障害事件」も真実が明らかとなる。

以上の点について，再審申立パートⅢで「やびつ荘事件」「被告人火傷事件」「健治高度障害事件」も無罪であることを立証した。

第４　「和歌山カレー事件」及び関連７事件の本質

以上詳論して来たように，「和歌山カレー事件」及び関連７事件の本質は，類似事件の累積にある。

原判決の１，０００余頁，証拠書類のダンボール箱３０～４０箱という大部の書類の集積に惑わされてはならない。

本質は唯一，類似事件の累積で，事実認定は極めて単純な作業の収積である。

再審申立に当たり，多数の類似事件を手際良く処理するため，３テーブル分けをして臨んだ。再審申立パートⅠ，パートⅡ，パートⅢに分けたのである。

「和歌山カレー事件」及び関連７事件について，再審申立パートⅠ，パートⅡ，パートⅢにおいて完璧に全て無罪であることを主張・立証した。

第５　総結論

「和歌山カレー事件」「くず湯事件」「牛丼事件」「睡眠薬事件」「うどん事件」「やびつ荘事件」「被告人火傷事件１，２」「健治高度障害事件」はいずれも全て無罪である。

被告人の死刑の取消を求める。

参考資料

和歌山カレー事件再審パートIII
対象としている３つの事件

1　原判示罪となるべき事実 第２「やびつ荘事件」
2　原判示罪となるべき事実 第３の１，２「被告人火傷事件」
3　原判示罪となるべき事実 第５「健治高度障害事件」

これら３事件が本件再審申立パートIIIの対象事件である。

⇩

被告人（弁護側）が成立を争わない保険金詐取事件と認定する事案

⇩

いずれも被告人は無罪である。

類似事件を重視する判決

判決は、カレー事件に被告人がヒ素を投与した動機について，詳細に検討する。

⇩

しかし，動機は解明出来ないと明言する

⇩

「被告人がヒ素を使っての殺人未遂罪，保険金詐欺罪を多数回犯していることから，人の命を奪ってはならないという規範意識や，人に対してヒ素を使うことの抵抗感が薄らいで，カレーにヒ素を投与した」と判示する。

前頁判示からすると、
被告人が保険金詐欺を犯したか否かは重要

「和歌山カレー事件」を全面的に争っている被告人が，その成立を争わず認めるということは考えられない。
（明らかな無罪事件である）
⇩
被告人が「成立を争わない」となった理由が明確でない。
しかし，「成立を争わない」扱いになっている。
⇩
なぜ、弁護人が「成立を争わない」としたのか？

関連7事件は無罪である

保険金詐欺をしたと判示する４事件

パートⅡ
「くず湯事件」
「牛丼事件」
「うどん事件」
「睡眠薬事件」

争そわないとした３事件

パートⅢ
「やびつ荘事件」
「被告人火傷事件」
「健治高度障害事件」

「やびつ荘事件」認定の怪

認定	林健治と共謀，健治は，観光旅館「やびつ荘」２階便所で転倒して，右膝蓋骨骨折としたが。
	⇩
事実	林健治は、異なるホテルで、右膝を自分でたたいて，右膝蓋骨骨折をした。 （「和歌山カレー事件」から５年以上前の事件）
なぜ、5年間→ も未処理？	⇧
争っていない &完黙なので、 真実は明らか にならない	被告人は，健治の保険金請求について何の関与もしていない

「被告人火傷事件」認定の怪

認定	家族が炭火でBBQ，スパゲティの湯を大鍋で沸かす、 自転車で被告人が誤って転倒し， 大鍋の湯をかぶり，両下肢等に大ヤケドを負った。
	⇩
事実	近所の親しい友人Hに頼まれ，H羽山宅に行った。 家に入り，玄関から出ようとした時に， 爆風で玄関サッシ等が内側に吹き飛び， 被告人は両下肢に大ヤケドを負った。
	⇧
争っていない &完黙なので、 真実は明らか にならない	Hを追及していない。被告人に聞き、または、現場に行けば、嘘がわかる。

「健治高度障害事件」認定の怪

認定

健治と共謀の上，林健治が高度障害状態ではないのに，高度障害状態であるかのように装い，医師田中尚作成の内容虚偽の障害診断書等を提出するなどして，高度障害保険金の支払いを請求、金員を詐取した。

被告人と共謀はない。**争っていない＆完黙**なので、真実は明らかにならない。

⇩

動機の判示がない。

⇧

真実の動機

被告人実母が死亡し，被告人は多額の生命保険金を受け取る。その大半を健治が，I氏，D氏と一緒に競輪等で使った。怒った被告人に健治は，「自分で取り返す」と言って，高度障害保険金を詐取した。

なぜ弁護人は，3事件を成立を争わないとして犯行を認める弁護活動をしたのか？

被告人の完黙の動機は？

◆パートⅡの４事件

いずれも泉克典の供述だけで認定。被告人が争っても，捜査，立証に大きな負担となることは無い。被告人がパートⅠの「和歌山カレー事件」を争う以上，当然にパートⅡの４事件も争われた方が良い。

最重要論点は，<u>誰が，なぜ，被告人を完黙をさせたか</u>？

◆パートⅢの３事件

パートⅡの４事件よりも複雑。これを被告人に争われると，捜査，立証に相当の力を注ぐ必要がある。パートⅢの３事件のうち一つでも無罪になれば，「和歌山カレー事件」の突破口になりかねない。

◆生田 暉雄（いくた てるお）プロフィール

昭和16年10月2日生　弁護士（香川県弁護士会所属）

【職　歴】

1967年　司法試験合格

1970年　裁判官任官仕官

1987年　大阪高裁判事

1992年　退官，弁護士

裁判官歴22年，弁護士30年

【著　書】

「裁判が日本を変える」日本評論社　2007年

「裁判員任官拒否のすすめ」共著ＷＡＶＥ出版　2009年

「最高裁に「安保法」違憲判決を出させる方法」三五館　2016年

「和歌山カレー事件「再審申立書」冤罪の大カラクリを根底から暴露

万代宝書房 2021年

「和歌山カレー事件『再審申立書』【概説】」　万代宝書房 2021年

【論　文】

「原則逆送下における少年付添人活動」自由と正義 vo154. No11

「自白捜査構造と自由心証主義の運用」

石松竹雄判事退官記念論文集「刑事裁判の復興」勁草書房所集

「高知白バイ事件」再審と科学鑑定所集　日本評論社

「日本の刑事裁判の課題」伊佐千尋著「島田事件」新風舎文庫解説

「島田事件の反省」伊佐千尋著「島田事件」（株）solaru 解説

冤罪・和歌山カレー事件

「再審申立書編」

怠慢・違法の捜査・裁判の大カラクリを根底から暴露

2022年5月3日 第1刷発行

著　者　生田暉雄

編　集　（一社）関東再審弁護団連絡会

発行者　釣部 人裕

発行所　万代宝書房

〒176-0002 東京都練馬区桜台1-6-9-102

電話 080-3916-9383　FAX 03-6883-0791

ホームページ：http://bandaiho.com/

メール：info@bandaiho.com

印刷・製本　日藤印刷株式会社

落丁本・乱丁本は小社でお取替え致します。

ISBN　978-4-910064-64-2 C0032

装丁・デザイン　西宮 さやか

和歌山カレー再審申立　３部作

再審申立書件パートⅡ（保険金詐欺関係）

「くず湯事件」「牛丼事件」「うどん事件」「睡眠薬事件」

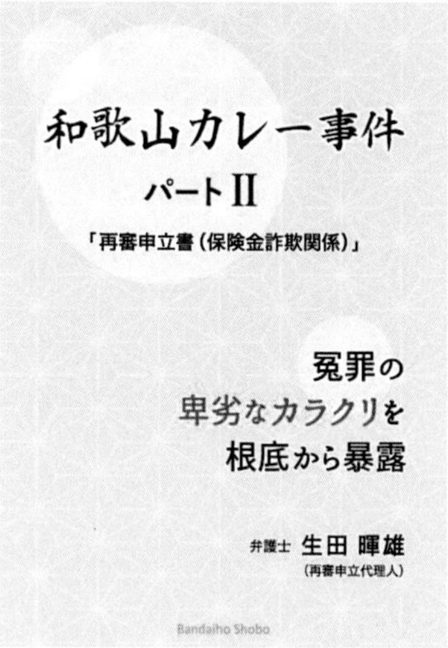

保険金詐欺に関する４つの案件、「くず湯事件」「牛丼事件」「うどん事件」「睡眠薬事件」。

この４件についても原判決は異常な論理を使っています。結論から先に言うと、これでも判決といえるのか、という極めて情けない判決です。

ここまで堕落した判決は、一朝一夕に出来るものではありません。日本社会の構造的腐敗が言われて久しくなっていますが、日本社会の構造的腐敗は裁判から端を発していることを如実に示すのがこの「和歌山カレー事件」の判決なのです。

B5 版 78 頁
著者　生田 暉雄
定価　1000 円（本体価格＋税 10%）

再審申立書件パートⅢ（ヤケド保険金詐欺事件）

「やびつ荘事件」「被告人火傷事件１・2」「健治高度障害事件」

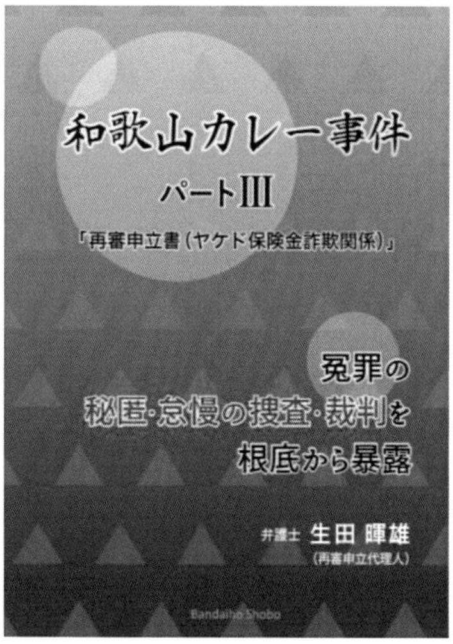

再審申立パートⅢは、原判決で「被告人が成立を争わない保険金詐取事件」として扱われている「やびつ荘事件」「被告人大傷事件１，２」「健治高度障害事件」について、「成立を争わない」としたのは弁護人が被告人と打ち合わせもせず、現地も見ず、関係証拠を検討もせずに、極度の怠慢、背信、背任の犯罪行為ともいえる、錯誤です。改めて、無罪を主張するために再審申立をしました。パートⅢを見ていただくと詳論していますが、「被告人火傷事件」などあり得ない火傷原因による明らかな無罪事件ばかりです。

B5 版 73 頁
著者　生田 暉雄
定価　1000 円（本体価格＋税 10%）

アマゾン、楽天ブックス、または、弊社ホームページからお求めください。
また、書店での取り寄せも可能です。

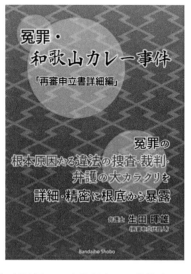